합격까지 박문각
합격 노하우가 다르다!

정순진
경영학개론
1차 | 기본서

정순진 편저

브랜드만족
1위
박문각

근거자료
후면표기

제1판

박문각

박문각 공인노무사

10여 년간 공인회계사 준비생들을 위한 경영학 강의를 하다가, 공기업, 국정원, 경호처, 언론사를 위한 학원을 설립하였고, 공기업 분야에서는 10여 년간 경영학, 재무관리, 회계학, 경제학 등을 직접 강의했습니다. 최근에는 약 7년간 공인노무사와 7급, 9급 군무원, 7급 감사직 공무원 준비생들을 위한 강의를 하고 있습니다.

이 기간 동안 선생으로, 원장으로, 때로는 선배로 다양한 형편의 수험생들과 함께 고민하며, 최단기간 합격 노하우를 실행해보고, 검증해 왔습니다. 매년 업그레이드한 노하우를 수험생들에게 전수시켜 합격 소식을 전하는 학생들과 많이 기뻐했습니다.

이 책을 보시게 될 수험생 여러분 반갑습니다. 저와 함께 6개월 ~ 1년을 고생하며 합격의 영광을 차지하시길 바랍니다. 단순히 이론만 전달하는 것이 아닌, 문제풀이 요령과 실전 대비 노하우 등을 전달해 드리겠습니다. 이 책을 펼쳐보시면, 시험에 나올만한 내용은 다 들어가 있으면서도 요약이 잘 되어있다고 느끼실 것입니다. 시험을 위한 공부를 하면서도 자연스럽게 경영마인드를 키울 수 있고, 합격 후 실무에 가서도 당장 써먹을 수 있는 피가 되고 살이 되는 내용들이 몸에 체득되고 있음을 느끼게 되실 겁니다. 공부가 재미있다, 경영학이 재미있다고 혼잣말을 하시게 될 겁니다.

박문각 출판사의 대표님, 노일구 부장님께서 기회를 주셔서, 공인노무사 시험 대비 경영학 이론서, 문제집, 모의고사 등을 출간하게 된 것에 대해 이 지면을 통해 감사드립니다. 그리고 그림과 그래프, 표가 많아 편집에 고생이 많았을 편집자님께도 감사를 드립니다. 마지막으로 계속 늦어져 기다리기에 지치신 학원 원장님과 수강생들, 그리고 가족들에게 죄송합니다. 오래 기다리셨던 만큼 이 책으로 보답하겠습니다.

편저자 정순진

GUIDE
이 책의 안내

PREFACE   CONTENTS

1. 공인노무사 시험 경영학 최근 5개년 기출문제 분석

	2020	2021	2022	2023	2024
경영원론 및 경영전략	컨소시엄(하) 기업의 사회적 책임(중) MBO의 SMART 원칙(상) 포터의 가치사슬(중)	패욜의 일반관리 원칙(상) 콘체른(중) 캐롤 사회적 책임단계(상)	프랜차이즈(하) 포터의 산업구조분석(하) 호손공장 실험(하) 맥그리거의 Y이론(하)	기업의 형태(하) 경영환경(하)	테일러의 과학적 관리법(중) 카츠의 경영자 기술(하) 경계 연결(상) 관리과정 단계(하) 캐롤의 사회적 책임(하) 포터의 산업구조분석(하)
계량의사 결정론 및 생산관리	관리도(하) 단순이동평균법(중)	식스시그마(중) SCM(하)	EOQ(중) 린 생산(중) 평균절대오차(상) SERVQUAL(중)	제품설계 기법(중) 수요예측기법(하) 도요타생산시스템(중) 채찍효과(하)	가치공학/가치분석(하) 가중이동평균법 계산(중) 공급사슬관리 효율성 지표(중) 적시생산시스템(하) 생산관리의 목표(하) 외부 실패비용(상)
조직행위론	페로우 기술 분류(중) 매트릭스 조직(하) 경로−목표이론 리더십(중) 의사소통경로의 유형(중) 7S의 핵심 요소(하) 브룸의 기대이론(하)	허츠버그 2요인이론(하) 마키아벨리즘(중) 권력 유형(중) 집단의사결정 기법(중)	조직설계의 상황변수(하) 조직생태학 이론(상)	귀인이론(하) Big 5모형(중) 집단사고(하) 상황적합리더십이론(하) 민츠버그 조직유형(하) 조직수명주기단계(중)	의사소통 저해요인(하) 변혁적 리더십의 구성요소(중) 네트워크 조직(중) 페로우의 기술유형 분류(하) 마일즈−스노우의 전략유형(상) 핵심자기평가(상) 킬만의 갈등관리 유형(중)
인적자원관리	부당노동행위(하)	전통적 직무설계(하) 직무특성모형(중) 인사평가 오류(중) 액션러닝(상)	직무스트레스(상) 직무분석(중) 스캔론플랜(하)	직무특성이론(중)	직무평가 방법(하) 임금형태의 정의(하) 인사고과 상의 오류(중) 단체교섭의 유형(중) 외부모집과 내부모집(중)
마케팅	단수가격(하) 대항적 마케팅(하) 마케팅 전략(상)	GE/맥킨지 매트릭스(하) 선매품(중) 브랜드의 요소(상) 서비스의 특징(중)	제품−시장확장전략(중) 신제품 상표전략(하) 가격결정 전략(상) 수평적마케팅시스템(하)	마케팅 개념(중) BCG 매트릭스(중) 혁신수용자 유형(중) 광고, 홍보, PR(하)	시장세분화(하) 제품수명주기(하) 가격전략(중) 소비자 판촉수단(상) 브랜드 자산(중)
재무관리	선물거래(중) 내부수익률법(하)	내부수익률법(중) SML과 CML(중) 자본비용(중) 포트폴리오 기대수익(하)	투자안 평가 방법(하) 포트폴리오의 분산(중) SML(중)	M&A 방어전략(중)	항상성장모형 주가 계산(중) CML과 SML의 비교(하) 투자안의 경제성 분석기법(중) 총자산회전율 계산(중) 듀레이션 계산(상)
회계학	유동비율(중) 자본항목 분류(상) 부채항목 분류(상) 재무상태표(하	거래의 효과(하) 유형자산 항목(하) 부채의 분류(중)	자산항목 분류(하) 자본액 계산(중) 분개(하)	거래의 분개(하) 매출이익계산(상) 재무제표(하) 매출채권회수기간(중) 사채 발행금액(중)	거래의 분개(하) 재무비율 개념의 이해(중) 감가상각 개념의 이해(하) 유형자산의 취득원가 포함 범위(하)
MIS	자율컴퓨팅(중) 전자상거래 유형(하) 데이터마이닝(중)	TPS(하)	클라우딩 컴퓨팅(중) 피싱(하)	랜섬웨어(중) 무어의 법칙(하)	엣지컴퓨팅(중) 비정형 텍스트 데이터(중)

2. 2024년 공인노무사 시험 경영학 출제 유형 분석 및 총평

1) 시험의 전반적인 난이도는 2023년보다 어려워졌으나, 수험생들이 느끼는 난이도는 큰 차이가 없었을
   것으로 보인다.

 올해 시험 난이도 분포를 작년과 비교해 보면, 2023년에 난이도 '하'에 해당하는 문제는 52%(25문제 중 13문제),
난이도 '중'에 해당하는 문제는 44%(25문제 중 11문제), 난이도 '상'에 해당하는 문제는 4%(25문제 중
1문제)였으나, 2024년에는 난이도 '하'에 해당하는 문제는 42.5%(40문제 중 17문제), 난이도 '중'에 해당하는
문제는 42.5%(40문제 중 17문제), 난이도 '상'에 해당하는 문제는 15%(40문제 중 6문제)였다. 난이도 '하'에
해당하는 문제는 대폭 줄이고, 난이도 '중'의 문제는 소폭 줄인 후, 난이도 '상'의 문제를 늘렸음을 알 수 있다.
문제 수나 난이도 조절을 통해, 2023년에 비해 변별력이 높아졌음을 시사한다. 그러므로 수험생들 간의 점수
차가 커졌을 것이다. 물론 올해 시험이 40문제로 늘어나면서 난이도가 어려워질 것으로 예상하고 공부량을
늘렸던 수험생들은 오히려 난이도가 너무 쉬워서 허탈했을 수도 있다. 공부를 기본 수준에서 정리한
수험생들이라면 대부분 80점(32개)~85점(34개) 사이에 머물고 있을 것으로 보인다. 물론 공부가 제대로 된
수험생들은 90점(36개)~95점(38개) 정도 득점했을 것이다. 결론적으로, 올해 시험의 난이도는 2020~2021,
2023년보다는 높아졌고, 2022년과는 비슷했다. 그럼에도 불구하고 이는 공인노무사 시험의 평균 수준에
해당한다.

2) 경영학원론, 인적자원관리, 재무관리의 출제 빈도가 많이 늘었고, 난이도 상의 문제가 영역별로 골고루
   분포되었다.

2022년에는 2021년에 비해, 생산관리의 출제 빈도가 많이 늘었었고, 조직행위론의 빈도는 많이 줄었었다.
2023년에는 출제 빈도가 정반대 방향(즉, 조직행위론과 회계학의 출제 빈도가 많이 늘었고, 경영학원론,
인적자원관리, 재무관리의 빈도는 많이 줄었다.)으로 변했었다. 올해는 전 영역에서 골고루 출제되었다. 특히
주목할 점은 난이도 상의 문제를 어느 특정 영역에 몰아서 출제하지 않고 전 영역에 걸쳐서 골고루 출제했다는
것이다. 그러므로 과거의 출제 빈도 및 난이도를 너무 맹신해서는 안 된다. 이는 특정 과목을 포기하거나
생략해서는 안 됨을 의미한다. 특히 재무관리와 회계학 부분을 포기하거나 무시하는 수험생들이 있는데, 이럴
경우 합격하는 데 상당한 어려움이 있을 것이다. 왜냐하면 방대한 일반 경영 파트에 비해 재무관리나 회계학
파트는 시험에 나오는 범위가 어느 정도 정해져 있고, 출제 유형도 정형화되어 있기 때문이다. 답을 찾는 과정도
쉽고, 문제 해결에 걸리는 시간도 매우 짧다. 반면 일반 경영 파트에서는 교과서에 등장하지 않는 시사적인 내용도
곧 잘 출제되고, 난이도 상 수준으로 나오는 경우도 심심치 않다(올해 시험도 마찬가지였음). 특히 공인노무사
시험의 특성상 2차 시험 과목과 겹치는 조직행위론이나 인적자원관리 파트는 출제 범위가 상당히 넓고, 난이도도
들쑥날쑥하다는 것을 염두에 두면 좋을 것이다.

3) 2025년 공인노무사 시험은 어떻게 준비해야 하나?

경영학은 다른 과목에 비해 이해하기도 쉽고, 답을 찾는 데 시간이 거의 들지 않으니, 전략 과목으로 삼고 준비해야 한다. 다만 2024년부터는 경영학 문제수가 40문제로 늘어났다. 일반경영 파트로 비교 시 회계사 시험보다도 문제수가 많아진다(회계사 시험에서 일반경영파트는 약 24문제 정도 출제되고, 나머지는 전부 재무관리 파트에서 출제). 어쩔 수 없이 구석에서, 난이도 상의 문제가 앞으로 점점 많이 출제될 수밖에 없다. 공부량은 늘어나겠지만 공부 방법만 조금 보완하면 준비하는 데 크게 어려움이 없을 것이다. 전략과목인 경영학 40문제 푸는 시간을 20분~22분 정도에 맞추고, 남는 시간을 다른 과목에 할애하면 된다. 점수도 평균 이상을 득점하여 취약 과목의 점수를 보완해 줘야 한다.

공인노무사 경영학 준비요령

❶ 6단계 공부법

기본반 수업을 시작하며 약 1시간 30분에 걸쳐 공부요령 특강을 하고 있습니다. 자세한 내용은 동영상을 보시길 권유합니다. 핵심은 이론 정리(3단계) → 문제풀이 연습(2단계) → 모의고사 활용(1단계)을 자신의 실력과 성향 및 상황을 고려하여 각 단계별로 전략을 수립하고 실행하는 것입니다. 각 단계별 목표(보다 넓게, 보다 깊게, 요약하며 등)가 다르니, 거기에 맞게 구체적인 실행 방안이 나와야 합니다.

> 경영학 강의 첫 째 시간에 소개하는 6단계 공부법을 간단히 요약해 본다.
>
> 우선, 기본 이론을 3회독 이상 돌리며 흐름도를 포함하여 탄탄히 정리한 후, 기출문제를 통해 공인노무사 경영학 시험의 특성과 난이도를 파악해야 한다.
>
> 심화 이론을 추가로 정리하며, 난이도 상에 해당하는 이론들(특히, 조직과 인사 파트)에 대해 준비한다. 이때 공인노무사가 아닌 다른 시험의 경영학 문제를 구해서 최근의 추세나 유행하는 문제를 파악한다.
>
> 연습문제와 모의고사를 통해 실전 연습을 반복한다.
>
> 너무 많은 이론이나 너무 많은 문제를 풀어 보는 것은 비효율적이고 시간 낭비가 될 가능성이 많다. 기본 이론을 반복해서 정리하고, 모르는 문제나 생소한 문제를 만났을 때 해결 방법, 즉 문제 푸는 능력을 갖추는 것이 더 중요하다. 문제 풀이 수업에서 소개되는 다양한 방법을 내 것으로 체화시키는 작업이 필요하다.

❷ 재무관리와 회계학 분야

경영학을 공부하는 학생들 중 재무관리나 회계학을 어려워하면서 포기하는 분들이 있습니다. 공인노무사 시험에서 회계와 재무관리는 기초적인 내용만 나옵니다. 공부만 하시면 5문제 모두를 맞출 수 있습니다. 이 부분을 포기하고 다른 각론에서 난이도 상에 해당하는 문제 약 5개를 맞추지 못하면 절대 합격할 수 없습니다. 회계와 재무를 전략과목으로 정하고 조금만 준비해 두시면 다른 학생들에 대한 확실한 차별화가 될 것입니다.

❸ 경영학 원론 분야 및 마케팅 분야

그동안 공인노무사 시험에서 가장 많이 나오는 두 과목입니다. 그런데 이 두 과목에서 항상 새롭고 어려운 문제가 매년 2~3문제씩 나오고 있습니다. 이 문제들에 대해 모든 수험생들은 비슷하게 준비가 안 된 상태로 시험장에서 직접 만나게 됩니다. 대부분은 당황하게 될 텐데, 이에 대한 정신적인 대처도 중요하겠지만, 사실은 어려운 문제 모두를 풀 필요는 없으므로, 내가 풀 수 있는 문제와 그냥 찍어야 하는 문제로 나누는 선구안이 필요하고, 풀기로 결정한 문제에 대해서는 충분한 시간을 가지고 다각도로 생각해 볼 수 있게 하는 시간 관리도 중요합니다.

이를 위해서는 평소에 어려운 문제나 생소한 문제에 대한 문제풀이 연습을 다각도로 하셔야 합니다. 저는 문제풀이 수업을 통해 이 노하우를 전하고 있습니다. 시험이 끝나고 도움이 많이 되었다고 수험생들이 얘기를 전해주고 있습니다. 잘 활용하시고 연습을 많이 하시면 좋을 것 같습니다.

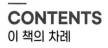
CONTENTS
이 책의 차례

PREFACE   GUIDE

CONTENTS
이 책의 차례

PART 08 재무관리

PART 09 회계관리

PART 01
경영전략과 경영관리

Chapter 01 경영전략

I 경영전략의 의의 및 과정

1. 경영전략의 의의

$$기업의 성공 = f(\quad)$$

2. 경영전략의 과정

〈도표 1-1〉 경영전략의 과정

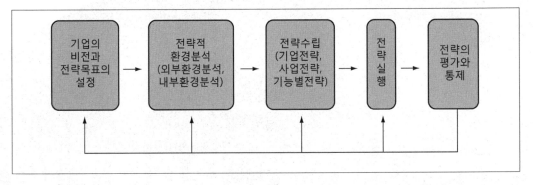

II 경영전략의 수립

1. 기업의 비전 설정

> ❗ 주의
> 미션 > 비전

2. 전략적 환경분석과 SWOT 분석

(1) 전략적 환경분석

1) 기업의 외부환경 분석 : 기업은 외부환경 분석을 통하여 기업에 주어지는 **기회**(Opportunity)와 **위협**(Threat)요소 그리고 주어진 산업분야에서 요구하는 **핵심성공요인**(Key Success Factor : KSF)을 알 수 있다.

2) 기업의 내부환경 분석 : 기업은 내부환경 분석을 통하여 기업의 강점(Strength)과 **약점**(Weakness) 그리고 **역량**을 파악할 수 있다.

3) SWOT 분석 : 기업의 외부환경과 내부환경의 분석 결과 SWOT 분석이 가능해진다.

〈도표 1-2〉 SWOT 분석

내부요인＼외부요인	기회(Opportunity)	위협(Threat)
강점(Strength)	기회 활용 위해 강점 사용 전략 예 인수합병, 내부개발	위협 극복 위해 강점 사용 전략
약점(Weakness)	기회 활용 위해 약점 보완 전략 예 조인트벤처, 수직계열화, 비관련 다각화	위협 극복 위해 약점 보완 전략

(2) 기업의 외부환경 분석기법

1) Porter의 산업구조분석 : 5-force 모델

〈도표 1-3〉 Porter의 산업구조분석모델

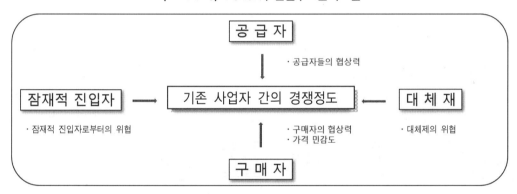

2) 전략군(strategic group) 분석 : 산업분석의 범위가 너무 넓어 경쟁상대를 확실하게 파악할 필요가 있을 때 사용한다.

3) 다이나믹 산업분석 모델 : 한 산업을 구성하는 주요 요소로 **제품/서비스**(what), **고객**(who), **기술**(how) 등 3가지를 들고, 이 세 요소로 만들어진 3차원의 경쟁공간에서 다양한 경쟁자들이 각각 다른 차원에 초점을 맞추어 경쟁하고 있고, 이 세 차원의 내용도 계속해서 변하고 있다고 보고 산업 내의 경쟁패턴을 분석한다.

(3) 기업의 내부환경 분석기법

1) 조직구조와 조직문화 분석

2) 기업의 내부 자원 분석

3. 기업의 전략수립

(1) 전략수립의 단계와 경쟁우위

1) 경영전략의 수립단계 : 경영전략은 기업 내의 수준에 따라 **기업전략, 사업부전략, 기능별 전략**으로 수립한다.

2) 경쟁우위의 창출과 유지 : 경영전략의 궁극적 목적은 경쟁우위를 갖는 것이며, 경쟁우위 창출을 위해서는 그 기업의 핵심자원이 다른 기업에 비해 **독특**해야 하며 **산업 환경과 부합**해야 한다. 또한, 경쟁우위의 지속성은 그 **자원의 획득가능성**이나 **모방가능성**에 달려 있다.

3) 가치창출활동과 핵심역량

① 경쟁우위는 소비자에게 혜택을 줄 수 있는 **가치창출활동**을 통해 달성된다.

② 가치창출활동의 분석도구로는 Porter의 가치사슬이 대표적이다.

〈도표 1-4〉 Porter의 가치사슬

보조활동 (지원활동)	하부조직활동 : 기획, 재무, MIS, 법률					이윤
	기술개발, 디자인					
	인적자원 관리					
	획득활동(Procurement)					
주활동 (본원적 활동)	구매활동 (물류 투입활동)	생산활동	물류활동 (물류 산출활동)	판매 및 마케팅 활동	서비스 활동	

③ **핵심역량** : 특정기업의 경쟁우위를 창출할 수 있는 능력을 핵심역량이라 한다. 핵심역량은 여러 제품의 바탕이 되는 핵심적인 노하우나 기술을 의미한다.

〈도표 1-5〉 경쟁우위의 두 원천

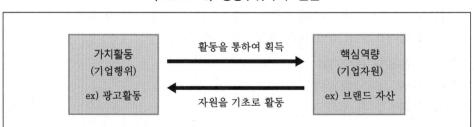

Ⅲ 기업전략의 수립

1. 각 사업부의 평가

BCG 매트릭스나 GE 매트릭스를 이용하여 각 사업부를 평가한다.

2. 기업전략의 수립

(1) 기업전략

기업전략은 그 기업이 어느 시장에서 경쟁할 것인가를 정하는 것으로, 대개 **공격/진입전략**, **안정전략**, **방어전략**으로 나눌 수 있다.

(2) 기업의 성장 경로

대개 기업은 **단일사업기업**에서 출발하여 **수직계열화, 관련다각화, 비관련다각화**의 형태로 성장한다.

1) 수직적 통합과 아웃소싱 전략

① 수직적 통합은 기업이 전방 또는 후방으로 자신의 가치활동을 확대하는 것을 말하며, 내부화라고도 한다.

② 수직적 통합과 상반되는 개념으로 아웃소싱은 기업의 비핵심부문을 분사, 매각시키는 것으로 통제력은 낮아지지만 유연성이 높아지는 장점이 있다.

③ **준통합** : 수직적 통합과 아웃소싱의 중간 형태

> **✎ 강조**
> 수직적 통합과 아웃소싱은 서로 상반되는 전략으로 이 두 개념의 비교나, 이 두 개념의 중간성격인 준통합에 대해 출제될 가능성이 높다.

2) 다각화

① 기업은 성장추구, 위험감소, 범위의 경제, 시장지배력 행사, 내부시장의 활용을 위해 다각화를 추구한다.

> **❗ 주의**
> 성장추구와 위험분산을 위한 다각화는 주주보다 경영자를 위한 다각화가 된다.

② 관련다각화는 높은 범위의 경제를 누릴 수 있는 장점이 있지만, 한 분야의 문제가 다른 분야에 전달되는 도미노 효과가 나타나기도 한다.

③ 비관련다각화는 재무적인 위험을 분산할 수 있는 장점이 있으나, 각각의 사업들 간에 전략적 적합성이 없다는 단점이 있다.

④ 새로운 산업에의 진입방법으로 사내창업, 조인트벤처, 인수・합병(M&A) 등이 있다.

〈도표 1-6〉 사내창업과 인수합병의 비교

	사내창업	인수합병
장점	• 전체적인 비용이 저렴 • 관련분야로의 진입용이 • 기존조직과의 통합문제 적음	• 진입장벽을 우회할 수 있음 • 낮은 개발비용 • 진입시간의 단축
단점	• 진입장벽의 극복문제 • 높은 개발비용 • 많은 시간, 낮은 성공률	• 높은 인수비용 • 조직통합의 문제

3) 해외시장 진출 전략 및 국제화 과정
  ① 계약에 의한 진출 : 대개 외국의 현지법인과의 계약에 의해 해외사업을 운영하는 것으로 라이센스(licence), 프랜차이즈(franchise), 생산계약 등이 대표적이다.
  ② 해외직접투자 : 해외 직접투자는 합작투자와 단독투자 형태로 나눌 수 있다.
  ③ 다국적 기업과 초국적 기업

〈도표 1-7〉 다국적 기업과 초국적 기업

		기업활동의 범위	
		넓음	좁음
기업의 범세계적 활동의 조정방식	높은 통제	고도의 글로벌 전략 (세계중심주의, 초국적기업)	단순한 글로벌 전략 (본국중심주의, 다국적기업)
	낮은 통제	국가별전략 (현지중심주의, 다국적기업)	수출위주의 마케팅전략 (수출기업)

경영산책 블루오션 전략

김위찬과 르네 마보안 교수는 기업이 미래에 부상할 신시장을 포착하고 창조하기 위해서는 블루오션 전략이 필요함을 강조하였다. 이들은 전체 시장을 레드오션(Red Ocean)과 블루오션(Blue Ocean)으로 구성된 바다로 가정했다. 레드오션은 오늘날 존재하는 모든 산업을 뜻하며 이미 세상에 잘 알려진 시장 공간이다. 이곳에서는 명확하게 그어진 산업 간 경계 내에서 기업들이 경쟁자들로부터 서로 시장을 빼앗기 위해 유혈 경쟁을 벌이게 된다. 반면 블루오션은 현재 존재하지 않는 모든 산업을 나타내며 아직 우리가 모르고 있는 시장 공간이다. 따라서 게임의 규칙이 아직 정해지지 않은 블루오션에서는 새로운 수요 창출과 고수익 성장의 기회를 누가 먼저 발견할 것인가가 무엇보다 중요한 이슈로 부각된다.

기존의 5 Forces 모델과 같은 방법론들은 레드오션 분석에 주로 유효한 것으로 기업들이 어떻게 블루오션을 창출해야 하는가에 대한 구체적인 실천 프로그램을 제안하지는 못했다.

전략 캔버스는 블루오션 전략을 구축하기 위한 진단 도구로 가로축에는 업계가 경쟁하고 투자하는 요소 범위를, 세로축에는 구매자들이 느끼는 경쟁 요소들의 수준 정도를 표시하여 기업이 고객에게 제시하는 가치의 구조를 명확하게 나타낸다. 따라서 전략 캔버스는 경쟁자들이 지금 어디에 투자를 하고 있으며, 업계가 제품과 서비스, 유통에서 경쟁하는 요소가 무엇인지를 이해할 수 있게 할 뿐만 아니라 고객들이 기존 시장의 경쟁 상품으로부터 얻는 것이 무엇인지를 보여준다.

참고 축소전략

1) 축소전략 중 개선여지가 있을 때는 우회전략이나 포획전략을 사용한다.
   ① 우회전략(turnaround strategy)은 산업의 매력도는 높으나 내부적 문제가 있을 때 사용한다. 활동의 효율성을 높이는 데 초점을 둔다.
   ② 포획전략은(captive strategy)은 중간정도 매력도나 쇠퇴하는 산업이고, 약한 경쟁력 상태이고, 우회가 어려울 때 사용한다. 주요고객에 집중하고 범위를 축소하며, 약간의 기능 활동을 한다.
2) 축소전략 중 개선여지가 없을 때는 수확전략이나 처분, 청산전략을 사용한다. 이 전략은 투자나 광고를 줄이고 장기적으로는 탈출을 한다.

참고 다운 스코핑

① 구조조정 전략 중 다운 사이징은 전체조직의 전반적 감원을 수반하는 전략으로
   – 단기적으로 즉각적인 비용 절감이 가능하지만,
   – 장기적으로 경쟁우위가 될 수도 있는 우수한 인적자원의 손실 가능성이 있다.
② 다운 사이징은 다운 스코핑(down scoping)과 다운 스케일링(down scaling)으로 나눌 수 있다.

③ 다운 스코핑은
- 경쟁우위 사업부문에 집중적인 투자가 가능하다.
- 선택과 집중을 통해 기업자원의 효율적 활용을 추구한다.

Ⅳ 사업부 전략

1. Porter의 본원적 경쟁전략

사업부 수준에서는 기업전략에서 선택된 특정산업에서 어떻게 경쟁우위를 확보할 것인지를 정하게 되며, Porter의 본원적 경쟁전략에 의하면 원가우위전략, 차별화전략, 집중화전략으로 나눌 수 있다.

〈도표 1-8〉 Porter의 본원적 경쟁전략

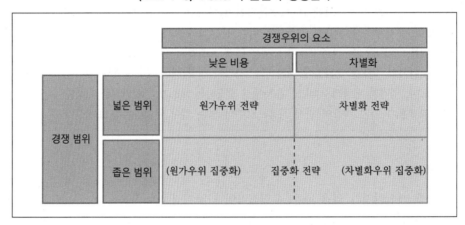

1) **원가우위전략** : 원가우위전략을 쓰기 위한 차별역량은 대개 **제조**와 **자재관리 분야**에서 나타나며, 경쟁자보다 더 낮은 가격으로 소비자에게 제품을 공급하게 되어 치열한 가격경쟁에서 승리할 수 있으나, 시장세분화를 무시하고 차별화 수준이 낮게 되는 문제가 있다.
2) **차별화우위전략** : 차별화우위전략을 쓰기 위한 차별역량은 대개 **R&D기능**이나 **마케팅기능**에서 나타나며, 높은 가격 프리미엄을 얻을 수 있는 장점이 있으나, 높은 비용구조의 문제가 있다.
3) **집중화전략** : 집중화전략은 특정시장, 특정소비자집단, 일부제품을 집중적으로 공략하려는 것이다.

> ❗ 주의
> 집중화 전략은 니치기업이 주로 택하는 전략이다.

2. 원가우위전략과 차별화전략의 관계

일반적으로 보면 두 전략은 서로 상반된 전략으로 보이지만, 최근의 새로운 혁신기술(FMS, JIT 등)을 이용하면, 상호보완적으로 사용할 수 있다.

〈도표 1-9〉 원가우위전략과 차별화전략의 동시추구

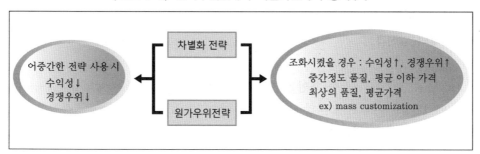

3. 유도전략

유도전략은 중소기업이 대기업을 상대할 때 효과가 있는 전략으로, 상대의 힘을 역이용하거나 회피하는 전략이다.

4. 협력적 전략 : 전략적 제휴

참고 **마일즈 & 스노우의 전략 유형**

공격형(개척형), 방어형, 분석형(모방형), 반응형(방임형)

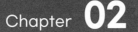

Chapter 02 기업의 형태 및 경영관리

Ⅰ 기업의 형태

1. 기업형태의 발전과정

(1) 개인회사

1) 단독의 출자자가 **무한 책임**을 지고 자본투자 및 경영을 하는 형태이다.

2) 개인기업은 기업 운영 시의 일관성과 신속성, 비밀유지의 용이 등의 장점이 있으나, 개인의 능력 및 자금력의 한계, 조세상의 불리 등의 문제가 있다.

(2) 합명회사(Co-ordinary partnership)

1) 이탈리아 육상상업 소키에타스(societas)에서 발전한 형태이다.

2) 합명회사(general partnership)는 무한 책임을 지는 여러 투자자(무한책임사원)가 연대책임을 지고 공동으로 운영하는 형태이다.

3) 설립사원은 2인 이상이어야 한다.

4) 지분 양도 시 반드시 사원의 동의를 얻어야 한다.

(3) 합자회사

1) 이탈리아 해상상업 코멘다(commenda)에서 발전한 형태이다.

2) 합자회사(limited partnership)는 무한책임사원과 유한책임사원으로 이루어져 있다.

3) 유한책임사원은 회사에 대해 유한책임을 지되 경영활동에 관여하지 않고 이윤의 일부만 배당받기로 하는 사원이다.

4) 설립사원은 2인 이상이어야 한다.

5) 지분 양도시 반드시 사원의 동의를 얻어야 한다.

> ✏️ **강조**
> 합명회사나 합자회사는 무한책임사원의 신용도 문제 및 유한책임사원의 모집곤란 등의 문제가 있다.

(4) 유한회사

1) 영국의 Private company 또는 독일의 유한책임회사(Gmbh)에서 발전한 형태이다.

2) 유한회사(limited company)는 사원전원이 간접의 유한 책임을 지는 자본적 결합체이다.

3) 유한회사는 자본형성 방법에 관한 법의 규제가 적으며, 소규모에 폐쇄적으로 운영되는 특징이 있다.

4) 유한회사의 사원수는 1인 이상이나 50인 이내로 제한된다.

5) 유한회사의 최저 자본 규모는 1,000만원이다.

6) 자본의 양도는 사원총회를 통해서만 가능하고 엄격히 제한된다.

> ❗ 주의 : 상법 개정
> ① 50인 이내 조항 삭제
> ② 최저 자본 규모 삭제

(5) 주식회사

1) 주식회사(joint stock company)는 모든 출자자가 유한 책임을 지고, 출자 지분을 증권화하여 자유롭게 양도할 수 있는 특징이 있다.
2) 주식회사는 거대한 자본을 쉽게 조달할 수 있는 장점이 있다.
3) 주식회사의 주주는 경영권을 경영자에게 위임할 수 있어 소유와 경영의 분리를 달성할 수 있다.

경영상식 협동조합

협동조합은 1844년 12월 1일 영국의 로치데일(Rochdale)에서 동맹파업에 실패한 직공들이 각자 1파운드씩 출자하여 매점(소비조합)을 설립한 것이 시초이다. 협동조합은 영리목적이 아닌 이용주의에 따른 상호부조, 공존공영의 정신에 입각하여 운영하는 것이 특징이다. 협동조합의 지도원칙으로는 ① 조합공개의 원칙(조합에의 가입·탈퇴의 자유), ② 의결권 평등의 원칙(1인 1표), ③ 판매액비례환급의 원칙, ④ 신용거래가 아닌 현금거래의 원칙 등이 있다.

〈도표 2-1〉 기업형태의 발전과정

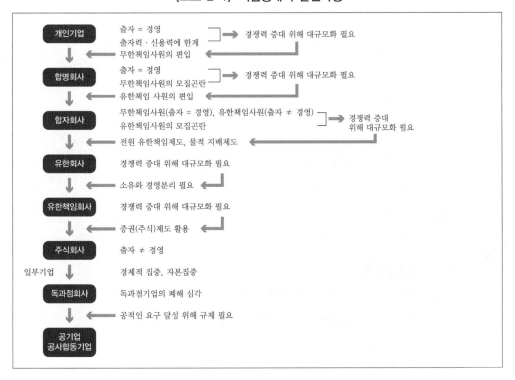

2. 기업의 집중과 공기업의 등장

(1) 기업집중

기업들은 시장에서의 무한경쟁을 피하고, 수익성을 극대화하기 위해 기업끼리 결합하기도 하는데 이를 기업집중이라 한다. 코굿(Kogut)에 의하면, 기업집중을 통해 규모의 경제, 범위의 경제, 학습효과를 기대할 수 있다.

(2) 기업집중의 결합 방향

1) **수평적 결합** : 유사업종 간의 결합으로 시장 독점이 목적이다.

2) **수직적 결합** : 동일 제품의 생산의 각 단계간 결합으로 생산의 합리화가 목적이다.

3) **다각적 결합** : 관계없는 업종의 결합으로 위험분산이나 기업지배력 강화가 목적이다.

(3) 기업집중 참가 기업의 독립성 정도

1) **카르텔(Cartel)** : 기업연합

    ① 동종기업 간의 수평적 결합

    ② 계약에 의한 결합

    ③ 내부간섭배제 및 낮은 결합력

    ④ 법률적 · 경제적 독립성 유지

> **요약** 강력한 카르텔 형태로 신디케이트(syndicate)가 있다.

2) **트러스트(Trust)** : 기업합동

    ① 독점적 기업지배 및 강력한 내부간섭

    ② 동종 · 이종기업 간의 결합

    ③ 법률적 · 경제적 독립성 상실

3) **콘쩨른(konzern)** : 기업연휴

    ① 수직적, 다각적, 자본적 결합

    ② 기업의 지배적 강화

    ③ 법률적 독립성 유지, 경제적 독립성 상실

    ④ 주로 지주회사(holding company)를 이용

> **요약** 지주회사는 타기업의 주식을 소유하여 타기업을 지배하려는 회사로, 독자사업영위 유무에 따라 순수지주회사와 사업지주회사로 나눌 수 있다.

(4) 기타의 기업집중 형태

1) **콤비나트(kombinat)** : 다각적 결합 공장

2) **콘글로머릿(conglomerate)** : 이종기업 간의 다각적 결합

    ① 대개는 주식 매입을 통해 형성

    ② 사업부제 조직의 변형으로 법률적 독립성 유지

③ 계열 기업 간의 관련성이 없어 시너지 효과가 낮음

> **요약** 콘글로머릿이 발전하면 지주회사의 형태가 될 수 있다.

(5) 공기업

1) 기업집중의 폐해

① 경제력의 집중(즉, 독점)으로 서비스가 나빠짐
② 독점이윤의 추구로 소비자에게 피해를 줌

2) 기업집중을 견제하기 위한 장치 : 독점규제 및 공정거래법

① **셔만 반트러스트법** : 불법적 거래의 제한과 독점금지 → 지주회사 탄생
② **클레이톤법** : 셔만법 보완, 가격차별, 배타적거래, 주식취득 및 임원겸임 제한
　　→ 콘글로머릿 탄생
③ **로빈슨-패트만법** : 대량구매자의 교섭력 제한 위해 동질·동급 거래 시 가격차별 제한
④ **독점규제 및 공정거래법** : 소수기업의 시장지배 및 경쟁제한행위 금지

3) 공기업(공사합동기업)의 필요성

① 국제경쟁력 확보를 위해 대자본 조성 필요
② 산업의 특성상 천문학적 자본 필수
③ 공익성이 상당히 요구되는 산업
④ 이윤극대 목표와 공익성을 유지하기 위한 정부 통제의 조화가 필요

4) 공기업의 특징

① 공공기관의 출자
② 경영활동에 대한 공공의 통제
③ 경영의 공익성
④ 독립채산제

5) 공기업의 장·단점

① **장점** : 자본조달의 유리, 사업상의 우선권 및 독점권, 조세면에서 유리
② **단점** : 자유재량권의 부족, 경영활동의 제한, 능률저하, 복잡한 행정사무

II 경영관리론

1. 경영관리의 역사

〈도표 2-2〉 경영관리의 발달과정

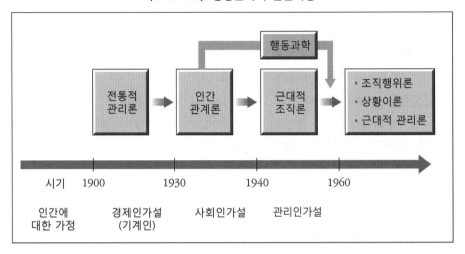

(1) 전통적 관리론

1) 테일러 시스템

① 과학적 관리법을 주장

② 저노무비, 고임금의 실현

③ 시간연구와 동작연구를 통해 표준과업량 제시

④ 차별성과급제

2) 포드시스템

① 표준화(standardization), 단순화(simplification), 전문화(specialization)의 3S 개념을 정립

② 봉사목적의 강조

③ 고임금, 저가격의 실현

3) 베버(Weber)의 관료제

4) 패욜(Fayol)의 관리과정론

① 경영활동을 기술활동, 상업활동, 재무활동, 보전활동, 회계활동, 관리활동으로 나눔

② 패욜은 관리활동을 가장 중시함

③ 관리활동은 계획, 조직, 지휘, 조정, 통제

> **요약** 전통적 관리론은 인간성 무시의 문제점을 안고 있다.

참고 **패욜의 일반원칙 14가지**

직무분권화, 권한과 책임의 일치, 규율, 명령일원화, 지휘 통일, 전체이익 우선, 보상의 공정성, 중앙집권화, 수직 계층화, 질서 유지, 공정성, 고용의 안정성, 창의성과 자발성, 협동성

(2) 인간관계론

1) 1920년대 중반 메이요(Mayo) 등이 호손공장실험을 통해 주장함

2) 생산성을 높이기 위해 사람의 감정, 태도, 사회적 관계 등이 중요하다는 것을 밝힘

(3) 근대적 관리론

1) **버나드(Barnard)**는 인간관계 및 공식조직 양면을 종합하고 **균형**을 유지하는 것이 중요하다고 하였다.

2) **사이몬(Simon)**은 관리과정을 의사결정과정으로 인식하고, 제한된 합리성 가정하에 **만족해**를 추구해야 함을 관리인 가설로 설명하였다.

(4) 현대적 관리론

1) 시스템론

① 전체는 부분의 합 이상이다 → 시너지 효과

② 시스템은 **개방시스템**(open system), **투입 − 변환 − 산출 모형, 시스템 경계, 엔트로피 현상** 등의 특징이 있다.

2) 상황이론(contingency theory)

3) 복잡성 이론(complexity theory)

① 조직을 스스로 더 나은 상태로 진화하는 자기조직적 질서의 존재로 보았다.

② 자기조직화의 특성을 **자율적 동요창조, 자기초월, 초협력성, 목적지향성**의 4가지 요인으로 구분하였다.

> **요약** 나비효과는 미시움직임이 거시움직임을 가져온다는 것이다.

③ 복잡성 이론에 의하면 계획적 학습의 결과는 항상 발현적(emergent) 학습의 결과와 결합되어 나타난다.

④ 조직 구조의 슬림(slim)화, 플랫(flat)화, 소규모(small)화를 통해 공진화(co-evolution)가 가능해진다.

⑤ 소사장제, 분사제, 네트워킹 조직, 가상복합기능직제, 조각조직 등이 적절한 형태로 존재한다.

〈도표 2-3〉 주류 조직이론과 복잡성이론의 비교

비교요소 \ 이론	주류조직이론	복잡성이론
세계관	단순	복잡
조직원리	의도적 설계	자기조직화
연구의 논점	① 요소-전체 분리 ② 선형성 ③ 단선적 인과성 ④ 평형/안정성 ⑤ 외생성/내생성 ⑥ 공학적 접근	① 요소-전체 통합 ② 비선형성 ③ 상호 인과성 ④ 비평형/불안정성 ⑤ 자생성 ⑥ 생물학적 접근

2. 독일 경영학과 미국 경영학

(1) 독일 경영학

1) 독일 경영학은 상업학의 효시인 프랑스인 사바리(J.Savary)의 저서 [완전한 상인]이 출시된 1675년을 기점으로 출발하였다.

2) 독일 경영학은 이론적이며 체계적인 연구를 중시하는 경영경제학으로 발전하였다.

(2) 미국 경영학

1) 미국 경영학은 공업경영학으로 불리우는 1900년대 초반의 테일러(F.W.Taylor)를 기점으로 출발하였다.

2) 미국 경영학은 실천적이며 현실적인 경영관리학으로 발전하였다.

〈도표 2-4〉 독일 경영학과 미국 경영학의 비교

비교	독일 경영학	미국 경영학
학문생성	학자 중심의 논쟁을 거쳐 형성	기사, 근로감독 등의 실무가들의 필요(문제해결)에 의해 자연적으로 형성
연구대상	기업의 설립, 운영, 소멸에 이르는 전생애	기업의 운영(경영관리) ← going concern 전제
연구의 논점	경영자의 행동결과(성과)	경영자의 행동과정(경영과정)
학문의 성격	학리를 앞세운 경영학 연구 → 경영 경제학	기술론을 앞세운 경영 연구 → 경영자 경영학
학문체계	경영 유형에 따른 기관별(institutional) 체계	모든 경영에 공동되는 기능별(functional) 체계

3. 경영관리론

(1) 경영환경

1) 일반환경(general environment)

① 모든 기업에 공통으로 영향을 주는 환경이다.

② 통제가 불가능하기 때문에 이에 잘 적응하는 것에 초점을 둔다.

③ 제조물 책임법(PL법 : product liability) : 제조물의 결함에 대해 제조업자(혹은 유통업자)가 책임을 지도록 제정

2) 과업환경(product liability)

① 개별 기업에 영향을 주는 환경이다.

② 기업은 이에 영향력을 행사하여 관리하는 것에 초점을 둔다.

③ **소수주주권의 강화 및 주주관계 활동(IR)**

최근 들어 소수주주권 강화를 위한 법규정이 개정되고, 의결권 대리, 대표소송 등을 통하여 경영감시 활동에 적극적인 소수주주들이 늘고 있다. 이에 대해 우호적 관계를 맺기 위해 회사가 적극적으로 주주나 증권 분석가들을 대상으로 펼치는 전사적 홍보활동을 IR(investor relations)이라 한다.

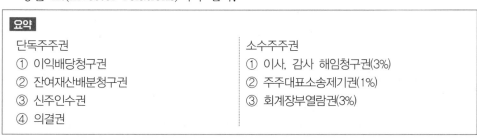

요약	
단독주주권	소수주주권
① 이익배당청구권	① 이사, 감사 해임청구권(3%)
② 잔여재산배분청구권	② 주주대표소송제기권(1%)
③ 신주인수권	③ 회계장부열람권(3%)
④ 의결권	

〈도표 2-5〉 경영환경

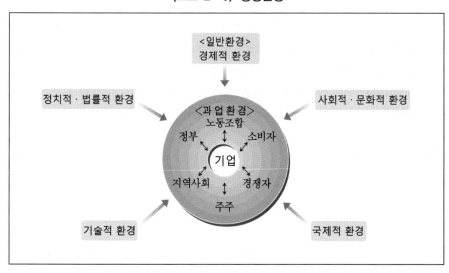

(2) 경영관리의 과정

1) 관리과정의 구조

① PDS : 계획(plan) – 실행(do) – 통제(see)

② POC : 계획(planning) – 조직(organizing) – 통제(controlling)

③ 패욜의 관리 과정 : 계획(planning) – 조직(organizing) – 지휘(directing) – 조정(co-ordinating) – 통제(controlling)

2) 계획

① 전략적 계획과 전술적 계획

전략적 계획은 최고경영층이 주도하여 수립하는 장기적·거시적 경영계획에 해당되며, 전술적 계획은 중간 또는 하위경영층이 수립하는 일상적 실천방안이 해당된다.

〈도표 2–6〉 전략적 계획과 전술적 계획의 비교

	전략적 계획	전술적 계획
목표범위	기업 전체	기능부서
목표기간	장기	중·단기
불확실성	높다	낮다
고려환경	외부환경(통제 불가능한 환경 포함)	내부환경
자료이용	질적 자료, 경영자 경험	주로 양적 자료

② 지속적 계획과 일시적 계획

㉠ 지속적 계획은 반복적으로 발생하는 문제를 다루기 위해 수립되는 것으로 방침(policy) 또는 정책, 절차(procedure), 규칙(rule) 또는 규정이 이에 해당한다.

㉡ 일시적 계획은 특정 목표를 달성하기 위해 수립되는 것으로 예산(budgets), 프로그램(program), 프로젝트(project)가 이에 해당한다.

③ 영기준 예산법(ZBB : zero–base budgeting) : 이 방법은 예산 수립 시 각 지출항목에 대해 항상 재검토를 하여 수립하는 것을 말한다.

④ PPBS(planning, programming & budgeting system) : 이 방법은 한정된 자원으로 예산낭비 없이 가장 효율적인 결과를 얻기 위해 장기계획, 실행계획 수립 및 예산결정을 시스템화한 것을 말한다.

3) 조직

조직화란 조직 전체 업무를 개인이나 집단에 할당하고, 구성원들을 집단화한 후 해당 업무에 권한을 부여하는 것을 말한다.

① **직무(job) 또는 직능(function)** : 구성원에게 분할된 업무의 총체(또는 기술적 단위)를 말한다.

② **권한(authority)** : 주어진 업무를 수행하는데 필요한 공식적인 힘(또는 권리)를 말한다.

③ **책임(responsibility)** : 주어진 직무와 권한을 일정한 기준에 따라 수행해야 할 의무를 말한다.

④ **직위(position)** : 구성원에게 부여된 조직상의 지위를 말한다.

4) **지휘** : 조직행위론의 리더십이론 참조

5) **조정** : 조직의 분화로 인한 이질성의 극복을 위해 필요한 활동이다.

① 조직 내의 통합의 방향에 따라 수직적 통합, 수평적 통합, 대각적 통합으로 나눌 수 있다.

② 조직이 처한 상황에 따라 표준화, 계획수립, 상호조정에 의한 조정으로 나눌 수 있다.

③ 수평적 조직의 경우 연락역할담당자, 위원회 및 테스크포스, 전임 통합자에 의한 조정 등이 효과적이다.

6) 통제

① **행동통제(behavior control)와 결과통제(output control)**

행동통제는 정책, 규칙 등의 일의 수행방법을 정해놓고 통제하는 방식이고, 결과통제는 최종결과에 초점을 두고 통제하는 방식이다.

② 경영활동의 진행상황과 관련하여 사전통제(feedforward control), 동시통제(concurrent control), 사후통제(feedback control)로 나눌 수 있다. 이 중 예상되는 문제를 사전에 예방하려는 사전통제가 가장 바람직한 유형으로 미래지향적 통제에 해당하며, 사후통제가 가장 보편적인 통제이다.

〈도표 2-7〉 통제시기에 따른 통제유형

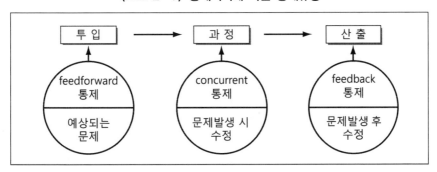

③ 목표에 의한 관리기법(MBO : management by objectives)은 기업목표설정과정에 종업원들을 참여시켜 스스로의 실행목표를 수립하게 하고 자기통제를 통해 자발적으로 목표를 달성하게 하는 기법이다.

> **요약** MBO의 특징
> ① 참여
> ② 단기적·수리적 목표
> ③ feedback

④ 최근에 등장한 통제기법으로 ABC(activity based costing), EVA(economic value added), MVA(market value added) 등이 있다. → 자세한 설명은 제3장에서 다룸.

참고 MBO의 SMART 원칙

① 구체적(specific)
② 측정가능(measurable)
③ 조직목표와의 일치성(aligned with organizational goals) 또는 달성 가능(achievable)
④ 현실적, 결과 지향적(realistic and result-oriented)
⑤ 기한이 있는(time bounded)

Chapter 03 경영자 및 기업의 사회적 책임

I 경영자 및 기업의 지배구조

(1) 경영자

1) **소유권의 변화와 경영자** : 기업의 규모가 방대해지면 소유권이 주식형태로 분산되고, 대규모 기업을 운영할 능력을 가진 전문경영자가 나타나게 된다.

〈도표 3-1〉 소유와 경영의 분리와 경영자

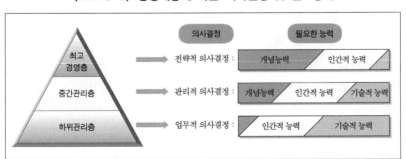

2) **계층에 따른 경영자** : 경영자를 계층에 따라 분류하면, 전략적 의사결정자인 최고경영층, 전 술적 경영자인 중간관리층, 그리고 하위관리층으로 구분할 수 있다.

3) **경영자의 주요의사결정 및 경영계층별 요구되는 능력**

① **앤소프(Ansoff)**는 경영계층별로 구분하면 상위부터 전략적 의사결정, 관리적 의사결정, 업무적 의사결정이 필요하다고 하였다.

② **캇쯔(Katz)**는 경영자에 요구되는 능력으로 개념적(conceptual)능력, 인간적(human)능 력, 전문적(technical)능력을 들고 계층별로 이의 배합기능이 달라야 한다고 하였다.

〈도표 3-2〉 경영계층에 따른 의사결정 및 필요능력

4) **경영자의 역할** : 민쯔버그(Mintzberg)

　① **대인 역할** : **상징적 대표자**(figure head, 대외), **리더**(동기유발 + 리더십, 대내), **연락자/섭외자**(liaison role; 연결, 연락책)

　② **정보전달 역할** : **청취자**(monitor; 정보탐색자), **전파자**(disseminator, 내부에 정보 전달), **대변인**(spokesperson, 외부에 정보 전달) → 수령자, 정보배분자

　③ **의사결정 역할** : **기업가**(enterpreneur, 기업의 성장과 발전을 위해 솔선수범하며 창의적 노력), **분쟁조정자**(disturbance handler), **자원배분자**(resource allocator), **협상자**(negotiator ; 교섭자) → 분쟁해결, 협상주도

5) **경영자의 기능** : 슘페터(Schumpeter)는 기업가는 혁신기능을 담당해야 한다고 하였고, 사이어트(Cyert)와 마치(March)는 각 이해관계자의 이해를 조정하는 사회적 책임기능을 강조하였다.

용어산책 **사이먼의 법칙**

일상적인 업무의 과중 때문에 계획수립이 제대로 되지 못하여, 중요한 업무를 고려하지 못하고, 긴급한 업무만 처리하는 것을 말하며, **의사결정의 그레샴법칙**이라고 한다.

---

6) **기업가와 관리자** : 기업가는 불확실성을 극복하고 혁신적 기법으로 이윤 기회를 발견하고 구체적인 사업기회를 실현시키려는 **기업가정신**(entorepreneurship)을 추구하는 리더이며, 조직의 균형을 추구(조직론)하는 조직관리자, 조직의 시너지효과를 추구(인간관계론)하는 조직원 관리자로서 역할을 해야 한다.

(2) 기업의 지배구조

'기업의 지배구조(Corporate Governance)'는 소유와 경영의 분리를 전제로 회사에 있어 경영진이 주주 등 투자자의 이익을 위하여 기업을 경영하도록 통제하는 제도적 장치를 의미한다. 그러므로 기업의 지배구조는 주주와 경영진, 이사회나 감사조직, 기타 이해관계집단으로 이루어지는 회사의 각 요소 간의 상호관계와 각각의 책임에 관한 구조로 정의할 수 있다.

지배구조에 영향을 미치는 구성요소로서 지배주주(개인, 가족, 공동집단, 지주회사 내지 상호주보유회사), 기관투자자, 소액주주, 은행 등 채권자, 종업원 기타 이해관계집단, 나아가 규제권한을 갖는 정부 등을 들 수 있다.

1) **이사회의 다양한 형태 및 역할**

　① **미국식 이사회** : 사내이사 + 사외이사 + 관련이사 (사내이사와 사외이사의 중간형태)

　② **Codetermination** : 하부관리자나 노조대표를 포함시킨 이사회(= 경영협의회)

　③ **Interlocking Directorates** : 타 회사의 CEO를 포함시킨 이사회

〈도표 3-3〉 최고경영자와 이사회의 주요역할

	주요역할
최고경영자	① 일상적 역할 ┬ 조직 내 인간관계의 조정 ├ 조직 내 정보흐름의 조정 └ 의사결정 ② 전략적 리더십 발휘 ┬ 비전의 제시 └ 발상의 전환 주도 ③ 전략적 경영을 실현할 인재의 확보 ④ 자원배분의 우선순위 결정 및 시간과 관심의 할당
이사회	① 기업자산 관리자들을 감독 ② 경영진의 각 계획을 승인 ③ 회사의 성과 평가 ④ 최고경영진의 고용·해고 및 보수결정 ⑤ 신의성실 의무(due care)

2) 이사회의 존재목적

　① 대리인 문제의 해소

　② 경영진 보조

　③ 경영진 견제

3) 테크노스트럭쳐(technostructure) : 갈브레이드(Galbraith)

　기업의 경영층은 의사결정에 참여하는 광범위한 지식집단을 말한다.

Ⅱ 기업의 사회적 책임(CSR: Corporate Social Responsibility)

(1) 사회적 책임의 필요성

　1) 기업의 좋은 평판으로 매출 증대, 자금조달비용 감소

　2) 규제 준수를 위한 비용 감소

　3) 종업원의 애사심, 귀속의식 제고

〈도표 3-4〉 기업역할의 변화

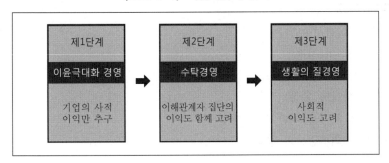

(2) 사회적 책임의 긍정론과 부정론 : 데이비스(Davis)

　1) 긍정론
　　① 사회의 요구에 부응해야함(기업은 사회와 **상호의존시스템**이므로)
　　② 장기적 이윤극대화 실현가능
　　③ 정부에 의한 새로운 규제 회피
　　④ 기업의 이미지 제고
　　⑤ 예방이 치료보다 효과적이므로 기업에 자발성 인정

　2) 부정론
　　① 기업의 이윤극대화의 노력이 사회에 최대이익을 가져옴 → 프리드먼(Friedman)
　　② 기업의 비용증가(관여 영역추가로)
　　③ 기업의 본질적 기능 저해
　　④ 정부에 의한 통제가 더 효율적

(3) 사회적 책임의 유형

　1) 대외적 윤리 : 주주에 대한 대리인 문제, 소비자 및 정부에 대한 책임

　2) 대내적 윤리 : 종업원에 대한 책임

〈도표 3-6〉 사회적 책임의 유형

	소극적 윤리	적극적 윤리
대내적 윤리	• 불공정 인사·임금체불·부당노동행위 여부 • 부실경영·허위보고서 작성·기업재산 유용 여부	• 산업재해예방·복리후생 향상 여부 • 인간중심경영·품질 향상·생산성 향상
대외적 윤리	• 공해유발·유해식품제조 여부 • 가격조작, 매점매석, 허위과대광고 여부 • 세금포탈, 불성실한 회계보고(공시) 여부 • 상표도용 여부 • 정경유착 여부	• 환경보호·자원보전 여부 • 소비자만족경영·교육학술지원 여부 • 생활의 질 향상, 사회복지 향상 여부

(4) 기업윤리의 제고

　1) 최고경영자의 솔선수범
　2) 기업윤리 규정의 제정
　3) 사외이사제도 도입
　4) 공익대표이사제도 도입
　5) 대리인 문제 해결을 위한 장치 마련
　6) 사회감사 및 외부감사의 강화

참고 캐롤 피라미드 모형에서 기업의 사회적 책임의 단계

경제적 책임 → 법적 책임 → 윤리적 책임 → 자선적 책임

참고 TBL(Triple Bottom Line)

1994년에는 영국의 작가이자 언론인인 존 엘킹턴(John Elkington)이 기업의 지속가능경영을 위해서는 경제, 사회, 환경이라는 3대 기본 축이 균형을 이루어야 한다는 내용의 TBL(Triple Bottom Line)을 제시

용어산책 분식회계

기업이 자산이나 이익을 실제보다 부풀려 재무제표상의 수치를 고의로 왜곡시키는 회계를 말하며, 분식결산(粉飾決算)이라고도 한다. 분식회계는 주주와 채권자들의 판단을 왜곡시켜 손해를 끼치기 때문에 법으로 금지되어 있지만, 공인회계사의 감사보고서를 통해서도 분식회계 사실이 제대로 밝혀지지 않는 때가 많다.

분식회계의 대표적인 수법으로서 창고에 쌓여 있는 재고의 가치를 과대계상하는 방법, 팔지도 않은 물품의 매출전표를 끊어 매출채권을 부풀리는 방법, 매출채권의 대손충당금을 고의로 적게 쌓아 이익을 부풀리는 수법 등이 주로 이용된다. 특히, 불황기에 이러한 분식회계 수법이 자주 이용되는데, 주주·채권자들에게 손해를 끼치는 것은 물론, 탈세와도 관련이 있어 상법 등 관련 법규에서도 금지하고 있다.

우리나라에서는 IMF(International Monetary Fund : 국제통화기금) 사태 이후 기업들의 영업실적이 약화되면서 이 분식회계가 급증했는데, 특히 대우그룹 김우중 회장의 41조원 분식회계 사실이 드러나 재무제표를 믿고 자금을 대출해 준 금융기관과 투자자, 일반 국민들이 엄청난 손해를 본 일이 있으며, 동아건설 역시 이 문제로 사회를 떠들썩하게 한 바 있다.

참고 현행법상 의무화된 경영투명성 및 기업지배구조 관련 제도

① **사외이사제도**
② **감사위원회제도** : 재무·회계감사, 외부감사인 선임, 내부회계관리의 운용실태 점검 및 평가보고, 회사업무 및 재산상태조사, 내부감사계획의 수립, 집행, 평가, 금융기관 내부통제시스템에 대한 평가, 이사직무집행 감사, 주주총회 제출의안 및 서류조사, 임시총회 소집청구, 준법감사 등의 업무를 함
③ **집중투표·서면투표제·전자투표제도**
④ **회계제도** : 연결재무제표의 주재무제표화, 결합재무제표의 작성, 재무제표에 대한 대표이사 인증, 내부회계관리제도의 법제화(내부회계관리제도는 원활한 구조조정을 위하여 회계부실예방을 위한 특별조치의 목적으로 도입된 것), 회계법인의 주기적 교체 의무화, 회계감사인의 컨설팅업무 제한

⑤ **공개경영제도** : 공정공시제도, IR제도, 경영정보의 사내공개, 연결공시제도 의무화

    ㉠ 공정공시제도 : 금융감독원공시, 인터넷, 신문 등의 공시매체를 활용하고 있고, 주요 공시내용은 경영실적, 사업보고, 지분변동, 수주 및 각종 계약체결, 채무보증, 특수관계인과 거래, 주주총회결과, 기타 주요경영사항, 사업계획, 매출액・경상이익 전망예측 등이다.

    ㉡ IR제도 : 인터넷, 설명회, 신문을 활용하며, 주요 IR내용은 회사경영실적 및 부문별 사업 현황, 조직개편, 경영전략, 재무현황(주요 재무제표), 사업전망, 신규사업 진출, 회사소개, 지배 구조, 중장기비전 등이다.

    ㉢ 경영정보의 사내공개 : 사내 이메일, 사보, 노동조합, 조회를 활용하며, 주요 공개내용은 사업전략, 영업실적 등 경영실적 전반, 사업전망, 수주현황, 신규출점, 주요 제도변화, 이사회 결의사항 및 지배구조, 임원회의 및 경영관련 회의내용 등이다.

⑥ **자율적인 '투명경영실천기구'의 설치・운영**

자율적인 '투명경영실천기구'는 주로 윤리경영위원회와 내부거래위원회, CP관련조직 등을 설치・운영하고 있으며, 투명경영기구의 업무범위는 계열사 간 내부거래의 적정성 검증 및 사전심의를 공정거래 감시, 윤리강령 정책결정, 윤리규정 재개정 및 윤리 실천프로그램 개발・보급, 공정거래 관련 자율준수 시스템 도입, 불건전한 위법행위・안전사고 위법행위・하도급 관련 불공정행위 감시, 회계투명성 제고 등이다.

▇▇ Ⅲ 경영학 신이론

(1) 벤치마킹(benchmarking)

벤치마킹이란 어느 특정 분야에서 우수한 상대를 찾아 성과 차이를 발견하고 이를 극복하기 위해 그들의 뛰어난 운영프로세스를 배우면서 부단히 자기혁신을 추구하는 기법이다.

(2) 리엔지니어링(BPR: business process reengineering)

리엔지니어링은 기존의 업무수행방식을 근본적으로 재설계하여 개선 이상의 혁신적 효과를 달성하려는 기법이다.

〈도표 3-7〉 신경영 패러다임

e-비즈니스 시대 : 인터넷을 기반으로 한 네트워크 시대의 경영
⇩
정보기술 기반경영 : 인터넷을 중심으로 한 정보기술을 전략적으로 활용하는 경영
⇩
지식기반 경영 : 시장가치 = 장부상 가치 + 지적자본 가치
⇩
가치가반 경영 : 기업의 시장가치를 극대화하기 위한 경영
⇩
글로벌 비즈니스 : 정보기술, 지식, 가치기반 경영을 통해 국제경쟁력을 갖추려는 경영

<도표 3-8> 새로운 관리기법

신경영 패러다임	새로운 관리기법
정보기술기반 경영	전사적 자원관리(enterprise resource planning : ERP)· 공급사슬 관리(supply chain management : SCM) 고객관계 관리(customer relationship management : CRM)
지식기반 경영	지식경영(knowledge management : KM)
가치기반 경영	가치중심 경영관리(value-based management : VBM) 활동중심 경영관리(activity based management : ABM) 균형 성과표(balanced score card : BSC) 리스크 관리(risk management : RM) 가치기준회계(value-based accounting : VBA) 경제적 부가가치(economic value added : EVA)

(3) 전사적 자원 관리(ERP : enterprise resource planning)

전사적 자원 관리는 구매와 생산, 물류, 판매, 회계 등의 기업활동 전반에 걸친 업무를 통합하여 경영자원을 최적화하려는 활동이다.

(4) 공급사슬관리(SCM : supply chain managemant)

공급사슬관리는 고객에게 제공되는 사이클 타임 최소화를 통한 경영혁신을 목표로 공급자로부터 소비자에게 이르는 일련의 공급사슬을 정보의 흐름, 제품의 흐름, 재무의 흐름을 중심으로 통합하려는 경영시스템이다.

(5) 고객관계관리(CRM : customer relationship managemant)

CRM은 고객과의 관계를 바탕으로 평생고객가치(LTV : life time value)를 극대화하기 위한 고객, 정보, 사내프로세스, 전략, 조직 등 전반적인 관리시스템을 말한다.

(6) 지식경영(KM : knowledge management)

지식경영이란 지식을 지속적으로 획득, 창출, 축적하고, 전파 공유하고 이를 활용하여 고객에게 뛰어난 가치를 제공함으로써 높은 성과를 달성하려는 것이다.

〈도표 3-9〉 20세기 경영의 흐름과 지식경영의 탄생

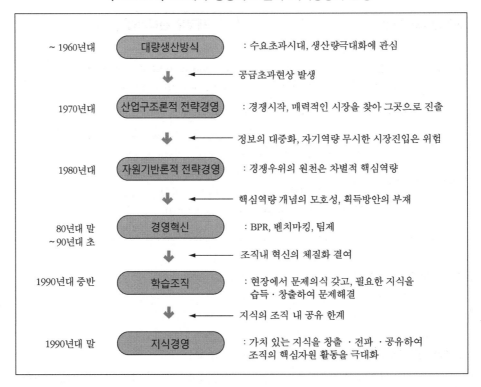

1) 형식지(explict knowledge)와 암묵지(tacit knowledge)

① 지식의 종류는 형식지와 암묵지로 나눌 수 있다.

② 암묵지는 말로 표현할 수 없는 주관적·신체적으로 체화된 지식으로 학습과 경험의 반복에 의해 숙련된다.

③ 형식지는 문장과 말로 표현할 수 있어 문서, 매뉴얼, 파일 등과 같이 외부로 표출되어 보관되거나 전달될 수 있는 형태를 띤 객관적·이성적·논리적 지식이다.

2) 지식순환 프로세스

① 암묵지와 형식지는 조직 내에서 상호작용하면서 지식을 획득, 공유, 표현, 결합, 전달하는 지식변환 프로세스를 형성해 나간다.

② 이러한 지식변환은 개인을 출발점으로 하여 개인의 집합인 집단(부문, 부서, 팀) 나아가 조직차원까지 나선형으로 회전하면서 공유되고 발전해 나가는 과정이다.

〈도표 3-10〉 지식순환 프로세스

	암묵지	암묵지	
암묵지	공동화 (socialization)	표출화 (externalization)	형식지
암묵지	내면화 (internalization)	연결화 (combination)	형식지
	형식지	형식지	

(7) 가치중심 경영관리(VBM : value based managemant)

가치중심 경영관리란 기업의 이익 대신 기업의 가치를 중심으로 경영관리를 하는 것을 말한다.

(8) 활동중심 경영관리(ABM : activity based managemant)

활동중심 경영관리는 활동기준 원가계산(ABC)에서 출발한 기법으로 경영관리를 위한 정보와 그 정보의 근원이 되는 활동을 연계시켜 경영관리의 효율성을 높이려는 것이다.

(9) 균형성과표(BSC : balanced scorecard) : Kaplan & Norton

균형성과표는 전통적인 회계나 재무시각만으로 기업경영을 보지 말고 재무, 고객, 내부 프로세스, 학습성장 등 네가지 관점 간의 균형 잡힌 시각에서 기업경영을 바라봐야 한다는 관리시스템이다.

(10) 경제적 부가가치(EVA : economic value added)

경제적 부가가치란 기업경영의 목표를 회계상 이익이 아닌 경제적 부가가치(세후영업이익−총자본 조달비용)의 창출로 보고 경영전략, 조직구조, 업무프로세스를 재편하려는 '가치경영' 활동이다.

(11) 시장부가가치(MVA : market value added)

시장부가가치는 기업의 시장가치에서 투하된 자본을 차감한 것으로 EVA의 현재가치에 해당하며, 단기적 성과 지표라는 EVA의 한계를 보완해준다.

(12) 가치기준회계(VBA : value based accounting)

가치기준회계는 전통적인 회계절차로는 측정할 수 없는 숨겨진 기업가치(즉, 지적자본)를 찾아내어 이를 객관적으로 평가하고자 하는 기법이다.

〈도표 3-11〉 각 경영기법의 특징

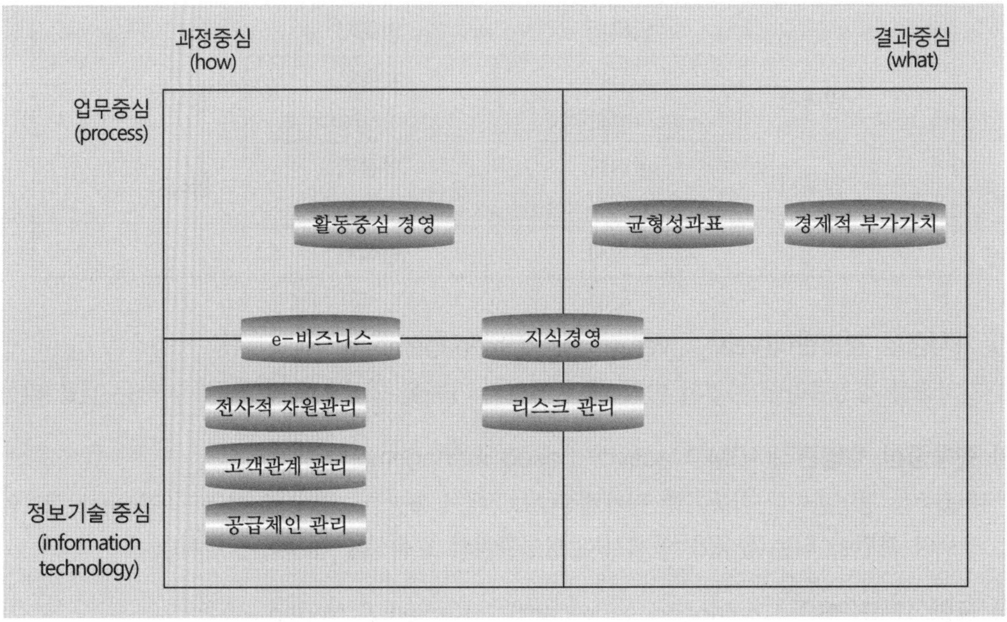

▶ 2013 경영조직론

<공인노무사 2차 기출>

암묵지(tacit knowledge)와 형식지(explicit knowledge)를 비교·설명하고, 이에 기초하여 노나카(Nonaka)가 제시한 조직의 지식 창조과정을 도식화하여 설명하시오. 25점

PART 02
계량의사결정론

Chapter 01 확실성하의 의사결정기법

I 선형계획법(LP)

(1) 선형계획법의 가정

1) 가법성
2) 비례성
3) 가분성
4) 확정성

(2) 선형계획법의 구성요소

1) 목적함수
2) 제약조건
3) 비음조건
4) 의사결정변수

(3) 선형계획법의 심플렉스 해법

1) 선형계획법의 최적해는 반드시 실행가능영역의 꼭지점이거나 꼭지점을 포함
2) 꼭지점을 옮겨가며 해를 개선해 나감

II 수송법과 할당법

(1) 수송법과 할당법의 특징

1) 다수의 공급지로부터 다수의 수요지로 재화 등을 수송(또는 할당)하려는 모형
2) 선형계획법의 특수한 형태
3) 제약식이 모두 등식
4) 일반적으로 최소화 문제에 국한(단, 최대화 문제도 가능함)
5) 수송법은 수송량이 1개 이상이지만, 할당법은 수송량이 1 또는 0

(2) 수송법과 할당법의 특징

1) 수송표 작성
2) 최초해의 유도
   ① 북서코너법
   ② 최소비용법
   ③ 보겔의 접근법

④ 기타 : Russel법, Houthakker법

3) 최초해의 개선

① 징검다리법(디딤돌법)

② 수정배분법(MODI법)

(3) 할당법의 해법 : 헝가리식 해법

1) 할당표 작성

2) 최초해의 유도 : 행의 기회비용표 → 열의 기회비용표

3) 최초해의 개선

Ⅲ 목표계획법(GP)

(1) 목표계획법의 의의 : 다수의 상충된 목표를 동시에 해결하는 기법

(2) 목표계획법의 특징

1) 목적함수에는 편차변수만 존재

2) 항상 최소화 문제에만 국한

3) 목표에 우선순위 부여 가능

(3) 목표계획법의 해법 : 도표법, 수정심플렉스 해법

(4) 목표계획법의 한계

1) 모든 목적이 항상 만족되지는 않음

2) 모든 목적은 계량화되어야 함

3) 조직체 내의 목표의 우선순위에 대한 불일치 문제

Ⅳ 정수계획법(IP)

(1) 정수계획법의 의의 : 특정변수 또는 모든 변수에 대해 정수의 값을 요구

(2) 정수계획법의 특징 : 정수계획법은 선형계획법의 해로부터 출발

(3) 정수계획법의 해법 : 완전열거법, 도표법, 고모리법(절면법), 분단탐색법(가지치기법)

V 동적계획법(DP)

(1) 동적계획법의 의의 : 다기간 또는 다단계 의사결정기법

(2) 동적계획법의 특징 : 복잡하고 큰 문제를 여러 개의 부분 문제로 분해하여 해결

(3) 동적계획법의 해법 : 최적성의 원리, 후방귀납법

(4) 동적계획법의 적용분야 : 최단경로문제, 자본예산문제, 배낭문제 등

VI 비선형계획법(Non-LP)

Chapter 02 위험하의 의사결정기법

I 사전정보와 표본정보를 이용한 의사 결정

(1) **완전정보의 기대가치(EVPI)**

(2) **표본정보의 기대가치(EVSI)** = 불완전정보의 기대가치

II 의사결정수

(1) **의사결정수의 의의** : 연속적인 다단계 의사결정을 가지와 마디로 나누어 표시한 후 해결

(2) **의사결정수의 구성요소** : 상황, 대안, 각 대안별 기대성과

(3) **의사결정수의 해법** : folding back 과정

III 시뮬레이션 : 모의실험법

(1) **시뮬레이션의 필요성**
   1) 수학적인 모형을 해석적으로 풀기 곤란한 경우
   2) 위험이 따르거나 실행 불가능한 경우
   3) 현상이 복잡하여 함수관계로 표시가 곤란한 경우

(2) **시뮬레이션의 특징** : 동태적 실험을 하며, 규범적이기보다는 기술적이다.

(3) **시뮬레이션의 유용성** : 최대한의 시간 압축

(4) **시뮬레이션의 문제점** : 모형 개발에 시간 비용이 많이 소요되며, 최적해를 구하지 못할 수 있음

IV 마아코브 연쇄모형

(1) **마아코브 연쇄모형의 의의** : 어떤 시스템의 현재 형태를 이용하여 미래 형태를 예측

(2) **마아코브 연쇄모형의 적용분야** : 소비자의 상표 교체문제 등

V PERT-CPM

(1) **PERT-CPM의 의의** : 대규모 프로젝트의 일정관리기법

(2) **PERT와 CPM의 차이점** : PERT는 확률적 모형, CPM은 확정적 모형

(3) **PERT-CPM의 네트워크 작성** : 단계와 활동 및 명목상의 활동으로 이루어짐

(4) **PERT-CPM의 해법** : 주경로(애로경로)를 결정하여 주경로(애로경로) 위주로 일정관리

VI 대기행렬이론

(1) **대기행렬이론의 의의** : 고객의 도착상황에 대응할 서비스 시설의 적정 규모 결정

(2) **대기행렬이론의 구성요소** : 고객, 서비스 시설, 대기행렬

(3) **대기행렬이론의 가정** : 고객의 도착은 포아송 분포, 서비스 시간은 (−)의 지수분포

(4) **대기행렬이론의 적용분야** : 음식점의 좌석 수, 공항의 시설규모, 병원의 환자대기 등

Chapter 03 불확실성하의 의사결정기법

(1) **라플레이스 준거** : 각 상황에 동일한 확률을 가정

(2) **맥시민 준거** : 비관적 견해로 확률 가정

(3) **맥시맥스 준거** : 낙관적 견해로 확률 가정

(4) **후르비츠 준거** : 맥시민 준거와 맥시맥스 준거의 절충형

(5) **유감 준거** : 기회비용을 이용하여 의사결정

Chapter 04 상충하의 의사결정기법

I 게임이론

(1) 게임이론의 의의 : 2인 이상의 참가자가 경쟁적으로 자신의 최대이익을 추구할 경우의 최적 전략 선택

(2) 게임이론의 구성요소 : 경쟁자, 경쟁자의 전략, 전략선택 시의 이익

(3) 게임이론의 해법 : 지배원리, 맥시민 원리

(4) 게임이론의 종류 : 안점 존재 여부에 따라 순수전략과 혼합전략으로 구분

05 생산 · 운영관리의 기초

PART 03
생산 및 운영관리

Chapter 01 생산 · 운영관리의 기초

Ⅰ 생산관리의 목표 및 생산전략

1. 생산관리의 목표

(1) 생산관리의 목표

생산관리의 주요 목표로는 **품질, 납기, 원가, 유연성**이 있으며 최근에는 **서비스**를 추가하기도 한다.

    1) **품질** : 고성능 설계, 일관된 품질

    2) **납기** : 빠른 인도시간, 적시인도, 개발속도

    3) **원가** : 낮은 비용

    4) **유연성** : 고객화(customization), 수량유연성

(2) 각 목표의 상충문제 및 극복방안

    1) 불량품과 재작업의 최소화

    2) 직무 전문화나 제품 표준화를 통한 반복도 증가

2. 생산전략

(1) 생산전략의 수립

생산전략은 반드시 사업전략과 부합되어야 하며, 마케팅전략, 재무전략과도 연계되어야 한다.

    → 생산시스템은 개방시스템임

〈도표 1-1〉 사업전략에 따른 생산전략

기능별 전략 ＼ 사업전략		전략A : 원가우위전략	전략B : 차별화우위전략
시장여건		가격에 민감 성숙한 시장 많은 수량 표준화된 제품	제품특성에 민감 새로 성장하는 시장 적은 수량 고객화된 제품
생산 전략	생산의 사명	성숙한 제품에 대한 낮은 원가 강조	신제품 도입을 위한 유연성 강조
	생산의 차별적 능력	우수한 공정기술과 수직적 통합을 통한 낮은 원가	제품개발팀과 유연자동화를 통한 신속한 신제품 도입
	생산정책	우수한 공정 전용자동화 변화에 서서히 반응 규모의 경제 작업자 참여	우수한 제품 유연 자동화 변화에 신속한 반응 범위의 경제 제품개발팀 활용
마케팅 전략		대량유통 반복 판매 판매기회의 최대화 전국적인 판매인력	선택적 유통 신시장 개발 제품 설계 대리점을 통한 판매
재무전략		낮은 위험 낮은 이익 마진	높은 위험 높은 이익 마진

출처 : Schroeder(1993)

(2) 집중화 생산전략

스키너(Skinner)에 의하면 '공장내 공장'을 설치하는 **집중화 공장**이 복잡한 공장보다 더 많이 생산하고, 더 싸게 판매하며, 더 빨리 경쟁우위를 확보하는 것으로 나타났다.

> **요약** 집중화 공장은 요건이 비슷한 한 두 제품에 국한시켜 생산하는 방식이다.

(3) 서비스 조직의 생산전략

〈도표 1-2〉 서비스 조직의 생산전략

원가우위전략	① 저원가 고객의 탐색 ② 고객서비스의 표준화 ③ 서비스 전달 시의 인적요소 최소화(자동판매기 등) ④ 네트워크비용의 감축 ⑤ 서비스 운영 시의 오프라인 방식 채택 → 규모의 경제와 저원가 설비 입지 가능
차별화 전략	① 무형의 유형화 ② 표준제품을 고객화 ③ 인지된 위험의 감소 ④ 인적자원에 대한 훈련의 강화 ⑤ 품질통제

Chapter 02 제품 및 서비스 설계

Ⅰ 제품설계

1. 신제품 도입

(1) 신제품 도입 전략

신제품 도입 시 주로 고려하는 전략으로 시장지향적 전략, 기술지향적 전략, 다기능 간 협력 전략이 있다.

〈도표 2-1〉 신제품 도입 전략

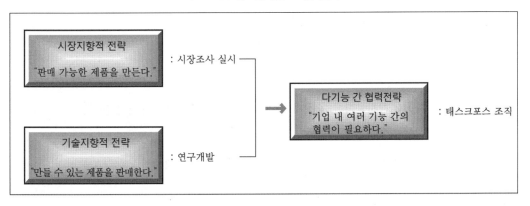

(2) 동시설계(concurrent design)

동시설계는 **동시공학**(CE : concurrent engineering)이라고도 하며, 제품의 설계, 기술, 생산, 마케팅, 서비스 등의 서로 다른 부서로부터 **다기능팀을 구성**하여, 제품설계단계에서 가능한 빨리 각 부서의 경험을 반영함으로써 개발기간단축, 비용절감, 품질향상을 달성하고자 한다.

(3) 품질기능전개(QFD)

1) 품질기능전개(QFD : quality function deployment)란 고객의 요구를 생산에서 사용하는 기술적 명세로 바꾸려는 것을 말한다.

2) QFD를 위한 도구로 '품질의 집'을 사용한다.

(4) 신제품 개발과정

〈도표 2-2〉 신제품 개발과정

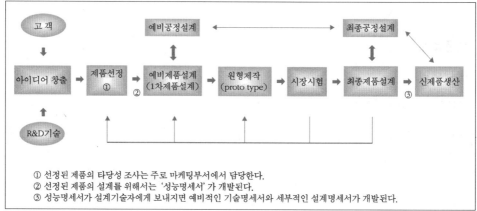

① 선정된 제품의 타당성 조사는 주로 마케팅부서에서 담당한다.
② 선정된 제품의 설계를 위해서는 '성능명세서'가 개발된다.
③ 성능명세서가 설계기술자에게 보내지면 예비적인 기술명세서와 세부적인 설계명세서가 개발된다.

* 예비공정설계는 예비제품설계와 최종공정설계는 최종제품설계와 각각 동시에 개발되는 것이 효율적이다.

2. 가치공학과 가치분석

제품이나 서비스의 가치를 증대시키기 위한 혁신기법으로 가치공학(VE)과 가치분석(VA)가 있다.

(1) **가치공학(VE)** : 가치공학은 주로 제품이나 공장의 설계분석에 관심을 둔다.

(2) **가치분석(VA)** : 가치분석은 주로 구매품의 원가분석에 관심을 둔다.

(3) **가치혁신(VI)** : 가치혁신은 제품의 라이프사이클의 모든 단계에서 VE, VA를 전개하는 것이다.

▓ II ▓ 서비스 설계

1. 서비스의 특징

서비스는 ① 무형성, ② 동시성, ③ 직접 접촉, ④ 고객과 생산자의 상호작용의 특징이 있다.

2. 서비스 분석의 틀

서비스 분석을 위해 ① 서비스 삼각형, ② 서비스 사이클, ③ 고객접촉도가 주로 사용된다.

(1) 서비스 삼각형은 **고객, 직원, 전략, 시스템**의 4요소로 구성된다.

(2) 서비스 사이클은 고객이 서비스와 접촉하는 점들로 이루어진 사이클을 말하며, 고객은 인식된 **서비스의 누적결과**로 전체 서비스를 평가한다.

(3) 고객접촉도가 높을수록 서비스 시스템과 고객의 상호작용이 커지고 불확실성도 커지게 되어 생산공정의 통제와 합리화가 어려워진다.

3. 서비스 설계의 현대적 방식

(1) 생산라인식 접근법
(2) 셀프-서비스 접근법

Chapter 03 공정설계

Ⅰ 공정설계의 기본개념

1. 공정설계의 의의

(1) 공정설계란 설계된 제품을 효율적으로 생산하기 위하여 ① 생산공정의 유형결정, ② 생산흐름 분석, ③ 생산설비의 선정 및 소유범위를 결정하는 것이다.

(2) 공정설계 시에는 주로 **자본집약도, 자원유연성, 수직적 통합정도, 고객참여도**를 고려한다.

〈도표 3-1〉 공정설계 4요소와 위치전략

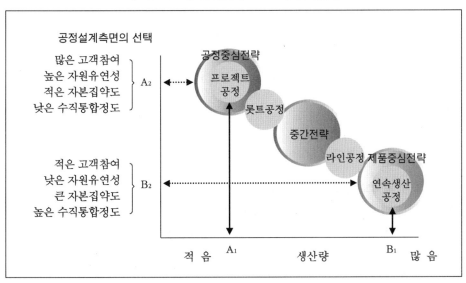

2. 생산공정의 유형결정

생산공정의 유형을 결정하기 위해서는 ① 요구되는 자본의 크기, ② 시장상황, ③ 노동력, ④ 원재료, ⑤ 기술 등을 주로 고려한다.

(1) **생산의 흐름에 따른 분류** : 연속생산, 단속생산

(2) **수주에 따른 분류** : 주문생산, 시장생산(재고생산), 조립생산

(3) **생산의 반복성에 따른 분류** : 개별생산, 롯트생산, 연속생산

(4) **생산량과 생산기간에 따른 분류** : 프로젝트생산, 개별생산, 롯트생산, 대량생산

〈도표 3-2〉 단속생산과 연속생산의 비교

비교사항	단속생산	연속생산
① 생산시기	주문생산	시장생산
② 품종과 생산량	다품종소량생산	소품종다량생산
③ 기계설비	일반목적용 기계설비[*1](범용설비)	특수목적용 기계설비[*2](전용설비)
④ 운반설비	자유경로형 운반설비	고정경로형 운반설비
⑤ 생산속도	느림	빠름
⑥ 단위당 생산원가	높음	낮음
⑦ 설비투자액	적음	많음
⑧ 노동력	고도로 숙련된 노동자	반숙련공·미숙련공도 가능
⑨ 유연성	높음	낮음
⑩ 설비배치	공정별 배치	제품별 배치

*1 일반목적용 기계설비 : 하나의 기계설비로 여러 가지의 일을 수행하는 기계설비를 말한다.
*2 특수목적용 기계설비 : 하나의 기계설비로 하나의 제한된 일만 수행하는 기계설비를 말한다.

3. 생산흐름 분석

생산흐름 분석을 위해 주로 제품분석과 공정분석을 한다.

4. 생산 설비선정 및 소유범위 (수직적 통합여부)결정

생산공정에 적합한 설비 선정 후 수직적 통합여부를 결정하는데, 경제성 검토 외에 후방통합에는 투입물 공급의 신뢰성, 전방통합에는 수요의 신뢰성을 검토한다.

5. 제품-공정전략

제품과 공정은 공정-제품 행렬상에서 대각선을 수직적 또는 수평적으로 번갈아 벗어나면서 변화한다.

〈도표 3-3〉 공정-제품행렬

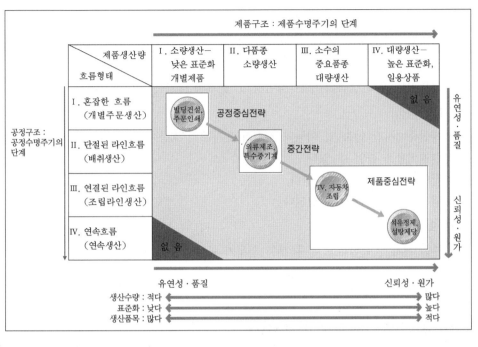

II 생산공정의 유연화

생산공정의 유연화란 제품의 다양성(유연성)과 생산성(원가절감)을 동시에 달성하고자 하는 것이다.

〈도표 3-4〉 유연생산시스템의 종류

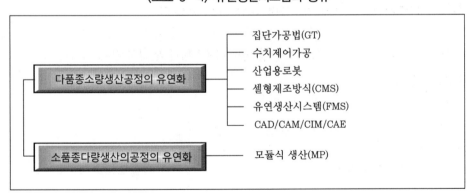

1. 집단가공법(GT : group technology)

GT는 가공의 유사성에 따라 부품을 몇 개의 집단으로 나누고, 각 집단에서 표준품의 대량생산 방식을 추구하는 것이다.

(1) GT의 특징

1) 제품의 흐름이 직선적이 된다.
2) 준비시간, 운반 및 대기 시간이 감소된다.
3) 설계의 중복을 제거할 수 있다.
4) 그룹핑을 통해 품목의 수는 적어지고, 롯트의 크기는 대량화된다.

(2) GT의 장점

1) 생산준비시간 단축 및 이동의 최소화로 자재의 흐름이 빨라진다.
2) 설계비용을 줄일 수 있다.
3) 작업자의 숙련도가 증가한다.
4) 팀 내의 인간관계가 향상된다.

(3) GT의 단점

1) 부품 분류가 복잡하고 부품 분류 업무가 증가한다.
2) 설비 고장 시 가공의 정체가 크다.
3) 기계설비가 중복투자 된다.

2. 모듈식 생산(MP : modular production)

MP는 다양하게 결합될 수 있는 최소의 부품을 제작하여, 최대 종류의 부품을 생산하는 방식이다.

3. 컴퓨터통합생산(CIM : Computer integrated manufacturing)

CIM은 주문, 설계, 생산, 자재관리 등 여러 기능과 관리를 컴퓨터와 관련 기술을 이용하여 통합하고자 하며, CAD, CAM, 로봇공학, MRP, 각종 경영관리 활동으로 구성된다.

4. 유연생산 시스템(FMS : flexible manufacturing system)

FMS는 다양한 제품을 높은 생산성으로 유연하게 제조하기 위해 하드웨어 및 소프트웨어를 자동화한 방식으로 소프트 오토메이션으로 불리며 범용설비를 연결시킨다.

(1) FMS의 장점

1) 제조시간 단축 및 설비 가동률 향상
2) 생산 인건비 및 공정품 재고 감소
3) 수요변화에 신속대응
4) 불량원인의 조기 발견

(2) FMS의 단점

1) FMS 도입 후 효과적인 운영 시까지 장시간 필요
2) 각 공정 간의 타이밍 및 각 부품의 위치가 정확해야 함
3) 기계능력의 한계 및 도구의 중복 필요

Ⅲ 생산능력

1. 생산 능력의 개념

(1) 최대생산능력 : 설계생산능력

(2) 유효생산능력 : 주어진 품질 표준, 일정상의 제약하에서 달성 가능한 최대 산출량

(3) 실제생산능력

2. 생산 시스템의 효과성 평가

• 생산능력 이용률 $= \dfrac{실제생산능력}{설계생산능력}$ • 생산능력 효율성 $= \dfrac{실제생산능력}{유효생산능력}$

Chapter **04** # 설비배치

Ⅰ 설비배치의 유형

1. 제품별 배치 : 라인배치

제품별 배치는 제조과정 순서에 따라 배치하는 방식으로 연속생산공정에 적합하다.

(1) 단위당 원가가 저렴하다.

(2) 운반거리가 짧고, 흐름이 신속하여 재고의 수량이 감소하고 자재 취급 비용이 낮다.

(3) 계획 및 관리가 용이하고, 미숙련공의 사용이 가능하다.

2. 공정별 배치 : 기능별 배치

(1) 수요변동, 제품변경 등에 신축성이 높다.

(2) 설비투자액이 낮고 종업원의 직무 만족도가 높다.

(3) 전문화된 감독이 가능하다.

3. 위치고정형 배치

(1) 프로젝트 생산에 적합한 방식으로 작업물의 이동이 최소화된다.

(2) 다양한 제품의 생산이 가능하나, 기계설비 이동에 시간이 많이 걸린다.

(3) 기계설비의 이용도가 낮다.

〈도표 4-1〉 배치유형별 특성

비교사항	제품별 배치	공정별 배치	위치고정형 배치
제품	소품종다량의 표준품	다품종소량의 주문품	극소수의 특정품
생산흐름	연속흐름	단속흐름	생산물 고정
운반	짧은 거리, 낮은 운반비	긴 거리, 높은 운반비	시설이나 원자재의 높은 운반비
설비	고가의 전용설비	저가의 범용설비	이동 가능한 범용설비
배치비용	높다	낮다	낮다
생산비	고정비 고, 변동비 저	고정비 저, 변동비 고	고정비 저, 변동비 고
관심사	라인 밸런싱	작업장(기계)배열	시방변경, 일정관리

II 제품별 배치와 라인밸런싱

1. 라인밸런싱의 기초개념

라인밸런싱이란 각 공정의 능력이 균형을 이루도록 하는 것이다.

(1) 주기시간(cycle time) : 일련의 작업장을 통과하는 일정한 시간간격

(2) 과업 : 더 이상 나눌 수 없는 작업의 기본단위

(3) 선행관계 : 각 과업의 선후관계

(4) 유휴시간 : 주기시간 - 과업수행시간

(5) 효율성 : 작업 기능시간에 대한 실제 작업시간의 비율

$$효율성 = \frac{총과업시간}{실제작업장의\ 수\ \times\ 주기시간}$$

III 공정별 배치와 총운반비 최소화

〈도표 4-2〉 공정별 배치의 분석방법

	부문이나 작업장이 적을 때	부문이나 작업장이 많을 때
양적자료이용	① 마일차트이용법 ② 물량-거리모형	CRAFT
질적자료이용	SLP	① CORELAP ② ALDEP

Chapter 05 방법연구, 작업측정, 공장입지

▌I ▌ 방법연구

1. 방법연구의 의의

방법연구란 공정이나 작업에 포함된 비합리를 제거하고 합리적인 작업 방법을 설정하려는 것이다.

2. 방법연구의 체계

(1) **공정분석** : 작업물의 흐름의 관점에서 순서에 따라 작업자의 활동, 재료, 기계 등을 분석하여 낭비나 비합리를 제거하고자 하는 기법으로 **조립도표, 작업공정도표, 흐름공정도표, 경로도** 등을 사용한다.

(2) **작업분석** : 작업자의 작업방법, 작업내용 등을 분석하는 기법으로 **활동도표, 작업자공정도표, 작업(분석)도표, SIMO chart** 등을 사용한다.

(3) **동작분석** : 한 장소에서 실시되는 작업을 토대로 그 작업을 수행하는 작업자의 동작 중 낭비 요소를 제거하고자 하며, **therblig분석** 등을 사용한다.

▌II ▌ 작업측정

1. 작업측정의 의의

작업측정이란 방법연구에 의해 개선된 작업내용을 토대로 작업자가 그 작업을 수행하는데 필요한 표준시간을 설정하는 것이다.

2. 표준시간

표준시간 = 기본시간 + 여유시간

3. 작업측정 기법

(1) 시간연구법

시간 연구법은 반복적이고 연속적인 작업의 관찰을 통해 작업 시간을 측정하는 방법으로 기본 시간 측정 시 **관찰시간, 작업자 평정치, 작업난도**를 고려한다.

(2) 견적법(PTS : predetermined time standards)

견적법은 각 기본 동작에 대해 미리 정해진 표준시간치를 사용하여 각 작업의 소요시간을 산정하려는 방법으로 **수작업**에 적용이 용이하다.

(3) 작업표본 조사법(WS : work sampling)

WS법은 **비반복적**이고 **비연속적**인 관리작업을 대상으로 무작위로 선정된 시점에서 관찰된 결과를 가지고, 전체작업의 시간을 추정하는 방법이다.

〈도표 5-1〉 작업측정기법

직접노동연구	시간연구법, PTS법, 표준자료법
간접노동연구	WS법, 역사적 자료법

Ⅲ 공장입지

1. 공장입지의 의의

공장입지란 입지관련비용을 최소화할 수 있는 공장의 위치를 선정하는 것으로 **양적요인**에 의한 총비용비교법, 입지분기점 분석법, 수송법과 **질적요인**에 의한 (단순)서열법, 점수법, 이 두 요인의 **절충형**인 브라운과 깁슨의 모형 등을 사용할 수 있다.

2. 해외 공장입지요인

해외 공장입지 결정 시 주로 고려하는 요인으로 **모방지체기간**이 있다.

Chapter **06** 생산계획

I 총괄생산계획

1. 총괄생산계획의 의의

(1) 총괄생산계획이란 6개월에서 18개월을 대상으로 수요의 예측 및 생산능력범위에 따른 생산 목표를 효율적으로 달성하기 위해 ① 고용수준, ② 생산율, ③ 재고수준, ④ 하청량 등을 결정하는 과정이다.

(2) 총괄생산계획은 여러 제품을 총괄할 수 있는 생산량, 금액, 시간 등의 공통의 산출단위(총괄 생산단위)에 입각하여 수립한다.

〈도표 6-1〉 총괄생산계획

장기계획 : (2~5년)	최고경영층의 전략계획	→	생산시스템의 설계 제품설계·공정설계 설비배치·방법연구 작업측정·공장입지	↔	마케팅계획
				↕	
				↔	재무계획
중기계획 : (6개월~ 18개월)	수요예측	→	총괄생산계획 생산수량계획·품질계획	←	(장기)능력계획
			대일정계획(MPS)	↔	개략적 생산능력계획
단기계획 : (일별, 3~4주)	자재소요계획		일정계획		능력소요계획

2. 총괄생산계획 전략

(1) 수요 변동에 대처하기 위한 전략

　1) **추종 전략** : 종업원의 채용, 해고를 통해 수요율과 생산율을 일치

　2) **이용률 조정 전략** : 잔업과 유휴시간 이용하여 수요변동에 대처

　3) **평준화 전략** : 재고나 추후 납품을 이용하여 수요 변동을 흡수

　4) **하청량 조정 전략**

(2) 순수전략과 혼합전략

(3) 서비스업의 총괄생산전략 : 납품연기, 고용수준 조절

(4) 반응적 전략과 공격적 전략

1) 반응적 전략 : 수요를 주어진 것으로 보고 대처하는 것으로 주로 생산관리자가 담당

2) 공격적 전략 : 수요를 조절하려는 것으로 주로 보완재 생산, 창조적 가격결정을 하며 마케팅 관리자가 담당

3. 총괄생산계획의 분해 : 대일정계획(MPS)

총괄생산계획에서 결정된 총괄적 단위는 실제 생산되어야 할 제품단위로 변환되어야 하는데 이를 총괄생산계획의 분해라 하며 그 결과를 **대일정계획**(MPS : master production scheduling)이라 한다.

Ⅱ 수요예측

1. 질적 예측기법

(1) 델파이법(delphi) : 여러 전문가에게 여러 차례 질문지를 돌려 그들의 답변을 정리하고, 다시 그 결과를 전문가에게 알려주는 과정을 반복하며 의견 수렴

(2) 기타 : 판매원 의견 종합법, 경영자판단법, 패널동의법, 소비자 조사법, 라이프사이클 유추법, 자료유추법

2. 양적 예측기법

(1) 시계열 예측기법

1) 시계열 분석

시계열적 패턴은 ① 추세, ② 계절적 변동, ③ 순환요인, ④ 불규칙 변동으로 구성된다.

2) 가법모형과 승법모형

① 가법모형은 계절적 변동이 추세와 무관하고 일정하다고 본다.

$$수요(Y) = 추세(T) + 계절적 변동(S)$$

② 승법모형은 계절적 변동이 수요(추세)에 영향을 받는다고 보아 추세(T)에 계절지수를 곱하여 예측하는 방법이다.

$$수요(Y) = 추세 \times 계절지수$$

3) 이동평균법
① 이동평균이란 평균의 계산기간을 순차적으로 1기간씩 이동시켜 나가는 것을 말한다.
② 단순이동평균법은 이동평균 기간이 길어질수록 우연요인이 더 상쇄되지만, 수요의 변화에 늦게 반응하는 문제가 있고 이는 가중이동평균법으로 보완할 수 있다.

4) 지수평활법
① 이동평균법에 비해 최근의 단기자료 이용

$$수요예측치 = 과거예측치 + \alpha(과거\ 실제치 - 과거\ 예측치)$$
$$= \alpha(과거\ 실제치) + (1 - \alpha)(과거\ 예측치)$$

② 평활상수(α)는 평활의 정도와 실제치와 예측치의 차이에 반응하는 속도를 결정한다.

5) 추세분석법

(2) 인과관계 예측기법
1) 회귀분석법
2) 기타 : 계량경제모형, 투입-산출모형, 선도지표법

3. 수요예측기법 선정 시 고려요인
(1) 고려요인
1) 과거자료의 유용성과 정확성
2) 예측결과의 정확성 → 예측오차의 크기 측정
3) 예측용도, 예측대상 수준, 예측 기간의 길이
4) 예측비용과 소요시간

(2) 예측기간의 길이에 따른 예측기법
1) 장기 : 정성적 기법이나 인과관계분석
2) 중기 : 인과관계 분석이나 시계열 분석
3) 단기 : 시계열 분석

(3) 예측오차 : 실제치(A) - 예측치(F)
1) 평균오차(ME) : 편의(bias)를 측정하는데 유용하나 (+)오차와 (-)오차의 상쇄문제 발생
2) 평균자승오차(MSE) : (+)오차와 (-)오차의 상쇄문제를 제거하나, 각 오차의 단위오차가 서로 다른 가중치를 갖게 됨
3) 평균절대편차(MAD) : 계산이 용이하고 각 단위오차가 같은 가중치를 가짐
4) 평균절대비율오차(MAPE) : 수요의 규모가 변할 때 유용하며 예측기법의 상대적 정확도 측정 가능

Chapter 07 공정[일정]관리

I 계획과 통제

1. 계획

(1) 절차계획 : 공정계획

(2) 공수계획 : 부하계획, 능력소요계획 → 부하와 능력의 비교

(3) 일정계획 : 기계나 작업을 시간적으로 배정

  1) 일정계획은 가용 자원의 사용(할당) 계획이며 최종의사결정이다.
  2) 일정계획은 가장 제약조건이 많은 의사결정이며 단기 계획이다.
  3) 일정계획은 생산공정 유형에 따라 달라진다.
  4) 일정계획은 대일정계획(MPS), 중일정계획, 소일정계획으로 나눌 수 있다.

2. 통제

(1) 작업배정

(2) 여력관리(능력관리) : 능력과 부하의 차이 조정

(3) 진도관리 : 계획과 진도의 차이 조정

II 연속생산시스템의 일정계획

연속시스템의 일정계획은 비교적 간단하며 **라인밸런싱**이 주요 관심사항이다.

III 롯트생산시스템의 일정계획

롯트생산시스템은 **경제적 생산롯트의 결정**과 **생산순서 결정**이 주요 관심사항이다.

Ⅳ 개별생산시스템의 일정계획

1. 개별생산시스템의 일정계획과정

〈도표 7-1〉 개별생산시스템의 일정계획 및 통제과정

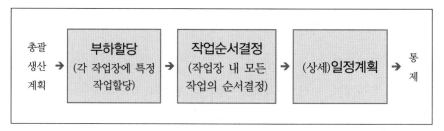

2. 부하할당

부하할당은 일정기간 동안 어느 작업장에 얼마만큼의 작업량을 할당할지를 결정하는 것으로, 간트부하도, 기계부하도, 전진부하할당과 후진부하할당, OPT법이 이용된다.

3. 작업순서 결정

(1) 작업장이 하나인 경우 : 작업배정 규칙

최소납기우선, 최소여유시간 우선, 잔여작업당 최소여유시간 우선, 최소긴급률 우선 등의 방법을 사용함

(2) 작업장이 두 개인 경우 : 존슨법, 잭슨법

흐름공정형은 존슨법을 개별공정형은 잭슨법을 적용한다.

(3) 다수의 작업장인 경우 : 시뮬레이션이나 작업배정 규칙을 동태적으로 적용

Ⅴ 계획과 통제의 병행기법

1. LOB(line of balance)

연속생산형태의 공정을 대상으로 전체 계획을 통제점별로 나누어 관리하며, 다음의 세 도표를 순서대로 작성하여 적용한다.

(1) 목적도표 : 목적도표

(2) 생산계획도표 : 작업도표

(3) 진도도표

〈도표 7-2〉 LOB에서 사용되는 도표

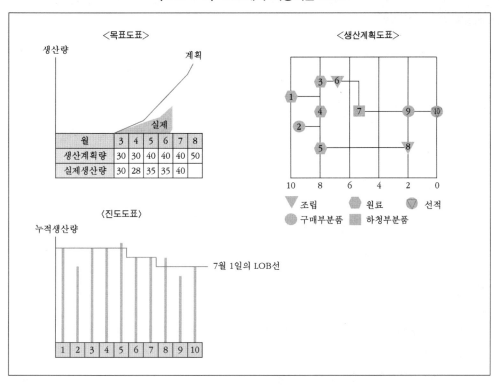

2. 간트도표

3. 단기간 일정법(SIS : Short Interval Scheduling)

Ⅵ 투입-산출통제

1) **투입이 너무 많으면** : 높은 재공품 재고, 긴 고객납품시간, 높은 가동률

2) **투입이 너무 적으면** : 인력·기계 가동률 저하, 낮은 재공품 재고, 빠른 고객서비스의 효과

3) **결론** : 산출률과 가용 능력을 고려하여 투입을 통제해야 한다.

Ⅶ 서비스업의 일정계획

서비스업에서는 서비스 수요를 조절하기 위해 **약속시스템, 예약시스템, 납품연기, 전략적 가격 정책**을 이용한다.

Chapter **08** # 재고관리 및 설비관리

Ⅰ **재고관리**

1. 재고관리의 목표와 관련비용

(1) 재고관리의 목표 : 총 재고비용을 최소화할 수 있는 1회 주문량(생산량), 주문시점, 재고 수준을 결정하는 것이다.

(2) 재고관리와 관련된 비용

  1) 재고유지비(C : Carrying cost) → 변동비적 성격

  2) 주문비(O : Ordering cost) 또는 **생산준비비**(set-up cost) → 고정비적 성격

  3) 재고부족비 → 기회비용

2. 재고관리 모형

(1) 고정 주문량 모형

고정 주문량 모형은 정량발주 시스템, 주문점 방식, 지속적 재고시스템, 계속실사 시스템, Q system으로도 불린다.

  1) 경제적 주문량(EOQ) 모형 : Harris

   ① 가정 : 재고의 사용률(d) 일정, 조달기간은 0, 수요는 확실

   ② 총 재고비용 = 연간 재고유지비 + 연간 주문비

$$TC = \frac{Q}{2}C + \frac{D}{Q}O$$

   ③ 경제적 주문량

$$Q^* = \sqrt{\frac{2OD}{C}}$$

〈도표 8-1〉 경제적 주문량 모형

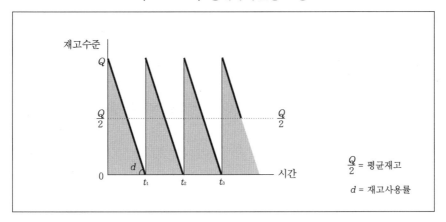

〈도표 8-2〉 경제적 주문량과 재고관리비용

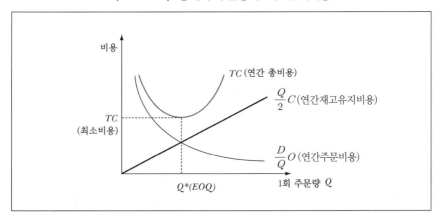

- 재고유지비는 1회 주문량과 선형관계에 있다.
- 주문비는 1회 주문량과 비선형적이며 반비례 관계에 있다.
- 총비용은 U자형이며, EOQ 부근에서 상대적으로 평평하다.

2) 경제적 생산량(EPQ) 모형

① **가정** : 재고는 일정기간(t_p)에 걸쳐 점진적으로 증가, 1일 생산량(p) 및 1일 수요량(d)은 일정하되 p>d

② 총 재고비용 = 연간 재고유지비 + 연간 준비비용

$$TC = \frac{Q'}{2}C + \frac{D}{Q}O$$

③ 경제적 생산량

$$Q = \sqrt{\frac{2OD}{C} \times \frac{p}{(p-d)}}$$

단, $p > (p-d)$ 이므로 $EPQ > EOQ$

〈도표 8-3〉 경제적 생산량 모형의 재고수준

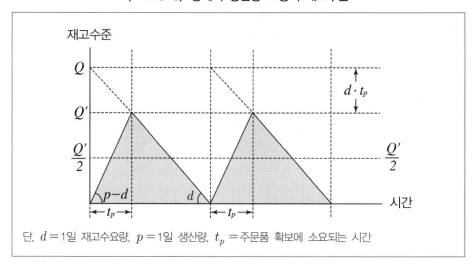

단, d = 1일 재고수요량, p = 1일 생산량, t_p = 주문품 확보에 소요되는 시간

3) 투빈(two-bin) 시스템

재고를 두 개의 용기(bin)에 나누어 넣고, 한 용기의 재고를 모두 사용하면 주문하는 방식으로 볼트나 넛트와 같이 수량이 많고 부피가 적은 **저가품에 이용**되는 기법이다.

4) 단일기간 재고모형

수요가 1회인 재고의 주문량 결정 모형으로 **신문판매원문제**라고도 한다.

(2) 고정주문기간 모형

고정주문기간 모형은 정기발주 시스템, 정기실사 시스템, P system으로도 불리운다.

1) 주문량

고정주문기간 모형은 **일정기간**마다 不定量(**부정량 = 최대재고량 − 현재재고량**)을 주문한다.

2) 적용분야

① 주기적으로 조달되는 물품
② 동일 공급자에게 여러 물품 공급받는 경우
③ 중요도가 높은 제품에 적용 가능 → 주문기간 짧을 때
④ 계속적으로 재고기록을 하지 않는 값싼 품목

〈도표 8-4〉 고정주문량 모형과 고정주문기간 모형의 비교

비교사항	고정주문량 모형	고정주문기간 모형
주문시점	재고량이 재주문점에 이르렀을 때 주문한다. → 부정기적	미리 정한 주문시점에 이르렀을 때 주문한다. → 정기적
주문량	정량(경제적 주문량)	부정량(최대재고량 – 현재고)
수요정보	과거의 실적에 의존한다.	장래의 예측정보에 의존한다.
재고조사	계속실사(조사빈도가 품목마다 달라짐 → 품목별 관리로 비용 절감 가능)	정기실사
적용품목	• 가격과 중요도가 낮은 품목 • 수요변동의 폭이 작은 품목	• 가격과 중요도가 높은 품목(주문기간 짧을 때) • 수요변동의 폭이 큰 품목
안전재고	안전재고가 작다.	안전재고가 크다.
기타	특정량 이상 주문 시 수량할인 가능	관리적 측면에서 편리

(3) 절충 모형

　1) Min-Max System = s,S system

　　① 재고수준 정기검토 ← 고정주문기간 모형

　　② 재주문점(R : reorder point) 이하에 이를 때만 주문 ← 고정주문량 모형

　　③ 주문량 = 최대 재고량(T) – 현재 재고량(I) ← 고정주문기간 모형

　2) 기본재고 시스템

　　① 재고 인출 시마다 보충 주문

　　② 주문량 = 인출량

　3) 비주얼 시스템

(4) ABC 관리법

　재고의 가치나 중요도에 따라 품목을 분류하고 차별적으로 관리하는 방법으로 분류 기준은 **파레토** 분석에 의한다.

(5) 자재요소계획(MRP) : Orlicky

　1) 의의

　　MRP(Material Requirement Planning)란 높은 계층에 있는 제품(독립적 수요품)의 생산수량 및 일정을 기초로 낮은 계층에 있는 자재(종속적 수요품)의 소요량 및 소요계획을 수립하는 기법이다.

2) 유형

① 제1유형 MRP = open loop MRP : 재고통제 시스템

② 제2유형 MRP = closed loop MRP : 생산·재고 관리 시스템

③ 제3유형 MRP(manufacturing resources planning) = MRP II : 제조자원 계획 시스템

〈도표 8-5〉 MRP의 구조

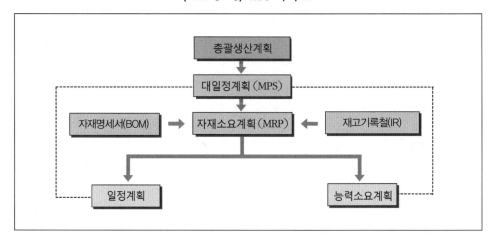

3) 장점

① 각 자재에 대한 별도의 수요예측 불필요

② 자재에 대한 재고투자 최소화

③ 상황 변화에 대하여 생산일정 및 자재계획을 민감하게 변경

④ 생산소요시간이 단축

⑤ 사전납기통제가 용이

⑥ 보다 나은 고객 서비스 가능

(6) JIT(적시관리) 시스템

1) 의의

① JIT는 적시에 적량의 부품을 생산에 공급하여 재고가 유발하는 비능률을 제거하고자 하는 시스템이다.

② 무재고 시스템, 도요타 생산 방식(TPS)

2) 수단(목표) : 낭비의 제거

① 적시 생산

② 소롯트 생산

③ 자동화

④ TQC 및 현장개선

⑤ 간판방식(kanban system)

⑥ pull system

⑦ 생산의 평준화

⑧ 다기능공 활용

⑨ U자형 설비 배치

⑩ 품질 중시 및 납품업자와의 장기적인 신뢰 관계

3) 장점

① 재촉이나 지연 제거

② 적시 부품 조달

③ 기계준비시간 감소

④ 유효재고 및 창고공간 축소

⑤ 재고회전율이 커짐

Ⅱ 설비보존관리

(1) 의의

1) 설비보존관리는 **예방보존**과 **수리보존**으로 나눌 수 있다.

2) 상충관계인 예방보존비용과 수리보존비용의 합을 최소화시키는 것이 목표이다.

(2) TPM(총 생산적 설비보존)

1) TPM(Total Productive Maintenance)은 예방적 설비보존을 확대한 개념

2) TPM = 예방적 설비보존 + 총 품질 + 종업원 참여

3) 설비작업자의 역할 강조 → 자주적 설비보전

참고 TPS에서 말하는 7대 낭비

① 과잉생산의 낭비 : 당장 사용치 않는 제품을 너무 많이 만들어 두는 낭비

원인 - 가동률에 대한 잘못된 사고방식과 안심재고로 활용하기 위함

문제 - 재료, 에너지 증가 및 대량의 불량발생 가능성과 물류에 방해

② 대기의 낭비 : 작업이 없이 기다리는 낭비

원인 - 편성의 비효율과 비숙련공으로 인함

문제 - 연장 작업 발생, 인건비 상승, 작업자 간 불만

③ 운반의 낭비 : 운반은 필요하지만 자체적으로 부가가치를 발생치 않기에 낭비

원인 - 창고가 있어 쌓아두거나 공정 레이아웃의 효율성이 부족

문제 - 작업대기, 물품의 손상, 장소의 낭비

④ 가공의 낭비 : 과잉 설계나 가공으로 불필요한 작업이 발생하는 낭비
   원인 - 항상 개선을 해야한다는 사고의 부족과 안일함
   문제 - 재료비 증가, 불필요한 많은 인원 필요
⑤ 재고의 낭비 : 만약을 위해 재고를 두어야 한다는 생각으로 인한 낭비(①번과 일맥상통)
   원인 - 만약을 위한 대비, 재고는 손해가 되지 않는다는 생각
   문제 - 보관장소와 관리가 필요하며 모델변경시의 문제
⑥ 동작의 낭비 : 부가가치가 발생치 않는 동작은 모두 낭비
⑦ 불량수정의 낭비 : 불량이 발생하거나, 계속하여 불량을 만들어 내는 낭비

참고 적시(just in time) 생산방식의 5S

5S는 정리·정돈·청소·청결·습관을 생활화하는 것이다.
일본에서 관리기법의 하나로 개발하여 성공한 JIT(Just In Time, 시간 내 완수)생산시스템의 실천을 위한 가장 기초로서 5S에 대한 이론을 정립하였다.
5S는 整理(정리, Seiri), 整頓(정돈, Seiton), 淸掃(청소, Seisoh), 淸潔(청결, Seiketsu), 習慣(습관, Shitsuke)의 일본식 발음의 영문자 첫낱말이 S자로 시작된다고 해서 S자를 5개 모아 5S라고 부르며 5S를 추진하는 것을 5S운동 또는 청정운동이라고도 한다.

Chapter 09 품질관리

Ⅰ 품질관리의 기초 및 발전과정

(1) 품질 관리의 기초

1) 품질 비용
   ① 품질비용 = 통제비용 + 실패비용
   ② 통제비용 = 예방비용 + 평가비용(= 검사비용)

2) 품질관리와 관련된 데이터
   ① 변량 : 연속적인 값으로 측정 → 길이, 무게
   ② 속성 : 불연속적인 값으로 측정 → 불량품의 개수, 결점수

3) 품질의 주관성 : 고객의 사용 적합성

(2) 품질관리의 발전과정

〈도표 9-1〉 품질관리의 역사

Ⅱ 통계적 품질관리

(1) 표본검사법(sampling inspection)

(2) 관리도법(control chart)

관리도는 공정의 상태를 조사하여, 공정의 변동이 일정한 범위 내에 있는가 여부를 확인하고, 이 범위를 벗어난 경우 그 원인을 규명하고 제거하여 공정을 안정화시키기 위한 도구이다.

Ⅲ 종합적 품질관리

(1) ZD운동 = 완전무결운동 = 무결점운동

1) 의의

ZD(zero defects)란 종업원에게 동기부여를 통해 종업원 각자가 작업상의 결점을 0(zero)으로 하여 품질향상을 달성하려는 운동이다.

2) 특징

① 자주성 부여

② 불량 발생 가능성을 사전에 예방

3) 대상

① 전 종업원

② 작업상 오류의 원인

4) 실시요소

① ECR(error cause removal) 제안

② 동기부여

③ 표창

④ 권한 이양

(2) QC 서클 : 품질관리 분임조

1) QC(quality control) 서클은 한 작업단위의 종업원들이 자발적, 정기적으로 모여 제품의 문제점을 분석·제안하는 것이다.

2) 품질향상 + 종업원의 사기, 팀웍 증진

Ⅳ 종합적 품질경영(TQM)

(1) 의의

TQM은 소비자 지향적인 품질 방침을 세우고, 이를 전사적으로 실시한다.

(2) 원칙

1) 고객 중심

2) 지속적 개선(CI) : 카이젠

3) 전원 참가

V 품질향상 기법

(1) **체크리스트** : 품질특성 발생 빈도 기록

(2) **파레토 분석** : 우선적으로 해결해야 할 불량 항목 발견

(3) **특성요인도(인과분석도)** : 한 불량 항목의 진정한 불량 원인 발견

(4) **산포도** : 어떤 요인과 품질 문제 간의 관계를 발견

(5) **로버스트 설계** : 품질 성능이 환경 변수에 영향을 덜 받도록 설계

(6) **100PPM(parts per million)** : 품질혁신운동과 6σ 운동

(7) **ISO 9000 시리즈** : 제품생산과정 등의 프로세스에 대한 신뢰성 판단 기준

PART
03

PART 04
조직행위론

Chapter 01 개인

Ⅰ 개인행위의 접근법

(1) 행동주의적 접근법

(2) 인지적 접근법

(3) 절충적 접근법

〈도표 1-1〉 개인행위의 과정

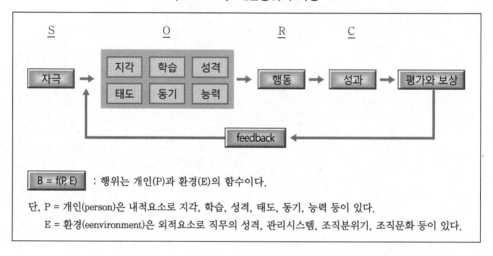

$$B = f(P, E)$$: 행위는 개인(P)과 환경(E)의 함수이다.

단, P = 개인(person)은 내적요소로 지각, 학습, 성격, 태도, 동기, 능력 등이 있다.

　　E = 환경(eenvironment)은 외적요소로 직무의 성격, 관리시스템, 조직분위기, 조직문화 등이 있다.

Ⅱ 지각

(1) **지각의 정의** : 지각은 외부의 감각적 자극을 선택·조직·해석하는 과정

(2) **타인평가**

　1) 인상형성이론

　2) 귀인이론 : 타인의 행동을 관찰하고 그 원인을 추측함으로써 평가

　　① 켈리의 입방체 이론 : **특이성, 합의성, 일관성** 기준에 의해 내적귀속과 외적귀속의 패턴을 제시

　　② 귀속과정의 오류 : 자존적 편견, 행위자·관찰자 편견, 통제의 환상

(3) 지각오류의 유형

1) 관찰단계에서의 오류

① 주관성 개입

② 상동적 태도(stereotyping) : 자신의 경험에 의해 만들어진 전형(prototype)에 의해 평가하는 것으로, 타인이 속한 집단에 대한 고정관념에 의해 그 사람을 평가하는 것을 예로 들 수 있음

③ 대조효과(contrast effect) : 시간적, 공간적으로 가까이 있는 대상과 비교하면서 평가

④ 관대화, 중심화, 가혹화 오류 = 규칙적 오류 = 항상오류

⑤ 최근효과(recency effect)

2) 원인추측단계에서의 오류

① 첫 정보 과대의존

② 구체정보 과대사용

3) 해석 과정에서의 오류

① 기대의 오류(expectancy) = 피그말리언 효과 = 자기 충족적 예언

② 후광효과(halo effect) = 현혹효과
어떤 대상에 대한 한 특성을 가지고 여러 특성을 추론하는 것

4) 기타

① 선택적 지각

② 방어적 지각

③ 주관의 객관화(projection) = 투사의 오류
자신의 감정이나 경향을 타인에 전가

④ 근접오차

⑤ 유사효과

(4) 지각오류의 감소방안

1) 자기이해 : 누구나 오류를 범할 수 있음을 인정

2) 자기인정 : 투사의 오류 회피 가능

3) 의식적 정보처리

4) 객관성 테스트

Ⅲ 성격

(1) 성격의 정의 : 환경의 조건에 관계없이 나타나는 개인의 심리적 자질

(2) 성격의 특성 : 일관성, 독특성, 총체성

(3) 성격의 분류 : A형/B형, 통제의 위치(locus of control), 마키아벨리즘 등

Ⅳ 태도

(1) 태도의 정의 : 어떤 사람, 사물에 대한 좋다(+), 나쁘다(−)의 반응

(2) 태도의 기본요소 : 인지적 요소, 감정적 요소, 행위적 요소

(3) 태도와 행동의 관계

　1) 태도 → 행동

　　① 직무태도(직무만족)가 직무성과에 (+)영향을 주지만 크기는 약함

　　② 조직몰입(organizational commitment)은 직무성과에 (+)영향을 줌

　　③ 직무불만족에 대해 철수(withdrawal)행동이 나옴

　　④ 직무만족에 대해 조직시민행동이 나옴

> ❗ 주의
> 조직몰입은 직무만족보다 포괄적 개념이다.

　2) 행동 → 태도 : 자아지각이론

(4) 태도의 변화

　1) 태도 변화 방법 : 인지부조화의 유발(Festinger)

　2) 태도 변화 과정

　　① 르윈(Lewin) : 해빙 → 변화 → 재동결

　　② 켈멘(Kelman) : 순종 → 동일화 → 내면화

Ⅴ 학습

(1) 학습의 정의

　연습이나 경험의 결과로 인한 행위의 영속적 변화

(2) 학습의 종류

　1) 행동주의적 학습

　　① 고전적 조건형성 : 반사적·능동적 행위 유발

② 조작적 조건형성 : 자발적·작동적 행위 유발 → 연습의 법칙, 효과의 법칙(Thorndike)

2) 인지적 학습

　① 모방학습

　② 인지학습

(3) 강화이론 = 행동수정

1) 강화전략

　① 적극적 강화

　② 소극적 강화(= 부정적 강화) : 도피학습, 회피학습

　③ 소거

　④ 벌

〈도표 1-2〉 강화전략의 유형

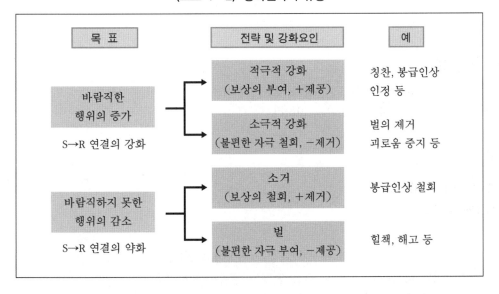

2) 강화의 일정계획

　① 연속적 강화계획

　② 단속적 강화계획

　　ⓐ 고정간격법

　　ⓑ 변동간격법

　　ⓒ 고정비율법

　　ⓓ 변동비율법

심화 **학습조직 5대 요소**

① 팀 학습
② 개인적 숙련 = 자아 완성
③ 정신 모형 = 사고 모형
④ 시스템적 사고
⑤ 비전의 공유

심화 **조직학습과 유사 개념**

① organizational learning : 조직학습, 학습조직
② problem based learning : 복잡하고 비정형적인 문제를 바탕으로 학습
   문제 중심 학습 또는 문제 기반 학습은 제시된 실제적인 문제를 학습자들이 해결하는 과정에서
   학습이 이루어지는 학생 중심의 학습 환경이자 모형이다.
③ blended learning : 온라인, 오프라인 혼합형 학습

참고 **폐기학습**

폐기학습(unlearning)은 과거의 전문성과 경험적 지식으로는 예측이 불가능한 방향으로 상황이 돌
변하는 경우에 과거 지식을 버리자는 것이다.

VI 동기

(1) 동기부여의 내용이론

1) 매슬로우의 욕구단계이론
   ① 가정
      ⓐ 인간은 다섯 가지의 욕구가 계층을 형성하고 있다.
      ⓑ 어떤 하위욕구 충족 시 다음 단계의 상위욕구가 발생한다.
      ⓒ 어떤 욕구의 결핍 시 그 욕구충족을 위한 동기가 부여된다.
      ⓓ 욕구 충족 시에는 동기 유발효과가 없다.
   ② 장점
      ⓐ 자원을 한 곳에 집중할 수 있게 함
      ⓑ 계층적 관료조직의 효율성 입증
      ⓒ 개인의 경력개발과정에 적용 가능
   ③ 단점
      ⓐ 어떤 행동은 여러 욕구의 영향을 받아서 나타남
      ⓑ 다섯 가지 욕구가 모든 인간에게 있는 것은 아님(선천성의 원칙)
      ⓒ 욕구 간 경계가 불분명함

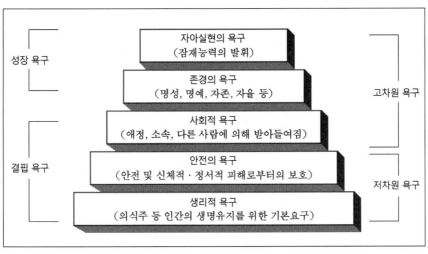

〈도표 1-3〉 매슬로우의 욕구 5단계

매슬로우의 욕구이론은 결핍욕구(생리적, 안전, 사회적 욕구)와 성장욕구(존경, 자아실현욕구)로 구분되기도 한다.

2) 알더퍼의 ERG이론

① 가정
  ⓐ 매슬로우 이론의 한계성을 보완하여 ERG이론 제시
  ⓑ 존재(Existence)욕구, 관계(Relatedness)욕구, 성장(Growth)욕구

② 매슬로우 이론과의 차이점
  ⓐ 매슬로우 이론은 각 욕구의 개념이 구체적이지만, 알더퍼 이론은 포괄적
  ⓑ 매슬로우는 욕구를 중요성으로 구분, 알더퍼는 추상성으로 구분
  ⓒ 매슬로우는 만족-진행접근법, 알더퍼는 좌절-퇴행요소 가미
  ⓓ 매슬로우는 한 시점에 한 욕구만 발생, 알더퍼는 두가지 이상 욕구 동시 작용
  ⓔ 알더퍼는 사람마다 세 가지 욕구의 크기가 다르다고 봄
  ⓕ 알더퍼는 계층구조가 매슬로우보다 약함

③ 시사점
종업원의 고차욕구 좌절 시 저차욕구(월급 등)가 커지므로 종업원의 상위욕구 충족에 관심 필요

3) 맥클레란드의 성취동기 이론

① 의의
  ⓐ 매슬로우의 상위 세 욕구를 대상으로 연구
  ⓑ 성취욕구, 권력욕구, 친교욕구를 제시하고 성취욕구의 중요성을 강조
  ⓒ 인간의 욕구는 학습된 것이며 욕구가 개인마다 다름을 인정
  ⓓ 추가 연구에서 기업경영활동에 권력욕구가 더 관련 있음을 강조(수정)

② 문제점 : 동기측정에 사용하는 TAT법의 타당성에 의문

③ 시사점 : 선천적으로 성취욕구가 높은 구성원을 선발하거나, 기존 구성원의 성취욕구를 교육을 통해 향상시켜야 함

〈도표 1-4〉 성취욕구의 크기에 따른 모티베이션 · 성과와의 관계

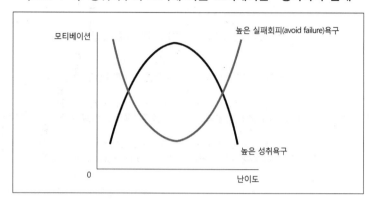

맥클레란드의 이론에 의하면 고도의 성취욕구를 지니고 있는 사람은 보다 도전적이고 경쟁적인 작업상황에 의해 동기가 유발되는 반면에, 그것이 낮은 사람은 그러한 작업상황하에서 낮은 성과를 보일 것으로 예상할 수 있다.

4) 허쯔버그의 2요인 이론

① 의의

ⓐ 만족과 불만족은 전혀 별개의 차원

ⓑ 불만족은 직무환경(위생요인)에, 만족은 직무요인(동기요인)에 관련이 있음

ⓒ 위생요인의 충족은 불만족 감소만 초래

ⓓ 동기부여를 위해 동기요인의 중요성 강조

② 시사점 : 2요인 이론은 직무충실화를 통해 경영에 활용

③ 문제점

ⓐ 만족요인과 불만족 요인의 구분이 타당하지 않음

ⓑ 특정요인은 어떤 사람에게는 만족, 다른 사람에게는 불만족을 초래

ⓒ 조사방법상의 문제

ⓓ 만족도가 성과에 영향을 주지 못할 수도 있음

(2) 동기부여의 과정이론

1) 브룸의 기대이론

① 의의 : 한 개인의 동기부여의 크기는 특정행위가 성과를 가져다 줄 가능성(E : 기대), 성과가 보상을 가져다 줄 주관적 확률치(I : 수단성), 그 행위가 가져다주는 결과의 매력성(V_k : 유의성)에 의해 결정됨

〈도표 1-5〉 브룸의 기대이론

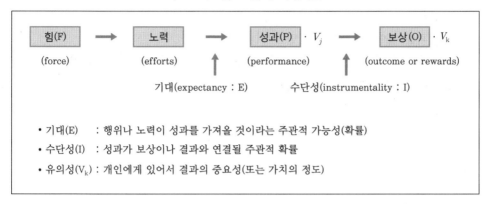

- 기대(E)   : 행위나 노력이 성과를 가져올 것이라는 주관적 가능성(확률)
- 수단성(I)   : 성과가 보상이나 결과와 연결될 주관적 확률
- 유의성(V_k) : 개인에게 있어서 결과의 중요성(또는 가치의 정도)

② 구성요소 간의 관계

ⓐ P = f(M × A) : 성과(P)는 동기부여(M)와 능력(A)의 곱이다.

ⓑ M = f(V_j × E) : 동기부여는 1차수준의 결과에 대한 유의성(V_j)과 기대(E)의 곱이다.

ⓒ V_j = f(V_k × I) : 1차수준의 결과에 대한 유의성(V_j)은 2차 수준의 결과에 대한 유의성(V_k)과 수단성(I)의 곱이다.

③ 특성

ⓐ 인지론적 성격이다.

ⓑ 곱셈모형이다.

ⓒ 개인 내 모형이다.

ⓓ 극대화 모형이다.

④ 문제점

ⓐ 이론이 너무 복잡하다.

ⓑ 인간의 합리성을 가정하였으나 비합리적인 경우도 많다.

ⓒ 주관적이다.

2) 아담스의 공정성 이론

① 의의 : 인지부조화 이론에 바탕을 둔 사회적 비교이론

ⓐ 자신의 투입 대 산출의 비율과 타인의 비율을 비교하여 불공정성 지각 시 과소보상이나 과대보상에 대한 긴장감이 나타나고, 불공정성을 감소시키는 방향으로 동기부여된다.

ⓑ 불공정성의 묵인 : 과대보상의 경우 묵인영역이 더 많다.

ⓒ 지각의 중요성을 강조

② 불공정성 감소방법

ⓐ 투입의 변경

ⓑ 산출의 변경

ⓒ 인지적 왜곡

ⓓ 비교대상의 변경

ⓔ 조직의 이탈
③ 문제점
    ⓐ 성과를 높이려면 과대보상만 의미 있음
    ⓑ 공정성 유지전략은 결근, 이직은 줄일 수 있어도 성과를 높일 수 없음

3) 포터와 롤러의 기대이론 : 수정이론
  ① 의의
    ⓐ 브룸의 기대이론을 기초로 보완함
    ⓑ 동기유발의 내용이론과 연결한 통합모형
    ⓒ 공정성 이론을 모형에 도입
  ② 특징
    ⓐ 기존이론의 '만족 → 성과' 가설을 부인
    ⓑ 만족은 성과에 간접적인 피드백 통로를 통해 영향

〈도표 1-6〉 포터와 롤러의 기대이론모형

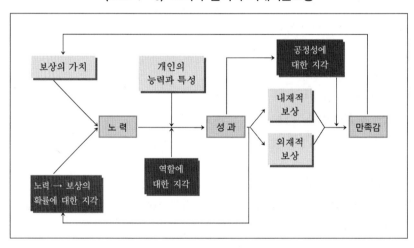

4) 로크의 목표설정이론
  ① 의의
    ⓐ 인간의 행동은 목표(가치, 의도, 성취의향)에 의해 결정
    ⓑ 목표의 특성(난이도, 구체성), 목표의 종류(수용성, 참여성), 상황(피드백 정도 등)이 주요 요인
  ② 특징
    ⓐ 개인의 인지에 근거
    ⓑ 미래지향적
    ⓒ 목표관리기법(MBO)의 이론적 배경
  ③ 장점 : 이해가 쉽고 간단

④ 단점
   ⓐ 모든 목표의 계량화
   ⓑ 목표 간의 우선순위 조정이 어려움

〈도표 1-7〉 Lock의 이론과 Vroom의 이론의 비교

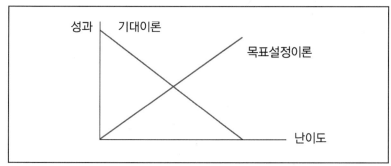

목표설정이론에서는 목표가 어려울수록 동기효과가 커진다고 했고, 기대이론에서는 난이도가 쉬울수록(즉, 기대값이 높을수록) 동기효과가 커진다고 주장하였다.

참고 **인지적 평가이론**

인지적 평가이론은 자아지각이론이라고도 하는데, 종업원들이 내적 보상에 의해 동기 유발되어 있을 때, 외적 보상의 투입에 주의(신중)해야 한다는 이론이다.

〈공인노무사 2차 기출〉   ▸ 2014 경영조직론
동기부여이론 중 2요인이론(two factor theory)과 기대이론(expectancy theory)의 주요 내용을 간략히 설명하고, 각 이론을 조직구성원 보상과 연계하여 설명하시오. 25점

〈공인노무사 2차 기출〉   ▸ 2019 경영조직론
조직시민행동의 개념 및 5가지 구성요소를 설명하고, 조직시민행동이 조직의 생산성 향상에 기여하는 이유를 기술하시오. 25점

〈공인노무사 2차 기출〉   ▸ 2023 경영조직론
특정 사물, 사람, 사건 등에 대해서 좋아하거나 싫어하는 것을 태도(attitude)라고 한다. 태도는 개인의 조직행동을 결정하는 중요한 요인이다. 다음 물음에 답하시오. 25점

1) 태도를 구성하는 3가지 요소를 제시하고, 3가지 요소들의 영향 관계에 관하여 설명하시오. 10점

2) 페스팅거(L. Festinger)의 인지부조화(cognitive dissonance)이론을 기반으로 태도와 행동 간 불일치를 해결하는 원리를 설명하고, 태도와 행동 간 불일치 해결에 영향을 미치는 요인을 제시하시오. 15점

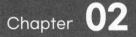

Chapter **02** **집단**

I 집단의 의의와 유형

(1) 집단의 의의

공동의 목표를 달성하기 위해 상호작용하는 두 사람 이상의 집합체

(2) 집단의 종류

1) 비공식적 집단 : 조직 내에서 자연발생적으로 형성하며, 비공식집단 발견을 위해 **접촉도 소시오그램, 소시오메트릭 매트릭스** 등을 사용함

2) 공식적 집단

(3) 집단행위의 분석체계

1) 집단은 형성(forming) → 갈등(storming) → 규범화(norming) → 성취(performing) → 해체기(adjourning)를 통해 발전됨

2) 집단구조는 규범, 역할, 지위, 응집성에 의해 파악하며, 목표가 불일치할 경우 높은 응집성은 조직에 역기능을 초래

〈도표 2-1〉 집단행위의 분석체계

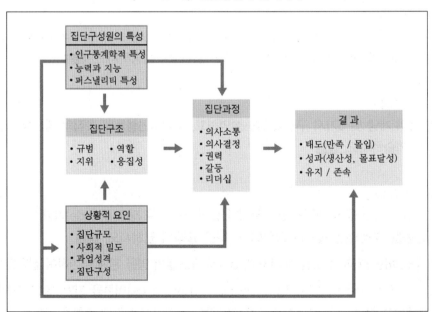

Ⅱ **의사소통**

(1) 의사소통의 종류

　1) 공식적 의사소통 : 하향적(지시적), 상향적(정보 제공형), 수평적, 대각적

　2) 비공식적 의사소통 : 그레이프바인(grapevine)

(2) 의사소통 네트워크

〈도표 2-2〉 의사소통 네트워크의 종류

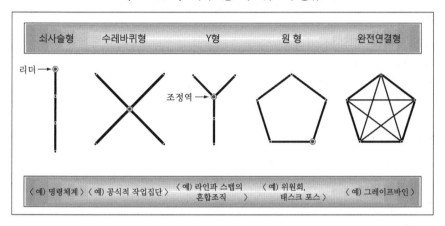

PART
04

〈도표 2-3〉 의사소통 네트워크와 조직행위

네트워크 조직행위	쇠사슬형	수레바퀴형	Y형	원 형	완전연결형
권한의 집중도	높음	중간	중간	낮음	매우 낮음
의사소통의 속도	중간	단순과업 : 빠름 복잡과업 : 느림	중간	모여있는 경우 : 빠름 떨어져있는 경우 : 느림	빠름
의사소통의 정확성	문서 : 높음 구두 : 낮음	단순과업 : 높음 복잡과업 : 낮음	단순 : 높음 복잡 : 낮음	모여있는 경우 : 높음 떨어져있는 경우 : 낮음	중간
구성원의 만족도	상층부 : 높음 하층부 : 낮음	중앙 : 높음 주변 : 낮음	중앙 : 높음 끝 : 낮음	높음	높음
의사결정속도	빠름	중간	중간	느림	빠름
결정의 수용도	낮음	중간	중간	높음	높음
조직구조형태	tall	flat	tall	flat	flat

Ⅲ 의사결정

(1) 집단의사결정의 장·단점

1) 장점
① 좋은 아이디어 수집
② 시너지 효과 가능
③ 전문화 기능
④ 구성원의 만족도 높음

2) 단점
① 시간, 에너지의 소비 커짐
② 특정파당의 지배가능성
③ 타협안 선택으로 최적안 폐기
④ 집단사고의 부정적 효과

(2) 집단의사결정의 함정
1) 과도한 모험선택
2) 집단 양극화
3) 정당화 욕구
4) 도덕적 환상
5) 만장일치의 환상

(3) 집단의사결정 기법
1) 명목집단법
2) 델파이법
3) 브레인스토밍
4) 변증법적 토의법
5) 지명 반론자법

참고 프리모텀법(premortem, 사전 부검)
실패를 가정하여 실패의 원인을 찾고자 하는 기법

IV 권력

(1) 의의 : 특정개인이나 집단에 영향을 미칠 수 있는 능력

(2) 권력의 원천과 수단
  1) 보상적 권력
  2) 강압적 권력
  3) 합법적 권력
  4) 준거적 권력
  5) 전문적 권력

(3) 무력감과 임파워먼트
  1) 무력감 : 조직원들이 느끼는 권력결핍현상
  2) 임파워먼트 : 조직원에게 권력을 심어주는 과정
     ① 임파워먼트는 권력의 배분보다는 양자의 권력 창조
     ② 멘토링은 임파워먼트의 방법으로 볼 수 있음

V 갈등

(1) 의의 : 개인이나 집단의 기대(목표)가 다른 사람에 의해 좌절되는 것

(2) 갈등의 순기능과 역기능
  1) 순기능 : 조직의 유효성 향상
  2) 역기능 : 조직 성과에 타격

(3) 갈등에 대한 견해
  1) 전통적 견해 : 갈등은 조직에 나쁜 영향을 준다.
  2) 행동주의적 견해 : 조직 내 갈등은 불가피하다.
  3) 상호작용적 견해 : 조직 성과를 높이기 위해 갈등은 절대적으로 필요

〈도표 2-4〉 갈등관리의 방향

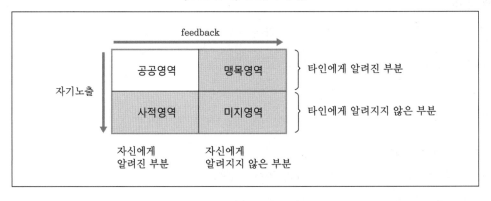

(4) 요하리의 창

〈도표 2-5〉 요하리의 창

(5) 협상전략

1) 전제

① 서로 다른 선호체계

② 갈등 해결 위한 규칙 없을 때

③ 상호 의존적이고 합의 의도 있을 때

2) 분배적 협상

① 협상이슈가 하나

② 단기적 관계

3) 통합적 협상
  ① 협상이슈가 여러 개
  ② 장기적 관계

4) 협상의 장·단점
  ① 장점 : 비용 절감
  ② 단점 : 시간이 많이 걸림

Ⅵ 리더십

(1) 발전과정

특성추구이론 → 행위이론 → 상황이론

(2) 행위이론

1) 아이오와 리더십 연구
  ① 권위형 리더십(X이론에 입각) : 과업지향적 리더십
  ② 민주적 리더십(Y이론에 입각) : 인간관계적 리더십
  ③ 방임형 리더십

2) 탄넨바움과 슈미트

3) 미시간대학의 연구 = 관리시스템론, Likert
  ① 직무중심적 리더와 종업원중심적 리더로 구분
  ② 이상적인 리더십은 종업원중심적 리더십
  ③ 리더의 **연결핀 역할**을 중시
  ④ 리커트의 관리시스템론 : 시스템 Ⅳ가 훌륭한 리더
    ⓐ 시스템Ⅰ : 부하를 신뢰하지 않음
    ⓑ 시스템Ⅱ : 부하를 어느 정도 신뢰함
    ⓒ 시스템Ⅲ : 부하를 상당히 신뢰함
    ⓓ 시스템Ⅳ : 부하를 완전히 신뢰함

4) 오하이오 주립 대학 연구 : 고려와 구조주의
  ① 리더행위 기술 설문지(LBDQ) 사용하여 리더십 구분
  ② 고려와 구조주의의 리더십스타일 중 고려고(高)·구조고(高)가 가장 바람직

〈도표 2-6〉 고려와 구조주의

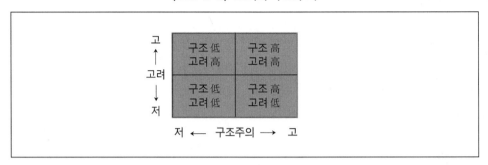

5) 관리격자도 이론 : Black & Mouton

① 리더십의 구분

ⓐ (1,1형) : 무기력형

ⓑ (1,9형) : 친목형

ⓒ (9,1형) : 과업형

ⓓ (9,9형) : 단합형

ⓔ (5,5형) : 절충형

② 단합형 리더십이 가장 이상적

〈도표 2-7〉 관리격자도

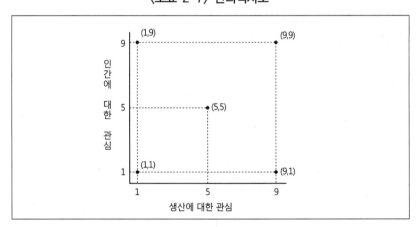

6) PM이론 : 미스미

① 리더십을 성과(P)기능과 유지(M)기능으로 구분

② 높은 수준을 대문자, 낮은 수준을 소문자로 표시하여 pm, Pm, pM, PM으로 리더십 분류

③ PM > pM > Pm > pm의 순서로 중요

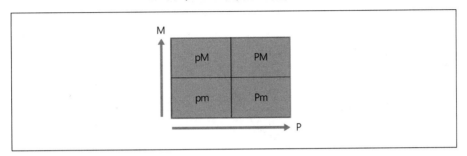

〈도표 2-8〉 PM이론

(3) 상황이론

$$L = f(l, f, s)$$
단, L = 리더십, l = 리더의 자질, f = 부하의 특성, s = 상황특성

1) 피들러의 상황적응적 이론

① 피들러의 상황변수

ⓐ 리더의 직위권한 : 강(S) > 약(W)

ⓑ 과업구조 : 구조적(S) > 비구조적(U)

ⓒ 리더-구성원 관계 : 양 > 불량

② 리더십 유형

ⓐ LPC 점수가 낮을수록 과업지향 리더십

ⓑ LPC 점수가 높을수록 관계지향 리더십

③ 리더십과 상황의 적합관계

ⓐ 상황이 매우 호의적(1, 2, 3)이거나 매우 비호의적(7, 8)일때 과업지향적 리더십
이 효과적

ⓑ 상황이 중간정도 호의적(4, 5, 6)일 때 인간관계지향적 리더십이 효과적

④ 피들러 모형의 문제점

ⓐ 리더행위 분류기준으로 LPC 점수 사용에 의문

ⓑ 상황분류가 단순

ⓒ 리더십 유형이 단순

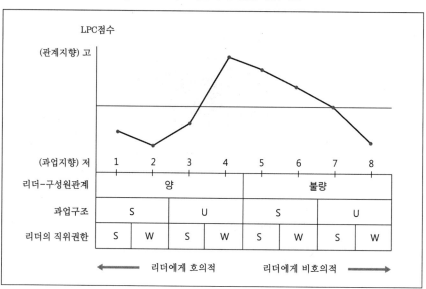

〈도표 2-9〉 피들러의 상황적합이론

2) 허시와 블랜차드의 리더십 수명주기 이론
① 의의
ⓐ 고려와 구조주의 모형에 기초
ⓑ 상황변수로 **구성원의 성숙도**를 도입
ⓒ 효과적 리더십은 하급자의 성숙도에 따라 과업지향 행위와 인간관계지향 행위의 비중을 조절하는 것

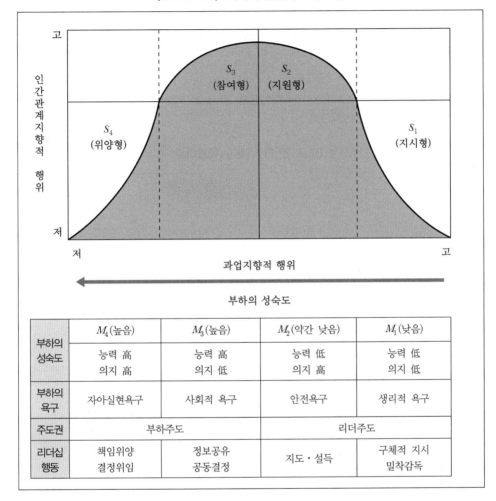

〈도표 2-10〉 허시와 블랜차드의 모형

부하의 성숙도	M_4(높음)	M_3(높음)	M_2(약간 낮음)	M_1(낮음)
	능력 高 의지 高	능력 高 의지 低	능력 低 의지 高	능력 低 의지 低
부하의 욕구	자아실현욕구	사회적 욕구	안전욕구	생리적 욕구
주도권	부하주도		리더주도	
리더십 행동	책임위양 결정위임	정보공유 공동결정	지도·설득	구체적 지시 밀착감독

PART
04

3) 경로–목표이론 : 하우스와 에반스

　① 의의 : 동기부여의 기대이론을 바탕으로 함

　② 상황변수

　　ⓐ 종업원 특성

　　ⓑ 작업환경의 특성

　③ 리더십 유형

　　ⓐ 수단적 리더십

　　ⓑ 후원적 리더십

　　ⓒ 참여적 리더십

　　ⓓ 성취지향적 리더십

④ 상황의 적합성
    ⓐ 지각된 능력이 커질수록 수단적 리더십보다는 성취지향적 리더십이 유효
    ⓑ 외재론자에게는 수단적 리더십, 내재론자에게는 참여적 리더십이 유효
⑤ 장·단점
    ⓐ 피들러 모형보다 더 합리적이고, 무리가 없고, 더 다양한 리더십 스타일 전제
    ⓑ 기대이론을 근거로 하므로 기대이론의 문제점 존재
    ⓒ 하급자의 동기유발측면만 강조

〈도표 2-11〉 경로-목표이론

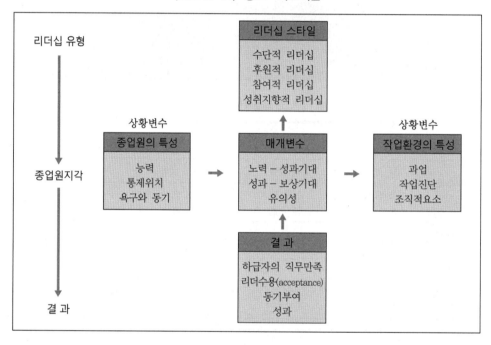

〈도표 2-12〉 경로-목표이론의 적합성에 대한 수정(Griffin)

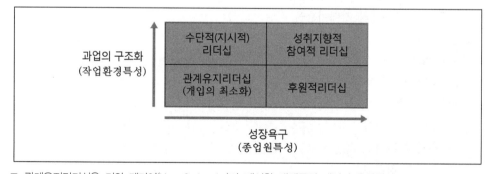

■ 관계유지리더십은 커와 제미어(Kerr & Jermier)가 제시한 대체물의 개념과 유사하다.

4) 수직쌍 연결이론(VDL이론) = LMX(리더-성원 교환관계)이론
  ① 의의
    ⓐ 리더와 하급자들 간에 상이한 종류의 쌍관계가 형성되고, 이 차이가 양자의 행위에 영향을 준다.
    ⓑ 리더와 하급자의 관계가 내집단(in-group) 관계일 때, 상호 간에 동업자와 같은 신뢰, 공동운명의식을 갖고 보다 큰 영향을 주고받는다.
    ⓒ 외집단(out-group) 관계일 때, 리더는 감독자의 행동을 보이고 일방적 영향력을 행사하며 공식적 역할 범위 내 관계만 유지된다.
  ② 장·단점
    ⓐ 내집단에 속한 부하들이 낮은 이직률, 높은 만족도를 보인다.
    ⓑ 외집단에 속한 부하들이 박탈감, 소외감으로 조직에 악영향을 줄 수 있다.

5) 리더십의 규범이론 = 의사결정 리더십 모형 : Vroom, Yetton
  ① 상황변수
    의사결정의 질과 관련된 속성 3가지와 **의사결정 수용도**와 관련된 속성 4가지 등 총 7가지의 속성을 '예 / 아니오' 두 차원으로 나눔
  ② 리더의 행위
    의사결정 시 하급자 참여 정도에 따라 5가지로 구분

〈도표 2-13〉 의사결정에의 리더·부하의 참여 정도

리더십 유형	AⅠ	AⅡ	CⅠ	CⅡ	GⅡ
의사결정 참여자	리더	리더와 개별적 부하	리더와 개별적 부하	리더와 부하집단	리더와 부하집단
참여형태	단독결정	부하와 개별적으로 질문·응답	개별적으로 부하의 제언을 받음	부하들과 정보 정유	정보공유 및 공동 결정
결정권자	리더	리더	리더	리더	하급자 집단

  * A : Autoratic(독재적 리더십), C : Consultative(타협적 리더십), G : Group(참여적 리더십)

  ③ 리더십과 상황의 적합성 : 의사결정수로 나타남
  ④ 장·단점
    ⓐ 이론이 너무 복잡하여 현실적용이 어려움
    ⓑ 의사결정과정이 지나치게 단순함
    ⓒ 리더가 현실적으로 의사결정과정을 다양하게 사용하기 어려움
    ⓓ 리더가 상황 자체를 변화시킬 수 있는 점을 간과하였음

〈도표 2-14〉 합리적 의사결정수(decision-making tree)

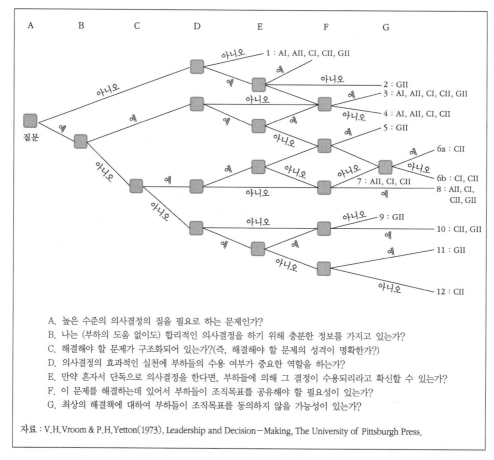

A. 높은 수준의 의사결정의 질을 필요로 하는 문제인가?
B. 나는 (부하의 도움 없이도) 합리적인 의사결정을 하기 위해 충분한 정보를 가지고 있는가?
C. 해결해야 할 문제가 구조화되어 있는가?(즉, 해결해야 할 문제의 성격이 명확한가?)
D. 의사결정의 효과적인 실천에 부하들의 수용 여부가 중요한 역할을 하는가?
E. 만약 혼자서 단독으로 의사결정을 한다면, 부하들에 의해 그 결정이 수용되리라고 확신할 수 있는가?
F. 이 문제를 해결하는데 있어서 부하들이 조직목표를 공유해야 할 필요성이 있는가?
G. 최상의 해결책에 대하여 부하들이 조직목표를 동의하지 않을 가능성이 있는가?

자료 : V.H.Vroom & P.H.Yetton(1973), Leadership and Decision-Making, The University of Pittsburgh Press.

6) 변혁적 리더십
① 문화자체의 변혁을 통해 집단의 욕구를 바꾸려는 리더십
② 비전설정과 조직몰입을 강조

참고 변혁적 리더의 특징
① 카리스마(charisma)
② 영감 고취(영적 고무, inspirational motivation)
③ 지적인 자극(intellectual stimulation)
④ (구성원에 대한) 개별적 배려(individualized consideration)

참고 거래적 리더 = 예외에 의한 관리

7) 리더십의 대체이론 : kerr & Jermier
① 부하, 과업, 조직의 특정요인들이 리더십 행동을 대체하며, 리더행동의 필요성에 영향을 미친다.
② 리더 행동에 여향을 주는 요인으로 **대체물(불필요), 중화물(방해), 보완물** 등이 있다.

참고 **진성 리더십(authentic leadership)**

진성 리더십의 개념은 진정성(authenticity)의 개념을 바탕으로 정의된다. 진정성은 한 개인이 자기 스스로를 알고, 자신 내면의 생각과 감정, 가치관 등에 일치되도록 행동하는 것을 의미하며, 자기인식(self-awareness)과 자기규제(self-regulation) 등 두 가지 요소로 이루어진다. 자기인식은 현재 자신의 진정한 자아를 인식하는 것으로 자신의 재능, 강점, 목표, 핵심 가치관, 믿음, 욕망 등을 지속적으로 이해하는 과정이며, 자기규제는 개인이 그들의 가치관과 목표를 자신의 행위와 일치시키는 과정이다. 진성 리더의 척도에서는 4가지 차원을 측정하고 있는데 리더의 자기인식(self-awareness), 내재화된 윤리적 관점(internalized moral perspective), 관계적 투명성(relational transparency)과 균형화된 정보처리 과정(balanced processing)이다.

PART 04

<공인노무사 2차 기출>   ▶ 2013 경영조직론
조직갈등의 해결방안으로서 협상이 갖는 의미와 중요성을 기술하고, 분배적(distributive) 협상전략과 통합적(integrative) 협상전략을 비교·설명하시오. [25점]

<공인노무사 2차 기출>   ▶ 2014 경영조직론
조직 내 커뮤니케이션 과정에서 나타날 수 있는 장애요인을 설명하고, 구성원 및 관리자 입장에서의 커뮤니케이션 활성화 방안을 각각 설명하시오. [25점]

<공인노무사 2차 기출>   ▶ 2019 경영조직론
거래적 리더십(transactional leadership)과 변혁적 리더십(transformational leadership)의 개념과 주요 구성요인을 설명하고 각 리더십별로 권력 원천(source of the power)과의 상호관련성을 기술하시오. [25점]

<공인노무사 2차 기출>

▸ 2022 경영조직론

다음의 내용을 참고하여 물음에 답하시오. 50점

> 갈등은 어느 조직에나 존재하는데, 갈등에 대한 전통적 관점에서는 기본적으로 갈등은 조직에 역기능을 가져다주기 때문에 제거해야 된다는 입장이다. 반면에 현대적 관점에서는 갈등이 순기능을 가져다 줄 수 있기 때문에 조직은 갈등에 대해 보다 적극적인 관심을 가져야 한다는 것이다. 조직경영과 관련하여 중요한 갈등은 개인 간 갈등과 집단 간 갈등으로 대표되는 조직 내 갈등이다. 조직원들끼리 또는 팀들 간에 업무를 수행하고 목표를 달성하는 과정에서 발생하는 갈등은 자칫 성과를 떨어뜨리는 결과를 가져올 수 있기 때문이다.

1) 갈등의 개념적 정의를 제시하고, 개인 간 갈등의 발생 원인을 개인 차원, 업무 차원, 조직 차원으로 구분할 때 각 차원 별로 그 원인 3가지를 설명하시오. 10점

2) 개인 간 갈등관리의 유형을 라힘(M. A. Rahim)의 구분 기준에 의하여 제시하고 각 유형의 개념과 장단점을 설명하시오. 25점

3) 집단 간 역기능적 갈등 해결 방안과 조직성과를 높이기 위한 순기능적 갈등 조성 방안을 각각 5가지 설명하시오. 15점

Chapter 03 조직

Ⅰ 조직의 특성 파악

(1) 조직분위기 : 기계적 유형과 유기적 유형

(2) 조직문화

　1) 의의 : 조직구성원의 활동의 지침, 행위의 규범 및 정체성을 제공함

　2) 조직문화의 영향요인 : 맥킨지사의 7S 모형

　3) 조직문화의 종류 : 오우치의 Z형 조직

〈도표 3-1〉 7S 모델

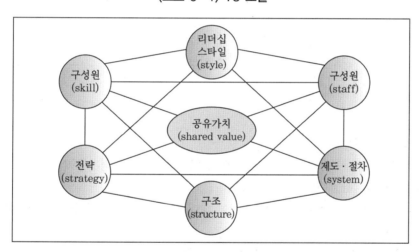

〈도표 3-2〉 Ouchi의 Z형 조직의 근거

	미국기업(A형 조직)	일본기업(J형 조직)	Z형 조직
경영목표	단기목표	장기목표	장기목표
고용	단기고용	종신고용	장기고용
승진평가	급속한 평가	엄격한 평가와 완만한 승진	장기적 평가와 완만한 승진
통제	공식적 통제	우회적 간접통제	명시적·암시적 통제의 균형
의사결정	개인적, 하향적	상향적, 공동	참여적·합의적
책임	개인	집단	개인책임 강조
종업원의식	개인주의	집단주의	집단 공동주의

Ⅱ 조직설계

(1) 조직설계변수

1) 분화/복잡성/전문화

① 수평적 분화는 직무전문화와 부문화에 관심을 둔다.

② 수직적 분화는 계층을 형성하고 직위를 결정한다.

③ 분화의 수준↑ ⎡ 숙련도↑, 효율성↑, 훈련↓
　　　　　　　⎣ 연결비용↑, 갈등조정문제↑

④ 분화에 영향을 주는 요인으로 감독폭, 규모의 경제, 조정, 업무의 성격 등이 있다.

2) 집권화/분권화

① 수평적 분화는 직무전문화와 부문화에 관심을 둔다.

② 수직적 분화는 계층을 형성하고 직위를 결정한다.

3) 공식화

① 조직 내 업무의 표준화 정도를 말함

② 공식화↑ ⎡ 종업원 간 업무편차↓, 업무흐름의 일관성↑, 관리노력↓
　　　　　⎣ 전체조화↓, 융통성↓, 창의성↓

(2) 조직설계에 영향을 주는 요인

1) 환경

① 번즈와 스토커(Burns & Stalker)

　안정적 환경에서는 기계적 구조, 가변적 환경에서는 유기적 구조가 적합

② 로렌스와 로쉬(Lawrence & Lorsch)

　조직 내부의 부서에 따라 처한 환경이 달라지므로 **부서별 적합한 구조가** 달라져야 함

③ 에머리와 트리스트(Emery & Trist)

　조직이 처한 환경을 **복잡성**과 **변화율**에 의해 구분

④ 톰슨(Thompson)

〈도표 3-3〉 톰슨의 환경분류와 조직의 적합성

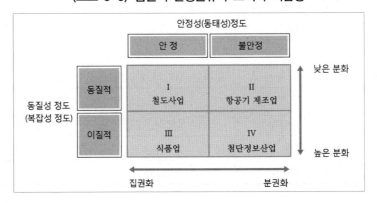

2) 기술

① 우드워드(Woodward) : 제조업 대상 연구결과, **기술의 복잡성**에 따라 단위 생산/대량 생산/연속 생산 기술로 나누고 이에 적합한 조직구조가 달라야 함을 제시

② 페로우(Perrow) : 연구대상을 서비스업이나 일반조직까지 늘림

〈도표 3-4〉 페로우의 기술분류 및 조직의 적합성

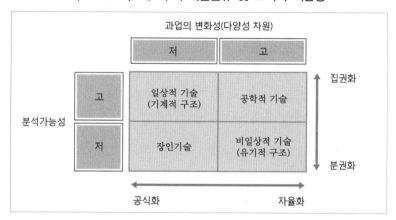

③ 톰슨(Thompson) : 기술의 상호의존성에 따라 중개형, 장치형, 집약형 기술로 분류

〈도표 3-5〉 톰슨의 기술유형

기술유형	예	상호의존성	조정의 기반	커뮤니케이션	조직구조	신축성
중개형	은행 Ⓐ Ⓑ Ⓒ	낮음 (공유적)	규칙·절차 ·표준화	낮음	낮은 복잡성 높은 공식화	중간
장치형	자동차 조립 Ⓐ→Ⓑ→Ⓒ	중간 (연속적)	일정계획· 감독	중간	중간정도 복잡성 중간정도 공식화	낮음
집약형	병원 Ⓐ⇄Ⓑ⇄Ⓒ	높음 (교호적)	협력· 상호조정	높음	높은 복잡성 낮은 공식화	높음

Ⅲ 조직구조

(1) 사업부제 조직

1) 의의

① 분화의 원리에 의해 제품별·지역별·고객별로 사업부 편성

② 각 사업부별 자율적 운영하는 형태임

2) 장점

　① 유능한 경영자 양성에 유리 ← 이익 중심점으로 관리

　② 각 구성원에 동기부여 및 능력개발 촉진

3) 단점

　① 과업의 중복, 중복투자

　② 각 사업부의 행위가 기업 전체 목표에 반하지 않도록 조정 활동이 필요

(2) 프로젝트 조직 = 태스크 포스 조직

1) 의의

　① 특정 프로젝트의 목표 달성을 위해 전문적 능력을 가진 구성원을 차출하여 조직 구성

　② 목표 달성 시 해산하여 본래 부서로 돌아감

2) 장·단점

　① 탄력성이 높고 유연하다.

　② 목표가 명확하여 사기가 높다.

　③ 새로 구성된 팀의 팀워크나 갈등조정이 어렵다.

　④ 원래 부문과 프로젝트 팀 간의 관계조정이 어렵다.

〈도표 3-6〉 프로젝트 조직

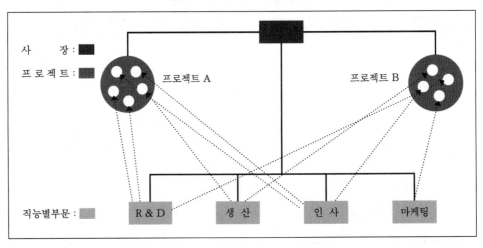

(3) 행렬조직

1) 의의

　① 직능식 조직과 프로젝트 조직의 혼합형태

　② 조직구성원이 직능 부서와 프로젝트 팀의 업무를 동시에 진행

　③ 효율성과 유연성을 동시에 추구

2) 장 · 단점

① 종업원 능력 최대 활용

② 최고 경영층의 관리 업무 해방

③ 이중 지위 체계로 역할이 모호

④ 스트레스 유발 및 업무 간 조정 어려움

⑤ 관리비 증가

⑥ 기능부서와 프로젝트 팀 간의 갈등

〈도표 3-7〉 행렬조직

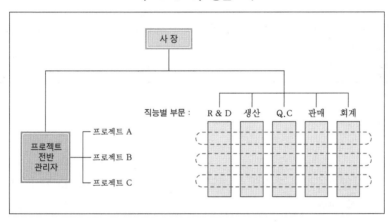

(4) 민쯔버그의 조직유형

조직의 5가지 주요부문 중 어떤 부문이 강조되느냐에 따라 여러 형태로 구분

〈도표 3-8〉 민쯔버그의 조직유형

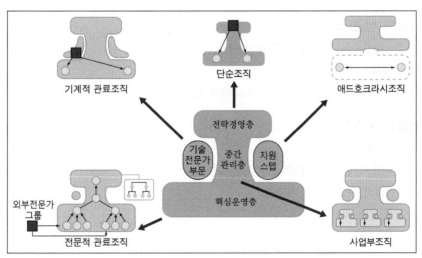

〈도표 3-9〉 민쯔버그의 조직유형의 비교

강조되는 중요 기본부문	조직유형	특성	예
최고경영부문 (전략경영층)	단순구조	집권화된 유기적 조직	슈퍼마켓, 소규모서비스업, 기업가 조직
기술지원부문 (기술전문가)	기계적 관료제	수직적 집권화와 제한된 수평적 분권화	자동차조립공장, 우체국, 철강회사
생산핵심부문 (핵심운영층)	전문적 관료제	수평·수직적으로 분권화	병원, 대학
중간관리부문	사업부제	제한된 수직적 분권화	제품별, 시장별 사업부
일반지원부문 (지원스텝)	애드호크라시	선택적 분권화	프로젝트 조직, 행렬조직, 팀제

Ⅳ 조직개발

(1) 의의

행동과학의 지식을 이용하여 조직의 능력을 높이고, 구성원의 만족도를 향상시키려는 장기적·포괄적 조직 변화 전략

(2) 특징

1) 인간의 잠재력을 개발하여 조직의 유효성을 높이려 함
2) 조직 전체의 근본적 변화에 관심이 있고, 장기적으로 실시됨
3) 대표적 기법으로 행동연구가 있음

(3) 조직개발의 성공요건

1) 변화를 요구하는 내외의 압력이 있어야 함
2) 최고경영자의 지지와 지원이 필요
3) 조직 내 모든 계층의 관리자를 포함해야 함

(4) 조직개발의 문제점

1) 인간적 측면에 집착
2) 시간·비용이 많이 소요됨
3) 유능한 OD전문가 확보 어려움
4) OD 전문가의 주관적 선호 반영

(5) 조직개발기법

1) 감수성 훈련 = T집단훈련

2) 관리격자도 훈련

3) 팀구축법

4) 과정상담법

5) 조사연구피드백

6) 근로생활의 질(QOWL) 프로그램 : 직무재설계, 감독자역할변화, 산업민주주의의 채택

<공인노무사 2차 기출>　　　　　　　　　　　　　　　　　　　　▸ 2013 경영조직론

조직문화의 개념과 의의(중요성과 순기능/역기능 포함) 그리고 조직문화와 조직성과의 관계를 설명하시오. 또한 샤인(Schein)이 제시한 조직문화의 구성요소, 딜과 케네디(Deal & Kennedy), 그리고 퀸(Quinn)이 제시한 조직문화 유형을 도식화하여 설명하시오. 50점

<공인노무사 2차 기출>　　　　　　　　　　　　　　　　　　　　▸ 2020 경영조직론

조직의 다양한 부서들은 과업을 수행하기 위해 자원, 부품, 정보 등의 교환을 통해 상호의존하게 된다. 기술이 조직구조 설계에 영향을 미치는 연구 중 톰슨(James Thompson)의 상호의존성(interdependence)의 3가지 유형을 설명하고, 조직구조 설계에 주는 시사점을 제시하시오. 25점

<공인노무사 2차 기출>　　　　　　　　　　　　　　　　　　　　▸ 2022 경영조직론

조직의 각 부서는 다른 부서와 구별되는 고유한 기술(투입물을 산출물로 변환하는 데 필요한 업무 프로세스, 기법, 기계 및 행동)을 가지고 업무 활동을 전개한다. 이로 인해 각 부서의 구조적 특징도 달라지게 된다. 이러한 부서 수준의 기술을 분석하고 이해하기 위하여 페로우(C. Perrow)는 개념적 모형을 개발하였다. 다음 물음에 답하시오. 25점

1) 페로우(C. Perrow)가 개발한 모형에서 기술을 분류하는 2가지 기준을 설명하고, 해당 기준에 의해 도출되는 4가지 기술 유형을 쓰시오. 10점

2) 페로우(C. Perrow)가 개발한 모형에서 일상적(routine) 기술과 비일상적(nonroutine) 기술에 따라 조직구조의 특성이 어떻게 달라지는지를 공식화, 작업자 숙련도 및 통제 범위(span of control)의 3가지 차원에서 설명하시오. 15점

인적자원관리

Chapter **01** # 직무분석과 직무평가

I 직무분석

(1) **의의** : 직무의 내용과 요건을 분석

(2) **직무내용** : 일의 주체, 내용, 방법, 목적 등

(3) **직무요건** : 책임, 숙련도, 능력, 작업조건

(4) **직무분석방법** : 면접법, 관찰법, 질문서법, 종합적 방법

(5) **직무기술서와 직무명세서의 작성**

〈도표 1-1〉 직무기술서와 직무명세서의 비교

	직무기술서	직무명세서
차이점	① 직무의 내용과 요건에 동일한 비중 ② 종업원과 감독자에게 직무에 관한 개괄적 자료 제공	① 직무내용보다는 직무요건에, 특히 인적 요건에 큰 비중 ② 고용, 훈련, 승진, 전직에 기초자료 제공
공통점	직무분석의 결과를 일정한 서식으로 정리·기록한 문서이다.	

II 직무평가

(1) **의의** : 직무 간의 상대적 가치를 결정

(2) **직무평가방법** : 서열법, 분류법, 점수법, 요소비교법

〈도표 1-2〉 직무평가의 방법

직무평가방법의 상호관계			
	계급적	계열적	
비계량적	분류법	서열법	전체적
계량적	점수법	요소비교법	분석적
	직무 대 기준	직무 대 직무	

Ⅲ 직무설계

(1) 직무연구의 발전

1) **전통적 직무연구** : 직무를 중심으로, 직무에 인간을 어떻게 적응시킬 것인가 연구

2) **현대적 직무연구** : 인간을 중심으로, 직무를 어떻게 설계할 것인가 연구

(2) 직무설계 : 조직의 목표달성과 개인의 만족감 증대를 위해 직무를 적극적으로 설계하는 것

〈도표 1-3〉 직무설계의 전개과정

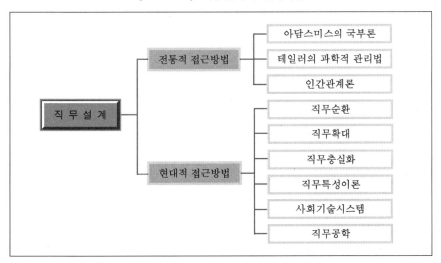

1) 개인수준의 직무설계

① 직무순환

② 직무확대 : **수평적** 직무확대

ⓐ 맡은 직무를 다양하게 함

ⓑ 직무에 대한 단조로움 감소

ⓒ 종업원의 동기부여에는 실패

③ 직무충실화 : **수직적** 직무확대

ⓐ 종업원에게 관리적 기능까지 위임하는 것

ⓑ 직무를 질적으로 재정의·재구성함

ⓒ **허쯔버그의 2요인** 이론에 기초

ⓓ 개인차 무시, 과다한 비용소요 등의 문제

④ **직무특성이론** : Hackman & Oldham

ⓐ 개인차를 고려한 직무충실화

ⓑ 개인에게 만족감을 주며 동기부여 가능

ⓒ 생산성 향상 등 양적 성과에 대한 예측이 어려움

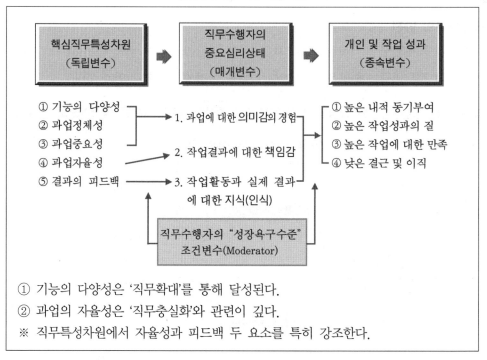

〈도표 1-4〉 직무특성이론

① 기능의 다양성은 '직무확대'를 통해 달성된다.

② 과업의 자율성은 '직무충실화'와 관련이 깊다.

※ 직무특성차원에서 자율성과 피드백 두 요소를 특히 강조한다.

2) 집단수준의 직무설계
   ① **통합적 작업팀** : 직무확대의 집단수준 실시
   ② **자율적 작업팀** : 직무충실화의 집단수준 실시
   ③ **작업모듈**
   ④ **기타** : 압축근무시간제, 변형근로시간제, QC서클, 동시공학 등

참고 **직무스트레스(job stress)**

직무스트레스는 직무요구와 개인의 업무능력 사이의 **불균형**에서 발생하는 심리적인 반응으로, 직무와 관련하여 구성원이 느끼는 압박감, 불안감으로 정의된다. 직무스트레스는 구성원의 정상적인 심리 및 생리적 기능으로부터의 이탈을 야기함으로써 개인 및 조직성과에 부정적인 영향 또는 적어도 **역U자형** 관계를 갖는 것으로 보고되고 있다.

Chapter 02 인사고과

I 인사고과의 의의

인사고과는 종업원의 상대적 가치를 결정하는 것

II 인사고과 기법의 분류

(1) 전통적 방법

1) 성과기준 고과법

2) 대인비교 고과법
- ① 서열법 → 교대서열법
- ② 쌍대비교법
- ③ 등급할당법
- ④ 강제할당법
- ⑤ 표준인물비교법

3) 평정척도 고과법 = 평가척도법

4) 대조표 고과법

5) 서술식 고과법
- ① 자유서술법
- ② 중요사건 서술법

6) 토의식 고과법
- ① 현장토의법
- ② 면접법
- ③ 위원회 지명법

(2) 현대적 방법

1) 목표에 의한 관리(MBO)

2) 인적평정센터법(HAC)

3) 행위기준 고과법(BARS, behaviorally anchored rating scales)

4) 인적자원회계

5) 다면평가

심화 행위기준고과법(BARS)의 유사 기법

① 행동기대평가(BES, expectation) : 우수, 평균, 평균 이하
② 행동관찰평가(BOS, observation) : 발생빈도를 근거로 피고과자를 평가

심화 체크리스트법, 강제선택서술법

① 체크리스트법 : 고과내용이 되는 피고과자의 능력(잠재능력), 태도, 작업행동, 성과 등에 관련되는 표준행동들을 제시하고 고과자가 해당 서술문을 체크하여 평가
② 강제선택서술법 : 쌍으로 된 평가항목의 서술문을 평가자에게 제시하고 평가자가 두 개의 서술문 중 반드시 한 곳에만 체크하게 하는 기법

심화 맥락효과(context effect)

맥락효과(context effect)란 처음 알게된 정보가 나중에 알게 된 새 정보의 지침이 되거나 전반적인 맥락을 제공하는 것을 말한다.

Ⅲ 인사고과상의 오류 및 방지방법

1) **관대화 경향, 가혹화 경향** → 강제할당법 사용

2) **중심화 경향** → 강제할당법, 평가단계를 짝수로 함

3) **현혹효과** → 여러 평가자의 독립적 평가, 피평가자 간 평가, 한 특성에 대해 구성원 전부 평가

4) **논리적 오류** → 객관적이고 관찰가능한 사실로 평가

5) **대비오류** → 자기신고법이나 자기평가법을 도입

참고 대비오류(대비오차, contrast errors)

피고과자의 능력을 평가자 자신과 비교하여 실제보다 높거나 낮게 평가하는 경향이다.

참고 인사고과 도구의 합리성

수용성, 타당성, 신뢰성, 실용성

<공인노무사 2차 기출>   ▶ 2013 인사노무관리론
역량(competency)의 개념, 특징, 그리고 효과적인 역량중심 인사평가시스템의 구축방안을 설명하시오. 25점

Chapter 03 모집·선발, 이동, 교육·훈련관리

Ⅰ 모집·선발 관리

(1) 인력계획

1) 인력의 수요예측 : 거시적(=하향적) 인력예측, 미시적(=상향적) 인력예측

2) 인력의 공급계획 : 내부 인력 공급계획 → 외부 인력 공급계획

심화 **인력수요 예측기법**

① 노동과학적 기법은 양적 인력수요 예측기법으로 작업시간 연구를 기초로 조직의 하위 개별 작업 장별로 필요한 인력을 산출하는 기법으로 주로 생산직종의 인력수요를 예측하는 데 활용된다.

② 시나리오 기법은 브레인스토밍법과 명목집단법을 섞은 개념이다.

③ 자격요건 분석법에는 직무기술서와 직무명세서를 들 수 있다.

(2) 모집관리

(3) 선발관리

1) 선발도구 : 시험, 면접, 인·적성

심화 **구조화 면접, 위원회 면접**

① 구조화 면접은 표준화된 질문지를 사용한다. 면접의 신뢰성과 타당성을 높이기 위해 면접 내용 개발 단계에서 면접관이나 경영진을 포함한다.

② 위원회 면접은 여러 명의 면접자가 한 명의 피면접자를 평가하는 방식이다.

2) 선발도구의 합리성 평가

① 신뢰성 : 시험결과의 일관성

② 타당성 : 측정대상을 정확히 검정하는 정도

심화 **타당도**

① 현재타당도(동시타당도) : 현재 시험 응시자들의 시험성적과 현재 이들이 달성한 직무성과와의 상관관계를 측정하는 지표

② 내용타당도 : 검사 측정 목적에 맞고 적합한 내용을 측정하는가의 정도, 즉 알고자 하는 내용을 잘 나타내고 있는가를 측정하는 지표

(4) 입직관리

(5) 조직사회화

　1) 조직진입 전 사회화 : 현실적 직무소개, 인턴사원제도

　2) 조직전입 후 사회화

　3) 정착단계

Ⅱ　인사이동관리

(1) 인사이동의 목적 : 후계자 양성 및 적재적소배치 실현

(2) 인사이동의 형태 : 전환, 강등, 승진, 이직

(3) 승진

　1) 직계승진과 연공승진

　2) 자격승진

　　① 신분자격승진

　　② 능력자격승진

　3) 역직승진 : 라인직위계열상의 승진

　4) 대용승진 : 준승진 = 명칭상의 승진

　5) 조직변화승진(OC승진) : 종업원의 사기 증진 목적

(4) 이직

　1) 이직원인 검토 : 퇴직면접, 퇴직 후 질문지를 통한 방법

Ⅲ　교육훈련관리

(1) 장소에 따른 구분 : 직장 내 교육(OJT), 직장 외 교육(off JT)

(2) 대상에 따른 구분

　1) 신입자 교육훈련

　2) 일선 종업원 훈련 : 기능훈련, 노동교육, 일반교양교육

　3) 감독자 훈련 : JIT, TWI

　4) 중간관리자 훈련 : MTP

　5) 경영자 훈련 : ATP, AMP, 경영게임법, 사례연구, 인바스켓훈련, 역할연기법

(3) 경력개발

1) 의의 : 기업목표와 개인목표 달성을 위해 개인의 경력을 장기적·계획적으로 개발

2) 구성요소 : 경력목표, 경력계획, 경력개발

3) 경력개발기법

    ① 경영자개발위원회 : 관리자층 대상

    ② 계획적 경력 경로화 : 신입사원 대상

    ③ 중간경력의 쇄신 : 중간관리자 대상

    ④ 예비퇴직상담 : 퇴직예정자 대상

    ⑤ 기타 : AMP, HAC 등

<공인노무사 2차 기출>　　　　　　　　　　　　　　　　　　　　　　　▶ 2014 인사노무관리론

1. 최근 기업에서 일어나는 구성원의 자발적 이직의 개념, 원인, 긍정적 및 부정적 효과(기업, 이직자, 잔류자 관점), 그리고 효과적인 관리방안에 대해 논하시오. 50점

2. 오늘날 경력개발관리의 의미, 개인의 경력욕구로서 '경력 닻', 그리고 경력개발관리 기법으로서 직무순환의 장·단점을 설명하시오. 25점

<공인노무사 2차 기출>　　　　　　　　　　　　　　　　　　　　　　　▶ 2019 인사노무관리론

문 1 성과관리(performance management)에 관한 다음 물음에 답하시오. 50점

1) 성과관리의 목적 3가지와 효과적인 성과관리 운영을 위한 기준 5가지에 관하여 각각 설명하시오. 20점

2) 효과적인 성과관리를 위한 프로세스, 평가자의 역할, 평가 결과의 활용방안에 관하여 각각 논하시오. 30점

<공인노무사 2차 기출>　　　　　　　　　　　　　　　　　　　　　　　▶ 2021 인사노무관리론

우수인재의 확보만큼이나 유지도 중요하다. 이직의 유형, 이직의 순기능과 역기능, 이직관리의 효과적 전략, 그리고 중소기업의 이직관리 방안에 관하여 설명하시오. 25점

<공인노무사 2차 기출>　　　　　　　　　　　　　　　　　　　　　　　▶ 2022 인사노무관리론

문 1 교육훈련(training & development)에 관한 다음 물음에 답하시오. 50점

1) 관리층 교육훈련의 개념을 설명하고, 관리층 교육훈련 기법 6가지만 쓰고 설명하시오. 20점

2) 교육훈련 평가기법인 커크패트릭(Kirkpatrick)의 평가기준, 골드스타인(Goldstein)의 교육훈련 타당도 평가법, 투자수익률(ROI) 평가법에 관하여 각각 논하시오. 30점

문 2 모집의 원천으로서 조직 내부모집의 개념과 방법을 설명하고, 장점과 단점을 각각 3가지만 쓰시오. 25점

<공인노무사 2차 기출>   ▸2023 경영조직론

조직구성원들의 조직적응은 업무에 대한 태도 형성과 성과에 영향을 미친다. 특히 신입사원 조직적응과 관련하여 조직사회화(organizational socialization)의 중요성이 강조되고 있다. 다음 물음에 답하시오. 25점

1) 조직사회화의 개념과 행위적 결과 및 정서적 결과를 설명하시오. 10점

2) 조직사회화의 3단계 모델을 설명하시오. 15점

<공인노무사 2차 기출>   ▸2023 인사노무관리론

유연한 근로시간제의 대표적인 유형으로 선택적 근로시간제와 탄력적 근로시간제가 있다. 각각의 개념, 특징 및 장단점(개인 및 기업 관점)을 설명하시오. 25점

Chapter 04 보상관리

Ⅰ 임금관리

(1) 임금수준

1) 의의 : 기업전체의 임금평균수준

2) 결정요인 : 기업의 지불능력(상한), 최저임금제도, 생계비(하한) 등

3) 임금수준의 조정 : 물가변동, 연공, 인사고과 등에 따라 조정되며 **승급, 베이스업**(base up) 등이 있다.

4) 목표 : 적정성

〈도표 4-1〉 임금수준의 결정요인

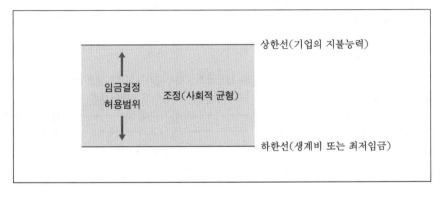

〈도표 4-2〉 승급과 베이스업의 관계

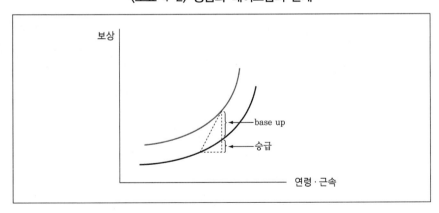

(2) 임금체계

1) **의의** : 개별임금간의 격차를 결정하는 기준

2) **종류** : 연공급(필요기준), 직무급(직무기준), 직능급(능력기준), 자격급(자격기준), 성과급(업적기준)

3) **연공급** : 고용의 안정, 노동정착, 사기유지에 도움을 주지만, 동일노동에 동일임금이 지급되지 않음

4) **직무급** : 동일노동에 동일임금이 지급되어 임금격차에 대한 불만이 적지만, 공정하고 철저한 직무분석, 직무평가가 전제되어야 함

5) **직능급** : 연공급과 직무급의 절충형태로 사람의 능력에 따라 차별적으로 임금이 지급되는 방식

6) **목표** : 공정성

〈도표 4-3〉 임금체계의 결정요인

임금결정의 기본사고	고려해야 할 요소	임금체계 결정요인	필요정보	관련된 기본급	속성
생계보장의 원칙	연령 · 근속 · 학력	필요기준	인사고과	연공급	속인급
노동대응의 원칙	업무	담당직무기준	직무분석 · 직무평가 · 직무표준화	직무급	속직급
	능력 ── 보유능력	능력기준 (자격기준)	직무분석 · 직무평가 · 직능분류	직능급	혼합급
			자격기준설정	(자격급)	(혼합급)
	발휘된 능력	성과 (업적기준)	인사고과	성과급	속인급

(3) 임금형태

1) 의의 : 임금산정방식

2) 목표 : 합리성

〈도표 4-4〉 임금형태의 분류

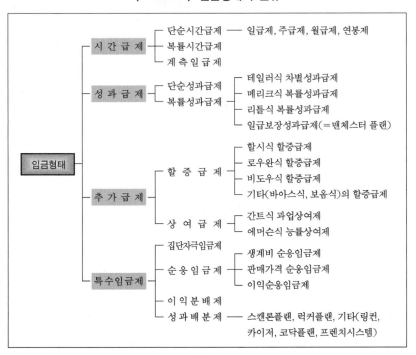

3) 시간급 : 능률자극효과 낮음

① 단순시간급 : 절약임금과 낭비임금이 모두 회사에 귀속됨

② 복률시간급

〈도표 4-5〉 시간급제

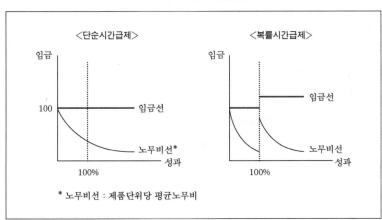

4) **성과급** : 시간급보다 근로자에게 합리성과 공평성을 줌

① 단순성과급

② 복률성과급

〈도표 4-6〉 성과급제

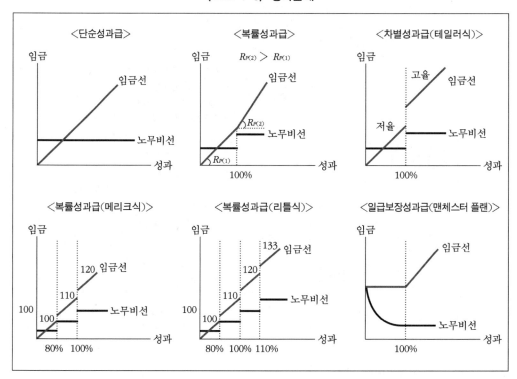

5) **추가급제** : 시간급제와 성과급제의 절충

① **할증급** : 절약임금을 노사간에 분배 = 분익임금제도 = 절약임금분배제도

② **상여급**(bonus)

6) **집단자극제**

① 작업난이도에 따른 불만 감소

② 팀웍 및 협동심 증가

③ 개인의 노력과 연관성 낮음

7) **순응임금제 = 슬라이딩 스케일제**

생계비 지수, 판매가격, 이익 등에 순응하여 임률 조정

8) **이익분배제**

9) 성과배분제

① 스캔론 플랜 : 위원회 제도를 통한 종업원 참여 및 판매가치를 기초로 한 성과배분

② 럭커플랜 : 부가가치를 기초로 한 성과배분

③ 프렌치 시스템 : 모든 비용 절감에 관심

> **❗ 주의**
> 스캔론 플랜과 럭커플랜은 노무비 절감액을 분배함

10) 연봉제

① 인재의 과감한 기용이 가능하고 임금관리가 쉽다.

② 개인주의가 나타나고 단기업적을 중시한다.

II 복리후생 관리

(1) 복리후생제도 : 간접적 보상, 전체적 보상

> **❗ 주의**
> 카페테리아식 복리후생 = 변형보상 프로그램

(2) 법정 복리후생제도

건강보험, 국민연금, 산재보험 등의 4대 보험, 퇴직급여 등

<공인노무사 2차 기출>   ▶ 2013 인사노무관리론

스캔론 플랜(Scanlon plan)의 개념, 내용, 효과 및 한계점에 대하여 설명하시오. 25점

<공인노무사 2차 기출>   ▶ 2019 인사노무관리론

직무급과 직능급의 개념, 도입의 전제조건에 관하여 각각 설명하고, 직무급과 직능급 각각의 장점과 단점을 3가지씩만 쓰시오. 25점

Chapter 05 유지관리

I 인간관계관리

(1) 의의 : 호손공장실험에 의해 강조

(2) 기법

  1) 사기조사 = 태도조사

  2) 제안제도

  3) 고정처리제도 = 고충처리제도

  4) 브레인스토밍

  5) 종업원지주제도

  6) 기타 : 소시오메트리, 감수성 훈련, ZD 운동

II 노사관계관리

(1) 발전과정 : 전제적 → 온정적 → 근대적 → 민주적

(2) 노동조합

  1) 의의 : 임금, 근로시간 등의 근로조건에 관해 경영자 측과 교섭하는 단체

  2) 기능 : 경제적 기능, 공제적 기능, 정치적 기능

  3) 형태

    ① 직업별 노조 : 역사적으로 가장 오래됨

    ② 산업별 노조 : 현대노조의 대표적 유형

    ③ 일반 노조 : 지역별 노조

    ④ 기업별 노조 : 노조의 파워가 약함

  4) 가입방법

    ① 클로즈드샵(closed shop) : 사용자는 노동조합원만 고용 가능

    ② 유니온샵(union shop) : 사용자가 비조합원 채용이 가능하지만, 일정 기간 내 노조가입 의무화

    ③ 오픈샵(open shop) : 사용자의 채용에 차별 없음

5) 권력 확보 과정

① 양적인 면 : 조합원의 확보 – 숍제도

② 질적인 면 : 자금 확보 – 체크오프제도(check off system)

(3) 부당노동행위

1) 개별 근로자를 대상으로 한 행위

① 불이익대우 : 근로자의 일정한 행위로 인하여 불공정하게 대우

② 황견계약 : 근로기본권을 제한하는 위법적 계약

2) 노동조합을 대상으로 한 행위

① 단체교섭거부

② 지배, 개입, 자금원조

> ❗ 주의
> 우리나라의 부당노동행위는 보복적 불이익 취급도 포함된다.

Ⅲ 노사협력제도

(1) 단체교섭제도 : 영·미식

1) 단체협약

2) 노동쟁의

① 노조의 쟁의행위 : 파업, 태업, 불매동맹, 시위, 준법투쟁 등

② 사용자의 쟁의행위 : 직장폐쇄, 사용자 보이코트

3) 노동쟁의의 조정

① 알선 → 조정 → 중재

② 긴급조정 : 공익사업에 관한 것일 때

③ 냉각기간 : 교섭결렬 시 쟁의발생신고 후 노사는 쟁의에 들어가기 전에 10일(공익은 15일) 간 냉각기간을 갖고 외부 제3자의 조정활동을 거친다.

(2) 경영참가제도 : 독일식

1) 노사협의회 : 단체교섭대상이 되는 근로조건 이외의 문제에 대해 협의

2) 단체교섭과의 차이점

① 비노조원도 포함

② 노사간의 이익이 공통되는 것에 관해 협의

③ 쟁의권 없음

▸ 2013 인사노무관리론

＜공인노무사 2차 기출＞

최고경영층의 조직관리방식(협력적/경쟁적)에 따라서 인적자원관리(확보, 개발, 평가, 보상, 유지)가 다를 수 있다. 이러한 인적자원관리의 특징을 ① - ⑩의 순서대로 각각 논하시오. 50점

조직관리방식＼인적자원관리	확보	개발	평가	보상	유지
협력적	①	③	⑤	⑦	⑨
경쟁적	②	④	⑥	⑧	⑩

＜공인노무사 2차 기출＞
▸ 2014 인사노무관리론

조합원의 가입자격에 따른 노동조합의 형태를 구분하고 그 형태별 특징, 장·단점을 설명하시오. 25점

＜공인노무사 2차 기출＞
▸ 2019 인사노무관리론

단체협약의 기능(또는 역할)에 관하여 2가지만 설명하고, 단체협약에 포함되는 내용을 규범적, 채무적, 조직적 부분으로 분류하여 각각 기술하시오. 25점

＜공인노무사 2차 기출＞
▸ 2021 인사노무관리론

문 1 우리나라의 노동시간은 1953년 근로기준법 제정 이후 지속적으로 단축되어 왔다. 2018년 법정근로시간을 주당 최대 52시간으로 단축하는 내용의 근로기준법 개정안이 통과되어 사업장별로 순차적으로 시행되고 있다. 법정근로시간 단축의 의의, 기대효과, 문제점, 이에 대한 기업의 대응방안에 관하여 각각 논하시오. 50점

문 2 이익분배제(profit sharing plan)의 개념, 특징 및 장단점에 관하여 설명하시오. 25점

＜공인노무사 2차 기출＞
▸ 2022 인사노무관리론

사용자가 노동조합에 대응하는 교섭전략인 포용전략, 압박전략, 회피전략의 개념을 각각 설명하고, 교섭전략별 실행 방안을 각각 2가지만 쓰시오. 25점

PART 06
마케팅관리

마케팅관리의 기본조건

Chapter **01** # 마케팅관리와 기업전략

Ⅰ 마케팅 관리철학

(1) 기업중심적 관리철학

  1) 발전과정 : 생산개념 → 제품개념 → 판매개념

  2) 출발점 : 기존제품

  3) 수단 : 판매와 촉진

  4) 목적 : 이익극대화

(2) 고객지향적 관리철학 : 마케팅 개념

  1) 전사적 마케팅

  2) 내부 마케팅 → 외부 마케팅

  3) 고객의 획득과 유지

> **요약** 고객유지방법 : 전환장벽 구축, 충성도 증진 프로그램, 고객만족도 향상

  4) 고객관계관리(CRM) 마케팅

    ① 20/80 룰의 적용

    ② 생애가치 고려

    ③ DB마케팅 → 인터넷 마케팅(1:1 마케팅)

    ④ 고객관리자 필요

(3) 사회지향적 관리철학

  1) 기업의 사회적 책임 강조

  2) 그린 마케팅

Ⅱ 마케팅관리의 과제

〈도표 1-1〉 수요의 상황에 따른 마케팅관리의 과제

수요상황	과제	명칭
① 부정적 수요(negative demand) 잠재적 시장의 대부분이 구매를 꺼리는 상황이다.	수요의 전환(reverse demand) 부정적 수요를 긍정적 수요로 전환시켜 공급수준과 동일한 수준까지 수요를 끌어올린다.	전환적 마케팅 (conversionnal marketing)
② 無수요(no demand) 잠재적 시장의 대부분이 기호와 관심을 가지고 있지 않은 상황이다.	수요의 창조(create demand) 환경의 변화나 제품에 관한 충분한 정보의 유포를 통하여 수요를 창조한다.	자극적 마케팅 (stimulational marketing)
③ 잠재적 수요(latent demand) 아직 존재하지 않는 제품이나 서비스에 대해 소비자들이 강한 욕구를 가지고 있는 상황이다.	수요의 개발(develop demand) 잠재적 수요가 실제수요가 될 수 있도록 수요를 개발한다.	개발적 마케팅 (developmental marketing)
④ 감퇴적 수요(faltering demand) 수요가 하락하거나 침체되어 있는 상황이다.	수요의 부활(revitalize demand) 수요가 하락하거나 침체되기 이전과 같이 불러일으킨다.	再마케팅 (remarketing)
⑤ 불규칙적 수요(irregular demand) 수요시기가 계절성을 띠고 있거나 현재의 공급시기와 차질이 심한 상황이다.	수요와 공급의 시기 일치화 (synchronize demand) 불규칙적 수요의 평준화를 모색하여, 수요와 공급의 시기를 일치시키도록 한다.	동시화 마케팅 (synchro marketing)
⑥ 완전수요(full demand) 현재의 수요수준과 시기가 기업의 소망과 일치하는 상황이다.	수요의 유지(maintain demand) 일상적 마케팅활동의 효율적 수행, 수요잠식요인에의 주의 집중을 통한 수요수준을 유지한다.	유지적 마케팅 (maintenance marketing)
⑦ 초과수요(overfull demand) 수요수준이 공급자의 공급능력이나 기대공급수준을 초과하는 상황이다.	수요의 감소(reduce demand) 가격인상이나 마케팅활동의 감소를 통해 일시적 또는 영구적으로 억제한다.	逆마케팅 (demarketing)
⑧ 불건전한 수요 (unwholesome demand) 수요가 소비자, 사회, 기업의 복지면에서 볼 때 바람직하지 않다고 여겨지는 상황이다.	수요의 파괴(destroy demand) 이러한 제품이나 서비스에 대한 수요를 파괴한다.	대항적 마케팅 (counter marketing)

PART
06

Ⅲ 마케팅 기능

(1) 미시적 마케팅 : 개별 기업의 목표 달성 수단으로 수행

1) 선행적 마케팅 : 생산 전의 활동으로 마케팅 조사, 마케팅 계획 등이 해당

2) 후행적 마케팅 : 생산 후의 활동으로 경로, 가격, 촉진활동 등이 해당

(2) 거시적 마케팅 : 생산자와 소비자의 연결을 위한 수행

Ⅳ 기업전략

(1) 상황분석

1) 시장분석

2) 환경분석 : 메가 마케팅(6P)

  ① 사회문화적 환경 → 그린 마케팅, 실버산업

  ② 경제적 환경 → 무상표 제품, 유통업자상표(PB) 제품

  ③ 기술적 환경 → POS 시스템, RFID 시스템

  ④ 공공 정책적 환경 → 소비자 보호법, 독점규제 및 공정거래에 관한 법률

3) 기업분석

(2) BCG의 성장 - 점유 모형

1) 구조

  ① **상대적 시장점유율**(RMS)과 **시장성장율**(MGR)을 높은 수준과 낮은 수준으로 구분하여 4
  개의 영역을 표시

  ② 각각의 사업단위의 위치는 원으로 표시하고 **원의 크기는 각 사업부의 매출액**을 나타냄

〈도표 1-2〉 성장-점유모형

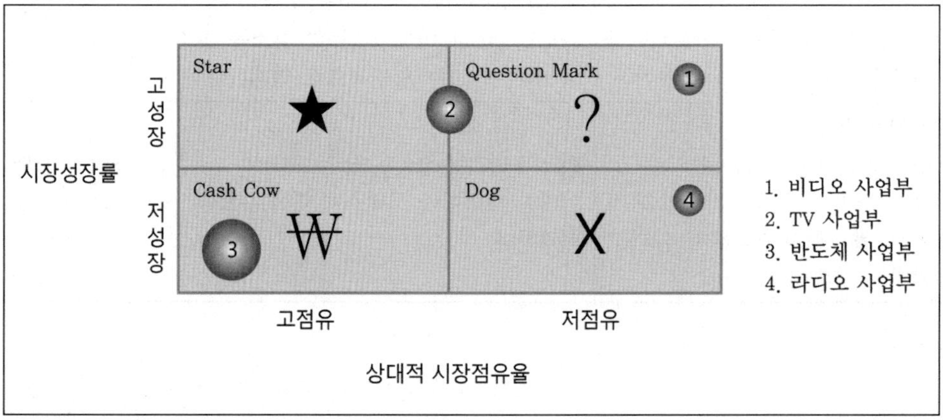

2) 전략의 선택

    ① Question Mark(?, 개발사업) : 고성장, 저점유율 → 확대전략, 회수전략, 철수전략

    ② Star(★, 성장사업) : 고성장, 고점유율 → 확대전략, 유지전략

    ③ Cash Cow(₩, 수익주종사업) : 저성장, 고점유율 → 유지전략

    ④ Dogs(X, 사양사업) : 저성장, 저점유율 → 철수전략

3) 각 사업부의 바람직한 이동 경로 : 개발사업 → 성장사업 → 수익주종사업

4) 장·단점

    ① 단순한 두 개의 축으로 현재 사업부에 대한 전략 제시

    ② 두 축의 구성요인이 지나치게 단순

(3) GE/Mckinsey 모형

1) 구조

    ① 산업의 매력도와 사업의 강점의 두 차원으로 구성

    ② **산업의 매력도** : 제품시장크기, 성장률, 수익률, 경쟁정도 등을 포괄

    ③ **사업의 강점** : 시장점유율, 점유율의 성장률, 제품품질 등을 포괄

    ④ 각 변수별로 평가치와 가중치 결정 필요

    ⑤ **원의 크기는 각 시장의 크기를 나타냄**

〈도표 1-3〉 GE/McKinsey 모형

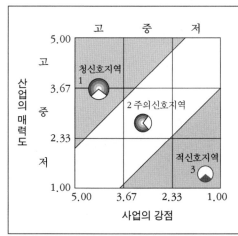

2) 전략의 선택

    ① 청신호 지역 → 투자, 성장전략

    ② 적신호 지역 → 회수, 제거전략

    ③ 주의신호 지역 → 선택, 획득전략

3) 장 · 단점
① 포괄적 다양한 변수 사용
② 주관적 판단

(4) 신사업전략 : 성장전략
1) 집약성장 전략

〈도표 1-4〉 제품/시장 확장격자 : Ansoff

	기존제품	신제품
기존시장	시장침투 전략	제품개발 전략
신시장	시장개발 전략	(다각화전략)

2) 통합성장 전략 : 수평적 통합전략, 수직적 통합전략(후방통합전략, 전방통합전략)
3) 다각성장전략 : 집중적 다각화, 수평적 다각화, 복합적 다각화

Chapter 02 시장기획분석과 목표시장선정

I 시장기회분석

(1) 경쟁분석 : 경쟁수준별 분석

1) 예산경쟁

2) 본원적 효익에 의한 경쟁 = 욕구별 경쟁

3) 제품범주에 의한 경쟁

4) 제품형태에 의한 경쟁

5) 상표에 의한 경쟁

〈도표 2-1〉 경쟁수준 : 코카콜라의 예

■ 코카콜라와 가까이 있을수록 대체가능성이 높은(즉, 보다 위협적인) 경쟁상대이고, 멀리 있을수록 대체가능성이 낮은(즉, 덜 위협적인) 경쟁상대이다.

(2) 마케팅조사

1) 마케팅조사 절차

〈도표 2-2〉 마케팅조사의 절차

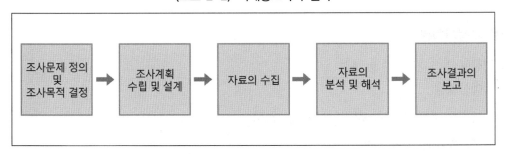

2) 마케팅 조사 목적

① 탐색조사 : 문제가 불명확한 경우 실시
② 기술조사 : 자료수집 및 결과 보고
③ 인과관계조사 : 각 변수 간의 인과관계 조사

(3) 소비자 행동 분석

〈도표 2-3〉 소비자행동의 기본모형

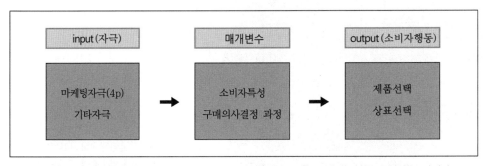

※ 소비자 행동분석은 소비자가 어떤 동기와 태도로 특정 제품 등을 구매하는가를 규명하는 것이다.

1) 소비자 의사결정과정

〈도표 2-4〉 소비자 의사결정과정

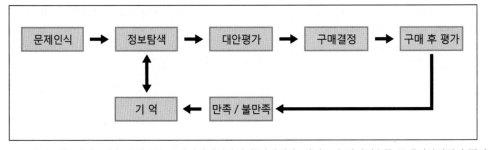

■ 구매에 대한 관여도가 높아질수록 구매의사결정과정이 길어지며, 관여도가 낮아질수록 구매의사결정이 짧아진다.

2) 관여도 : 어떤 제품에 대한 관심 정도

〈도표 2-5〉 관여도에 따른 소비자 구매행동 및 마케팅관리기법

	고관여	저관여
각 상품 간 제품 특성의 차이가 클 때	복잡한 구매행동 (→ 정보수집 및 평가에 의해 구매) • 긴 문구의 지면광고를 통해 자사제품의 차별적 편익 강조 • 판매원들을 충분히 동기부여시킴 • 구매자 주변인들에 대한 촉진	다양성추구 구매행동 (→ 상표전환이 빈번) • 시장선도자 : 넓은 진열, 반복광고, 재고보유로 습관적 구매유도 • 시장추종자 : 낮은 가격, 할인 쿠폰, 무료 샘플을 통해 사용창조 및 상품전환유도
각 상품 간 제품 특성의 차이가 작을 때	부족화감소 구매행동 (→ 가격이나 구매용이성에 우선적 반응) • 소비자가 구매 후 구매에 대한 확신을 갖도록 촉진	습관적 구매행동 (→ 상표친숙도에 의해 구매) • 상품의 친숙도를 높이기 위해 짧은 문구 광고 자주 반복 • 시험구매 유도 위해 가격할인이나 판촉

Ⅱ 목표시장 선정

(1) 시장 세분화

1) 세분화 변수 : 구매행동 변수(사용상황 변수, 추구효익 변수)

2) 세분시장의 프로파일 작성 : 고객특성 변수(인구통계학적 변수, 심리분석적 변수)

〈도표 2-6〉 제품/시장 격자

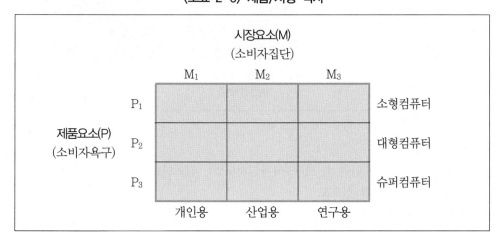

(2) 목표시장 선정

1) 전체시장도달 전략

① 단일제품 전체시장 도달전략 : **동질적 선호, 완전히 분산된 선호**로 파악 시, 주로 도입기에 실시

② 다수제품 전체시장 도달전략 : **밀집선호**로 파악 시, 주로 성장후기, 성숙기에 실시

2) 부분시장도달 전략 → 집중적 마케팅

① 단일부분집중화 전략

② 시장전문화 전략

③ 제품전문화 전략

④ 선택적 전문화 전략

〈도표 2-7〉 시장커버리지 전략 유형

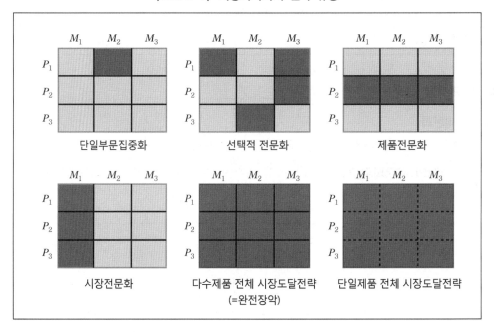

(3) 제품위치 선정

① 경쟁제품위치 분석[요인분석, MDS(다차원척도법), 컨조인트 분석] : **제품위치도**

② 소비자 분석 : **소비자 선호도**

③ 자사제품의 위치 선정 : **결합도**

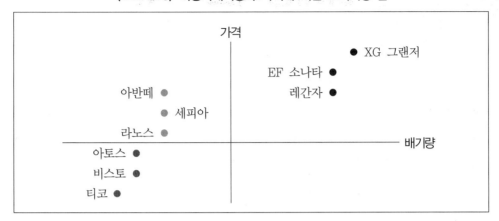

〈도표 2-8〉 자동차배기량과 가격에 의한 포지셔닝 맵

Ⅲ 시장지위에 따른 전략

(1) **시장 선도자** : 총시장수요 증대, 현재시장점유율 유지, 시장점유율 확대

(2) **시장 도전자** : 시장 선도자 공격, 자사와 동일규모 기업 공격, 소규모 기업 공격

(3) **시장 추종자** : 완전추종, 차별적 추종, 선택적 추종

(4) **시장 적소자 = 니치기업**

참고 시장세분화 기준

① 인구통계적 세분화 : 나이, 성별, 가족규모, **가족생애주기**, 소득, 직업, 종교, 교육수준(학력), 결혼상태, 주거형태, 다문화 가정 등

② 행동적 세분화 : **추구 편익(효익)**, 사용량, **상표애호도(충성도)**, 사용 여부, **제품사용 경험**, **제품사용 정도**, 제품사용 상황, 사용률, 가격 민감도, 구매 단계, 참여 상황, 준비 상태, 사용자 상태 등

③ 사회심리적 세분화 : 구매자의 사회적 위치, 생활습관, 개인성격, 라이프스타일, 사회계층, AIO (활동, 관심, 의견), VALS(value, attitude & lifestyles) 등

④ 지리적 세분화 : 도시 규모, 지자체, 지역, 기후, 인구밀도 등

Chapter 03 마케팅믹스 : 4P

Ⅰ 제품(product)

(1) 제품의 차원

1) 핵심 제품 : 핵심 편익

2) 실체 제품(= 유형 제품) : 1) + 포장, 디자인 등

3) 증폭 제품(= 확장 제품) : 2) + 운반, 설치, 보증, A/S 등

(2) 상표전략

1) 상표화 여부 : 유상표 vs 무상표

2) 상표 전략 : 제조업자 상표 vs 유통업자 상표(PB)

3) 상표명 전략 : 개별상품 vs 공동상표 vs 혼합상표

4) 공동 브랜드(co-brand) : 두 개 이상의 기업들이 공동 사용하는 브랜드

5) 복합 브랜드(co-brand) : 두 개 이상의 기업의 브랜드를 붙여서 사용

6) 패밀리 브랜드 = 공동브랜드

① 수평적 패밀리 브랜드 : 계열 확장, 브랜드 확장
② 수직적 패밀리 브랜드 : 기업명 → 모든 제품에 적용, 성공한 브랜드명 → 기업명으로 사용

〈도표 3-1〉 신제품 브랜드 전략

		제품범주	
		기존	신규
상표명	기존	계열확장 전략	브랜드 확장 전략
	신규	다상표 전략	신규브랜드 전략

(3) 제품수명주기(PLC)

〈도표 3-2〉 제품의 수명주기

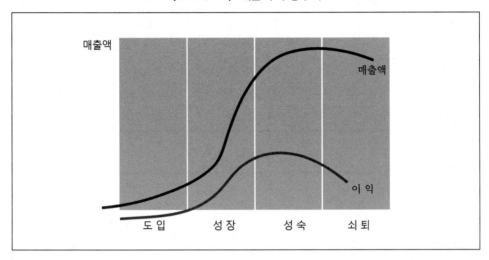

1) 제품수명주기와 확산모형

〈도표 3-3〉 제품수명주기와 확산모형

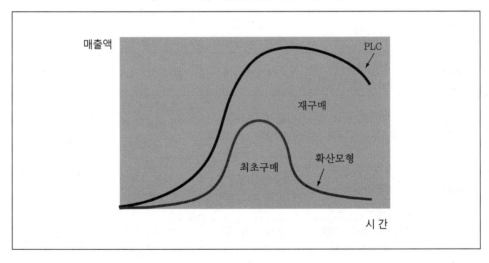

〈도표 3-4〉 제품수명주기의 단계별 특징

	도입기	성장기	성숙기	쇠퇴기
매출액	저	급속 성장	최대	감소
고객당비용	고	중간	저	저
이익	적자	증대	고	감소
고객	혁신층	조기수용층	중간다수층	지연수용층
경쟁자	소수	점차 증대	점차 감소	감소

〈마케팅 목적〉

	도입기	성장기	성숙기	쇠퇴기
마케팅 목적	제품의 인지와 사용(試用)창조	시장점유율의 극대화	이익의 극대화와 시장점유율 방어	비용절감과 투자회수
중점활동	제품(품질)관리 1차수요의 자극	촉진(광고)관리 선택적 수요의 자극	가격관리, 브랜드의 경쟁우위 확보	제품철수, 전략적 의사결정 1차수요의 유지

〈마케팅 전략〉

	도입기	성장기	성숙기	쇠퇴기
제품	기본제품의 제공	제품확대, 서비스·보증제공	상품(상표)과 모형의 다양화	취약제품의 폐기
가격	원가가산가격 상층흡수 가격전략	시장침투가격	경쟁자대응가격	가격인하
유통	선택적 유통 좁은 유통커버리지	집약적 유통 유통커버리지 확대	좀 더 집약적인 유통 유통커버리지 최대화	선택적 유통 유통경로 일부 폐쇄
광고	조기수용층과 중간상의 제품인지 형성	대중시장에서의 인지와 관심형성	상표차이와 효익강조	상표충성도가 강한 고객의 유지에 필요한 만큼
판촉	사용확보를 위한 강력한 판촉	수요확대에 따라 판촉 감소	상표전환의 유도 위해 판촉증대	최저수준으로 감소
시장세분화	무차별	시장세분화의 시작	시장세분화의 극대화	역세분화
브랜드전략	브랜드 구축	브랜드 강화	브랜드 재활성화	

2) 제품수명주기의 문제점

　　① PLC는 종속변수일 가능성이 높다.

　　② S곡선 이외에 다양한 유형이 존재한다.

　　③ 특정제품의 단계 예측이 어렵고, 기간 예측도 어렵다.

(4) 제품전략

1) 제품믹스(제품구색)

〈도표 3-5〉 제품믹스의 넓이, 길이, 깊이와 제품 정책

	제품믹스의 넓이			계
	제품계열1	제품계열2	제품계열3	
제품라인의 길이	품목 1 품목 2 품목 3	품목 1 품목 2 품목 3 품목 4	품목 1 품목 2 품목 3 품목 4 품목 5	
계	3	4	5	12

* 제품믹스와 제품정책

① 넓이의 확대 → 제품다양화

② 넓이의 축소 → 제품단순화

③ 깊이의 확대 → 제품차별화

품목 3
1.
2.
3.

제품믹스의 깊이

제품믹스의 길이

2) 제품믹스전략

　　① 라인추가 및 제거 : 라인이 너무 적으면 매출 감소, 점유율 감소
　　라인이 너무 많으면 수익성 악화

　　② 라인분할 및 통합 : 계열 내 품목 수 적으면 매출기회 상실
　　계열 내 품목 수 많으면 수익성 감소

(5) 서비스 관리

1) 서비스의 유형 : 사전 서비스, 서비스 제공, 애프터 서비스

2) 서비스의 특징 : 품질평가의 어려움

3) 서비스 마케팅 믹스 : 7P(4P + people, physical evidence, process)

PART
06

참고 **신제품개발 프로세스**

아이디어 창출 → 아이디어 평가 → 컨셉 개발과 시험 → 사업성 평가 → 제품 개발 → 시험 마케팅 → 상업화

II 가격(price)

(1) 가격결정과정

〈도표 3-6〉가격결정과정

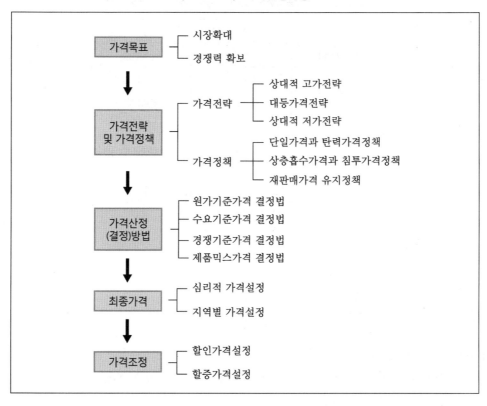

(2) 가격전략

1) 상대적 고가 전략

① 수요의 탄력성이 낮을 때

② 진입장벽이 높을 때

③ 규모의 경제가 미미할 때

④ 높은 품질로 소비자를 유인하고자 할 때

2) 상대적 저가 전략

3) 대등가격 전략

(3) 가격정책

1) 단일가격과 탄력가격 정책

2) 상층흡수가격과 침투가격 정책

① 상층흡수가격 : 선고가·후저가

② 침투가격 : 선저가·후고가

3) 재판매가격 유지 정책 : 유표품의 제조업자가 자사제품의 손실유인상품(loss leader) 방지 목적으로 사용

(4) 가격산정

1) 원가기준 가격결정 : 원가가산법, 목표가격결정법 → 하한선

2) 경쟁기준 가격결정 : 경쟁대응가격, 입찰가격결정법 → 비교기준

3) 수요기준 가격결정 : 지각가치결정, 가격차별법 → 상한선

(5) 최종가격

1) 소비자지각에 기초한 가격결정

① 관습가격 : 저가품에서 주로 나타남

② 단수가격(odd price)

③ 명성가격(prestige pricing)

④ 유보가격 : 소비자가 지불할 의향 있는 최고 가격

⑤ 최저수용가격 : 소비자가 품질의심 없이 구매할 수 있는 최저 가격

⑥ 가격단계화

⑦ 촉진가격 : 특정품목의 가격을 대폭 낮게 책정

2) 지역별 가격 결정

(6) 가격조정

1) 가격인하 : 현금할인, 수량할인, 거래할인(= 업자할인), 계절할인, 촉진공제

2) 가격인상

(7) 기타 : 보완재에 대한 가격정책

1) Captive Product Pricing

2) 묶음가격

참고 사양 가격, 이부 가격, 부산물 가격

1) 선택사양 가격결정(Optional feature pricing) : 주요 상품에 덧붙여서 선택상품, 서비스를 제공함으로 가격을 다소 높게 책정하는 방법
2) 이분(이부) 가격결정(Two-part pricing) : 기본 가격에 변동사용 수수료를 추가하는 방법
   예 놀이공원 입장료 + 이용료 혹은 자유이용권
3) 부산물 가격결정(by-product pricing) : 기업이 화학 상품 같은 것을 생산할 때 생기는 부산물이 어느 소비자들에게 가치가 있다면 그 가치에 대해서 가격을 부과하는 방법

Ⅲ 유통(place)

(1) 유통경로전략

1) 유통커버리지 결정
   ① 전속적 유통전략 = 배타적 유통전략
   ② 선택적 유통전략 = 중점적 유통전략
   ③ 개방적 유통전략 = 집중적 유통전략

2) 통제수준의 결정

〈도표 3-7〉 유통경로전략의 선택과정

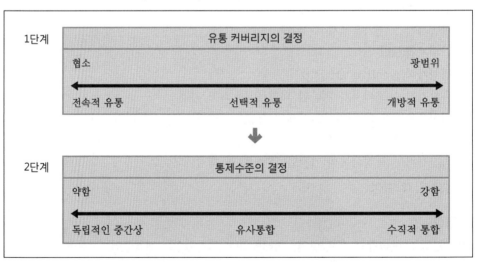

(2) 푸시경로정책과 풀경로정책

1) 푸시경로정책 : 인적판매 활용

2) 풀경로정책 : 광고 활용

(3) 유통경로의 계열화

1) 수직적 마케팅 시스템(VMS) : 유통기관 통제력 강화 목적

① 법인적 VMS

② 관리적 VMS : 유통경로상의 규모나 명성 이용

③ 계약적 VMS : 프랜차이즈, 소매상 협동조합, 도매상 후원 자발적 체인

2) 수평적 마케팅 시스템(HMS) : 공생적(symbiotic) 마케팅

Ⅳ 촉진(promotion)

(1) 촉진믹스

1) 광고

① 돈을 지불하고 비인적매체를 통함

② 짧은 시간에 다수의 대중에게 접근 가능

③ 고객 1인당 비용 저렴

④ 정보의 양 제한

⑤ 고객에게 동일 문구 제시

2) 인적판매

① 인적매체를 통함

② 촉진속도 느리고 고객 1인당 비용이 고가

③ 고객에게 정확한 정보 제공

④ 융통성 있는 대응 가능

⑤ 소비자의 의견 수집 가능

3) PR

① 신문, 방송에 의해 시행

② 높은 신뢰성

③ 통제 곤란

4) 판매촉진

① 광고, 인적판매, PR 이외의 활동

② 단기적·직접적 수단

③ 충동구매유발

(2) 촉진믹스전략

1) 제품시장유형별 중요도

① 소비재 : 광고 → 판매촉진 → 인적판매 → PR

② 산업재 : 인적판매 → 판매촉진 → 광고 → PR

2) 촉진전략의 방향

　　① 푸시전략 : 중간상 대상

　　② 풀전략 : 소비자 대상

3) 제품수명주기별 촉진전략

〈도표 3-8〉 제품수명주기의 단계에 따른 촉진수단의 중요성

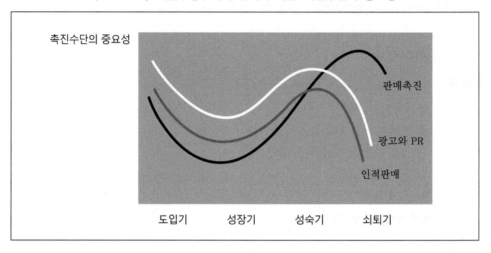

[심화] 소비자 판촉수단, 중간상 판촉수단

① 소비자 판촉수단 : 무료샘플, 쿠폰, 가격할인, 리베이트(구매 후 일정기간 뒤에 가격할인), 프리미엄(제품 구매 시 무료 또는 저렴한 가격으로 구매한 것과 동일한 제품이나 다른 제품을 제공), 광고용 판촉물, 충성도 제고 프로그램, 시연회, 콘테스트, 경품추첨, 구매시점(point-of-purchase: POP) 진열, 이벤트 마케팅, 이벤트 후원 등

② 중간상 판촉수단 : 판매 콘테스트, 프리미엄 제공, 가격할인, 무료 상품 제공, 지원금, 업종별 전시회 등

[참고] 징글

징글(jingle, 반복되는 특정 소리나 멜로디)은 CM송처럼 특정한 소리나 멜로디를 이용해 제품이나 브랜드를 연상시키고 친숙한 이미지를 구축하는 것을 말한다.

PART 07
보충자료 및
경영정보시스템(MIS)
주요개념

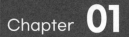

보충자료

보충자료 01 VRIO 분석

V 가치가 있는가?	R 희귀한가?	I 모방하기 어려운가?	O 체계적으로 조직되어 있는가?	경쟁상태
×	×	×	×	경쟁 열위 (competitive dis-advantage)
○	×	×	×	경쟁 등위 (competitive equality) (parity)
○	○	×	×	일시적 경쟁우위 (temporary competitive advantage) (temporary advantage)
○	○	○	×	유휴 경쟁우위 (unused competitive equality) (temporary competitive advantage)
○	○	○	○	지속적 경쟁우위 (long-term competitive equality) (sustained advantage)

VRIO는 경쟁 잠재력을 결정할 자원이나 능력에 관해 질의되는 다음 네 개의 질의 프레임워크의 두문자어이다. ① 가치(Value), ② 희소성(Rarity), ③ 모방(Imitability: 모방의 쉽고 어려움), ④ 조직(Organization: 자원이나 능력을 활용하는 능력)

① 가치(Value)에 관한 질의 : "기업이 자원/능력을 가지고 기회를 이용하거나 외부 위협을 완화시킬 수 있는가?"
② 희소성(Rarity)에 관한 질의 : "상대적으로 자원/능력이 희소한 가운데에서 이것들을 통제할 수 있는가?"

③ 모방(Imitability)에 관한 질의 : "모방하기 어려운가? 자원/능력의 취득, 개발, 복제를 시도하려는 기업에 상당한 비용적 불이익이 있는가?"

④ 조직(Organization)에 관한 질의: "기업이 자원/능력을 조직, 준비, 이용할 수 있는가?" "기업이 가치를 포착하기 위해 조직되어 있는가?"

보충자료 02 존속적(Sustaining) 혁신 vs 파괴적(Disruptive) 혁신

파괴적 혁신 이론은 크리스텐슨(Christensen) 교수에 의해 주창되었다.

기술혁신은 기존의 기술원리를 바탕으로 이를 더욱 발전시켜가는 **존속적(Sustaining) 혁신**과 기존의 기술원리를 와해시키고 새로운 원리로 혁신을 이룩하는 **파괴적(Disruptive) 혁신**으로 나눌 수 있다.

S-곡선 이론은 기술의 성능이 S-곡선을 따라 발전한다고 설명한다. 일반적으로 특정기술이 실용화되고 나면, 그 기술의 성능은 R&D 노력과 투자에 따라 시간이 지남에 따라 점차 향상되는데, 그 변화의 패턴은 S-곡선 형태를 따르는 경우가 많다. 즉, 신기술 초기에는 기술발전속도가 더디게 나타나지만 초기의 투자기/시험기가 끝나면 기술발전이 기하급수적인 상승곡선을 타게 되어 R&D 투자의 효과가 높다. 그렇지만 기술이 성숙단계에 들어서면 성과곡선은 완만해진다.

이처럼 기존 역량을 활용하고 발전시켜(Capacity-Enhancing) 지속적인 혁신을 이루는 경우를 **존속적 혁신(Sustaining Innovation)**이라고 한다. 그렇지만 존속적 혁신을 추구하던 일부 기업들은 특정기술에 대한 투자 수익이 감소하기 시작하면 다른 새로운 기술적 대안을 찾기 시작한다.

어떤 새로운 기술들은 기존기술과 전혀 다른 기술적 역량을 필요로 한다. 혁신기업이 기존기술(기술 A)과 전혀 다른 혁신기술(기술 B)을 추구할 경우, 처음 시도할 당시에는 기존기술보다 성능이 더 떨어지고 또 많은 투자와 노력에도 불구하고 다수의 새로운 시도들은 실패로 끝나게 된다.

그러나 소수의 혁신기술은 마침내 기존기술보다 더 높은 기술적 성능을 달성하게 되어 기존기술을 파괴시키고(Capacity-Destroying) 기존기술을 대체하게 된다.

이러한 혁신을 **파괴적 혁신 또는 와해적 혁신(Disruptive Innovation)**이라고 한다.

PART
07

〈도표 1-1〉 존속적 혁신과 파괴적 혁신

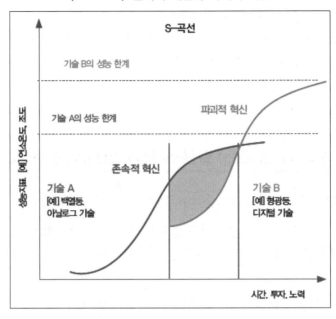

보충자료 03 **계열화의 종류**

1. 수직적 계열화(vertical intergration)

1) 다른 종류의 생산단계에 종사하는 각 기업을 수직적으로 집단화한 것을 의미한다.

2) 모든 제품은 원재료 → 생산(제조) → 판매의 단계를 거치게 되는데, 이를 수직적 관계라 한다.

3) 생산(제조)기업이 원재료 단계를 계열화한 것을 후방계열화라 한다.

4) 생산(제조)기업이 판매기업을 통합하는 것을 전방계열화라 한다.

2. 수평적 계열화(horizontal integration)

1) 동일한 생산단계에 종사하는 각 기업을 집단화하는 경우를 의미한다.

2) 예를 들어 특정의 스마트폰 생산업체가 같은 단계에 있는 다른 스마트폰 생산업체를 계열화 하는 것을 수평적 계열화라 할 수 있다.

3. 분기적 계열화(divergent integration)

1) 같은 공정 또는 같은 원료에서 이종 제품이나 공정으로 분기화되는 기술적 조직과 관련을 갖 는 계열화를 의미한다.

2) 원유 정제 등 주로 화학공업에 많이 존재한다.

4. 복합적 계열화(convergent integration)

1) 다른 종류의 원료, 부품, 이종공정으로부터 동일한 제품계열 또는 동일 시장계열로 집약화하는 기술적인 조직과 관련을 갖는 계열화를 의미한다.

2) 예를 들어 자동차 제조업체가 다수의 부품 제조업체들을 산하에 계열화하는 경우나 또는 세탁기, TV를 각각 생산하고 있는 기업들을 계열화하여 가전제품이라는 동일한 시장분야에 충실화하는 경우 등을 들 수 있다.

5. 사행적 계열화(diagonal integraon)

1) 특정 제조업체의 생산 활동 과정에서 나타나는 부산물을 가공하는 기업을 계열화하거나 혹은 보조적 서비스를 행하는 기업을 계열화하는 경우를 의미한다.

2) 예를 들어 원양수산업을 주요 사업으로 경영활동을 전개하는 기업이 통조림회사나 냉동회사 등을 집단화하는 경우를 들 수 있다.

보충자료 04 복제 가능한 범위의 경제

복제하기 쉬운 범위의 경제	복제하기 어려운 범위의 경제
공유된 활동	핵심 역량
위험 감소	내부자원 할당
세금 혜택	복수시장 경쟁
종업원 보상	시장 지배력의 이용

보충자료 05 대기업, 중소기업 등

1) 우리나라 기업의 분류

① 대기업, 중견기업, 중기업, 소기업 등으로 나눌 수 있다.

② 대기업 > 중견기업 > 중기업 > 소기업

2) 대기업(집단) : 공정거래위원회가 사용하는 용어로 독점규제법에 의해 지정

① 자산총액이 5조원 이상인 '**공시대상 기업집단**' : 준대기업

② 자산총액이 10조원 이상인 '**상호출자제한 기업집단**'

③ 2020년 12월 기준으로 60여개 기업집단이 대기업에 포함되고, 대기업의 계열사의 수는 약 2,300개가 넘는다.

〈도표 1-2〉 경제력집중 억제제도

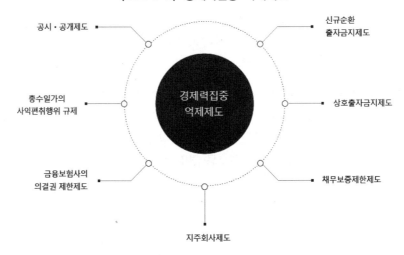

3) **중견 기업** : 중소기업이 아닌 기업, 즉 대기업 중에서 상호출자제한기업집단에 속하지 않은 모든 기업으로 아래의 중견기업 기준 4가지 중 하나라도 해당이 된다면 충족
① 근로자 수 1,000명 이상
② 자산 총액 5,000억원 이상
③ 자기 자본 1,000억원 이상
④ 최근 3년 평균 매출액 1,500억원 이상

4) **중소기업** : '중소기업'은 중기업과 소기업으로 구분되며, 제조업 기준 매출액이 120억 이상 1,500억 이하일 경우에는 중기업으로 분류되며, 매출액이 120억 미만인 경우에는 소기업으로 분류된다.
① 중소기업 기준은 **영리기업(법인기업, 개인사업자)** 또는 「사회적기업 육성법」에 따라 사회적기업으로 인증을 받은 사회적기업, [협동조합 기본법」 제2조에 따른 협동조합(연합회), 사회적 협동조합(연합회) 대상으로 적용(중소기업의 판단은 법인의 경우 사업장 단위가 아닌 법인 전체를 기준으로 하며, 개인사업자는 사업자 단위로 판단)
② 중소기업이 될 수 있는 대상은 규모기준과 독립성기준을 모두 충족해야 해당된다.
ⓐ 규모기준 : 기업의 외형적 판단기준으로서, **매출액**과 **자산총액**이 업종별 기준과 상한기준을 **모두 충족해야** 한다.
– 업종별 규모기준 : 주된 업종별 평균매출액 등이 관련기준을 충족할 것
주된 업종별 평균매출액 등의 **중소기업** 규모기준(중소기업기본법 시행령 [별표 1])
주된 업종별 평균매출액 등의 **소기업** 규모기준(중소기업기본법 시행령 [별표 3])
– 상한기준 : 업종에 관계없이 자산총액 5,000억원 미만일 것

ⓑ 독립성 기준 : 외형상 규모는 중소기업 기준을 만족하더라도 대기업의 자회사이거나 계열
사들과 합한 규모가 중소기업 규모기준을 초과하는 기업은 중소기업이 될 수 없다.
 - 이렇듯 소유와 경영의 실질적 독립성을 판단하는 기준은 아래와 같으며, 이 중 어느 하
나라도 해당하면 중소기업이 아니다.
 - 공시대상 기업집단에 속하는 회사 또는 소속회사로 편입·통지된 회사
 - 자산총액 5,000억 원 이상인 법인(외국법인 포함, 비영리법인 제외)이 주식 등의 30%
이상을 직접적 또는 간접적으로 소유하면서 최다출자자인 기업
 - 관계기업(기업 간의 주식 등 출자로 지배·종속 관계에 있는 기업의 집단)에 속하는 기
업의 경우에는 출자 비율에 해당하는 평균매출액을 합산하여 업종별 규모기준을 미충족
하는 기업(단, 비영리 사회적기업 및 협동조합(연합회)은 관계기업제도 적용하지 않음)

〈중소·중견·대기업 비교(요약)〉

구분	중소기업	중견기업	대기업
규모기준	• 업종별 평균매출액 등이 규모기준 충족 AND • 자산총액 5천억원 미만	• 업종별 평균매출액 등이 규모기준 초과 (금융업 및 보험업 제외) OR • 자산총액 5천억원 이상	① 상호출자제한기업집단 소속회사 ② 자산총액 10조원 이상인 법인의 피출자기업
독립성기준	상호출자제한 기업집단이 아닐 것	좌동	
	자산총액 5천억원 이상인 법인의 피출자기업이 아닐 것	자산총액 10조원 이상인 법인의 피출자기업이 아닐 것 (지배기업으로 비영리법인 포함)	
	관계기업의 경우 평균매출액 등이 중소기업 규모기준을 충족하는 기업	관계기업의 경우 평균매출액 등이 중소기업 규모기준 초과하는 기업	
소관	중소벤처기업부 (통계분석과)	산업통상자원부 (중견기업정책과)	공정거래위원회
확인방법	중소기업확인서	중견기업확인서	지정 및 통지(공문)
	중소기업 현황정보시스템 (sminfo.mss.go.kr)	중견기업 정보마당 (www.mme.or.kr)	기업집단포털 (www.egroup.go.kr)
문의	지방중소벤처기업청 (mss.go.kr)	한국중견기업연합회 (www.fomek.or.kr)	공정거래위원회 (www.ftc.go.kr)
관련 법령	중소기업기본법	중견기업 성장촉진 및 경쟁력 강화에 관한 특별법	독점규제 및 공정거래에 관한 법률

PART
07

[별표 1] 주된 업종별 평균매출액 등의 중소기업 규모 기준

해당 기업의 주된 업종	규모 기준
1. 의복, 의복액세서리 및 모피제품 제조업	평균매출액 등 1,500억원 이하
2. 가죽, 가방 및 신발 제조업	
3. 펄프, 종이 및 종이제품 제조업	
4. 1차 금속 제조업	
5. 전기장비 제조업	
6. 가구 제조업	
7. 농업, 임업 및 어업	평균매출액 등 1,000억원 이하
8. 광업	
9. 식료품 제조업	
10. 담배 제조업	
11. 섬유제품 제조업(의복 제조업은 제외한다)	
12. 목재 및 나무제품 제조업(가구 제조업은 제외한다)	
13. 코크스, 연탄 및 석유정제품 제조업	
14. 화학물질 및 화학제품 제조업(의약품 제조업은 제외한다)	
15. 고무제품 및 플라스틱제품 제조업	
16. 금속가공제품 제조업(기계 및 가구 제조업은 제외한다)	
17. 전자부품, 컴퓨터, 영상, 음향 및 통신장비 제조업	
18. 그 밖의 기계 및 장비 제조업	
19. 자동차 및 트레일러 제조업	
20. 그 밖의 운송장비 제조업	
21. 전기, 가스, 증기 및 공기조절 공급업	
22. 수도업	
23. 건설업	
24. 도매 및 소매업	
25. 음료 제조업	평균매출액 등 800억원 이하
26. 인쇄 및 기록매체 복제업	
27. 의료용 물질 및 의약품 제조업	
28. 비금속 광물제품 제조업	
29. 의료, 정밀, 광학기기 및 시계 제조업	
30. 그 밖의 제품 제조업	
31. 수도, 하수 및 폐기물 처리, 원료재생업(수도업은 제외한다)	
32. 운수 및 창고업	
33. 정보통신업	

34. 산업용 기계 및 장비 수리업	
35. 전문, 과학 및 기술 서비스업	
36. 사업시설관리, 사업지원 및 임대 서비스업(임대업은 제외한다)	평균매출액 등
37. 보건업 및 사회복지 서비스업	600억원 이하
38. 예술, 스포츠 및 여가 관련 서비스업	
39. 수리(修理) 및 기타 개인 서비스업	
40. 숙박 및 음식점업	
41. 금융 및 보험업	
42. 부동산업	평균매출액 등
43. 임대업	400억원 이하
44. 교육 서비스업	

[별표 3] 주된 업종별 평균매출액 등의 소기업 규모 기준

해당 기업의 주된 업종	규모 기준
1. 식료품 제조업	
2. 음료 제조업	
3. 의복, 의복액세서리 및 모피제품 제조업	
4. 가죽, 가방 및 신발 제조업	
5. 코크스, 연탄 및 석유정제품 제조업	
6. 화학물질 및 화학제품 제조업(의약품 제조업은 제외한다)	
7. 의료용 물질 및 의약품 제조업	
8. 비금속 광물제품 제조업	
9. 1차 금속 제조업	
10. 금속가공제품 제조업(기계 및 가구 제조업은 제외한다)	평균매출액 등
11. 전자부품, 컴퓨터, 영상, 음향 및 통신장비 제조업	120억원 이하
12. 전기장비 제조업	
13. 그 밖의 기계 및 장비 제조업	
14. 자동차 및 트레일러 제조업	
15. 가구 제조업	
16. 전기, 가스, 증기 및 공기조절 공급업	
17. 수도업	

PART 07

업종	평균매출액 등
18. 농업,임업 및 어업	평균매출액 등 80억원 이하
19. 광업	
20. 담배 제조업	
21. 섬유제품 제조업(의복 제조업은 제외한다)	
22. 목재 및 나무제품 제조업(가구 제조업은 제외한다)	
23. 펄프, 종이 및 종이제품 제조업	
24. 인쇄 및 기록매체 복제업	
25. 고무제품 및 플라스틱제품 제조업	
26. 의료, 정밀, 광학기기 및 시계 제조업	
27. 그 밖의 운송장비 제조업	
28. 그 밖의 제품 제조업	
29. 건설업	
30. 운수 및 창고업	
31. 금융 및 보험업	
32. 도매 및 소매업	평균매출액 등 50억원 이하
33. 정보통신업	
34. 수도, 하수 및 폐기물 처리, 원료재생업(수도업은 제외한다)	평균매출액 등 30억원 이하
35. 부동산업	
36. 전문·과학 및 기술 서비스업	
37. 사업시설관리, 사업지원 및 임대 서비스업	
38. 예술, 스포츠 및 여가 관련 서비스업	
39. 산업용 기계 및 장비 수리업	평균매출액 등 10억원 이하
40. 숙박 및 음식점업	
41. 교육 서비스업	
42. 보건업 및 사회복지 서비스업	
43. 수리(修理) 및 기타 개인 서비스업	

보충자료 06 OEM, ODM, OBM

1) **OEM**(original **equipment** manufacturing) : 브랜드사의 기술로 제조업체가 생산만 하는 방식
   → 이렇게 브랜드사(**주문자**)가 가진 기술을 받아 제조업체가 생산 후 납품하는 방식을 'OEM(주문자 위탁생산 방식, 또는 주문자 상표 부착 방식)'이라고 한다.
   [장점]
   ① 브랜드사의 생산설비 비용이 감소한다(자체 생산 대비 적은 원가로 제품을 생산할 수 있다).
   ② 브랜드사는 판매, 제조업체는 생산에만 집중할 수 있다.
   [단점]
   ① 제조업체로 기술력이 유출될 우려가 있다.
   ② 외국 제조업체와 협업할 경우 해당 국가의 상황에 타격을 입을 수 있다.

2) **ODM**(original **development** manufacturing) : 제조업체가 자체적인 기술로 만든 제품을 브랜드사에 공급하는 방식 → 이렇게 OEM과는 반대로 제조업체가 독자적인 기술력을 바탕으로 만든 제품을 브랜드사가 판매하는 방식을 'ODM(제조업자 설계 생산)'이라고 한다.
   → 브랜드사가 기술력이 있는 제조사에 생산을 요청하는 경우도 동일하게 ODM에 속한다.
   [장점]
   ① 브랜드사의 생산설비 & 기술개발 비용이 감소한다(적은 원가로 제품을 생산할 수 있다).
   ② 브랜드사는 판매, 제조업체는 생산에만 집중할 수 있다.
   ③ 제조업체는 기술력을 바탕으로 동일 품목의 여러 브랜드를 매출 루트로 확보할 수 있다.
   [단점]
   ① 브랜드사는 기술력이 없어 생산비 협상에서 끌려갈 수 있다.
   ② 제조업체가 시장 상황에 밝지 않은 경우, 시장성이 낮은 제품을 생산할 수 있다.
   ③ 외국 제조업체와 협업할 경우 해당 국가의 상황에 타격을 입을 수 있다.

3) **OBM**(original **brand** manufacturer) : 제조업체가 개발, 생산, 판매까지 모두 진행하는 방식
   [장점]
   ① 기업 내 의사소통이 빠르고 유연한 시장 대처가 가능하다.
   ② 기술 유출의 우려가 적다.
   ③ 기업의 발전 속도가 빠르다(다양한 단계에서 동반 성장할 수 있다).
   [단점]
   ① 개발, 생산, 판매 등 각 부서 및 시설 운용 비용이 크다.
   ② 판매 부진 시 기업의 부담이 증가한다.

PART 07

보충자료 07 **오프쇼어링, 리쇼어링, 니어쇼어링**

1) 오프쇼어링

① "오프쇼어링"은 기업이 생산 또는 업무 프로세스를 해외로 이전하여 생산 비용을 절감하거나 자원 수급 등 공급망 운영의 이점을 얻기 위한 전략이다.

② 이 용어는 "Offshore"와 "Outsourcing"의 결합어로, 주로 생산 시설을 저비용 국가로 이전하는 것을 의미

2) 리쇼어링

① "리쇼어링"은 제조업 기업들이 해외에서 다시 국내로 생산을 복원하거나 국내 기업들이 자체 제조를 확대하는 경향을 나타내는 용어이다.

② "Reshoring"은 합성어로, "Re-"와 "Shoring"이 결합된 것

③ 리쇼어링은 최근 몇 년간 미국과 중국 간 무역 분쟁 이후, 미국이 주요 제조시설을 자국으로 이전하는 전략을 채택하면서 주목받고 있다.

④ 온쇼어링(onshoring), 인쇼어링(inshoring), 백쇼어링(backshoring)도 비슷한 개념으로서 오프쇼어링(offshoring)과는 반대되는 말

3) 니어쇼어링

① "니어쇼어링"은 제조업 기업들이 제품 생산을 국내에서 가까운 지역으로 이전하거나 국내 기업이 제품 생산을 국내 근접 국가로 이전하는 경향을 나타내는 용어이다.

② "니어쇼어링"은 "Near-"와 "Shoring"이 결합된 용어로, "근접한 곳으로 생산을 이전한다"는 의미를 가지고 있다.

③ 최근에 미국이 멕시코를 포함한 남미 지역에 대규모로 제조 시설을 이전한 것은 대표적인 "니어쇼어링" 도입 사례로 볼 수 있다.

보충자료 08 통합 – 적응 모델(Integration–Responsiveness model)

		현지 적응(Local Responsiveness)	
		저	고
글로벌 통합 (Global Integration)	고	글로벌 통합 (global strategy)	초국적 전략 (trans-national strategy)
	저	국제화 전략 (international strategy)	현지화 전략 (multi-domestic strategy)

통합-적응(integration-responsiveness) 모형은 C. K. Prahalad와 Y. C. Doz에 의해 소개된 모형이다. 이 모형은 국제적으로 경쟁하는 기업이 **범세계적(글로벌) 통합압력**과 **현지 적응압력**이라는 두 가지 차원의 압력에 동시에 직면하고 있다는 것을 가정하고 있다.

범세계적 통합압력(Pressures for global integration)으로 작용하는 요인들로는 소비자 욕구의 동질화, 관세 및 비관세장벽의 완화, 정보기술의 발달, 범세계적 경쟁자의 출현, 규모의 경제 및 여타 요인들을 통한 글로벌 효율성 제고의 필요성 등을 들 수 있다.

반면, 현지적응압력(Pressures for local responsiveness)으로 작용하는 요인들은 소비자 기호와 선호의 이질성, 유통경로 등 시장구조의 차이, 현지국정부의 정책과 법적 규정, 지역경제통합, 보호무역주의의 강화, 환율변동에 의한 위험 등이다.

세 가지 대응전략, ① 범세계적 통합전략, ② 현지적응전략, ③ 절충형 다초점 전략을 제시

PART
07

〈도표 1-3〉 Integration – Responsiveness(IR) Framework

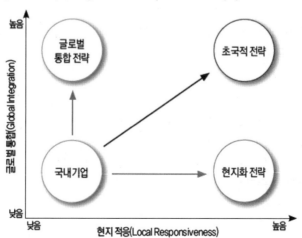

1) Bartlett과 Ghoshal에 의한 전략모형

① **국제적 전략**(international strategy) : 본국복제 전략(Home Replication strategy)

이는 글로벌 통합이나 현지적응으로부터 아무런 이득을 얻지 못하는 산업에 적용되는 전략으로서, 본사의 전략과 조직구조, 과정을 해외자회사에게 그대로 이전시키는 것을 특징으로 하고 있다.

② **국가별 전략**(multi-domestic strategy) : 다국적, 현지화 ← 이질성

현지적응의 필요성은 아주 높은 반면, 글로벌 통합 이점이 달성될 수 없는 산업에 적용되는 것이 바람직한 전략이다. 대개 현지의 요구에 적응하는 독립성을 지닌 자회사를 설립하게 된다. 주요 경영층으로 현지인을 채용함으로써 현지국기업의 이미지를 갖게 한다. 개별 시장국의 전략 역시 **독자적**으로 수립되며, 본사의 간섭을 거의 받지 않는다.

③ **글로벌 전략**(global strategy) : 세계시장 = 단일시장 ← 동질성

글로벌 통합 이점의 가능성이 매우 큰 순수 글로벌 산업이 존재할 때 가장 효과적인 전략이다. 이러한 전략을 추구하는 기업들은 생산, 마케팅, 연구개발 활동 등을 가장 유리한 소수의 입지에 집중시키고, 경험곡선효과의 기초가 되는 **규모의 경제**로부터 최대의 이익을 얻기 위해 범세계적으로 제품과 과정을 **표준화**하는 데 역점을 둔다. 그러므로 이 전략은 현지 적응의 필요성보다는 표준화 이점을 통한 기업의 효율성 제고에 더 큰 비중을 두고 있다.

④ **초국적 전략**(transnational strategy)

높은 비용절감 압력과 높은 현지적응 압력이 동시에 존재할 경우, **저비용과 차별화우위를 동시에 달성**하기 위해 추구하는 전략이다. 현지적응압력에 효과적으로 대처하면서 동시에 글로벌 효율성을 달성하려는 것은 현실적으로 용이하지 않다.

2) 해외시장 진입방법

① 러그만의 단순모형
 - 무역장벽(n : 수출, y : 2단계)
 - 기술유출위험(n : 라이선싱, y : 해외직접투자)

② 허쉬의 최소비용모형
 - 수출 : pd + M
 - 라이선싱 : pf + K(기술 유출 위험)
 - 해외직접투자 : pf + F(현지 추가비용)
   M < F < K (비용 및 기울기)
   수출 → 해외직접투자 → 라이선싱

③ 루트의 점진적 학습과정모형
 - 위험도와 통제수준

3) 해외 자회사 유형

		자회사의 핵심역량	
		저	고
현지시장의 중요성	고	블랙홀	전략적 리더
	저	실행자	기여자

전략적 리더 : 많은 자원과 의사결정권 부여

기여자 : 중요성은 낮으나, 기여도에 따라 적정 자원과 의사결정권 부여

실행자 : 중요성이 낮고 역량 또한 낮기 때문에 제품 판매에 주력

블랙홀 : 전략적 중요 시장에서 역량이 낮아 경영 자원만 빨아들이기에 본사는 전략적 리더로 전환시키기 위해 노력해야 한다.

보충자료 09 CSR과 CSV(Creating Shared Value)

① CSR과 CSV의 차이는 **가치 창출**에 있다.
② CSR은 선행을 통해 사회에 기업의 이윤을 환원하기 때문에 기업의 수익 추구와는 무관하다.
③ CSV는 기업의 비즈니스 기회와 지역사회의 니즈가 만나는 곳에 사업적 가치를 창출해 **경제적·사회적 이익을 모두 추구**하는 것이다.
④ 즉, CSV는 기업이 수익 창출 이후에 사회 공헌 활동을 하는 것이 아니라, **기업 활동 자체가 사회적 가치를 창출하면서 동시에 경제적 수익을 추구**할 수 있는 방향으로 이루어지는 행위를 말한다. 다시 말하면, CSV는 CSR보다 진화한 개념이다.

PART
07

보충자료 10 경쟁의 역동성

경쟁의 역동성은 동일한 시장 내에서 경쟁하는 모든 기업 사이에서 일어나는 행동과 대응을 다룬다.

1) 저속 순환주기 시장
① 모방비용이 높아 **모방이 불가능**한 시장
② 기존 경쟁력의 유지가 쉽다(= 경쟁우위가 지속 가능).
③ 보호에 유리(= 모방으로부터 장기간 보호)

④ 다른 시장에 비해 위험이 낮다.

⑤ **저작권**이나 **특허**를 예로 들 수 있다.

2) 표준 순환주기 시장

① 기업의 경쟁우위가 모방으로부터 **부분적으로 보호**되는 시장

② 품질의 지속성이 있다면, 부분 지속이 가능하게 된다.

③ 대규모 M/S의 증가, **브랜드 명성, 고객 충성도** 확보 등을 예로 들 수 있다.

④ 고객에 대해 긍정 경험을 제공하기 위해, 생산을 완벽히 통제한다.

⑤ 대규모 고객, 규모의 경제의 특성이 있다.

3) 고속 순환주기 시장

① 빠르고 쉽게 모방이 되어 기업의 경쟁우위가 보호가 되지 않는 시장

② 경쟁 우위의 지속은 불가능하므로 가장 위험이 높다.

③ 비 전유적 기술, 빠른 신제품 개발(차세대 제품 소개), 전략적 제휴의 특징이 있다.

④ 경쟁 기업들은 신속 모방 및 개선을 추구하기 위해 역설계

⑤ 속도가 중요. 즉, 경쟁사 대체품보다 우수하면서 새로운 경쟁우위를 빠르고 지속적으로 만들어 내는 것을 강조

⑥ 경쟁자들이 모방에 성공하기 전에 자사제품의 매출을 감소시키는 것을 선호

보충자료 11 계층화 분석법(AHP)

① 계층 분석법(AHP)은 미국의 전략 연구학자 사티(Saaty) 교수가 1970년대에 제안

② 현재 다목표 정책 결정법 중에서 가장 많이 사용되는 다속성 정책 결정법

③ 목표가 많고 상대적으로 복잡한 여러 가지 문제에 대해 해결할 수 있는 방안

④ 정형화된 문제를 계량화하는 연구에서 강점을 보이고 높은 체계성을 보임

⑤ 의사결정의 전 과정을 여러 단계로 나눈 후 이를 단계별로 분석 및 해석함으로써 합리적인 의사 결정에 이를 수 있도록 지원해 주는 방법

⑥ AHP 계층 분석법은 우선 **개인의 경험**을 토대로 하여 목표의 **중요성**에 대해 판단

→ 그리고 수학 지식을 사용하여 모든 문제의 **중요성**을 찾아냄

→ 중요성을 사용하여 앞뒤의 순서를 정함

보충자료 12 서비스 청사진(Service Blueprint)

1) 서비스 청사진(Service Blueprint)은 1982년 하버드 비즈니스 리뷰에서 은행 관리직인 Lynn Shostack에 의해 처음 소개된 서비스 흐름을 나타내는 프로세스 도식이다.

2) 서비스 프로세스의 전 과정을 단계별로 전방과 후방, 지원 프로세스로 구분하고 **가시선을 통해 눈에 보이는 업무와 눈에 보이지 않는 업무로 나누어 보여 준다.**

3) 행동
① 물리적 증거 : 고객이 경험하게 되는 다양한 물적 요소
② 고객의 행동 : 서비스 프로세스의 흐름을 정하는 고객의 다양한 행위 요소
③ 전방 활동 : 고객과의 직접 상호작용을 통해 유발되는 서비스 요소
④ 접점 직원의 행동 : 전방 활동의 중요한 요소로 고객과 직접적인 상호작용으로 제공되는 접점 직원들의 행위
⑤ 후방 직원의 행동 : 가시선 밖 보이지 않는 영역에서 접점 직원의 업무를 지원하는 직원 또는 부서의 서비스 활동
⑥ 지원 프로세스 : 효과적이고 유기적인 서비스의 수행을 위해 사용되는 기업의 지원과 시스템, 유관 부서의 지원

4) 선
① 상호작용선 : 고객과 직원이 만나는 현장의 접점을 구분한 선
② 가시선 : 고객에게 보이는 범위와 보이지 않는 범위를 구분
③ 내부 상호작용선 : 서비스 현장에서 고객에게 보이지는 않지만 서비스를 전달하기 위한 지원 시스템과 후방 직원을 구분한 선
④ 커뮤니케이션 흐름선 : 서비스 프로세스에서 정보와 커뮤니케이션의 흐름을 화살표 방향으로 나타낸 선

PART
07

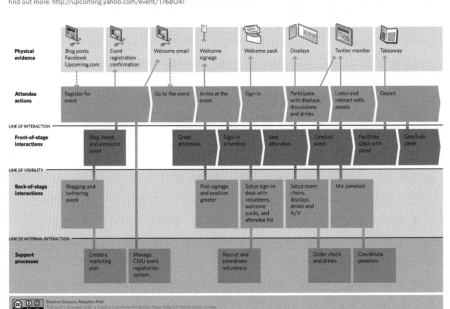

Service Blueprint for Seeing Tomorrow's Services Panel
find out more: http://upcoming.yahoo.com/event/1768041

보충자료 13 상호영향분석 기법, 역사적 유추법

1) 상호영향분석 기법

일련의 사건들이나 추세 또는 자료들 간의 상호관계와 그에 따른 결과를 정리하는 기법으로서 냉정하고 논리적이며 수학적인 예측방법이다. 교차영향분석 기법(Cross-Impact Analysis)이라고도 한다. 일정 사건은 여타 사건 발생을 촉진 또는 억제하거나, 필연적으로 발생케 하거나 혹은 발생 가능성을 제거할 수도 있다는 가정하에서 미래에 발생할 수 있는 사건들 간의 영향력의 방식(mode)·규모(force)·시차(lag)를 추정하는 방법이다.

2) 역사적 유추법

신제품의 경우와 같이 과거 자료가 없을 때 이와 비슷한 기존 제품이 과거에 시장에서 어떻게 도입기, 성장기, 성숙기의 제품수명주기를 거치면서 수요가 성장해 갔는가에 입각하여 수요를 유추하는 방법

보충자료 14 | 싱고시스템

싱고시스템(Shingo System) : **오류를 사전에 방지하고 비정상적인 것들에 대해 빠른 시간 안에 피드백을 주어 제시간 내에 시정할 수 있게 하는 프로그램. 이를테면 제품을 만들며 불량여부를 확인하고 다음 작업자에게 넘기는 것(생산자가 검사자의 역할까지 겸임, 현장에서 품질확보)**

싱고시스템(Shingo System)은 Toyota Just-In-Time 시스템 개발자인 시게오 싱고(Shigeo Shingo)의 이름을 딴 것으로 두 가지 관점이 매우 큰 센세이션을 불러 일으켰다. 그중 하나는 SMED(Single-Minute Exchange of Die)절차에 따른 공정변환**시간 단축**이며, 다른 하나는 무결점을 목표로 한 **포카요케**(poka-yoke)이다.

1) 싱고시스템의 두 가지 관점
   ① SMED(single-minute exchange of die) 절차에 따른 프로세스 변환시간의 단축
   ② 무결점을 목표로 한 포카요케

2) 포카요케의 목적
   ① 작업자가 일을 시작하기 전에 결함으로 이어지는 오류를 범하지 않게 방지하는 것
   ② 비정상적인 것들에 대한 피드백을 빠른 시간 안에 주어 제시간에 작업자가 시정할 수 있도록 하는 것

PART
07

보충자료 15 | ISO 시리즈

① ISO 9001 : 품질 관리
② ISO 14001 : 환경 경영(E)
③ ISO 50001 : 에너지 경영(E)
④ ISO 26000 : 사회적 책임(S)
⑤ ISO 45001 : 안전보건경영(S)
⑥ ISO 37001 : 부패방지(G)
⑦ ISO 37000 : 지배구조(G)
⑧ ISO 22000 : 식품공급사슬(ISO 9001 + ISO 14000 + HACCP)
⑨ ISO 31000 : 금융위험 관리

보충자료 16   품질의 정의

1) **크로스비(P.B. Crosby)** : 요구사항에 대한 충족성(conformance to requirement)
   ① 성과의 표준은 무결점(완전무결, ZD)
   ② 품질의 척도는 품질비용
   ③ 최초에 올바르게 하자는 것(do it right the first time). 즉, 검사가 아닌 예방

2) **세게찌(H.D. Seghezzi)** : 시방/규격에 대한 일치성(conformance with specification)
   ① 요구사항에 대한 충족성(conformance to requirement)

3) **쥬란(J.M. Juran)** : 사용에 대한 적합성(fitness for use)
   ① 사용 적합성 : 설계품질, 적합품질, 유효성, 안정성, 사용성
   ② 품질비용과 경영혁신 : 예방비용, 평가비용, 내부실패비용, 외부실패비용
   ③ 품질 삼분 : 품질계획, 품질통제, 품질개선

4) **슈하트(W.A. Shewhart)** : 객관적인 물리적 성질과 주관적인 물품의 양호성
   ① 통계적 공정관리 → 통계적 방법에 의한 획기적인 품질 개선
   ② 관리도(Control Chart) 최초 개발

5) **다구찌(Taguchi)** : 소비자와 생산자의 손실의 합을 최소화
   ① 사회적 손실 : 제품 출시 후 성능 측정값의 변동 부작용 등으로 사회에 끼친 손실
   ② 오프라인 품질관리
   ③ 품질공학, 손실함수

6) **데밍(Deming)** : 현재와 미래의 고객 요구조건의 충족도
   ① 고객이 품질을 정의(소비자가 생산에서 가장 중요)
   ② 품질문제와 변화의 책임은 경영자
   ③ 통계적 공정관리와 문제해결 기법, 품질개선 프로그램
   ④ PDCA 사이클

7) **파이겐바움(Feigenbaum)** : 고객 기대를 어느 정도 충족시켜 주는가를 나타내는 제품의 복합적인 특징
   ① 전사적 품질관리(TQC)

8) **이시가와**
   ① 품질분임조(QC circle)의 발전과 확산
   ② 품질관리 도구 : 특성요인도, 층별 기법, 체크시트, 히스토그램, 산점도, 파레토 도표, 각종 그래프

보충자료 17 **목표품질, 설계품질, 제조품질, 사용품질**

[목표품질 → 설계품질 → 제조품질 → 사용품질 → …]

1) **설계품질(Quality of Design)** : 소비자가 요구하는 품질인 **시장품질(요구품질)**과 경쟁회사의 제품품질 및 가격 등을 종합적으로 고려하여 제조능력을 최적화시킬 수 있는 **품질시방(Quality specification)을 결정**(따라서 설계품질은 제조품질의 목표품질이 된다.)

2) **제조품질(적합품질 : Quality of Conformance)** : 제조현장에서 생산된 제품의 품질이 어느 정도 설계시방에 적합하게 제조되었는지를 말한다.

   cf 설계품질을 향상시키는 것은 평균치를 끌어올려 원가 상승을 의미

   제조품질을 높이는 것은 평균치로부터 **편차를 줄이는 것**으로 원가 절감, 생산성 향상을 의미

3) **사용품질(시장품질)** : 품질개선의 **최종적인 평가요소**이다. 출하된 제품이 소비자에게 넘어가고 그 제품(사용품질)이 당초의 사용목적에 대하여 충분히 기능을 발휘하는가를 말하며, 사용자, 즉 소비자의 만족 여부가 좌우된다. 사용품질을 높이기 위해서는 사용방법의 교육, 보증수리 등이 요구됨

PART 07

보충자료 18 **가빈의 품질 특성분석 8가지 요소 등**

1) **품질의 8가지 차원(Garvin, 1987)**

   미국 하버드 대학 G.A. Garvin 교수는 **생산자**뿐만 아니라 **사용자의 관점**을 동시에 고려하여 품질을 구성하는 8가지 차원을 제시하여 전략적인 품질경영의 중요성을 강조하였다.

   ① **성능(performance)** : 제품의 기본적 운영 특성으로서 의도된 기능을 수행하는 능력

   　예 TV의 경우 화질, PC의 경우 처리속도, 자동차의 경우 가속력, 안전성 등

   ② **신뢰성(reliability)** : 제품이 의도된 기능을 일정기간 동안 수행하는 능력

   ③ **내구성(durability)** : 제품이 정상적인 기능을 발휘하는 내용수명

   　내용수명이란 완전히 고장 나지 않더라도 경제적으로 수리할 가치가 없게 될 때까지의 수명

   ④ **편이성(serviceability, 서비스 수준, 유용성)** : 제품이 고장났을 때 수리나 시정 조치 등의 서비스를 수행하는 속도 및 경제성. 편이성은 신뢰성의 결함을 어느 정도 해소함

   ⑤ **심미성(aesthetics, 미적 감각)** : 제품의 스타일, 색상, 모양, 질감 등 외관에서 느껴지는 특성

   　예 청량음료의 경우 병이나 캔의 외관에 의해 고객의 선호도가 좌우

   ⑥ **특징(feature)** : 제품의 부가적 특성으로서, 기본적 성능 외에 제품이 제공하는 기능

   　예 자동차의 경우 안락함, 내부 공간, 오디오 시스템 등

⑦ 지각된 품질(perceived quality, 고객인지 품질, 품질 인식도) : 제품이나 이를 제공하는 회사의 명성에 의해 고객이 느끼는 품질. 오랜 기간에 걸쳐 제품을 제공하고 높은 평판을 통해 고객의 신뢰를 쌓아온 경우에 획득함. 브랜드 네임과 깊은 관련, 높은 시장 장벽이 있다.

⑧ 일치성(conformance, 적합성) : 제품이 설계에서 정의된 명세서의 규격과 일치하는 정도
  예 자동차의 경우 문이나 핸들에서 소음이 난다면 일치성에 문제가 있는 것

품질수준 결정요인	내용
성능(performance)	제품의 기본적 특성
특징(feature)	기본적 성능을 보완하는 특성, 선택적 차별화 사양
신뢰성(reliability)	규정된 시간조건에서 고장 없이 작동할 확률
내구성(durability)	제품의 성능이 적합하게 유지되는 수명
적합성(conformance)	규정된 설계 또는 표준에 일치되는 정도
서비스 수준(serviceability)	서비스의 신속성, 친절도, A/S 수준, 접근성 등
심미성(aesthetics)	제품 외관, 맛, 냄새 등에 대해 고객이 느끼는 주관적 선호도
고객인지품질(perceived quality)	브랜드 파워, 인식도 등 고객 지각품질

2) 서비스 품질(SERVQUAL)의 5차원(파라슈라만 등 1985)

① 신뢰성(reliability) : 고객 기대에 지속 부응, **약속된 서비스를 정확하고 일관성 있게 수행**
② 유형성(tangibility) : 시설, 설비, 직원, 커뮤니케이션 도구 등의 외관
③ 반응성(응답성, 대응성, responsiveness) : 자발적, 신속한 서비스
④ 확신성(보증성, assurance) : 서비스 제공자의 능력수준, **예절, 신의, 신뢰, 자신감**
⑤ 감정이입(공감성, empathy) : 고객의 요구 이해, 배려, 주의, **관심**

보충자료 19 **가치밀도효과, 프로세스 지연효과**

1) 가치밀도효과(value density effect)

공급사슬관리에서 가치밀도효과는 네트워크 설계 프로세스나 공급망에 제품을 올바르게 **할당**하기 위한 도구로 사용된다.

제품의 특성, 시장, 출처 및 지리적·상업적 맥락과 관련된 광범위한 요소를 기반으로 **공급망을 세분화하고** 제품을 **할당**한다. **공급망 세분화**를 통해 대규모 비용 절감이 가능하다.

공급망 세분화 프로세스의 핵심 동인은 처리량, 수요 변동성/서비스 요인 및 **제품 가치 밀도(PVD)**, 제품 가용성 등이 중요하다.

〈별도 개념 1〉

운송수단에서 가치밀도는 운송 중인 상품의 가치와 그들이 차지하는 물리적 공간 사이의 비율을 말하며, 운송수단 운영의 효율성과 수익성에 직접적인 영향을 미치기 때문에 물류 및 공급망 관리에서 매우 중요한 개념이다.

〈별도 개념 2〉

가치 밀도는 제품 가치와 이의 유통을 위한 물류비용 간의 비율이다. 제품의 가치밀도가 높으면 기업은 생산활동을 집중화할 유인이 생긴다. 반대로 낮은 가치밀도 제품은 생산기지의 분산이 유리하다.

2) 프로세스 지연효과(process postponement effect), 지연차별화(delayed differentiation)

지연전략(postponement) 또는 **차별화의 지연**(postponement of differentiation)이란 생산 프로세스에서 제품들이 서로 차별화되는 시점을 가능한 한 판매시점에 가깝게 지연시키는 전략이다. 예를 들어 패션업체인 베네통은 여러 색상의 스웨터를 처음부터 색깔별로 각각 염색한 후 따로 생산공정을 진행하였다. 하지만 이후 베네통에서는 지연전략을 도입하여 공통 생산공정을 먼저 진행한 후 스웨터가 색깔별로 차별화되는 염색 작업을 마지막으로 연기하는 방식을 채택하였다. 이러한 지연전략은 각 제품별 수요예측에 보다 최근 시장상황을 반영하여 예측의 정확도를 높이는 데 도움을 줄 뿐 아니라 공통 공정 부분에 대해 수요의 불확실성을 완화시켜 주는 장점 또한 가진다. Push와 Pull의 장점을 결합한 것이며, Mass Customization(대량고객화)에 대응하기 위한 전략이다.

물류의 지연은 수요에 대한 보다 정확한 정보를 얻거나 제품이 최종 목적지에 가까워질 때까지 특정 생산 또는 유통 활동을 지연시키는 전략이다.

제품은 미리 완성된 제품을 생산하는 대신 고객의 주문이 들어올 때까지 보다 일반적이거나 표준화된 형태로 유지한다.

이를 통해 변화하는 시장 요구에 적응하고 재고 저장과 관련된 비용을 절감할 수 있는 유연성을 확보할 수 있다.

3) 물류 고려 설계효과(design effect for logistics)

제품 설계단계에서부터 자재조달과 물류비용 등을 포함

4) 신속반응시스템(QR, Quick Response system)

섬유, 의류업계의 제조업체와 유통업체간 제휴를 통해 소비자 요구에 신속하게 대응하는 체제

5) 크로스 도킹(cross docking)

물류센터에 입고되자마자 분류하여 출고하는 시스템

보충자료 20 공급자 주도 재고관리 VMI(Vendor Managed Inventory)

• 생산업체, 소매업체에 대한 재고관련 의사결정을 책임
• 재고 보충 의사결정 권한이 소매업체에서 생산업체로 이동
• 재고는 주로 공급자가 소유(판매시점까지)

① VMI(Vendor Managed Inventory)란 공급자가 직접 판매자의 매장재고 또는 물류센터재고를 관리하는 전략을 말한다.
② VMI란 고객(리테일러/커스터머)을 대신해서 공급업체가 고객이 제공하는 demand information (고객의 물류센터 기준으론 점이송정보 및 현 재고정보)을 바탕으로 필요한 주문 및 이를 보충하는 전통적인 방법과는 반대의 주문 생성 및 보충모델로 정의할 수 있다.
③ VMI 효용의 전제는 공급업체가 자신이 판매하는 제품에 대해 더 많은 지식과 정보를 갖고 있기 때문에 이에 대한 보충 및 고객의 재고도 좀 더 잘 관리할 수 있다는 데서 출발한다. 고객사 바이어의 경우 자신이 담당하는 카테고리나 단품수를 고려할 때 이에 대한 효율적인 관리가 공급업체보다는 어렵다는 점이다. 또한 표준적인 VMI가 수행된다면 공급체인에서의 비용절감, 재고비용 감소, 결품률 감소, 그리고 궁극적으로는 공급업자 및 고객의 매출을 증대시킴으로써 양방이 win-win할 수 있는 전략이라고 할 수 있다.

보충자료 21 수단적 가치, 궁극적 가치

1) 궁극적 가치(terminal value) : 바람직한 존재 양태, 평생 추구 목표
   → 행복, 재미, 성취, 평화, 기쁨, 지혜, 우정, 자유, 평등, 구원, 우정, 자아존중 등

2) 수단적 가치(instrumental value) : 선호 행동 양식, 궁극적 가치를 달성하기 위한 수단
   → 애정, 근면, 능력, 청결, 용기, 관용, 지능, 정직, 공손, 책임, 상상력, 독립성 등

보충자료 22 조직몰입(organization commitment)

1) 에치오니(Etzioni, 1961) : 권력 행사에 대한 반응
   ① 소외적 몰입(Alienative Involvement) : 소외영역 = 부정 반응
   ② 타산적 몰입(Calculative Involvement) : 둘의 중간, 이해득실 따짐
   ③ 도덕적 몰입(Moral Involvement) : 결행영역 = 긍정 반응

2. **칸터(Kanter, 1968)** : 조직을 위한 노력, 충성 의도
   ① 근속몰입(Continuance Commitment) : 조직 이탈 비용
   ② 응집몰입(Cohesion Involvement) : 동일시적 애착
   ③ 통제몰입(Control Involvement) : 규범 내재화

3. **엔젤과 페리(Angel & Perry, 1983)**
   ① 근속몰입(Commitment to Stay)
   ② 가치몰입(Value Involvement)

4. **알렌과 메이어(Allen & Meyer, 1993)**
   ① 근속(유지, 지속)몰입(Continuance Commitment) : 소속 조직을 떠나면 손해
   ② 정서적 몰입(Affective Commitment) : 구성원의 조직에 대한 정서적 애착과 일체감
   ③ 규범적 몰입(Normative Involvement) : 규범 내재화

보충자료 23 **게슈탈트 과정(gestalt process)**

게슈탈트(Gestalt)는 부분이 모여서 된 전체보다는 완전한 구조와 전체성을 지닌 통합된 전체로서의 형상과 상태를 가리킨다.

게슈탈트법칙은 인간 경험의 구성요소는 원자적으로 분해할 수 없으며 모든 감각 영역은 서로 결합되어 하나의 구조, 하나의 형태를 이룬다는 형태에 관한 법칙이다.

게슈탈트 이론에 따르면, 사람은 전체 이미지를 각 부분들 사이의 상호 관계와 맥락 속에서 지각한다. 부분 혹은 요소의 의미가 고정되어 있지 않고 이들이 속한 전체에 따라 달라진다는 것이다. 그래서 게슈탈트 이론은 패턴 지각에 있어 전체와 부분의 전체성과 통합성을 강조한다.

보충자료 24 **빅파이브(Big 5) 성격 모형**

성격(personality)은 개인의 안정된 행동 패턴이자 **경향성**을 나타내는 **일관된** 내적 상태이다. 성격을 분류하는 많은 모형들 중 소비자 행동에서 자주 인용되는 것은 빅파이브(Big 5) 성격 모형이다. 빅파이브(Big 5) 성격 모형은 소비자 행동이 다양하게 나타나는 원천을 설명하는 주요 개인적 근원으로 알려져 있다. 이 모형은 성격 유형을 신경증 경향, 외향성, 개방성, 호감성, 성실성으로 나눈다.

① 신경증 경향(neuroticism, 정서적 안정성) : 신경증 경향은 개인의 정서 구조를 반영한 것으로 부 (−)적 감정에 대한 경험적 차원이며 정서적 안정성 또는 적응성의 양극 차원으로 정의된다. 구체 적인 특질은 '불안한', '우울한', '신경질적인', '스트레스에 약한', '걱정이 많은', '조급한' 등이며, 반 대 특질은 '침착한', '차분한', '이완된' 등을 포함한다. 신경증 경향이 높은 사람들은 스트레스에 취 약하고 비합리적인 의사결정을 할 가능성이 높다. 또한 불안과 자기통제의 부족으로 정보 처리에 어려움을 겪고 충동적 성향을 보인다. 따라서 신경증적인 소비자들은 서비스에 대한 실패나 불만족 에 충동적 또는 신경질적인 반응을 보이고 상대적으로 높은 불평 반응을 보일 것으로 예측된다.

② 외향성(extraversion) : 외향성은 사회성의 차원으로 사람을 좋아하고 집단화의 경향을 나타내는 성격 특질이다. 주요 특질은 '사교적인', '사회적인', '능동적인', '적극적인', '말이 많은', '열정적인' 등이며, 반대 특질은 '내성적인', '조용한', '독립적인' 등을 포함한다. 외향성은 흔히 권력과 사회 적 지배력을 향한 행동양식으로 간주되며, 이를 위한 사회적 관계를 중시하고 적극적이고 능동적 인 소비활동의 경향이 강하다. 자신의 내적 흥미에 관심을 두는 내향성과 반대로, 사회적 맥락이 나 주변 사람의 영향을 받기 때문에 사회적 관계에 민감하다.

③ 개방성(Openness to experience) : 개방성은 지적인 자극을 추구하고 다양성을 선호하는 경향 을 말하며, '상상력이 풍부한', '이상적인', '창조적인', '통찰력이 있는', '관심사가 넓은' 등이 주요 특질이고, '관습적인', '상상력이 부족한' 등이 반대 특질에 해당한다. 개방적인 사람들은 호기심 이 많고 다양성을 추구하며 관습적인 가치를 따르지 않기 때문에 혁신적인 소비 경향이 있다.

④ 호감성(agreeableness, 친화성) : 호감성은 협력적이고 이타주의 성향을 나타내며, '이타적인', '동정적인', '예의 바른', '관대한', '협력적인', '우호적인' 등을 주요 특질로 하고, 반대 특질은 '적 대적인', '냉정한', '무례한', '불친절한' 등을 포함한다. 호감성이 높은 사람들은 타인과 쉽게 공감 하고 경쟁보다는 협동을 선호하고 남을 돕는 것을 즐긴다. 보통 호감적인 사람들은 타인과의 조 화를 추구하고 집단적 성향을 보이기 때문에 적대적 성향의 소비자들보다 불평 행동에 관대하다.

⑤ 성실성(conscientiousness) : 성실성은 질서를 추구하고 계획적인 활동을 선호하며, 성취 지향의 경향을 의미한다. 주요 특질은 '철저한', '조직적인', '꼼꼼한', '자기 확신이 강한', '믿음직한', '열 심히 일하는', '책임감 있는' 등이며, 반대 특질은 '부주의한', '무계획적인', '무책임한' 등을 포함한 다. 성실한 사람은 계획적이고 성취 지향적이며 조직적인 활동을 선호하는 반면, 성실성이 낮은 사람은 부주의하고 비계획적인 활동을 선호한다. 소비 행동의 맥락에 비추어 볼 때, 높은 성실성 은 체계적 의사결정과 관련되지만 낮은 성실성은 쾌락적 의사결정과 관련될 수 있다.

보충자료 25 자기존중감/자기효능감

① **자기존중감** : 자신을 중요하다고 생각하거나 성공적이고 가치가 있다고 믿는 정도
② **자기효능감** : 성공적인 행동변화의 시도나 유지에 필요한 행동을 수행하는 능력

자기존중감은 개인으로서의 가치에 대한 주관적인 평가이고, 자기효능감은 자기 업무를 성공적으로 수행할 수 있다고 느끼는 능력에 관한 개인의 신념이다.

보충자료 26 동인이론(動因 理論, drive theory, 충동론)

① 동인이론이란 인간의 행동을 동인(drive)과 관습(habit)의 복합적 함수관계로 본다.
② 동인이론과 동인감소이론은 심리학의 **동기이론에서 갈라져 나온** 하나의 이론이다.
③ 동기이론이란 인간의 행동은 개인의 **욕구결핍 정도**를 나타내는 **동인의 강도**와 학습을 통해 얻어진 **과거의 경험**을 바탕으로 하여 자신에게 만족스러운 결과를 가져오기 위해 취해지는 것으로 본다.
④ 동인이론은 인간은 과거에 만족스러운 결과를 가져온 행동을 계속적으로 되풀이하는 경향이 높다는 손다이크(E. Thorndike)의 효과의 법칙에 이론적 근거를 두고 있다.
⑤ 동인이론은 초기에 생리적 동기와 관련된 내적 균형을 유지하려는 행동동기의 연구로부터 시작되었으나, 점차 손다이크의 효과의 법칙에 기반을 둔 관습적 행동이 결합되어 총괄적 동인이론으로 발전하게 되었다.
⑥ 동인이론은 유기체는 어떤 심리적 욕구를 타고 나며, 긴장의 부정적인 상태는 이런 욕구가 **만족되지 않을 때 창출되어진다**는 원리에 기반을 두고 있다.
⑦ 어떤 욕구가 만족될 때 동인은 감소되고, 유기체는 항상성과 편안함의 상태에 돌아간다.
⑧ 동인은 시간에 따라서 증가되는 경향을 가지고, 항온기와 같이 피드백 통제시스템을 기반으로 작동된다.
⑨ 동인(Motive)은 1차적 동인, 일반적 동인, 학습된 동인으로 나뉜다.
　ⓐ 1차적 동인은 학습되지 않은 생리적, 생물적 동인으로 식욕, 성욕 등이 있다.
　ⓑ 일반적 동인은 학습되지 않은 동인 중에서 생리적 동인을 제외한 모든 동인으로 호기심, 애정 등이 있다.
　ⓒ 2차적 동인은 학습된 동인으로 조직행동의 연구대상이다.

보충자료 27 거래분석(transactional analysis), E. Berne

① 어떠한 자아상태에서 인간관계가 교류되고 있는가를 분석하여 자기 통제를 돕는 심리요법의 하나이다.
② 부모, 어른, 아동의 자아상태에서 이루어지는 인격의 구조분석과 기능이론에 근거한다.

③ 인간의 성격과 상호작용을 즐기고 느끼는 「아동」(child), 생각하고 교육받고 결정하는 「성인」(adult), 선택과 행동에 대해 책임지고 자신과 타인을 돌보아 주는 「부모」(parent)로 구조적으로 분석하고 있다.

④ 심리게임인 교류의 성립, 아동기의 부모자녀관계를 통해 정해지는 행동유형 등을 주요한 개념으로 한다.

보충자료 28 커뮤니케이션의 원칙 : 레드필드(Charles E. Redfield)

명료성·일관성·적정성·적시성·분포성·적응성과 통일성·관심과 수용성의 7가지 원칙

보충자료 29 갈등대응의 기본방안

루블과 토마스의 2차원적 모형, 5가지 갈등처리 방식

1) 2차원

① 협력성(cooperativeness) : 갈등 당사자를 만족시켜 주려는 노력
② 독단성(assertiveness) : 자신의 관심사를 만족시키려는 시도

2) 5가지 갈등처리 방식

① 회피 : 양 당사자들이 갈등 문제를 다루지 않겠다고 선택하여 갈등을 연기시키거나 그 문제들에서 피하는 것으로, 관련된 갈등 문제들을 무시하는 비단정적이고 비협력적인 방식

② 경쟁 : 당사자들은 논쟁·권위·위협 심지어 물리적 강제력을 통해 다른 당사자를 희생시킴으로써 자신의 목표를 달성하려는 단정적이고 비협력적인 방식

③ 순응 : 한 당사자가 그 자신의 관심사나 목표들을 포기함으로써 다른 당사자의 관심사를 만족시키려는 비단정적이고 협력적인 방식

④ 타협 : 상호 희생을 반영하여 양 당사자가 어느 정도의 양보를 할 뿐 아니라 어느 정도의 양보를 획득하는 단정성과 협력성의 긍정적인 형태

⑤ 협동 : 양 당사자 모두가 자신들의 관심사를 모두 만족시키려는 단정적이고 협력적인 방식

보충자료 30   피셔-유리 갈등에서의 협상전략

① 로저 피셔, 윌리엄 유리, 브루스 패튼은 저서[Yes를 이끌어내는 협상법, Getting to Yes]에서 협상에 성공하기 위한 다음과 같은 4가지 원칙이 있다고 말한다.

   ⓐ 사람과 문제를 분리하라.

   ⓑ 입장이 아닌 이해관계에 초점을 맞추라.

   ⓒ 상호 이익이 되는 옵션을 개발하라.

   ⓓ 객관적 기준을 사용할 것을 주장하라.

② 이 협상법은 우선 '**입장을 근거로 거래하지 말라**'고 말한다. 왜냐하면, 입장을 중심으로 거래하게 되면, 협상자들이 자신을 그 **입장 안에 가둬버리기 쉽다**. 입장은 자신의 자존심이 되고, 과거의 입장과 앞으로 취하게 될 행동 간의 조화를 생각하다 보면 '**체면을 유지해야 한다**'는 **또 하나의 이해관계**를 갖게 된다는 것이다. 따라서 당사자들은 원래의 이해관계에 부응하는 합의점에 이르는 것이 더욱 더 어려워진다.

③ 그렇다면 어떻게 해야 할까. 게임의 형식을 바꿔야 한다. 효율적이고 우호적이며 현명한 협상 결과를 낳을 수 있는 '**원칙화된 협상**' 또는 '**이점을 근거로한 협상**'의 방법을 써야 한다. 이 방법을 사용하려면 **네 가지 기본**에 충실해야 한다.

   ⓐ **사람과 문제를 분리하는 것** : 모든 협상자는 자신의 이해관계를 만족시키는 합의를 원한다. 한편 협상자는 상대방과의 관계에도 관심을 갖는다. 문제를 다루는 것과 좋은 인간관계를 유지하는 것, 이 두 가지는 상충되기 쉽다. 하지만 두 가지를 각각의 이점을 근거로 해 다루려는 준비가 돼 있다면 조화를 이루는 것도 가능하다. 인간관계의 정확한 인식, 명료한 의사전달, 적절한 감정, 그리고 목적의식적인 전망을 근거로 인간관계 문제를 직접적으로 다룬다.

   ⓑ **입장이 아닌 이해관계에 초점을 맞추는 것** : 협상에서 기본적인 문제는 상충되는 입장이 아니라 각자의 요구와 욕망, 관심, 두려움 등의 차이다. 이러한 욕구나 관심사가 '이해관계'이다. 이해관계가 사람들에게 동기를 부여한다.

   ⓒ **상호 이익이 되는 옵션을 개발하는 것** : 많은 사람이 옵션을 창안하는 것은 협상 과정의 일부가 아니라고 생각한다. 자신들이 해야 할 일은 서로 간의 입장차를 좁히는 것이지 가능한 옵션의 폭을 넓히는 것은 아니라고 생각한다. 창의적인 사고의 첫째 장애물이 성급한 판단이라면, 둘째 장애물은 성급한 결론이다. 그리고 셋째는 파이 크기가 정해져 있다는 생각이고, 넷째는 '상대방의 문제를 해결하는 것은 그가 할 일이다'라는 생각이다.

   ⓓ **객관적 기준의 사용을 주장하는 것** : 당신의 의지와 상대방의 의지를 맞붙게 한다면, 그래서 둘 중 하나가 항복해야 한다면, 협상은 효율적일 수도, 상호 우호적일 수도 없다. 서로 우위를 차지하려는 부단한 다툼은 관계를 위협한다. 압력을 사용하기보다 문제 해결을 위한 객관적 기준을 논의하면 사람을 다루는 일이 훨씬 쉬워진다.

보충자료 31 허시와 블랜차드 리더십 유형

허시(P. Hersey)와 블랜차드(K. Blanchard)의 상황적 리더십 이론(Situational Leadership Theory, SLT)

1) S1 : 지시형(telling), 감독형 리더십

고지시, 저협력(High Directive & Low Supportive)적 리더십 유형으로, 부하에게 기준을 제시하고 일방적인 의사소통과 리더 중심의 의사결정을 한다.

2) S2 : 설득형(selling), Coaching(코치형), 지도형, 설명형, 판매형 리더십

고지시, 고협력(High Directive & High Supportive)적 리더십 유형으로, 결정사항을 부하에게 설명하고 쌍방적 의사소통과 공동의사결정을 지향한다.

3) S3 : 참여형(participating), Supporting(지원형) 리더십

저지시, 고협력(Low Directive & High Supportive)적 리더십 유형으로 부하와 함께 아이디어를 공유하고 의사결정과정을 촉진하며 인간관계를 중시한다.

4) S4 : 위임형(delegating), 위양형 리더십

저지시, 저협력(Low Directive & Low Supportive)적 리더십 유형으로 의사결정과 책임을 부하에게 위임하여 부하들이 자율적으로 과업을 수행하도록 한다.

보충자료 32 홉스테드의 5가지 문화 관점

① 권력의 격차 거리(low vs. high power distance)
② 개인주의/집단주의(individualism vs. collectivism)
③ 남성적/여성적(masculinity vs. femininity)
④ 불확실성 회피(low vs. high uncertainty avoidance)
⑤ 단기지향/장기지향(short vs. long term orientation)

보충자료 33 홀

---

① 고배경(고맥락) 문화 : 상황을 중시하는 문화
② 저배경(저맥락) 문화 : 상황보다는 메시지를 중시하는 문화

보충자료 34 **강한 문화/약한 문화**

---

1) 강한 문화

    ① 기업 내에 뚜렷한 공유가치가 있음
    ② 전략, 조직구조, 제도/절차, 인력구성, 리더십 등이 공유가치에 입각하여 일관성 있게 설계 · 운영 · 발휘되고 있음

2) 약한 문화

    ① 기업 내에 가치관의 공유도가 낮음
    ② 그 실천에 있어서도 일관성과 체계가 미흡함

PART 07

보충자료 35 **인간 본성에 대한 가정과 조직 분석의 수준 – astley와 van de ven**

---

1) 인간 본성에 대한 가정 : 임의론적 관점(개인이나 조직이 자율적이며 진취적으로 행동), 결정론적 관점(개인이나 조직의 행위는 상황에 의한 것, 수동적으로 반응)

2) 조직분석의 수준 : 미시적 수준(개별조직을 대상), 거시적 수준(조직 공동체를 대상)

	결정론	임의론
조직군	자연적 선택관점 • 조직군 생태학이론 • 시장과 위계이론 • 조직경제학(대리이론, 거래비용이론)	공동적 행동관점 • 공동체 생태학이론
개별조직	시스템–구조적 관점 • 구조적 상황이론	전략적 선택관점 • 전략적 선택이론

참고

	환경결정론	수동적 적응론	자유의지론
거시(조직군)	조직경제학, 조직군 생태학이론		공동체 생태학이론, 조직간 관계론
미시(개별조직)		상황적응이론	전략적 선택이론, 자원의존이론

참고 Daft 연구

		조직유형	
		상이	유사
조직관계	경쟁적	자원의존이론	조직군 생태학이론
	협력적	협력적 네트워크이론	제도화이론

① **구조적 상황이론** : 환경에 따라 조직구조를 다르게 설계하면 적응성을 높여 조직의 효과성과 효율성을 향상시킨다는 이론(**예** 교육부 ⇒ 교육인적자원부 : 환경변화에 따른 수동적 적응)

② **조직군 생태학 이론** : 조직은 환경과 동질성을 유지하려고 하며, 환경과 적합한 조직만 생존하고 부적합하면 도태된다는 이론(**예** 석탄 관련 동력자원부의 소멸)

③ **제도화이론** : 사회규범·가치체계·정치적 요구에 따라 정당성을 획득하기 위하여 환경적 기대에 대한 의례적 동조가 발생한다는 이론(**예** 여성가족부 신설 : 효율성 논리 배제)

④ **자원의존이론** : 환경과의 협상·타협, 희소자원에 대한 통제력을 보유한 조직을 최선의 조직으로 보아 외부환경의 변화를 지향하는 이론(**예** 정보통신부 신설)

⑤ **협력적 네트워크이론** : 자원의존이론의 대안으로 나타난 이론으로 환경이 점점 불확실하게 조성되면서, 조직이 성공을 위해 의도적으로 다른 조직과 의존적인 관계를 맺는다는 이론

보충자료 36 **동형화(isomorphism)**

동형화는 조직들 상호간에 운영방식과 구조가 유사해지고 동질화되는 과정이다. 조직이 주어진 환경에서 생존하기 위해 해당 환경 내의 다른 조직들과 유사하게 변화하는 것이다.

1) 강압적 동형화(coercive isomorphism) : 규제, 외부의존성

강요 혹은 권고의 형식으로 동질화되는 것을 말한다. 영향력이 강한 다른 조직이나 사회문화적인 압력이나 거스를 수 없는 시대적인 분위기가 조직에게 변화의 수용을 강제하는 결과를 나타내게 된다.

2) **모방적 동형화(mimetic isomorphism)** : 벤치마킹, 환경의 불확실성

성공을 거둔 타 조직을 모델로 삼아 구조와 운영방식을 '벤치마킹'하는 것이다. 조직이 불확실한 환경에 놓여있을 때 사용하는 방식이다.

3) **규범적 동형화 (normative isomorphism)** : 전문적 기준, 표준을 따라야 한다는 의무감

전문가 집단이 바람직하다고 규정한 기준을 수용하는 것을 말한다.

보충자료 37 직무정보 수집방법과 직무분석기법

• 직무**정보 수집 방법**에는 관찰법, 면접법, 질문지법, 중요사건법 등이 있다.
• 직무**분석기법**에는 기능적 직무분석법, 직위분석 설문지법, 관리직 직무분석법, 과업목록법 등이 있다.

1) 기능적 직무분석(functional job analysis : FJA)

직무정보를 모든 직무에 존재하는 3가지의 일반적 기능, 즉 자료와 관련되는 기능, 사람과 관련되는 기능, 사물과 관련되는 기능의 정보로 분류하고 정리한다.

2) 직위분석 질문지법(Position Analysis Questionnaire : PAQ)

작업자 활동과 관련된 187개 항목과 임금관련 7개 항목을 포함하여 총 194개 항목으로 구성된 질문지로서 작업에 대한 표준화된 정보를 수집하는 대표적 방법이다. 설문항목은 투입정보, 정신적 과정, 과업성과, 다른 사람과의 관계, 직무환경, 기타 직무특성의 총 6개의 범주로 구성되어 있다.

3) 관리직위기술 질문지법(Management Position Description Questionnaire : MPDQ)

과업중심적인 방법으로 다양한 직능, 직급, 회사에 걸쳐 시험된 208항목으로 구성되어 있다. 많은 관리자들의 응답이 통계적으로 분석되어 13종류의 직무기술요인들이 밝혀지고 해석되었다.

4) 과업목록법(task inventory procedure)

설문지를 이용하여 분석하고자 하는 직무의 모든 과업을 열거하고, 이를 상대적 소요시간, 빈도, 중요성, 난이도, 학습의 속도 등의 차원에서 평가한다. 이것은 특정과업에 대한 구체적 정보를 수집하는 대표적인 방법이다. 과업목록법은 특정직업을 단위로 직업을 구성하는 각 직무별로 수행되기 때문에 일반화된 양식은 없다. 과업목록법은 개발비용이 많이 들지만 일단 개발되면 교육용도로 매우 효과적으로 활용된다.

PART
07

보충자료 38 직무설계의 네 가지 접근법

① 기계식 접근(Mechanistic Approach)은 산업공학적 전통에 입각하여 직무의 구조화 방식에 하나의 최상의 기법이 존재한다는 가정하에서 효율을 극대화하는 방식이다. 이는 노동영역의 축소를 기반으로 한 분업(아담스미스)과 전문화, 과학적관리론(프레드릭 테일러) 등과 관련 깊으며 직무분업화와 기능단순화를 통한 반복작업을 강조한다. 표준화, 단순화, 전문화를 통한 능률 극대화에 관심이 있는 직무설계 방법이다.

② 동기부여적 접근(Motivational Approach)은 조직심리학과 경영학의 이론적 발전에 힘입어 심리적 의미나 동기부여적 잠재성에 영향을 주는 직무특성에 중점을 둔다. 이 접근법에서는 기계적 접근 하에서의 '인간의 노동소외'현상을 극복하고 만족과 보람을 느낄 수 있는 방식으로 직무를 설계하고자 하여 조직이론 중 인간관계론과도 관련이 깊다. 구체적으로 동기부여적 접근의 이론적 배경에는 2요인이론, 직무충실화나 직무특성화이론, 사회기술시스템이론 등이 있다. 동기적 접근법은 인간과 기술의 상호작용체계에 관심을 두었다.

③ 생물학적 접근(Biological Approach)은 신체의 능력과 한계에 초점을 둔 방법으로 작업 자체보다는 조명, 공간, 장소, 직업시간 등 상황에 관심을 두었다. 종업원들이 일하고 있는 물리적 업무환경을 구조화하여 종업원들의 신체적 제약을 최소화(누구라도 업무를 수행할 수 있게끔)하는 것에 초점을 두었다. 또한 작업에 쓰이는 장비를 신체적 요구에 적합하게 설계하는데 적용하고 (기계와 기술의 재설계에도 초점을 둠) 이는 효율성 증가로 연결된다. 인간공학적 접근법 또는 생명공학적 접근법으로도 불린다.

④ 지각운동 접근(Perceptual-Motor Approach)은 정신적 능력과 한계에 초점을 둔 방법으로 사람들이 정신적인 능력과 한계를 초과하지 않는 수준에서 직무설계를 하는 것이 목표이다. 직무를 수행함에 있어서 정보처리를 위해 필요로 하는 것을 줄여 신뢰성과 안정성을 증가시키려 한다. 즉, 직무의 인지적 요구를 줄이는 것이다.

보충자료 39 업무몰입의 지원

Kahn(1990)은 구성원들이 다음 세 가지의 심리적 조건 또는 욕구가 충족될 때 몰입을 한다고 하였다.
① 심리적 안정성(psychological safety)
② 의미성(meaningfulness)
③ 유용성(availability)

보충자료 40 평가자 자신이 인지 못하는 오류

1) 평가자의 의도적인 주관적 평가로 인한 오류
① 관대화 오류
② 중심화 오류
③ 가혹화 오류
④ 상동오류

2) 평가자 자신이 인지하지 못하는 오류
① 후광효과
② 시간적 오류
③ 상관편견
④ 대비오류

3) 정보부족으로 인한 오류
① 중심화 오류
② 귀속과정 오류

보충자료 41 유연 근무제

1) 유연근무제
유연근무제는 하루 8시간씩 주 40시간의 근무시간을 업무의 특성에 맞게 유연하게 적용하여 근무시간을 유연하게 운영할 수 있는 제도이다. 업무량의 변동에 따라 근무시간을 적절하게 배분하여 효율적으로 일하고, 불필요한 시간외 근무를 최소화하여 워라밸을 추구할 수 있다. 선택근무제, 탄력근무제, 재량근무제, 간주근무제 등은 모두 유연 근무제의 종류이다.

2) 선택근무제
선택 근무제는 선택적 근로시간제라고도 하며, 주 40시간 범위 내에서 **근로자가** 근로 시간을 자율적으로 조정하여 근무할 수 있는 제도이다.

3) 탄력근무제
탄력 근무제는 특정 일이나 특정 주에 근로시간을 늘리고, 다른 날이나 주에 근로시간을 단축시켜 일정 기간의 평균 근무시간을 법정 근로시간 내로 맞추는 제도이다. 선택근무제와 탄력근무제의 차이는 **선택근무제는 근로자가** 근무시간을 결정하고, **탄력근무제는 사측에서** 근무시간을 결정한다는 차이가 있다.

보충자료 42 **BARS와 BOS**

1) BARS(Behavior Anchor Rating Scales : 행위기준평정척도, 행위평정척도법)

표준화된 평정기준의 부족으로 평가자의 자의적 판단이 이뤄지는 것을 지양하기 위하여, 피평가자가 실제로 수행하는 구체적 행위에 근거하여 직무성과달성에 중요한 기본적 행동수행을 측정하는 방식이다.

2) BOS(Behavioral Observation Scales : 행위관찰척도법)

BARS의 문제점을 해결하기 위해 고안된 척도법으로서, 직무성과와 관련 있는 중요한 행위들을 사전에 나열한다는 점에서는 BARS와 비슷하다. 다만, 전문가가 성과행위를 구성하는 차원을 확정(define)하고 각 차원을 구성하는 행동을 **얼마나 자주 하는가(행위빈도)**에 대한 척도(5단계 척도)를 점수화하여 평가한다.

3)

BARS, BOS는 중요사건서술법을 응용하여 피평가자의 구체적 행동을 측정하여 평가하는 공통점이 있지만, BARS는 평가 범주마다 제시된 대표적 행동패턴 가운데 하나를 선택하여 등급을 매기는 방식으로 평가하고, BOS는 피평가자의 해당 행동의 빈도를 관찰하여 빈도 체크하는 방식으로 평가하는 점에서 차이가 있다.

보충자료 43 **신뢰도 검증방법**

측정도구의 일관성을 측정하기 위해 세 가지 종류의 신뢰도가 주로 사용된다.

1) 검사-재검사 방법(test-retest method)

측정도구의 안정성에 해당하는 신뢰도 검증방법으로, 동일한 검사를 1차 실시한 결과와 일정기간 이후 재차 실시한 결과를 비교함으로써 어느 정도 일관성을 가지고 있는가를 판단한다.

2) 대체형식 방법(동형검사법)

동등형 신뢰도라고도 하며, 동일한 개념에 대해 두 개의 상이한 측정도구를 개발하여 각각의 측정치 간의 일치 여부를 검증하는 방법이다.

3) 양(반)분법(= 반분신뢰도)

하나의 큰 개념을 측정하기 위해 여러 항목으로 구성된 측정도구에만 적용되며, 무작위로 측정 문항을 두 집단으로 나누고 이들 측정치간 평가결과를 비교한다.

보충자료 44 인적 자원 계획 시 공급 예측기법

1) **기능목록(skill inventory)** : 개인의 직무 적합성에 대한 정보를 정확하게 찾아내기 위한 장치로, 개인이 보유하고 있는 기능, 조작이 가능한 기계・장비・도구, 현재 담당하고 있는 직무의 내용 및 책임의 정도, 교육 수준, 경력, 교육훈련, 직무성과, 강점 및 약점 등이 나타나 있다.

2) **마코브 연쇄 분석(markov chain Analysis)** : 시간의 흐름에 따른 개별 종업원들의 직무이동확률을 파악하기 위해 적용. 내부 노동시장의 안정적 조건 하에 종업원의 승진, 이동, 이직 등의 일정 비율을 적용하여 미래의 특정 기간 동안 현재 인원의 변동을 예측하는 방법이다.

3) **대체 분석(replacement chart)** : 조직 내 특정 직무가 공석이 된다고 가정할 경우 누가 여기에 투입될 수 있는가를 일목요연하게 파악할 수 있도록 나타낸 표로써 조직 내에 존재하는 다양한 직무를 나타냄과 동시에 각각의 직무로 승진할 수 있는 사람들을 나타낸다. 장점으로는 일목요연하고, 인적자원정보시스템과 연계되어 사용된다는 점이 있다.

보충자료 45 샤인(Edgar H. Shine)의 8가지 경력 닻(Career Anchor)

① **기술적/기능적 역량(Technical/Functional Competence)** : 자신의 스킬을 업무분야에 적용할 기회를 중요하게 생각하는 사람에게 해당

② **관리자 역량(General/Managerial Competence)** : 조직을 관리하는 높은 수준의 역할을 부여받기(승진, 승격 등)를 원하는 사람에게 해당

③ **자율/독립(Autonomy/Independence)** : 자율/독립성을 침해받지 않으면서 내 스타일대로 일할 환경을 중요하게 여기는 사람에게 해당

④ **안전/안정(Security/Stability)** : 장기적인 고용관계와 좋은 복지제도에 매력을 느낌

⑤ **사업가적 창의성(Entrepreneurial Creativity)** : 자율성과 관리자로서의 위치, 부의 축적도 중요하게 여기지만 그보다 자신이 무언가를 만들어 낼 수 있는 기회를 중요시 여기는 사람에게 해당

⑥ **서비스/봉사(Service/Dedication to a Cause)** : 서비스업종, 목사, 사회사업가 등 자신이 중요하게 생각하는 가치가 실현되는 직업을 원하는 사람에게 해당(예 유니세프, 월드비전)

⑦ **순수한 도전(Pure Challenge)** : 다른 사람들과의 경쟁, 새로운 것에 도전하여 성취해가는 과정 등 도전 그 자체를 원하는 사람에게 해당

⑧ **라이프스타일(Life Style)** : 요즘 말로 '워라밸(Work & Life Balance)'으로 표현되는, 자신의 가족과 조직 그리고 필요 목적, 이 세 가지가 잘 조화되기를 원하는 사람에게 해당

보충자료 46 "뜨거운 난로"의 원칙

① **경고성 원칙** : 난로의 불이 빨갛다. 손이 닿지 않아도 난로가 뜨겁다는 사실을 알 수 있다.
   → 기업의 리더는 아랫사람들에게 항상 경고로써 규범 제도에 대해 교육을 진행해야 한다.
② **일치성 원칙** : 뜨거운 난로에 닿을 때마다 항상 화상을 입을 것이다(인과성 원칙).
   → 말과 행동은 같아야 하며 말한 것은 행해야 한다. 마찬가지로 규범을 어겼다면 벌을 받아야
     하는 것이다.
③ **즉각성 원칙** : 난로에 닿자마자 바로 화상을 입는다(즉시성 원칙).
   → 처벌은 잘못된 행동이 일어난 뒤에 바로 일어나는 것으로, 질질 끌거나 시간에 차이가 있어서
     도 안 되며 더욱이 제때 행위에 대한 것들을 바로 잡아야 한다.
④ **공평성 원칙** : 누가 난로에 닿았던 간에 모두 화상을 입을 수 있다.
   → 기업의 리더 혹은 아랫사람, 모든 사람이 기업의 규범 제도를 어겼다면 처벌을 받는다. 기업
     의 규범과 제도 앞에 모든 사람은 평등하다.

보충자료 47 권한배분에 따라야 할 네 가지 원칙

① 명령연쇄의 원칙
② 명령일원화의 원칙
③ 통제범위의 원칙
④ 책임 – 권한 동등의 원칙

보충자료 48 노동3권

1) 단결권

노동자가 노동조합을 조직할 수 있는 권리 및 그가 원하는 기존 노동조합에 **가입**할 수 있는 권리
이다.

2) 단체교섭권

노동자가 노동조합이나 기타 노동단체의 대표를 통해 사용자와 근로조건에 관하여 교섭하는 권
리이다. 노동조합법은 노동조합이 단체교섭을 요구할 수 있는 권리와 사용자가 단체교섭에 대응
할 의무를 규정하고 있다.

3) 단체행동권

노동자가 사용자에 대항하여 집단행동을 하는 것을 말한다. 파업(업무를 수행하지 않음), 태업 (업무수행을 지연시킴) 등의 적법한 절차를 거친 노동쟁의로서 정당하다고 판단되는 경우 이와 연관된 모든 민형사상 책임이 면제된다.

보충자료 49 단체교섭의 유형

① **기업별교섭** : 특정 기업에 소속된 종업원의 근로조건 기타의 사항에 관하여 기업별 노조와 그 상 대방인 사용자와의 사이에 개별기업 또는 사업장을 단위로 하여 행하는 단체교섭
② **통일교섭** : 노동조합이 명실상부하게 산업별 또는 직종별로 조직되어 있어서 노동시장을 전국적으 로 또는 지역적으로 지배하고 있는 경우에 전국에 걸친 산업별 노조나 또는 하부단위 노조로부터 교섭권을 위임받아 연합체 노조와 이에 대응하는 산업별, 혹은 지역별 사용자단체간의 단체교섭
③ **대각선교섭** : 상부단체 또는 산업별 노조가 단독으로 개개의 사용자와 직접교섭하는 방식
④ **공동교섭** : 수개의 기업별 노조가 그 대표자를 선정하거나 연명으로 또는 산업별 노조와 공동으 로 사용자단체와 교섭을 하는 방식
⑤ **집단교섭** : 상부단체 또는 산업별 노조의 통제 하에 수개의 기업별 노조와 각 기업 간의 교섭을 동일 장소에서 동시에 행하는 교섭형태

참고 산업재해의 원인 : 4M

① Machine(기계, 설비) : 설비 결함, 보호장치 불량
② Man(사람) : 작업방법 부적절, 작업자세/동작 부적정, 근로자 특성(고령, 미숙련)
③ Media(물질 환경) : 작업공간 부적절, 가스, 증기, 화학물질
④ Management(관리) : 규정/메뉴얼 미흡, 안전관리 계획 미흡, 감독 및 지도 결여

PART
07

보충자료 50 버즈마케팅 = 구전마케팅 + 바이럴마케팅

버즈(buzz)마케팅은 바이럴마케팅의 일종으로 소비자들이 자발적으로 메시지를 전달하게 만들어 상 품에 대한 긍정적인 이미지를 형성하게 하는 마케팅 기법이다. 이메일이나 모바일보다는 페이스북, 트위터, 인스타그램, 유튜브 등 소셜 미디어 및 블로그, 커뮤니티 등을 통하여 쌍방향으로 메시지를 공유한다.

① 버즈마케팅은 구전마케팅과 바이럴마케팅과는 다르다.
② 버즈마케팅은 오프라인과 온라인을 가리지 않고 특이한 광고나 이벤트를 진행한다.
③ 구전마케팅은 주로 주부나 동호회 모임 등의 오프라인과 관련된 내용이 많다.
④ 바이럴마케팅은 컴퓨터의 바이러스처럼 온라인상에서 네티즌들이 정보를 확산시킨다.

보충자료 51 연미복효과(coattail effect)

정치학에 '연미복효과'가 있다. 뒤로 길게 늘어진 연미복 꼬리에 올라탄 사람들이 연미복 주인이 가는 대로 줄줄이 딸려가듯, 상위 선거에 나선 후보의 당락에 따라 하위 선거에 출마한 후보들의 당락이 결정되는 현상을 말한다.

보충자료 52 마케팅조사 1

I 조사설계 기본 개념

1. 실험설계
   (1) 변수간 관계 명확히 규명 위해 효과적 연구, 분석계획 수립
   (2) 전제조건
      ① 실험변수 조작 : 결과에 영향 주는 변수, 요인 인위적 변화나 조작
      ② 외생변수 통제/제거 : 실험, 결과변수 외의 변수 통제
      ③ 실험대상 무작위 : 대표성 높임, 결과의 일반화 위해

2. 실험설계 기본요소
   (1) 가설
   (2) 변수 : 각기 특성, 계량화
      ① 독립변수 : 원인변수
      ② 종속변수 : 결과변수
      ③ 매개변수 : 독립, 종속의 인과관계 연결변수
      ④ 상황변수 : 독립변수의 영향력 크기 좌우하는 제3의 변수
   (3) 외생변수 통제
      성숙효과, 우발적 사건, 통계적 회귀, 측정방법 변화, 표본의 편중, 실험대상 소멸, 시험효과
      [주시험(익숙), 상호작용시험(일관성)]

3. 연구설계의 타당성

(1) 외적 타당성 : 실제 적용 시 얼마나 적합한가?

(2) 내적 타당성 : 정확히 설계하고 실험했는가? (외생변수 통제)

II 1차 자료와 2차 자료

1. 1차 자료(primary data) : 당면한 조사목적을 위하여 조사자가 직접 수집한 자료

(1) 의사소통법

① 설문지법 : 자료수집 체계화, 조사목적을 초기에 공개

② 서베이법 : 대인조사, 전화조사, 우편조사, 온라인조사

③ 면접법 : 조사목적 공개, 자유로운 질의응답

ⓐ 심층면접법 : 1명의 응답자와 1 : 1 면접, 정성조사

ⓑ FGI : 표적 소비자 일반인, 어느 정도 전문지식 보유자 6~12명 선발하여 특정 주제에 대해 자유로운 토론을 하게 함

④ 투사법 : 조사목적 비공개, 단어연상, 문장완성 등

(2) 관찰법 : 응답자 행동·태도를 조사자가 관찰기록

2. 2차 자료(secondary data) : 다른 목적을 위해 이미 수집된 자료

III 조사의 종류

1. 탐색(탐험)조사(exploratory research)(= 예비조사)

(1) 탐색(탐험)조사의 의의

1) 조사 문제가 불명확할 때 조사문제를 찾거나, 연구초기단계에서 기본적인 통찰과 아이디어를 얻기 위한 조사이다.

2) 조사자가 주어진 문제를 잘 모를 때 실시한다.

예 백화점 매출의 하락 원인을 조사하려고 하는데, 백화점 매출에 영향을 미치는 요인들을 잘 알지 못할 때 실시한다.

3) 분석대상에 대한 가설을 도출하기 위해 사용된다.

(2) 탐색(탐험)조사의 종류

1) 문헌조사(literature research) : 기존의 잡지, 학회지, 학술문헌, 업계문헌, 통계자료 등을 이용

2) 전문가 의견조사(key informant survey) : 주제에 식견을 가진 사람들이나, 전문적 지식과 경험을 가지고 있을 것으로 판단되는 사람들의 의견을 청취한다.

PART
07

① 브레인스토밍법 : 10~20명 정도의 이해관계자가 모여 자유로운 토론으로 창조적인 아이디어(필요한 사항 발췌)를 끌어내는 방법(연구자가 꼭 전문가일 필요는 없음) 예 공청회

② 델파이기법 : 소수의 전문가를 대상으로 반복적인 설문을 통해 의견을 수집, 교환함으로써 제시된 의견을 발전시켜 나가는 예측 방법. 하나의 의견이 도출될 때까지 하기 때문에 시간이 오래 걸린다는 단점이 있다[전화, 메일, 채팅(가상)].

3) 심층면접법 : 1명의 피면접자 대상으로 깊게 질문

－면접원의 능력 중요 : 커뮤니케이션 능력, 청취능력, 탐사능력

4) 표적집단면접법(FGI) : 소수의 집단(6~12명의 참여자)을 대상으로 특정 주제에 대하여 자유롭게 토론하여 필요한 정보를 얻는 방법(꼭 전문가여야 함) 예 심야토론

① 장점

ⓐ 새로운 아이디어 창출

ⓑ 행동의 내면적 이유 도출

ⓒ 조사 의뢰자 참여(일방 거울로 관찰)

ⓓ 다양한 주제의 자료 수집 가능

ⓔ 전문적 정보의 획득

② 한계점

ⓐ 일반화 가능성이 낮음 : 전체 표적시장을 대표한다고 할 수 없음

ⓑ 자료의 신뢰성(일관성)이 낮음

ⓒ 주관적 해석의 여지가 있음

ⓓ 높은 비용

③ 표적집단면접 사회자의 능력

ⓐ 커뮤니케이션 능력과 청취능력

ⓑ 탐사 질문의 능력

ⓒ 세련된 매너

ⓓ 주제에 대한 배경 지식

ⓔ 다양한 분위기에 잘 적응하고, 토론의 방향을 잘 조정해나갈 수 있는 능력

5) 사례조사(case study) : 마케팅상황과 유사한 사례들을 찾아 이를 분석함

2. 기술조사(descriptive research)

사회현상, 연구하고자 하는 모집단의 특성을 기술

(1) 기술조사의 의의

1) 기술조사는 조사대상으로부터 수집한 자료를 분석하고, 그 결과를 기술하는 것이다.

2) 의사결정 영향 변수 간 상호관계를 파악하고자 한다. 예를 들면, 마케팅현상의 특징이나 마케팅변수와 소비자 반응 간의 관련성을 파악하기 위해 실시한다.

3) 제품의 시장잠재력, 소비자의 자사제품 및 경쟁제품에 대한 태도, 인구통계적 특성에 대해 조사한다. 기술조사의 전형적인 예는 제품 소비자들의 특성을 소득, 성별, 연령, 교육수준 등에 의해 분류하여 기술하는 것이다.

4) 상황변화에 따른 반응 변화 분석 및 예측하고자 한다.

(2) 기술조사 기법

1) **횡단조사**(cross-sectional analysis) : 여러 연구대상, 한 시점, 표본이 큰 경우

① 특정시점에 모집단으로부터 추출된 표본을 이용하여 필요한 정보를 단발적으로 수집하는 방법이다.

② 어느 한 시점에서 다수의 분석단위에 대한 자료를 수집하는 연구이므로 지리적으로 넓은 지역 조사 가능하다.

③ 현황(실태)조사, 여론조사, **설문조사**, 마케팅조사 등

2) **종단조사**(longitudinal analysis) : 여러 시점

① 둘 이상의 시점에서 시간의 흐름에 따라 조사 대상이나 상황의 변화를 측정하는 것으로 일반적으로 수주일, 수개월, 수년간 동안 장기간에 걸쳐 **일정한 시간 간격**을 두고 **반복적으로** 여러 차례 측정함으로써 자료를 수집하는 방법이다.

② 특정지역만 조사 가능하다.

③ 시계열조사, 물가지수, 통계청조사 등

④ 종단조사 기법

ⓐ 추세연구 : 불특정 다수(일반인)

ⓑ 코호트연구(조사) : 같은 시간, 동일사건, 특정한 경험을 한 동질적 사람들을 시간변화에 따라 추적 조사(조사시점마다 다른 표본이 추출될 수 있어 횡단조사 성격도 존재)

ⓒ 패널연구(패널조사) : 소수의 전문가 집단, 여러 시점, 고정된 동일 표본집단으로부터 반복적으로 자료를 수집함(횡단+시계열로 설명되는 경우도 있음을 주의). 시장점유율, 상표태도, 마케팅변수의 시간에 따른 변화를 비교적 정확히 파악이 가능하나 시간에 따라 외생변수의 혼란이 발생할 가능성이 있음

3) 유사종단조사 : 횡단+종단

예 연령대별 복지의식조사(2021년 시점 - 횡단조사 / 20대, 30대, 40대, 50대… - 종단조사)

3. 인과관계조사(casual research)

특정 현상 간 인과관계 규명, 특정 현상의 구체적이고 정확한 이해·설명·예측

(1) 인과조사의 의의

1) 두 개 이상의 변수들 간의 **인과관계**를 밝혀, 어떤 마케팅현상이 **왜 그렇게 나타났는지**를 설명하기 위한 조사

2) 마케팅변수들 간의 인과관계에 관한 잠정적 **가설이 맞는지**를 조사하는 것

(2) 인과조사의 3요건

1) **연관성** : 두 변수 중 한 변수가 변하면 다른 변수도 변한다(=상관관계가 있다).

2) **시간적 순서** : X가 독립변수이고 Y가 종속변수일 경우 X의 변화는 Y의 변화보다 시간적으로 선행되어야 한다.

3) **다른 가능한 원인이 존재하지 않아야한다**(=외생변수가 통제되어야 한다).

(3) 인과조사 기법 : 실험법

〈참고1〉 탐험조사는 예비조사라고 하고, 기술조사와 인과관계조사를 본조사라고 한다.
〈참고2〉 설문, 서베이, 관찰법은 기술조사와 인과관계 조사에서 둘 다 사용되지만, 주로 기술조사에서는 서베이법, 인과관계조사에서는 실험법이 사용된다.

보충자료 53 마케팅 조사 2

1) 프로빙(probing)조사
질문지를 통한 면접조사에서 응답자의 대답이 불충분하거나 정확하지 못할 때, 추가로 질문하여 충분하고 정확한 대답을 받아 내는 방법이다.

2) 에스노그래픽 조사(ethnographic research)
① 잘 훈련된 **관찰전문가**들을 보내 이들을 '자연 그대로의 환경'에서 소비자들을 관찰하고 상호작용을 할 수 있게 하는 조사방법이다.
② 관찰 및 에스노그래픽 조사는 종종 전통적인 설문조사나 표적집단 면접에서 파악하기 어려운 상세한 정보를 제공한다. 즉, 전통적인 양적인 조사방식은 설정된 가설을 검증하고 잘 정의된 제품 또는 전략적인 문제에 대한 답을 얻고자 하는 반면, 관찰조사는 소비자들이 제공하기를 원치 않거나 제공할 수 없는 새로운 고객 및 시장에 대한 인사이트를 제공해 준다.
③ 이 방식은 소비자들의 무의식적인 행동들과 억제된 욕구 및 감정에 대한 창구를 제공한다.

3) 투사법(Projective Techniques)
자신의 문제를 말하기 껄끄러울 때 다른 사람의 이야기를 빗대어 말하는 방법이다.

4) 래더링기법(Laddering technique)
① 소비자 심층면접을 통하여 상품이 소비자에게 어떤 속성, 편익, 가치들을 제공하는지 파악함으로써 소비자와 상품 사이의 인지구조의 연결성을 추적하려는 마케팅 기법이다.

② 소비자가 상품의 물리적 속성보다는 상품 구입으로 얻게 되는 만족도에 더 큰 가치를 두어 상품을 구매한다는 데 착안한 것이다. 왜냐하면, 소비자가 제품 구매, 여행, 놀이, 독서, 음악 등의 활동을 하는 것은 사랑, 자존감, 평화, 자유, 즐거움, 안전, 성취감 등의 가치를 얻기 위해서이기 때문이다.

③ 래더링 기법이란 '사다리 타기'라는 뜻으로 '속성 – 혜택 – 가치'의 사다리를 아래 단계에서 위 단계로 살펴보는 것을 의미한다.

④ 래더링은 연구자와 고객이 1 : 1로 진행하는 인터뷰 방식으로 진행되며, 고객에게 '그것이 왜 당신에게 중요합니까?'라는 질문을 반복적으로 묻는 과정이다.

⑤ 래더링 작업을 진행할 때는 3명 정도의 소비자 인터뷰가 필요하다. 그들에게 제품의 구매 기준이 무엇인지 물어본 다음, 그 몇 가지 기준들을 묶을 수 있는 공통적인 특징이 무엇인지 파악해야 한다(예를 들어, 소비자에게 기저귀를 고르는 기준이 무엇인지 물었을 때, '흡수량' '흡수속도' 등 대답을 들었다면, 이 기준을 묶을 수 있는 특징은 '흡수력'이라고 할 수 있다).

⑥ **구체적인 래더링 절차**

ⓐ 소비자가 브랜드에 대해서 생각하고 있는 속성(A) 파악

ⓑ 각각의 속성들이 왜 중요한가를 질문하여 각 속성이 소비자에게 제공하는 혜택(C) 발견

ⓒ 마지막으로, 혜택이 왜 중요한가를 질문하여 그 제품이 일상생활에서 소비자에게 주는 가치(V) 발견

⑦ 래더링을 통해 소비자가 제품을 선택하는 기준이 소비자의 평소 신념이나 가치와 어떻게 연계되어 있는지 알 수 있다. 이를 통해 기업은 차별화전략을 짤 수 있다.

⑧ 이처럼 래더링은 어떤 제품이나 브랜드가 가지고 있는 속성, 혜택, 가치들이 어떻게 계층적으로 연결되어 있는지를 찾아내는 방법이다.

⑨ **다이어트 콜라를 활용한 래더링기법 예시**

• 왜 다이어트 콜라를 드시나요? (답 : 칼로리가 0이니까요)

• 왜 칼로리가 0인 것이 중요한가요? (답 : 체중이 늘지 않을 테니까요)

• 왜 체중이 늘지 않는 것이 중요하죠? (답 : 타인에게 매력적으로 보이기 위해서요)

• 왜 타인에게 매력적으로 보여야 하나요? (답 : 자존감도 살릴 수 있고, 또 인생이 행복해지니까요) ⇒ 최종 가치

마케팅조사 3 : 실험을 통한 자료수집 및 조사

I **실험설계와 내적 타당성, 외적 타당성**

1. 실험의 기초 개념

(1) 실험 : 독립변수를 변화시켜야 함

→ 독립변수에 변화를 가하는 것을 처치(treatment) 혹은 조작(manipulation)이라 함

(2) 외생변수(extraneous variable) : 종속변수에 영향을 미칠 수 있는 변수들 중 독립변수 이외의 변수들을 외생변수라 함

2. 실험의 타당성

조사를 통해 나타난 결과가 타당한 결과인지 확인해야 한다(타당성 검토 2가지).

(1) 내적 타당성

① 종속변수의 변화가 외생변수가 아닌 독립변수의 변화 때문에 발생하는 것으로 추론할 수 있다면 그 실험디자인은 내적 타당성이 높다고 본다(실험실 실험).

② 독립변수가 원인이 되어 종속변수의 변화가 초래되어 있을 가능성의 정도

③ 독립변수 이외의 외생변수가 종속변수에 영향을 미치면 내적 타당성이 떨어진다.

→ 연구결과에 영향을 주는 다른 요인이 있는지 검토하여 통제(실험연구에서 중요)

(2) 외적 타당성

① 실험에서 밝혀진 인과관계가 실제 상황에서 같은 식으로 나타나는 정도를 말한다(현장 실험).

② 다른 시간이나 다른 장소에서 실험을 하여도 동일한 결과를 얻을 수 있는 정도가 높다면 외적 타당성이 높다고 한다.

③ 외적 타당성이 높으면, 조사결과의 일반화가 가능하다(비실험 연구에서 중요).

(3) 내적 타당성과 외적 타당성의 상충관계

① 연구결과의 **정확성**이 문제되는 이론적 연구 → 내적 타당성 높임

② 연구결과를 실무에 적용, **현실 적용**가능 연구 → 외적 타당성 높임

3. 혼란과 혼란변수

(1) 외생변수가 종속변수에 영향을 미치는 것을 혼란(confounding)이라 한다.

(2) 외생변수 중 혼란을 초래한 변수를 혼란변수(confounding variable)라 한다.

(3) 혼란변수 구분(Campbell & Stanley, 1963) : 역사적 오염, 성숙효과, 시험효과, 측정도구의 변화, 표본선택의 편향, 통계적 회귀, 실험대상의 소멸 등 ← 내적 타당도를 저해하는 요인

① **역사적 오염**(historical contamination, 제3변수 개입) : 특정 사건(연구자의 의도와는 관계 없이 어떤 사건이 우연히 발생하여 이로 인해 종속변수에 영향을 미치게 되는 사건)의 영향, 조사기간 동안 종속변수에 영향을 미치는 특이한 사건이 연구결과를 다르게 함 → 연구기간 조정

  📖 OB맥주 낙동강 오염사건 당시 OB맥주 광고이미지 조사했다면 선호도 급감

  📖 탈세, 비자금 관련사건, 에버랜드 전환사채 증여, 이 시점에 삼성 기업 이미지 조사하면 삼성 이미지 급감

② **성숙효과**(maturation effect) : 시간의 흐름에 따라 피실험자의 특성이 자연적으로 변화하여 종속변수에 영향을 미쳐 변화가 일어나는 경우

  ㉠ (X → Y)와는 무관하게, 시간이 지남에 따라 나타나는 효과

  ㉡ (X → Y)와는 관계없이 스스로 성장함으로써 (X → Y) 타당성을 저해하는 효과 → 대조군 설정

  📖 시간이 경과함에 따라, 자연적인 성장으로 인한 변화
  어린이 성장주사 키 측정(한 달 ~ 6개월 조사 : 어린이가 이 기간 동안 성장주사와 상관없이 자연성장하여 주사효과를 정확히 알 수 없는 경우

  📖 성숙효과는 시간이 지남에 따라, 피곤해지고, 배고파져서(자연스러운 현상) 결과에 안 좋게 영향을 미칠 수도 있음

PART 07

③ 시험효과(testing effect)

ⓐ 주시험효과 : 처음 측정이 두 번째 측정에 영향을 미친다는 것(학습효과) → 사전과 사후 사이의 시간간격 충분히

예 토익시험 1회(Y1). c' → 영어학습법 → 토익시험 2회(Y2)

예 특정 브랜드 호감도1(Y1) 광고 → 특정 브랜드 호감도2(Y2) : 원래 좋아함, 선호 일관성

ⓑ 상호작용 시험효과 : 측정이 독립변수의 처치에 영향을 미친다는 것

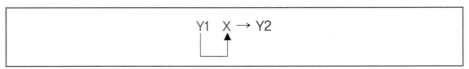

예 브랜드 선호도1(Y1) → 광고(×) → 브랜드 선호도2 : 광고를 더 집중해서 봄

④ 측정의 편향(Instrumentation) : 측정 도중 측정자(면접원), 측정도구(척도), 측정방법(우편/전화조사)이 변화되어 측정값이 변화하는 현상 → 면접자와 관찰자의 훈련

예 면접원이 여자 or 남자, 면접원의 매너, 기분 상태에 따라 응답자의 응답이 달라질 가능성이 높음

⑤ 표본선택의 편향(Selection bias, 선택 편중) : 표본을 잘못 선택, 모집단을 대표하지 못하는 표본을 사용하는 경우, 실험집단 구성이 동질적이지 않은 경우, 실험집단과 통제집단 사이에 이미 차이가 존재하는 경우 → 무작위로 배치하는 것이 좋음

⑥ 통계적 회귀(Statistical Regression, 평균으로 회귀) : 개인의 행동 혹은 성과가 한때 극단적이더라도 곧 자신의 평균치로 돌아가려는 경향

예 브랜드 태도 bad 광고 → 브랜드 태도 good

→ 통계적 회귀현상으로 인해 태도가 평균으로 이동하여 호의적으로 되었을 가능성 있음 예 부모와 자녀, 운동선수

⑦ 실험대상의 소멸(Experimental Mortality) : 실험에 참여한 피실험자들 중 일부가 실험에서 이탈함으로써 발생하는 것

예 광고효과 측정에 관한 종단적 연구(longitudinal study)를 할 때, 첫 번째 측정시기에 참여한 피실험자들 중 일부는 두 번째 측정시기에 참여하지 않을 수 있음(이사 혹은 기타 이유로)

⑧ 확산 혹은 모방효과(diffusion effect or imitation effect of treatment) : 실험집단과 통제집단 간의 상호작용이나 모방으로 인해 집단 간의 차이가 분명해지지 않게 되는 것을 의미한다.

⑨ 인과관계 영향의 방향 모호 : 인과관계에서 종속변수(결과)가 독립변수(원인)보다 먼저 발생하였다면, 그 관계의 설명이 타당하지 않을 수 있다.

⑩ 실험자 효과(후광효과, halo effect)

4. 외적 타당도의 저해 요인

(1) 모집단 타당도 → 무작위법

(2) 환경적 타당도(=호손효과, 플라시보효과) : 피실험자 자신이 연구대상임을 알고 있을 때 반응이 달라지는 것 → 맹검법

‖ 매개효과와 조절효과

1. 매개효과

(1) 하나의 변인이 다른 변인에 영향을 미칠 때 제3의 변인을 통해서 영향을 미치는 것을 말한다. 즉, 독립변인이 종속변인에게 주는 영향사이에 무엇인가 전달하는 효과가 있다면 이것이 매개효과

(2) 매개 변수 : 두 변수 사이에서 변수 사이를 [연결]해주고 [전달]해주는 변수를 매개변수라 한다.

(3) 완전매개효과와 부분매개효과

① 완전매개효과는 독립변인의 영향이 종속변인에 직접적인 영향을 주지 않고 반드시 매개변인을 통해서만 영향을 미칠 때를 말한다. → 매개변수가 있어야만 독립변수가 종속변수에 영향을 미치는 경우, 즉 매개변인 없이 독립변수는 종속변수에 영향을 못 미치는 관계

② 부분매개효과는 독립변인이 매개변인을 통해서 종속변인에 영향을 미치기도 하지만 독립변인이 종속변인에 직접 영향을 미치는 것을 말한다. → 매개변인이 없더라도 독립변수가 종속변수에 영향을 미치기도 함

2. 조절효과

독립변인이 종속변인에 영향을 미칠 때 조절변인이 있을 때와 없을 때 종속변인과 독립변인 간의 관계의 양과 질이 달라지는 것을 말한다.

3. 매개효과와 조절효과의 차이점

(1) 조절변수는 독립변수가 종속변수에 미치는 영향의 크기와 방향에 관여하고, 매개변수는 독립변수의 효과를 종속변수에게 전달하는 역할에 관여한다.

(2) 즉, 조절효과는 설정한 독립변수와 어떤 변수 둘이 합쳐졌을 때 종속변수의 크기나 결과에 영향을 주느냐 안 주느냐를 보는 것이고, 매개효과는 설정한 독립변수가 어떤 변수를 통했더니 종속변수에 미치는 영향이 낮아지거나 높아지는 것이다.

(3) 예를 들어 낯선 남자와 여자가 있을 경우 두 사람이 말을 하지 않고 있다가 중간에 이 두 사람을 아는 사람이 오게 되면 그때부터 서로 말을 하거나 혹은 중간의 사람이 말을 전하는 방식으로 의사소통이 이루어지면 이를 매개효과라고 하고 중간에 등장한 사람을 매개변인이

라고 한다. 남녀 두 사람의 관계가 두 사람만 있을 때는 좋은 관계였다가 제3의 다른 사람(예 쁘거나 잘생긴 사람)이 등장해서 두 사람의 사이가 나빠지거나 소원해질 때 조절효과가 나타 났다고 할 수 있다.

Ⅲ 신뢰도 측정 방법

1. 신뢰도(信賴度)

(1) 같은 대상에 반복적으로 적용된 기법의 결과가 매번 같은지 여부를 말한다.

(2) 측정도구에 의한 측정치가 얼마나 일정하게 산출되는지로 평가한다.

(3) 측정환경, 방법에서 오는 무작위오류의 양이 작아야 신뢰도가 높다(예 각 개인이 말한 몸무 게보다 저울로 측정한 몸무게가 신뢰도가 높다).

(4) 관찰자 간의 신뢰도와 평가자 간의 신뢰도의 일치 여부도 중요하다.

2. 신뢰도 측정방법

재검사법, 동형검사법, 반분신뢰도법, 문항 내적 합치도법 및 크론바흐의 알파계수법 등이 있다.

(1) 재검사법[검사-재검사(test-retest) 방법]

① 재검사 신뢰도는 1개의 평가도구 또는 검사를 같은 집단에게 2회 실시해서 전후의 결과에 서 얻은 점수를 기초로 하여 상관계수를 산출하는 방법이다.

② 이것은 곧 전과 후의 점수 사이에 어느 정도의 안정성이 있느냐를 보는 관점이기 때문에 안정성 계수라고도 한다.

③ 단점으로는 기억에 의한 답변 및 긴 시간 간격으로 인해 조사가 부실해질 수 있다.

(2) 동형검사법[유사양식(parallel forms) 방법]

① 동형검사 신뢰도는 미리 2개의 동형검사를 제작하고 그것을 같은 피험자에게 실시해서 두 동형검사에서 얻은 점수 사이의 상관을 산출하는 방법이다.

② 흔히 이것을 동형성 계수라고도 한다.

③ 검사-재검사 방법과 동일하나 질문내용을 유사내용(순서바꾸기, 방식변경)으로 측정한다.

④ 역시 기억에 대한 답변오류와 유사내용 자체의 신뢰성에 문제가 있을 수 있다.

(3) 반분신뢰도법(split-half reliability)

① 반분신뢰도는 동질성 계수를 보는 방법이다.

② 이것은 1개의 평가도구 또는 검사를 한 피험집단에게 실시한 다음 그것을 적절한 방법에 의해 두 부분의 점수로 분할하고, 이 분할된 두 부분을 독립된 검사로 생각해서 그 사이의 상관을 계산하는 방법이다.

③ 이 방법은 재검사 신뢰도가 부적당할 때, 또 동형검사를 만들기가 어려울 때 쉽게 사용할 수 있는 방법으로 많이 이용된다.

(4) 문항 내적 합치도법[내적일관성(internal consistency) 방법]

① 문항 내적 합치도법은 피험자가 각 문항에 반응하는 일관성·합치성에 그 기초를 두고 있다.

② 측정도구를 여러 문항으로 나누어 수치화시켜 그들 소계 간의 상관관계를 계산한다.

③ 반분신뢰도에서 분할된 부분을 독립된 각각의 검사로 생각하듯이, 여기서는 검사 속의 각 문항들을 모두 독립된 1개의 검사단위로 생각하고 그 합치도·동질성·일치성을 종합하는 입장이다.

④ 그래서 문항 내적 합치도(inter-item consistency)라고 하며, 쿠더와 리처드슨이 개발했기 때문에 쿠더-리처드슨 방법이라고도 한다.

⑤ 복합척도에서 가장 널리 사용한다.

(5) 크론바흐의 알파계수법

① 크론바흐는 논문형 문항과 같이 1개의 문항이 여러 단계의 점수로 채점되는 경우에도 사용할 수 있도록 일반화 계수로서 알파계수 방법을 제안하고 있다.

② 흔히는 급내상관(intraclass correlation)이라고도 한다.

③ 이러한 크론바흐의 알파계수는 검사의 신뢰도계수의 기초인 상관계수가 갖는 단점 및 호이트가 제안한 변량분석의 한계를 극복하고, 모든 제약으로부터 해방시키는 방법으로 제안된 가장 측정학적 결함이 적은 방법이다.

보충자료 55 표본추출방법

1) **확률 표본추출(Probability Sampling)** : 모집단에 속한 모든 단위가 표본으로 선택받을 확률을 동일하게 가지고 있는 경우이다. 그리고 이 과정에서 무작위(랜덤)로 추출되어야만 한다.

① **단순무작위표본추출법**

② **체계적(계통)표본추출법** : 체계적표본추출법은 표집 틀에서 처음으로 추출하는 표본만 단순무작위표본추출법에 의해 뽑고 이후에 뽑게 될 표본은 매 k번째에 해당하는 표본을 추출하는 방법이다.

③ **층화표본추출법** : 어떠한 기준에 따라 모집단을 층 나누듯 범주화하고 이를 여러 소집단으로 구성하는 방법이다. 여기서 집단 내에서는 동질적이지만 집단 간에는 이질적인 특성을 지닌다.

④ **군집표본추출법** : 집단을 여러 집단으로 나누고 무작위로 선출된 군집의 모든 개체를 측정하는 방식으로 진행된다.

2) **비확률 표본추출(Non-Probability Sampling)** : 모집단에 속한 모든 단위가 표본으로 선택받을 확률이 정확하게 결정되지 않은 상황의 표집 기법이다. 따라서 이 방법은 표집 편향에 영향을 받을 수 있다. 이는 모집단을 일반화하기 어렵다는 단점이 있다.

① **편의 표본추출법** : 조사자 편의에 따라 모집단으로부터 접근성이 용이하고 편리한 방법을 통해 표본을 추출하는 방식이다.

② **판단 표본추출법** : 목적표본추출법이라고도 하는데, 이는 조사자의 주관에 따라 표본의 대상을 선정하는 것을 의미한다.

③ **할당 표본추출법** : 층화표본추출법과 같이 모집단이 상호 배타적인 하위집단으로 나눠져 있는 상태에서 하위집단을 선택한 후 그 안에서 작위적으로 표본을 추출하는 방법이다.

④ **눈덩이 표본추출법** : 초기 연구에서 조사자의 대상을 쉽게 찾기 어려울 때, 전문가 집단의 추천이나 권유를 통해 첫 표본만 소개를 받아 조사를 진행하고, 그 후 그 표본에서 건너 건너 아는 사람을 통해 눈덩이식으로 불어나 표본을 추출하는 방법이다.

보충자료 56 정교화 가능성 모델

1) 정교화 가능성이란 소비자가 설득적 메시지에 노출될 때, 메시지가 주는 정보에 주의를 기울이며 자신의 욕구와 관련지어 정보를 처리하려는 노력의 정도를 말한다.

2) 정교화 가능성이 높을수록 소비자의 태도는 제품정보에 영향을 받아 형성되게 된다. 이때의 제품 정보를 중심단서라고 부르고 이러한 태도형성 경로를 중심경로라고 한다.

3) 정교화 가능성이 낮을 때에는 광고모델, 음악에 의해 영향을 받게 되고, 그러한 것들을 주변단서 라고 하며, 이때의 태도형성 경로를 주변경로라고 한다.

보충자료 57 포지셔닝(위상정립) 전략

1) **속성/효익에 의한 포지셔닝**

가장 흔히 사용되는 포지셔닝의 방법으로, 자사의 제품이 경쟁제품과 비교하여 **다른 차별적 속 성**과 특징을 가져 다른 효익을 제공한다고 고객에게 인식시키는 것이다.

2) **사용상황에 의한 포지셔닝**

소구제품의 적절한 사용상황을 묘사 또는 제시함으로써 포지셔닝하는 것이다.

3) 제품사용자에 의한 포지셔닝

소구하는 제품이 **특정한 고객들에게 적절하다고 포지셔닝**하는 방법이다.

4) 경쟁에 의한 포지셔닝

고객의 지각 속에 자리잡고 있는 경쟁제품과 명시적 혹은 묵시적으로 비교함으로써 자사제품의 혜택을 강조하려는 방법이다.

5) 제품군에 의한 포지셔닝

고객들이 특정제품군에 대해서 좋게 평가하고 있는 경우에 자사의 제품을 그 제품군과 동일한 것으로 포지셔닝하고, 반대로 고객들이 특정제품군에 대해서 나쁜 평가를 할 경우에는 자사의 제품을 그 제품군과 다른 것으로 포지셔닝하는 방법이다.

6) 이미지에 의한 포지셔닝

경쟁제품이나 기업과의 차별화된 독특한 이미지를 구축하는 **포지셔닝**전략이다.

보충자료 58   소비자 정보처리 과정

사람의 정보취득 과정은 대상을 감지하는 감각으로부터 시작된다. 시각, 청각, 후각, 미각, 촉각의 오감에 노출된 자극 중 대부분은 곧 사라지고 일부분만이 선택되어 **주의**를 끈다. 자극에 노출되면서 이미 사람들은 선택을 하고 있다. 주의를 끌어 두뇌로 들어온 정보는 **지각(perception)**의 과정을 거치는데, 이는 정보를 선택하고 조직화하는 과정을 뜻한다. 지각된 정보에 대해서 사람들은 그 의미를 해석(interpretation)하는 과정을 거치고, 최종적으로 이를 **단기기억(short-term memory)**과 **장기기억(long-term memory)**에 저장한다. 기억에 저장된 정보나 지식은 필요에 따라 인출되어 사용된다.

1) **노출** : 정보처리 과정은 소비자가 마케팅 정보에 노출(exposure)되는 것으로부터 시작된다. 노출은 의도적 노출, 우연적 노출, 선택적 노출의 세 종류가 있다.

2) **주의** : 노출되는 **자극을 걸러내는 작용**을 하는 것이 '주의(attention)'이다. 소비자는 필요한 정보를 가진 자극에만 주의를 기울이고, 나머지 자극은 받아들이지 않는다.

3) **지각** : 오감을 통해 들어온 정보 중 극히 일부분만이 주의를 끌어 인간의 정보처리시스템 내에 입력된다. 그러나 이러한 정보는 아직 가공되지 않은 상태의 **자료**이다. 가공되지 않은 자료가 지각(perception)과 해석(interpretation) 과정을 거쳐 비로소 두뇌에서 쓸모 있는 **정보**가 된다.
   → 필요한 자극만 선택적으로 받아들여 지각하는 선택적 지각(selective perception), 무엇인가를 지각할 때 그것을 조직화해서 지각하려는 경향인 지각의 조직화(perceptual organization)

4) **해석** : 자극에 주의를 기울이고 자극을 조직화하면서 그 자극을 해석한다. 이 과정을 지각적 해석(perceptual interpretation)이라고 한다. 지각적 해석은 자극을 자신의 경험, 욕구 등에 따라 적절하게 **재가공**하는 과정으로 볼 수 있으며, 지각적 범주화와 지각적 추론[가격-품질 연상관계, 후광효과(halo effect) 등]의 두 가지 기본원리가 적용된다.

5) **태도(attitude)** : 특정 대상을 얼마나 좋아하는지 혹은 싫어하는지를 의미한다.

6) **기억** : 기억은 하나의 장소가 아닌 감각기억(sensory memory), 단기기억(short-term memory), 장기기억(long-term memory)의 세 가지 가상의 장소로 구성되며, 각 기억은 상이한 역할을 수행하고 있다고 보는데, 다중기억구조 모델, **복수저장이론**으로 불린다.

7) **정보의 인출** : 정보는 노출되는 순간 감각기억에 잠시 등록되었다가 곧 단기기억으로 넘어가고, 그중 일부는 망각되고 나머지가 장기기억으로 저장되었다가 **필요한 경우 인출되어 단기기억으로** 이동한다. **장기기억에서 정보를 인출하는 방법은 회상과 재인으로 나누어 생각할 수 있다. 회상(recall)은 장기기억의 정보를 그대로 인출**해 내는 과정이고, **재인(recognition)은 주어진 정보가 장기기억에 있는지를 확인**하는 과정이다.

보충자료 59 **사회판단이론(social judgment theory)**

1) **사회적 판단이론(Social Judgement Theory)**
   ① 특정한 메시지가 자신의 신념에 부합할 때 : 동화(assimilation)효과 발생
   ② 특정한 메시지가 자신의 신념과 반대될 때 : 대조(contrast)효과 발생
   ③ 새로운 판단을 내려야 할 상황에서 사람들은 자신의 의견을 수용영역, 거부영역, 중립영역 중 한 곳에 집어넣게 됨
      - 일단 수용영역에 들어오면 더욱 일치하는 점을 찾게 됨(assimilation effect)
      - 일단 거부영역에 들어오면 더욱 불일치하는 점을 찾게 됨(contrast effect)

2) 노출효과(露出效果, Exposure Effect) 또는 단순노출효과(單純露出效果, Mere Exposure Effect)는 사회심리학 용어로서 단순히 노출되는 횟수가 많아질수록 그 대상을 좋아하거나 싫어하는 감정이 증가하는 현상을 말한다. 친숙성의 원리, 에펠탑효과 등으로 불리기도 한다.

보충자료 60 브랜드연상의 유형

1) 제품속성과 직접 관련된 연상

제품범주에 대한 연상, 제품속성에 대한 연상, 품질·가격에 대한 연상 등

2) 제품속성과 직접 관련이 없는 연상

브랜드 퍼스낼리티에 대한 연상, 사용자에 대한 연상, 제품용도에 대한 연상, 원산지에 대한 연상 등

3) 기업특성과 관련된 연상

혁신성, 신뢰성, 최고의 고객서비스 등과 같은 추상적인 기업이미지를 구축하여 여러 제품범주들에 공통적으로 적용

보충자료 61 브랜드 인지도

1) 브랜드 인지도(brand awareness)

소비자가 한 제품범주에 속한 특정 브랜드를 재인(recognition)하거나 회상(recall)할 수 있는 능력을 말한다.

2) 브랜드 재인

브랜드 회상보다 상대적으로 강도가 약하며, 소비자에게 한 제품범주 내의 여러 가지 **브랜드명을 제시**하고 각 브랜드명을 과거에 **보거나 들어본 적이 있는지**를 조사하여 측정된다. 즉, 브랜드가 **단서로 주어질 때** 브랜드를 떠올릴 수 있는 소비자의 능력이다(객관식, 보조 인지도).

3) 브랜드 회상

브랜드 재인보다 강도가 강하며, 기억 속에 저장되어 있는 특정 브랜드의 정보를 **인출할 수 있는 능력**을 말한다. 즉, 제품범주 등이 단서(cue)로 제공될 때 **브랜드를 떠올릴 수 있는** 소비자의 능력이다(주관식, 비보조 인지도).

예 철강회사 : 포스코(포항제철), 전자제품 : 삼성/LG,

4) 기억된 브랜드들 중 가장 먼저 떠오른 브랜드(TOMA : Top Of Mind Awareness brand)는 강력한 인지도를 가지므로 시장경쟁에서 상당한 우위를 갖는다.

※ 인지도 피라미드

awareness(의식/무인지) → brand recognition : 보조인지(재인) → brand recall : 비보조 인지(회상) → TOMA(Top Of Mind Awareness brand)

PART
07

보충자료 62 브랜드 아이덴티티

1) 브랜드 아이덴티티 구조는 핵심 아이덴티티(core identity)와 확장 아이덴티티(extended identity)로 구성된다.

2) 핵심 아이덴티티

브랜드의 영원한 핵심 요소로써 브랜드가 새로운 시장이나 신제품에 적용될 때도 항구적으로 남아 있어야 하는 요소를 말한다.

3) 확장 아이덴티티

핵심 아이덴티티를 보완할 수 있는 브랜드 아이덴티티 요소를 의미한다.

보충자료 63 로저스(Rogers)의 확산이론 = 모든 제품에 적용가능

1) 혁신자(Innovator) : 2.5%

처음 사용(구매), (특정분야)

2) 초기수용자(조기 채택자, Early Adapter) : 13.5%

의견선도자(Opinnion Leader)(핵심요소)

3) 초기(조기)다수자(Early Majority) : 34%

신중형(신중하게 판단, 혁신자 의견존중 = 추론자)

4) 후기다수자(Late Majority) : 34%

의심형, 소비시장에서 50% 이상 사용 시 본인 사용

5) 느림보(지체)채택자(Laggard) : 16%

전통보수형(마지못해 수용)

보충자료 64 절대식역, 차이식역, 베버의 법칙, 식역하 지각

1) 절대식역(Absolute Threshold)

감각기관이 자극을 알아차릴 수 있기 위한 자극 에너지의 최소한의 강도

2) 차이식역[Differential Threshold 또는 J.N.D(Just Noticeable Difference)]

두 개의 자극이 지각적으로 구분될 수 있는 최소한의 차이

3) Weber's Law(베버의 법칙)

초기 자극 크기가 I, 자극 감각 식별력이 ΔI일 때, $\Delta I/I = k$(상수)가 되는 법칙

4) 식역하 지각

자극의 강도가 절대적 식역수준에 미치지 못하는 경우에도 무의식 중에 지각하는 것

보충자료 65 통합적 마케팅 커뮤니케이션(IMC)

광고, DM, 판매촉진, PR 등 다양한 커뮤니케이션 수단들의 전략적인 역할을 비교, 검토하고, 명료성과 정확성 측면에서 최대의 커뮤니케이션 효과를 거둘 수 있도록 이들을 통합하는 총괄적인 계획의 수립과정

보충자료 66 CPC, CPM

1) CPC(Cost Per Click)

① 광고를 클릭한 횟수당 비용을 지불하는 방식이다.

② 각종 포털이나 블로그, 검색 사이트에 사용되는 새로운 광고 모델이다.

③ 기존의 광고방식과는 다르게 광고주는 사용자가 실제로 광고주의 사이트로 들어오게 하기 위해 광고를 클릭한 횟수당 비용을 지불하게 된다.

④ CPC(Cost-Per-Click)는 때때로 PPC(Pay-Per-Click)와 별다른 구분 없이 사용되는데 클릭 횟수를 기준으로 광고 단가를 산정하는 방식이 같기 때문이다.

⑤ 두 방식의 차이점을 살펴보면, PPC방식은 단지 클릭이 일어난 횟수만을 기준으로 광고 단가가 책정되는 반면, CPC는 총 임프레션에 대한 클릭 횟수를 기준으로 광고주와 매체사가 협상하여 광고 단가를 책정한다.

노출수	클릭수	CPC	비용
5,000	10	100	1,000원
10,000	10	100	1,000원
5,000	20	100	2,000원
10,000	10	200	2,000원

2) CPM(Cost Per Mille, Cost Per thousand iMpression)

① 기존의 광고매체에서 1,000명 또는 1,000가구에 광고메시지를 전달하는데 소요되는 비용을 말한다.
② CPM은 (단위광고비용/노출회수)×1,000으로 계산한다.
③ 인터넷광고에서는 웹 페이지 광고노출 비율, 즉 1,000 광고 뷰(Ad view)를 전달하는 데 소요되는 비용을 말한다.
④ 페이지 뷰란 사용자가 웹 사이트에 접속하여 어떤 웹 페이지를 자신의 PC화면에서 보는 것을 말한다. 웹 페이지에 하나의 배너광고가 있을 때 한 페이지 뷰는 한 광고 뷰가 된다. 그러나 어떤 웹 페이지에는 광고가 하나도 없을 수도 있고 여러 개가 있을 수도 있기 때문에 페이지 뷰와 광고 뷰가 반드시 일치하는 것은 아니다.
⑤ 실제로 클릭하는 것과는 차이가 있다는 지적에도 불구하고 인터넷의 CPM이 다른 광고매체에 비해 선호도가 높은 것은 다른 정확한 측정이나 표준이 없고, 웹 광고주가 소프트웨어 및 통신 등 특정산업에 집중되어 있기 때문이다.

구분	노출수	클릭수	CPC/CPM	총 비용
CPC	5,000	100	100	10,000원
CPM	5,000	100	100	500원

Chapter 02 경영정보시스템(MIS) 주요개념

보충자료 01 기업경영활동과 의사결정에 유용한 정보가 되기 위한 특성

(1) **정확성(accuracy)** : 정보의 오류 및 왜곡을 제거하는 정보의 속성을 의미

(2) **적시성(timeliness)** : 정보를 필요로 하는 사람에게 적절한 시간에 정보가 제공되어야 함을 의미

(3) **관련성(relevance)** : 정보를 필요로 하는 목적에 맞게 사용될 수 있는 정보

(4) **경제성(economics)** : 정보의 가치가 정보의 생성비용보다 커야 한다는 속성

(5) **완전성(complete)** : 정보 속에 필요한 자료가 모두 용해되어야 함

(6) **간편성(simplity)** : 의사결정에 필요한 데이터를 여과 및 요약 과정을 거쳐 정보를 생성

(7) **검증가능성(verifiability)** : 많은 정보원을 검토하여 정보의 정확성을 확인할 수 있는 능력

보충자료 02 정보평가 척도

① 정밀성
② 명확성
③ 적시성
④ 정확성
⑤ 유용성

보충자료 03 자료와 정보의 차이

① **자료(data)** : 요약되거나 분석되지 않은 상태로 존재하는 사실이나 수치
② **정보(information)** : 사용자에게 의미 있고 유익한 내용이 되도록 자료를 전환시킨 것

보충자료 04 · 의사결정의 유형과 정보 시스템

1) **구조적 의사결정(structured decision making)** : 규칙, 절차에 의함
   → 명확한 의사결정 규칙을 반영하여 정보시스템 개발

2) **비구조적 의사결정(unstructured decision making)** : 비정형적, 조건과 상황의 규칙적용 불가능
   → 다양한 발생 가능한 시나리오 분석, 평가 → 불확실성 최소화하는 정보의 제공
   예 TPS → MIS → DSS → EIS

보충자료 05 · 경영관리 수준과 의사결정 유형

(1) **전략기획(Strategic Planning)** : 비구조적, 절차의 불명확, 정보의 불확실성, 불규칙적

(2) **관리통제(Management Control)** : 반구조적, 절차의 명확, 정보 명확

(3) **운영통제(Operational Control)** : 구조적, 일상적, 반복적

보충자료 06 · 정보시스템의 변천에 따른 정보시스템의 구분

(1) **1950년대 중반** : EDPS – 단순한 DATA처리

(2) **1960년대 초반** : TPS(Transaction Processing System) : 개별 업무의 효율성을 높이기 위한 시스템으로 생산, 판매, 인사 등의 자동화를 위해 개발된 거래처리시스템이다.

(3) **1960년대 말** : MIS(Management Information System) : 업무 수행의 효율적인 평가, 통제 및 관리 수단으로 경영층에게 요약된 정보제공 등과 같은 기능을 수행하는 시스템이다. 즉 MIS 는 조직 전체의 효율적인 관리를 위한 정보를 제공한다.

(4) **1970년대 초반** : DSS(Decision Support System) : 이는 DB+Model base(통계 모델)를 결합한 형태의 의사결정지원 시스템이다.

(5) **1970년대 중반** : ES(Expert System) : 기업의 정보시스템에 인공지능기법(AI)을 도입한 기법으로, DB+Modelbase+Knowledgebase+Inference engine을 결합한 형태이다.

(6) 1980년대 초 : EIS(Executive Information System) : 중역정보시스템 또는 최고경영자 정보 시스템이다.

(7) 1980년대 중 : SIS(Strategic Information System) : 정보시스템을 이용하여 기업 경쟁력을 높여야 한다는 차원에서 개발된 전략적 정보시스템이다.

(8) 2000년대 : 경영정보시스템이라는 총괄 시스템을 통해 보고자료를 취합하여 의사결정자료보고

(9) 2010년대 이후 현재 : 개별 시스템에서 보고자료가 잘 생성되므로, 별도의 의사결정지원 시스템이 없어지는 추세이며, Portal 시스템에 접속하여 의사결정 요소를 확인하고 있음

보충자료 07 **조직의 계층에 따른 정보시스템의 구분**

(1) 거래처리시스템(TPS : Transaction Processing System) : 조직의 말단부에서 이루어지는 **일상적인 업무처리를 돕는** 정보시스템(판매 주문 입력, 호텔예약, 급여, 인사기록관리, 출하)

(2) 정보보고 시스템(IRS : Information Reporting System) : TPS나 현장에서 발생한 데이터를 관리자에게 관리통제에 도움을 주기 위해서 **요약된 형태로 제공**하는 시스템

(3) 의사결정지원 시스템(DSS : Decision Support System)
   ① **중간관리층의 비일상적인 의사결정**을 지원함. 문제해결에 필요한 절차가 사전에 충분히 정의되어 있지 않은 독특하고 빠르게 변화하는 문제들에 집중
   ② **복수의 대안**을 개발, 평가, **최적안을 선택**하는 의사결정 과정을 지원
   ③ 기존의 정보처리＋경영과학의 계량적 분석기법으로 의사결정을 쉽게, 정확하게 도와줌
   ④ 데이터베이스시스템, 모델베이스시스템, 사용자 인터페이스 기관, 사용자 등 4가지 하위시스템으로 구성
   ⑤ IRS 및 TPS에서 자연스럽게 발전된 것으로 상호대화 형식, 분석적 모형구축, 데이터 검색, 정보표현능력 제공
   ⑥ **사용자의 의사결정 방법이나 행동특성에 맞게 설계, 구현**
   ⑦ 가장 큰 특징으로서 **분석도구인 모델을 가지고 있다는** 것

(4) 임원정보시스템(EIS : Executive Information System = 중역정보시스템)
   ① **고위관리층**이 의사결정을 내릴 수 있도록 지원
   ② 최고경영자에게 짧은 시간 안에 그들이 필요로 하는 정보를 필요한 시기에 원하는 형태로 전달
   ③ 최고경영층의 전략적 정보요구에 부응할 수 있도록 구축, 손쉽게 이용

참고

IRS는 MIS의 가장 보편적 유형으로 최종사용자에게 **일상적 의사결정**에 필요한 정보제공(내부운영, 외부원천)

보충자료 08 DSS의 특징

① 문제해결의 지원
② 의사결정모형의 이용
③ 대화적 기능의 중요성 → 대화기반(dialog−based) 사용자 인터페이스
④ 이용자 특성에 맞는 시스템
⑤ 반구조적(semi−structured) 경영문제
⑥ Ad−hoc 질의
⑦ 모델베이스

보충자료 09 EIS의 특징

(1) 시스템 특성
  ① 통합화면(다양한 시스템 환경에의 접근용이성)
  ② Drill−Down(요약정보에서 세부정보로의 단계적 접근)
  ③ 경고기능(문제요인의 발견 및 추적기능)
  ④ Three−Tiers Application Development

(2) 제공정보
  ① 경영자의 사업목표와 직결되는 기업 부문 간의 집약정보
  ② 대내외적 경영여건의 주요 변화를 감지할 수 있는 정보
  ③ 목표대비, 비교분석, 추세정보 등의 주요 경영지표를 제공
  ④ 표 형식, 그래프, 이미지 등의 다양하고 복합적인 정보표현
  ⑤ 전자우편, 외부정보, 원격통신 등 다양한 시스템 환경 통합

보충자료 10 DSS와 EIS의 비교

(1) DSS는 컴퓨터와 통신(Communication)을 기초로 한 기법으로 관리자들의 비구조적인 결정을 돕는 시스템이다. 이는 관리인을 돕는 것이지 관리인을 대행해서 자동화시키는 일은 아니며, 이들의 업무를 아직도 컴퓨터가 대신하지는 못한다. 즉, DSS는 관리자를 위한 정보서비스라고 해도 과언은 아니다.

(2) EIS는 최고경영자에게 짧은 시간 안에 그들이 필요로 하는 정보를 필요한 시기에 원하는 형태로 전달해주는 최고경영자를 지원하는 시스템이다. EIS를 구축하기 위해 사용되는 기본적인 도구는 컴퓨터 단말기보다 쓰기 쉬운 전자판을 사용하고 그 단말기에서 그래픽과 문장을 동시에 볼 수 있으며, 필요 시 사내·외 정보를 동시에 볼 수 있도록 문자 데이터, 문서(Text), 영상(Image), 음성(Voice)과 같은 자료를 처리할 수 있어야 한다.

(3) Dss와 EIS의 비교

① 정보의 폭과 유연성

EIS는 기업의 내부 및 외부의 다양한 원천으로부터 정보를 취합한다. 스템은 자료, 그래픽 그리고 텍스트 모두를 지원하며 요구사항의 변화에 따라 이를 만족시켜 주도록 시스템도 신속히 변화, 수용할 수 있도록 그 지원 도구를 가지고 있다.

② 특수화의 정도

대부분의 의사결정지원시스템은 특정의 경영그룹의 요구사항을 만족시키기 위하여 기능적을 특수하게 개발된다. 반면 중역정보시스템은 모든 중역의 필요를 충족시키기 위해 설계된다.

③ 휴먼 인터페이스

DSS의 인터페이스는 전형적으로 사용자가 컴퓨터에 관해 어느 정도의 지식을 가지고 있고 복잡한 인터페이스를 습득할 시간도 있다고 가정한다. EIS는 그러한 지식이 전혀 없다고 가정하고 복잡한 인터페이스를 배울 시간이나 의향도 전혀 없는 사람들이 사용할 것이라는 전제로 설계·개발된다.

④ 응답속도

EIS는 전형적으로 신속한 응답시간을 보장하는 반면 DSS는 대량의 자료를 처리해야 하므로 그렇지 못하다.

보충자료 11 전문가시스템(expert system)

매우 구체적이고 한정된 전문 영역에서 암묵지를 획득하기 위한 지능형 기술·숙련된 직원들로부터 획득한 지식을 소프트웨어시스템에 일련의 규칙 형태로 표현하여 다른 사람들이 사용할 수 있도록 함

보충자료 12 전문가 시스템의 구성요소

① **지식베이스** : ES는 사람의 지식을 규칙의 집합으로 모델링하며 이런 규칙의 **집합**을 의미함
② **추론엔진** : 전문가시스템은 문제의 복잡성에 따라 수백에서 수천 개의 규칙들을 갖는다/지식베이스를 **검색**하기 위해 사용되는 전략(＝추론기관)
③ **사용자 인터페이스** : 다른 응용프로그램에서와 마찬가지로 **사용자**가 질의와 정보를 입력하는 등 시스템과 **상호 작용**할 수 있게 함
④ **설명 기능** : 시스템으로 하여금 시스템 자신이 도출한 결론에 대해 **설명**하거나 정당화할 수 있게 하며, 개발자로 하여금 시스템의 작동을 검사할 수 있게 함(＝설명단위)

보충자료 13 HTTP, FTP, TCP/IP

① HTTP(hypertext transfer **protocol**)
② FTP(file transfer **protocol**)
③ TCP/IP(transfer control **protocol**/internet **protocol**)

보충자료 14 클라우드 컴퓨팅

(1) 개념

① 정보처리를 자신의 컴퓨터가 아닌 인터넷으로 연결된 다른 컴퓨터로 처리하는 기술을 말한다.
② 빅데이터를 처리하기 위해서는 다수의 서버를 통한 분산처리가 필수적이다.
③ 인터넷기술을 활용하여 가상화된 IT자원을 서비스로 제공하는 방식이다.
④ 사용자는 소프트웨어, 스토리지, 서버, 네트워크 등 다양한 IT자원을 필요한 만큼 빌려서 사용한다.
⑤ 서버나 시스템의 구매가 필요치 않기 때문에 조직의 막대한 IT자원에 대한 투자를 필요로 하지 않는다.
⑥ 사용량 기반 과금제이다.

(2) 특징

① 자원의 공유
② 광범위한 네트워크를 통한 접속
③ 빠른 탄력성
④ 서비스 용량의 측정
⑤ 주문형 셀프서비스

(3) 장점

① 단기간 필요한 서비스에 적합
② 규모, 부하의 변화가 큰 서비스
③ 비전략적, 범용 어플리케이션

보충자료 15 정규화

① 데이터 중복을 최소화하고 무결성을 극대화하며, 최상의 성능을 달성할 수 있도록 관계형 데이터베이스를 분석하고 효율화하는 과정을 지칭하는 용어이다.
② 제대로 조직되지 않은 테이블들과 관계들을 작고 잘 조직된 테이블과 관계들로 나누는 것을 포함한다.
③ 목적은 하나의 테이블에서 데이터의 삽입·삭제·변경이 정의된 관계들로 인하여 데이터베이스의 나머지 부분들로 전파되게 하는 것이다.

PART
07

보충자료 16 USD, bit, box, boot, base

① USB=Universal Serial BUS
② bit(비트, binary digit) : 비트는 컴퓨터 데이터의 가장 작은 단위이며, 하나의 2진수값(0 또는 1)을 가진다.
③ box(박스) : 시스템 또는 프로그램의 논리 단위를 표현하기 위해 사용되는 순서도의 기호
④ boot(부트) : 컴퓨터를 부팅시킨다는 것은 운영체계를 컴퓨터 메모리(RAM)에 적재시키는 것이다. 운영체계가 일단 로드되면 사용자의 응용프로그램을 실행시킬 준비가 된 것이다.
⑤ base(베이스) : 진공관 용기에 장착된 부품으로, 전자관 혹은 진공관 용어이다. 베이스는 전극을 외부회로에 접속하기 위한 핀이나 접점을 가지며 홀더에 플러그인 된다.

보충자료 17 빅데이터(big data)의 기본적 특성

① 3V + value(= 4V)
② 거대한 양(Volume, 대규모 분석) : 수집되고 분석되는 데이터 양이 매우 큼
③ 다양한 형태(Variety, 다양성, 복합 분석) : 정형화된 데이터뿐만 아니라 비정형, 반정형 데이터도 포함
④ 생성 속도(Velocity, 변화 속도, 실시간 분석) : 실시간 데이터 생성, 활용, 분석, 처리

보충자료 18 SQL, NoSQL, Hbase

① SQL : 관계형 데이터베이스 관리시스템의 데이터 관리 위해 설계된 특수목적 프로그래밍 언어
② NoSQL : 전통적 데이터베이스가 아닌 키-값 형태의 단순한 구조의 초대용량 저장소. 비정형 데이터 처리를 위한 기술로 빅데이터 저장과 분석에 포괄적으로 사용되는 수평적 확장에 강점을 가진 비관계형 데이터베이스
③ Hbase : 대용량 데이터 처리능력을 위한 분산처리 기술

보충자료 19 정보보안의 목표

① 기밀성(confidentiality) : 수신자 이외에는 데이터를 보지 못해야 함
② 무결성(integrity) : 데이터가 변조되지 않고 그대로 전달되어야 함
③ 가용성(availability) : 정보가 필요할 때, 그 정보를 처리하기 위해 사용되는 컴퓨터자원이 모두 준비되어 있고 정확히 가동이 되고 있음
④ 봉쇄(= 부인방지, non repudiation) : 거래 부인 방지를 의미하는데, 후에 송신자나 수신자가 거래를 부인하지 못하는 것(영수증의 기능)
⑤ 인증성(authentication) : 인터넷에서 상대방과 거래 혹은 대화를 하는 과정에서 상대방의 신원을 확인하기 위한 방법 혹은 수단

보충자료 20 정보의 특징

① 적합성
② 정확성/근거성
③ 적시성
④ 형태성
⑤ 이해가능성
⑥ 가치성
⑦ 관련성

보충자료 21 정보의 가치에 영향을 미치는 요인

① **적합성** : 관리자가 의사결정을 해야 하는 상황에서 제공되는 정보가 얼마나 적절한가, 의사결정 내용과 얼마나 연관되어 있는가에 관한 것
② **정확성과 증거성** : 정보에 오류가 어느 정도 포함되어 있는지, 정보의 정확성을 확인할 수 있는 정도
③ **적시성** : 정보가 필요한 시기에 얼마나 제때에 공급되는지의 정도
④ **형태성** : 의사결정자의 요구에 정보가 얼마나 부합되는 형태(도표 or 그래프 등)로 제공되는지에 관한 정도(정보의 가치를 결정하는 요인)

PART
07

보충자료 22 무어의 법칙, 황의 법칙, 멧칼프의 법칙

① **무어의 법칙** : 컴퓨터 반도체 칩이 18개월 정도에 성능은 2배 증가, 가격은 반으로 줄어든다.
② **황의 법칙** : 반도체 메모리 용량이 12개월마다 2배씩 증가한다(황창규 사장).
③ **멧칼프의 법칙** : 네트워크의 규모가 클수록 새로운 참여자에 대한 가치가 커지는 법칙(보충자료 50 참조)

보충자료 23 피싱, 파밍, 투플, 패치, 쿠키, 키로거

① **피싱(phishing)** : 불특정 다수의 이메일 사용자에게 신용카드나 은행계좌정보에 문제가 발생해 수정이 필요하다는 거짓 이메일을 발송해 가짜 웹사이트로 유인하여 관련 금융 기관의 신용카드 정보나 계좌정보 등을 빼내는 신종 해킹기법. 개인정보(private data)와 낚시(fishing)의 합성어로 낚시하듯이 개인 정보를 몰래 빼내는 것을 말한다.

② **파밍(pharming)** : 합법적으로 소유하고 있던 사용자의 도메인을 탈취하거나 도메인 네임시스템(DNS) 또는 프락시 서버의 주소를 변조함으로써 사용자들로 하여금 진짜 사이트로 오인하여 접속하도록 유도한 뒤 개인정보를 훔치는 새로운 컴퓨터범죄 수법이다.

해당 사이트가 공식적으로 운영하고 있던 도메인 자체를 중간에서 탈취하는 수법으로 '피싱 (phishing)에 이어 등장한 새로운 인터넷 사기 수법이다. 사용자가 아무리 도메인 또는 URL 주소를 주의 깊게 살피더라도 늘 이용하는 사이트로만 알고 아무런 의심 없이 접속하여 개인 아이디(ID)와 암호(password), 금융정보 등을 쉽게 노출시키게 된다. 따라서 피싱 방식보다 피해를 당할 우려가 더 크다. 피해를 방지하기 위해서는 브라우저의 보안성을 강화하고, 웹사이트를 속일 수 있는 위장기법을 차단하는 장치를 마련해야 한다. 또 전자서명 등을 이용하여 사이트의 진위 여부를 확실하게 가릴 수 있도록 해야 하고 사용하고 있는 DNS 운영방식과 도메인 등록 등을 수시로 점검해야 한다.

③ **투플(tuple)** : 관계 데이터베이스 내에서 관계는 표로 저장되는데, 표의 열이 속성이고 행이 투플이다(투플은 비관계형 파일에서의 레코드와 같은 의미).

④ **패치(patch)** : 컴퓨터 프로그램의 일부를 빠르게 고치기 위해 개발사가 추가로 내놓은 수정용 소프트웨어[픽스(fix)라고 부르기도 함].

⑤ **쿠키(cookie)** : 인터넷 웹사이트의 방문 기록 등을 저장한 정보 파일. 어떤 사람이 특정 웹사이트를 접속할 때 웹사이트의 서버가 방문자의 컴퓨터에 저장하는 ID와 비밀번호, 사이트 정보 등을 말한다. 서버가 방문자 웹브라우저에 보내는 정보이지만 이를 서버가 다시 가져갈 수도 있다. 쿠키의 중요한 기능은 방문자가 웹사이트를 재방문할 때 ID와 비밀번호를 일일이 입력하지 않고 바로 사이트에 접속할 수 있으며, 웹쇼핑 중 접속을 중단했다 하더라도 장바구니에 보관한 품목이 보존되는 것 등이다.

⑥ **키로거 공격(Key Logger Attack)** : 컴퓨터 사용자의 키보드 움직임을 탐지해 ID나 패스워드, 계좌번호, 카드번호 등과 같은 개인의 중요한 정보를 몰래 빼 가는 해킹 공격. 공격 도구는 공격 대상의 컴퓨터에 몰래 설치되어 공격 대상 컴퓨터에 입력되는 중요한 데이터를 공격자에게 전송한다.

⑦ **키로거(Keylogger)** : 키입력 내용을 기록하는 프로그램

보충자료 24 에이전트, 유전자 알고리즘, 신경망, 머신러닝, 퍼지 논리

① 에이전트(Agent) : **지능형 에이전트**라고도 부르며 관리자가 별다른 명령을 내리지 않아도 정해진 일정에 따라 인터넷상에서 정보를 수집하거나 서비스를 수행하는 프로그램을 말한다. 에이전트 프로그램은 미리 제공된 변수를 이용하여 인터넷을 검색하여 정보를 모으고 매일 또는 일정시간에 이용자에게 정보를 제공한다.

② 유전자 알고리즘(genetic algorithm) : 인공지능 분야에서 생물의 유전이나 생식 과정을 모델로 하여 최적 해를 도출하는, 스스로 진화해가는 컴퓨터 알고리즘의 한 형태이다.

③ 신경망(neural network, 神經網) : 인간이 뇌를 통해 문제를 처리하는 방법과 비슷한 방법으로 문제를 해결하기 위해 컴퓨터에서 채택하고 있는 구조. 인간의 뇌가 기본 구조 조직인 뉴런이 서로 연결되어 일을 처리하는 것처럼, 수학적 모델로서의 뉴런이 상호 연결되어 네트워크를 형성할 때 이를 신경망이라 한다. 이를 생물학적인 신경망과 구별하여 특히 인공 신경망이라고도 한다.

④ 머신러닝(기계학습)(Machine Learning) : 기계(Machine)가 사람처럼 학습(Learning)하는 것을 말한다. 인공지능(AI, Artificial Intelligence)의 한 갈래로, 빅데이터에서 한 단계 발전한 기술로 평가받는다. 머신러닝은 컴퓨터 스스로 데이터를 수집하고 분석해 미래를 예측하는 과정이다. 먼저 컴퓨터를 알고리즘 기반으로 학습시킨 뒤 새로운 데이터를 입력해 결과를 예측하도록 한다. 컴퓨터는 학습한 내용을 기반으로 방대한 양의 빅데이터를 분석해 앞으로의 행동이나 가능성 등을 판단한다. 방대한 데이터를 분석해 미래를 예측하는 기술로, 컴퓨터가 스스로 학습 과정을 거치면서 입력되지 않은 정보를 습득, 문제를 해결한다. 인공지능과 다르며, 인공지능이 좀 더 넓은 의미다. 인공지능을 가능하도록 하는 하나의 방법이다.

⑤ 퍼지 논리(fuzzy logic) : 수학에서 퍼지 집합의 개념에 바탕한 논리 형태이다[퍼지집합의 구성요소는 확률이나 참의 정도로, 즉 0에서 1 사이에 분포하는 연속적인 값들로 표현. 즉, 개념(concept)이 적용되거나 적용되지 않는 상황 사이에 분명한 경계가 존재하지 않을 때, 애매 모호한 상황을 여러 근사값으로 구분지어 놓는 논리]. 데이터 처리 형태로서 퍼지논리는 첨단 전자 컴퓨터시스템에 채택되고 있다. 덜 복잡한 정보 프로세서에서는 특정 사건의 실현을 이진수 0 또는 1로 표현하여 확실한 것(참이나 거짓)으로 나타낸다. 이와는 대조적으로, 퍼지논리 시스템에서는 사건 발생 가능성을 다양한 참 또는 거짓의 정도(즉, 일어날 것이다, 필시 일어날 것이다, 일어날 수 있다, 일어나지 않을지도 모른다 등)로 나눈다. 이렇게 함으로써 사건의 결과를 확률로 나타낼 수 있다. 게다가, 추가적으로 자료가 얻어질 때마다 많은 퍼지논리 시스템은 그 값들을 입력하여 확률의 값에 변화를 가져오게 된다. 일부 퍼지논리 시스템은 자신의 실수로부터 학습하고, 인간의 사고과정을 모방할 수 있기 때문에 종종 수준 낮은 형태의 인공지능으로 간주되기도 한다.

PART
07

보충자료 25 재해복구계획, 비즈니스 연속성 계획

① 재해복구계획(Disaster Recovery Planning, DRP) : BCP(business continuity plan) 또는 BPCP(business process contingency plan)라고도 불리는 것으로, 한 조직이 잠재적인 재난에 대해 어떻게 대처할 것인지를 기술한 내용을 일컫는다. 또한, 재해·재난으로 인해 정상적인 운용이 어려운 시스템의 복구, 데이터 백업, 원상회복 같은 단순 복구뿐 아니라 고객 서비스의 지속성 보장, 고객 신뢰도 유지, 핵심 업무기능 지속 등을 위한 환경을 조성해 기업의 가치를 최대화하는 것이다.

② 비즈니스 연속성 계획(BCP : Business Continuity Planning) : 발생 가능한 모든 재해에도 불구하고 회사의 모든 기능이 정상적으로 작동할 수 있도록 미리 정의된 복구 프로세스를 의미한다.

보충자료 26 정보의 특성

① 내·외부정보가 적절히 융합되어야 한다(Internal/External Mixture).
② 구두정보에 해당하는 적시성을 가져야 한다(Timely).
③ 돌변하는 상황에 즉응하는 탄력성을 가져야 한다(Flexible).
④ 운영효율성과 효과성이 적절히 융합 되어야 한다(Effective).
⑤ 간결해야 한다(Concise).
⑥ 이해하기 쉬워야 한다(Userfriendly).
⑦ 정책·전략성이 있어야 한다(Strategic).
⑧ 의견조정 시 사용될 수 있어야 한다(Negotiation support).
⑨ 의사결정에 활용할 수 있어야 한다(Decision oriented).
⑩ 포괄적이어야 한다(Comprehensive).

보충자료 27 터널링, VPN, LAN, PAN, IPv6, VoIP

① tunneling(터널링) : 터널링은 인터넷을 사적(私的)이며 안전한 네트워크의 일부로서 사용하는 것으로서, 한 네트워크에서 다른 네트워크의 접속을 거쳐 데이터를 보낼 수 있도록 하는 기술을 말한다.
② VPN(virtual private network, 가상사설망) : 공중통신망 기반시설을 터널링 프로토콜과 보안 절차 등을 사용하여 개별기업의 목적에 맞게 구성한 데이터 네트워크이다. 가상사설망은 오직 한 회사에 의해서만 사용될 수 있는 자체망이나 전용회선과 대비되는 개념이다. VPN은 모든 회사

들이 저마다 개별적으로 회선을 임차하는 것보다, 공중망을 공유함으로써 비용은 낮추면서도 전용회선과 거의 동등한 서비스를 제공하려는 아이디어에서 출발하였다.

③ LAN(Local Area Network, 근거리통신망) : 300m 이하의 통신회선으로 연결된 PC, 메인프레임, 워크스테이션들의 집합을 말한다. LAN은 컴퓨터 사이의 전류나 전파신호가 정확히 전달될 수 있는 거리, 즉 한 기관의 빌딩 내에 설치된 컴퓨터 장비들을 직원들이 가장 효과적으로 공동 사용할 수 있도록 연결된 고속의 통신망이다.

④ PAN(Personal Area Network, 개인영역 통신망) : PAN은 대개 10m 안팎의 개인영역 내에 위치한 정보기술 장치들 간의 상호 통신을 말한다. 예를 들면, 노트북 컴퓨터와 PDA 및 휴대용 프린터를 가지고 여행하는 사람은 일종의 무선기술을 이용하여 서로 간에 플러그를 꽂지 않고서도 이 장치들을 상호 연결시킬 수 있게 되는 것이다.

⑤ IPv6(Internet Protocol Version 6) : 최신의 IP로서, 이제 주요 컴퓨터 운영체계를 비롯한 많은 제품에서 IP 지원의 일부로서 포함되고 있다. IPv6는 IPng(IP Next Generation), 즉 차세대 IP라고도 불리고 있다. IPv6는 일련의 IETF 공식규격이다. IPv6는 현재 사용되고 있는 IP 버전 4(IPv4)를 개선하기 위한 진화적 세트로서 설계되었다. IPv6가 IPv4에 비해 가장 명백하게 개선된 점은 IP주소의 길이가 32비트에서 128비트로 늘어났다는 점이다. 이러한 확장은 가까운 장래에 인터넷이 폭발적으로 성장함으로써, 네트워크 주소가 금세 부족해질 것이라는 우려에 대한 대응책을 제시한다.

⑥ VoIP(Voice over IP[Internet Protocol]) : IP를 사용하여 음성정보를 전달하는 일련의 설비들을 위한 IP 전화기술을 지칭하는 용어이다. 일반적으로, 이것은 공중교환전화망인 PSTN 처럼 회선에 근거한 전통적인 프로토콜들이 아니라, 불연속적인 패킷들 내에 디지털 형태로 음성정보를 보낸다는 것을 의미한다. VoIP와 인터넷 전화기술의 주요 장점은 기존 IP 네트워크를 그대로 활용해 전화서비스를 통합 구현함으로써 전화 사용자들이 시내전화 요금만으로 인터넷, 인트라넷 환경에서 시외 및 국제전화 서비스를 받을 수 있게 된다는 점이다.

PART 07

보충자료 28 정보시스템의 성장단계 모형 : 놀란

(1) 기업의 정보시스템이 도입·발전하는 흐름을 이론화한 것임

(2) 놀란은 S자 곡선으로 각 단계의 세부적인 흐름을 설명함

〈1단계〉 착수(initiation)
① 시스템의 도입을 적극 홍보
② 아직은 익숙치 않음
③ 사용자들에게 교육을 통해 계속해서 기술을 전달하는 데 초점

〈2단계〉 확장 혹은 전파(contagion)

① 빠른 성장

② 질적, 양적으로 팽창

③ 장비와 인력을 전폭적으로 지원

④ 의욕 성장, 실력 성장, 시장 성장

〈3단계〉 통제(control)

① 이점과 비용을 저울질하며 통제에 들어감

② 예산이 줄어듦

③ 계획, 통제, 문서화작업들이 강조됨

〈4단계〉 통합(integration) : 관리 경험이 쌓이면서 거시적으로 보는 시각이 생겨나 기존 시스템을 새로운 기술을 이용하여 통합, 개선하는 시도를 하게 됨

〈5단계〉 데이터관리(data administration)

〈6단계〉 성숙(maturity)

보충자료 29 OSI(open system interconnections reference model) 참조 모델

① 근거리통신망(LAN)의 구성을 위한 국제표준으로 국제표준화기구(ISO ; International Standards Organization)와 국제전자기술자협회(IEEE ; Institute of Electrical and Electronic Engineers)가 만들었다.
② 컴퓨터 네트워크의 구조와 자료의 흐름을 구현하기 위해 고안된 7개의 층으로 이루어진 구조이다.

레벨	계층	기능
7계층 Application Layer (응용계층)	응용계층 프로토콜 : DHCP, DNS, FTP, HTTP, FTP, Telnet 서비스 제공	사용자가 네트워크에 접근할 수 있도록 해주는 계층이다. 사용자 인터페이스, 전자우편, 데이터베이스 관리 등 서비스를 제공한다. 예 텔넷이나 HTTP, SSH, SMTP, FTP 등등
6계층 Presentation Layer (표현계층)	표현계층 프로토콜 : JPEG, MPEG, SMB, AFP 이해할 수 있는 포맷 변환	운영체계의 한 부분으로 입력 또는 출력되는 데이터를 하나의 표현형태로 변환한다. 필요한 번역을 수행하여 두 장치가 일관되게 전송 데이터를 서로 이해할 수 있도록 한다. 제어코드나 문자 및 그래픽 등의 확장자(JPG, gif, mpg)를 생각하면 쉽다.

5계층 Session Layer (세션계층)	세션계층 프로토콜 : SSH, TLS 응용계기 간 질서 제어	통신세션을 구성하는 계층으로, 포트(Port)연결이라고도 할 수 있다. 통신장치 간의 상호작용을 설정하고 유지하며 동기화한다. 사용자 간의 포트연결(세션)이 유효한지 확인하고 설정한다.
4계층 Transport Layer (전송계층)	전송계층 프로토콜 : TCP, UDP 장비 : 게이트 웨이	전체 메시지를 발신지 대 목적지(종단 대 종단) 간 제어와 에러를 관리한다. 패킷들의 전송이 유효한지 확인하고 실패한 패킷은 다시 보내는 등 신뢰성 있는 통신을 보장하며, 머리말에는 세그먼트(segment)가 포함된다. 대표적인 프로토콜은 TCP이다.
3계층 Network Layer (네트워크계층)	네트워크 계층 프로토콜 : IP(v4/v6), ICMP, IGMP,ARP 장비 : 라우터	다중 네트워크 링크에서 패킷(Packet)을 발신지로부터 목적지로 전달할 책임을 갖는다. 2계층은 노드 대 노드전달을 감독하는 것이고 3계층은 각 패킷이 시작 시점에서 최종 목적지까지 성공적이고 효과적으로 전달되도록 하며, 대표적 프로토콜은 IP이다.
2계층 Data Link Layer (데이터링크계층)	데이터링크 계층 프로토콜 : MAC(이더넷), PPP 장비 : 브리지, 스위치	오류 없이 한 장치에서 다른 장치로 프레임(Frame, 비트의 모음)을 전달하는 역할을 한다. 스위치 같은 장비의 경우 MAC주소를 이용하여 정확한 장치로 정보 전달 3계층에서 정보를 받아 주소와 제어정보를 시작(헤더)과 끝(테일)에 추가
1계층 Physical Layer (물리계층)	물리계층 프로토콜 : RS-232C 장비 : 허브, 리피터	물리적 매체를 통해 비트(Bit)흐름을 전송하기 위해 요구되는 기능들을 조정한다. 케이블, 연결장치 등과 같은 기본적인 물리적 연결기의 전기적 명세를 정하고 네트워크의 두 노드를 물리적으로 연결시켜 주는 신호방식을 다룬다.

PART 07

보충자료 30 경쟁우위 달성을 위한 정보시스템 활용

(1) 전략정보시스템

① 기업경영활동으로부터 나온 모든 활동정보를 기업의 경쟁무기로 활용하여 전략적으로 이용하려는 전략정보시스템(SIS : strategic information system)

② 정보기술(IT)을 이용하여 경쟁우위를 확보하려는 의도를 갖고 구축한 시스템

(2) 정보전략계획(ISP : information strategy planning)

① 기업 내 전략적 정보 요구를 식별

② 비즈니스 활동과 이에 대한 자료 영역을 기술

③ 현행 정보지원의 수준을 평가
④ 정보시스템 개발을 위한 통합된 프레임워크를 제공
⑤ 이의 구현을 위한 통합 정보시스템 계획을 작성하는 체계

보충자료 31 ISP : 정보전략계획

→ 전략을 세우는 데 도움을 주는 정보

① 조직의 경영전략과 정보시스템 전략을 정렬(alignment)한다.
② 조직의 정보요구사항을 반영하는 정보 아키텍처를 설계한다.
③ 정보시스템 개발을 위한 통합 프레임워크를 제공한다.
④ 전체 차원의 최적화를 통해 미래지향적 시스템 계획을 마련한다(국지적 차원 ×).
⑤ 현행 정보시스템과 정보시스템 조직을 분석·진단·평가한다.
⑥ 정보시스템의 구축과 운영에 소요되는 자원의 효율적 활용을 위한 프로젝트 계획을 수립한다.
⑦ 경영전략을 체계적으로 검토하고 경영전략에 부합하는 정보전략을 도출한다.
⑧ 통합정보시스템에 대한 아키텍처와 이를 구성하는 핵심요소를 기술한 마스터 플랜을 작성한다.

보충자료 32 ASP(Application Service Provider)

① 기업 운영에 필요한 각종 소프트웨어를 인터넷을 통하여 제공하는 새로운 방식의 비즈니스를 말한다.
② ISP(Internet Service Provider)가 단순히 통신망과 데이터 센터를 갖추고 서버 호스팅 등 인터넷 서비스를 제공하는 반면에 ASP는 ISP서비스와 함께 인터넷을 통하여 Application을 제공한다.
③ ASP는 여러 업체가 필요로 하는 응용업무시스템(Application)을 특정 서버에만 설치하고 고객으로 하여금 네트워크 접속을 통해 소프트웨어를 빌려 쓰도록 한다. 소비자 입장에서는 고가의 기업용 소프트웨어를 구매할 필요 없이 ASP를 통해 소프트웨어를 제공받아 사용하면 된다. 소비자는 매달 또는 사용량만큼 비용을 지불하면 되므로 초기 투자비용을 절감할 수 있을 뿐 아니라 시스템 관리도 대폭 줄일 수 있다. 또한 ASP 사용량에 따라 월 일정액의 비용을 청구함으로써 고객은 비용을 예측하고 조절할 수 있어 합리적인 사업계획을 세울 수 있다.

보충자료 33 데이터 웨어하우스(data warehouse)

→ 정보(data)와 창고(warehouse)의 합성어

① 데이터베이스 시스템에서 의사결정에 필요한 데이터를 미리 추출하여, 이를 원하는 형태로 변환하고 통합한 읽기 전용의 데이터 저장소다. 데이터 웨어하우스는 데이터베이스시스템 하나를 대상으로 할 수도 있고 여러 개를 대상으로 할 수도 있다.

② 일반 데이터베이스는 운영데이터의 집합으로, 데이터의 삽입, 삭제, 수정을 수행하는 트랜잭션 처리 중심의 업무를 위한 것이다. 반면 데이터 웨어하우스는 의사결정을 위한 정보의 집합으로, 검색 위주의 의사결정 업무를 위한 것이다.

③ 일반 데이터베이스는 최신의 데이터를 유지하지만, 데이터 웨어하우스는 올바른 의사결정을 위해 현재의 데이터와 과거의 데이터를 함께 유지하는 경우가 많다.

〈데이터 웨어하우스의 특징〉

주제 지향성 (subject-orientation)	데이터를 주제별로 구성함으로써 최종 사용자(end user)와 전산에 약한 분석자라도 이해하기 쉬운 형태로 유지한다.
통합성 (integration)	데이터가 데이터 웨어하우스에 들어갈 때는 일관적인 형태(데이터의 일관된 이름짓기, 일관된 변수 측정, 일관된 코드화 구조 등)로 변환되어 데이터의 통합성이 유지된다.
시계열성 (time-variancy)	데이터 웨어하우스의 데이터는 일정 기간 동안 정확성을 유지한다.
비휘발성 (nonvolatilization)	데이터 웨어하우스에 일단 데이터가 적재되면 일괄처리(batch) 작업에 의한 갱신 이외에는 'Insert'나 'Delete' 등의 변경이 수행되지 않는다.

보충자료 34 OLAP(On - Line Analytical Processing, 온라인 분석처리)

① 다차원 데이터 구조를 이용하여 다차원의 복잡한 질의를 고속으로 처리하는 데이터분석 기술이다. 기업의 분석가, 관리자 및 임원들은 OLAP 기술을 통해 필요한 정보에 대해 대화형으로 빠르게 접근 가능하다.

② OLAP 시스템은 단독으로 존재하는 정보시스템이 아니며, **데이터 웨어하우스나 데이터 마트와 같은 시스템과 상호 연관**된다.

③ 데이터 웨어하우스가 데이터를 저장하고 관리한다면, OLAP은 데이터 웨어하우스의 데이터를 전략적인 정보로 변환시키는 역할을 한다.

보충자료 35 데이터 마트(data mart)

① 데이터 웨어하우스와 사용자 사이의 중간층에 위치한 것으로, 하나의 주제 또는 하나의 부서 중심의 데이터 웨어하우스라고 할 수 있다.
② 데이터 마트 내 대부분의 데이터는 데이터 웨어하우스로부터 복제되지만, 자체적으로 수집될 수도 있으며, 관계형 데이터베이스나 다차원 데이터 베이스를 이용하여 구축한다.

보충자료 36 데이터 마이닝(data mining)

① 데이터베이스 내에서 어떠한 방법(순차 패턴, 유사성 등)에 의해 관심 있는 지식을 찾아내는 과정
② 데이터 마이닝은 대용량의 데이터 속에서 유용한 정보를 발견하는 과정이며, 기대했던 정보뿐만 아니라 기대하지 못했던 정보를 찾을 수 있는 기술을 의미한다.
③ 데이터 마이닝을 통해 정보의 연관성을 파악함으로써 가치 있는 정보를 만들어 의사결정에 적용함으로써 이익을 극대화시킬 수 있다.

보충자료 37 데이터 정제(data cleansing), 데이터 세정

① 데이터 정제는 data cleaning, data scrubbing, data cleansing 등 다양하게 불린다.
② 가장 일반적인 데이터 정제의 목적은 **데이터의 오류를 잡아내 보다 신뢰할 수 있는 분석결과를 도출**하는 데 있다.
③ 그 방법으로 데이터 내에 존재하는 철자 오류의 교정, 이름이 잘못된 변수의 변환, 결측값(missing value) 처리 등이 있다.

보충자료 38 **데이터 무결성**

(1) 데이터 무결성(data integrity)

① 데이터 무결성은 데이터의 Lifecycle 동안 모든 데이터의 정확성, 일관성, 유효성이 유지되는 것을 의미한다. '데이터 완전성'이라고도 한다. 정확성이란 중복이나 누락이 없는 상태를 뜻하고, 일관성은 원인과 결과의 의미가 연속적으로 보장되어 변하지 않는 상태를 뜻한다. 다시 말해 '데이터'는 우연하게 또는 의도적으로 변경되거나 파괴되는 상황에 노출되지 않고 보존돼야 한다.

② 만약 데이터베이스에서 데이터 무결성 설계를 하지 않는다면 테이블에 중복된 데이터 존재, 부모와 자식 데이터 간의 논리적 관계 깨짐, 잦은 에러와 재개발 비용 발생 등과 같은 문제가 발생할 것이다.

③ 그렇기 때문에 DBMS에서 데이터의 무결성이 유지되는 것은 중요한 사항이며, 주로 데이터에 적용되는 연산에 제한을 두어 데이터의 무결성을 유지한다.

(2) 데이터 무결성의 5가지 성질

① 기인성(Attributable) : 기록된 작업을 수행한 개인 또는 컴퓨터 시스템을 식별할 수 있어야 한다. 작업/기능을 수행한 사람에 대해 문서화할 필요성은 숙련되고 자격을 갖춘 직원이 기능을 수행했음을 입증하기 위함이다.

② 가독성(Legible) : 정보를 어떤 식으로 사용하기 위해 모든 기록은 읽을 수 있어야 한다.

③ 동시성(Contemporaneous) : 행동, 사건 또는 결정의 증거는 발생 시에 기록해야 한다. 이는 당시 결정에 영향을 준 이유를 정확하게 입증하는 역할을 한다.

④ 원본성(Original) : 원본 기록은 종이 또는 전자에 기록되는 정보의 첫 번째 캡처로 설명할 수 있어야 한다.

⑤ 정확성(Accurate) : 결과 및 기록의 정확성을 보장하는 것은 여러 요소를 통해 가능하다.

PART 07

보충자료 39 **데이터베이스관리시스템(DataBase Management System, DBMS)**

① 데이터베이스관리시스템이란 데이터베이스를 관리하며 응용프로그램들이 데이터베이스를 공유하며 사용할 수 있는 환경을 제공하는 소프트웨어이다.

② 데이터베이스를 직접 응용프로그램들이 조작하는 것이 아니라 데이터베이스를 조작하는 별도의 소프트웨어가 있는데, 이를 데이터베이스관리시스템(DBMS)이라 한다.

③ 데이터베이스관리시스템은 **데이터베이스를 구축하는 틀을 제공**하고, **효율적으로** 데이터를 **검색하고 저장하는 기능**을 제공한다.

④ 또한 응용프로그램들이 데이터베이스에 접근할 수 있는 **인터페이스를 제공**하고, 장애에 대한 **복구 기능**, 사용자 권한에 따른 **보안성 유지 기능** 등을 제공한다.

보충자료 40 데이터베이스관리시스템(DBMS)의 장점

① 파일처리방식에서 발생할 수 있는 데이터의 중복성과 불일치성을 감소시킨다.
② 다수의 응용프로그램에서 데이터를 공유할 수 있다.
③ 응용프로그램과 데이터 간의 의존성을 줄여준다.
④ 파일처리방식보다 데이터 보안을 강화할 수 있다.
⑤ 데이터의 표준화 작업을 용이하게 한다.

보충자료 41 OCR, MICR, 바코드 판독기

(1) 광학 문자 판독기(OCR : Optical Character Reader)
　① 기계로 인쇄되거나 손으로 쓴 숫자 또는 문자에 빛을 비추어 판독하는 장치이다.
　② 세금고지서나 지로용지 등에 사용된다.

(2) 자기잉크 문자 판독기(MICR : Magnetic Ink Character Reader), 자기문자인식장치
　① 자성을 띤 특수잉크로 쓰여진 문자나 기호를 판독하는 장치이다.
　② 보통 수표나 어음 등의 판독 시에 사용된다.

(3) 바코드 판독기(Bar-Code Reader)
　① 빛을 쏘아 상품에 인쇄된 바코드를 인식하는 장치이다.
　② 백화점이나 편의점 등에서 POS(Point Of Sales) 시스템의 입력장치로 사용된다.

보충자료 42 TCP/IP 프로토콜을 구성하는 4개 계층

TCP/IP 계층은 OSI 7계층을 더 단순화시켜서 4개의 계층(Layer)으로 만들어서 사용한다.

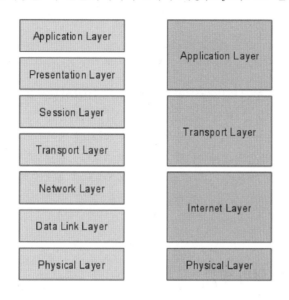

(1) Application Layer

계층은 네트워크를 사용하는 응용프로그램(FTP, Telnet, SMTP) 등으로 이루어지며, OSI 계층의 Application Layer와 Presentation Layer를 모두 포함한다.

(2) Transport Layer

계층의 이름에서 알 수 있듯이, 도착을 원하는 시스템까지 데이터를 전송하기 위한 일을 하는 계층이다. OSI 모델의 Session Layer와 Transport Layer를 포함하고 있으며, 각각의 시스템을 연결하고, TCP 프로토콜을 이용하여 데이터를 전송한다.

(3) Internet Layer

데이터를 정의하고 데이터의 경로를 배정하는 일(라우팅)을 담당한다. 데이터를 정확히 라우팅하기 위해서 IP프로토콜을 사용한다. OSI의 Network Layer와 Data Link Layer를 포함한다.

(4) Physical Layer

물리적 계층, 즉 이더넷 카드와 같은 하드웨어를 말한다.

보충자료 43 비트, 바이트

(1) 비트(bit)

① 컴퓨터에서 정보의 최소단위로 이진법의 한 자리 수(0과 1 중 어느 한 가지 값만을 가지며)로 표현, ② 줄여서 '소문자 b'로 표기

(2) 바이트(byte)

① 비트 하나로는 0 또는 1의 2가지 표현밖에 할 수 없으므로, 일정한 단위로 묶어서 바이트 (byte)라고 하고 정보를 표현하는 기본단위로 삼고 있다.

② 8비트가 모이면 바이트(byte)라는 단위가 되고, 디지털 데이터의 크기를 표시할 때 가장 많이 사용하는 단위 조합의 기본이 되며, 줄여서 '대문자 B'로 표기한다.

③ 바이트는 256 종류의 정보를 나타낼 수 있어 숫자, 영문자, 특수문자 등을 모두 표현할 수 있다.

④ 1바이트는 1캐릭터(character)라고도 부른다.

보충자료 44 2진수의 단위 변환

① 8bit = 1byte = 1B

② 1,024B = 1KB [킬로바이트 kilo byte, KB, $1,024 = 2^{10}$(2진수 기준) ≒ 10^3(10진수 기준)]

③ 1,024KB = 1MB [메가바이트 mega byte, MB, 2^{20} ≒ 10^6]

④ 1,024MB = 1GB [기가바이트 giga byte, GB, 2^{30} ≒ 10^9]

⑤ 1,024GB = 1TB [테라바이트 tera byte, TB, 2^{40} ≒ 10^{12}]

⑥ 1,024TB = 1PB [페타바이트 peta byte, PB, 2^{50} ≒ 10^{15}]

⑦ 1,024PB = 1EB [엑사바이트 exa byte, EB, 2^{60} ≒ 10^{18}]

⑧ 1,024EB = 1ZB [제타바이트 zetta byte, ZB, 2^{70} ≒ 10^{21}]

⑨ 1,024ZB = 1YB [요타바이트 yotta byte, YB, 2^{80} ≒ 10^{24}]

보충자료 45 레코드(record)

① 컴퓨터 데이터 처리에서 프로그램에 의해 처리되기 위해 정렬된 데이터 항목의 집합이다.

② 하나의 파일이나 데이터 셋에는 통상 여러 개의 레코드가 들어 있다.

③ 레코드 내의 데이터 구조는 보통 레코드를 정의하는 프로그램 언어나, 또는 그 데이터를 처리할 응용프로그램에 의해 미리 기술된다.

④ 대개 레코드는 고정된 길이이지만 가변길이도 될 수 있다.

보충자료 46 필드(field)

(1) 필드는 어떤 목적을 가진 레코드나 메시지 헤더 또는 컴퓨터 명령어와 같은 데이터 단위 내의 고정된 장소를 말하는데, 그 길이는 미리 정해지는 것이 보통이다.

(2) 한 필드는 더 작은 필드들로 나뉠 수 있는데, 다음에 몇 가지 예가 있다.
① 웹사이트 상의 입력 폼을 채울 때, 정보를 요구하는 각 박스가 바로 텍스트 입력 필드이다.
② 가변길이 전송단위의 헤더에서, 헤더 내의 2바이트짜리 서브필드가 메시지의 길이를 식별하는데 사용될 수 있다.

보충자료 47 그리드컴퓨팅(grid computing)

① 모든 컴퓨팅 기기를 하나의 초고속 네트워크로 연결하여, 컴퓨터의 계산능력을 극대화한 차세대 디지털 신경망 서비스이다.
② 일반적으로 그리드컴퓨팅은 PC나 서버, PDA 등 모든 컴퓨팅 기기를 하나의 네트워크로 연결해, 정보처리능력을 슈퍼컴퓨터 혹은 이상 수준으로 극대화시키는 것이다. 즉, 분산된 컴퓨팅 자원을 초고속네트워크로 모아 활용하는 개념이다.
③ 그리드컴퓨팅 네트워크는 월드와이드웹(www)보다 1만배 빠른 속도로 정보를 처리할 수 있다.

보충자료 48 ERP(Enterprise Resource Planning, 전사적 자원관리)

① 생산, 자재, 영업(마케팅), 인사, 회계 등 기업 전부분에 걸쳐있는 인적, 자금 등의 각종 경영자원들(Enterprise Resource)을 하나의 체계로 통합적으로 재구축(Planning)함으로써 생산성을 극대화시키고자 하는 대표적인 기업 리엔지니어링(Reengineering) 운동이다.
② 기존에는 각각 개별적인 업무를 수행해 왔던 분야들이 이젠 하나의 전체적인 시스템 하에서 통합적으로 관리되는 것이다.

보충자료 49 소프트웨어 개발 프로세스 종류

소프트웨어 프로세스(Software Process)란 개발 초보자가 제시된 내용을 보고 이해할 수 있도록 과정을 쉽고 간단하게 풀이해둔 것이다. 쉽게는 일종의 설명서 내지는 가이드라인이라고 생각하면 된다. 소프트웨어 프로세스는 작업 순서나 절차, 구조와 필요한 도구나 참여자까지 아우를 수 있다. 이러한 과정을 전체적으로 체계화한 상태를 '소프트웨어 프로세스 모델', SDLC라고 부른다.

(1) 폭포수 모델(Waterfall Model)

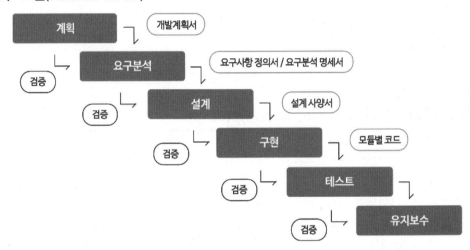

① 가장 일반적인 모델은 '폭포수 모델(워터폴 모델, Waterfall Model)'이다. 일반적으로 사용되는 만큼 많은 이들에게 가장 익숙한 형태를 갖고 있다.

② 폭포수 모델(워터폴 모델)은 전통적 방식의 프로세스 모델로, 시제품이 나오면 점점 더 좋은 제품으로 Develop를 반복하는 진화적 모델이다.

③ 고객의 의뢰 분석 → 설계 → 디자인과 코딩 → 테스트와 유지보수로 이어지는 과정이 순차적으로 아래로 흐르는 폭포와 유사하다고 해서 붙여진 이름으로, 설계된 SW를 구현하고 테스트를 거쳐 유지보수를 하는 작업을 진행한다.

④ 폭포수 모델(워터폴 모델)은 단계별로 정형화된 접근 방식이 있어 기술적인 리스크를 줄일 수 있고, 오랜 기간 사용돼 적용 사례를 찾아보기 쉽다는 점은 큰 장점이다.

⑤ 만약 프로젝트의 규모가 작고, 난이도가 낮으며, 진행자의 경험이 적고, 프로젝트에 대한 요구사항이 초기와 달라질 가능성이 현저히 낮다면 폭포수 모델은 최적의 활용 모델이 될 수 있다.

⑥ 하지만 폭포수 모델의 단점은 너무나 분명하기 때문에 주의가 필요하다. 이 모델은 전 단계의 수행이 완료되기 전까지는 다음 단계로의 진행을 제한하는 형태를 갖고 있으며, 단계별 구현에 초점이 맞춰져 있어 작업 이후 수정이 어렵다는 단점을 갖고 있다.

⑦ 특히 단계별로 클라이언트와 개발자 간 소통이 원활하게 이뤄지지 않을 수 있고, 피드백이 늦어지게 된다. 또 시제품을 확인하기 전까지 요구사항의 반영 정도와 실체를 확인할 수 없어 문제점이 발생할 경우 시간과 비용이 크게 증가할 수 있다는 위험요소가 있다.

(2) 프로토타입 모델(Prototype Model)

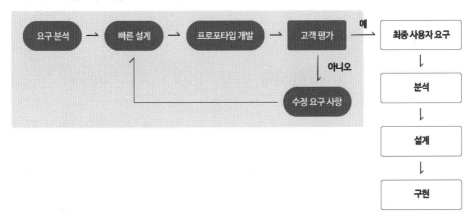

① 프로토타입 모델은 폭포수 모델(워터폴 모델)의 단점을 보완한 프로세스 모델이다.
② 폭포수 모델은 정형화된 각 단계를 진행함에 있어 사용자(고객, 즉 클라이언트)의 의견을 반영하기 어렵다는 한계점이 존재했다. 프로토타입 모델은 이 점을 보완해 사용자의 의견을 중요시하는 점진적 개발방법이다.
③ 예를 들어 폭포수 모델은 클라이언트의 요구에 따라 모든 단계별로 개발 과정을 완료하고 1차 프로토타입을 클라이언트에게 제시한다. 이후 클라이언트의 만족도에 따라 2차로 다시 수정작업을 진행하거나, 1차로 제시한 프로토타입이 최종 제품이 되기도 한다. 반면 프로토타입 모델의 경우 클라이언트의 요구사항을 듣고 설계하며, 프로토타입을 개발하고 고객의 평가를 받는 일련의 과정을 요구사항 정의 및 분석 과정에서 진행한다. 클라이언트가 초기 단계에 프로젝트 개발 과정에 직접 참여할 수 있기 때문에 클라이언트와 개발자 간 커뮤니케이션 오류를 줄일 수 있다.
④ 프로토타입 모델은 실험적 모형(Experimental)과 진화적 모형(Evolutionary)의 두 가지로 구분된다.
⑤ 실험적 모형은 실제 개발될 소프트웨어의 일부분을 직접 개발하여 요구 사항을 검증하고, 시제품은 개발 단계에서 폐기하는 방식으로 진행된다.
⑥ 반면 진화적 모형은 개발된 1차 프로토타입을 지속적으로 발전시켜 최종 SW개발을 완성하는 방식이다.
⑦ 프로토타입 모델은 개발자와 사용자 간 의사소통을 원활하게 가능하도록 하는 반면, 개발자 쪽에서 먼저 개발하여 클라이언트에게 유사 모델을 제시해야 하는 단점이 있다. 즉, 개발자 쪽에서 선호하지 않는 방식일 가능성이 높은 셈이다. 특히 프로토타입 제시 과정에서 불필요하거나 과도한 요구가 발생되는 경우가 종종 있기도 하다.

⑧ 개발자가 해당 프로젝트가 리스크가 없다고 판단한다면 프로토타입 모델을 차용할 수 있으나, 위험부담이 높고 비용이 낮은 프로젝트의 경우에는 해당 모델을 선호하지 않을 것이다.

⑨ 클라이언트 입장에서도 피드백 과정에서 굳이 필요하지 않은 기능 등을 추가하게 되면서 불필요한 비용이 발생할 수 있다. 또 전체 품질 유지와 장기적인 관리가 어렵다는 단점도 존재한다.

(3) 나선형 모델(Spiral Model)

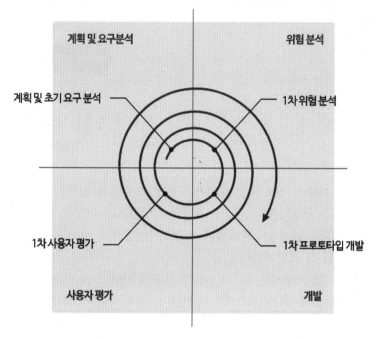

① 폭포수 모델과 같이 전통적인 소프트웨어 개발 프로세스 모델로 꼽히는 '나선형 모델'은 그 무엇보다 위험관리를 강조한다.

② 나선형 모델은 최근 소프트웨어 개발에 많이 사용하는 프로세스로, 계획 및 정의 → 위험분석 → 개발 → 고객의 평가방식으로 순환되는 구조를 갖고 반복한다.

③ 그리고 이 반복의 과정에서 리스크 요소를 찾아낸다. 마치 중요한 보고서를 몇 번씩 검토하는 것과 같다. 주요 기능을 사전에 반복적으로 수행하고, 이를 소프트웨어 개발 과정에도 구현하는 방식이다.

④ 핵심은 단순한 순환이 아니라 '나선형'이라는데 있다. 나선 모양은 점진적으로 범위를 확장하는 형태를 지니고 있다. 즉, 위험을 최소화하기 위해 개발 과정을 반복하고 결과적으로는 완벽한 최종 소프트웨어 개발에 도달하는 모델이다.

⑤ 순환 과정에는 클라이언트의 평가가 반영되기 때문에 높은 수준의 개발 품질을 보장받을 수 있다.

⑥ 다만 계획과 위험분석, 개발 이후 평가의 과정이 지속적으로 반복되기 때문에 해당 모델은 위험 요소를 최소화해야 하는 중요한 프로젝트이면서, 동시에 장기간 개발기간을 보장할 수 있는 프로젝트이어야 한다.

⑦ 또 피드백을 받아 지속적으로 개발하고 발전하는 모델이기 때문에 많은 피드백이 수용되는 상업용 제품에는 부적합할 수 있다. 아직까지 유사한 모델이 많지 않아 충분한 검증을 거치지 못했다는 점 또한 위험요소이다.

(4) 애자일 모델(Agile Model)

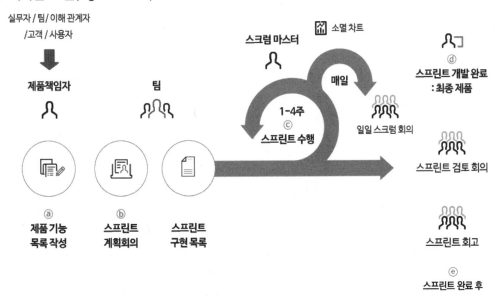

① 애자일 프로세스 모델은 고객의 요구에 신속한 피드백에 중점을 둔 모델이다.

② 프로세스나 계획에 얽매이지 않고 실질적인 코딩 작업을 진행해 끊임없이 새로운 프로토타입을 제시하는 것이 특징이다.

③ 애자일 모델은 문서에서 벗어나 실행 가능한 실제 소프트웨어 개발을 중요시하고, 계약과 협상이 아닌 **변화에 대한 민첩한 대응**을 더 중시한다.

④ 그래서 개발 후반에 새롭게 추가되는 요구사항도 신속하게 처리해야 하며, 경쟁력 강화를 위한 변경도 빠른 처리를 중시한다.

⑤ 새롭게 개발되는 프로토타입은 2주에서 2개월 간격으로 자주 고객에게 전달되며, 그 기간은 짧을수록 좋다고 평가받고 있다. 업무 담당자와 개발자는 잦은 의사소통을 해야 하며 정기적인 미팅을 갖는다.

⑥ 이처럼 애자일 프로세스 모델은 SW를 신속하고 지속적으로 제공해야 하기 때문에 개발자들 사이에선 최악의 경우 '무한 개발의 반복'이라는 비난을 받기도 한다.

⑦ 또 잦은 소통과 미팅이 필요하기 때문에 대형 프로젝트에는 적합하지 않다는 평가를 받고 있다.

보충자료 50 **길더의 법칙, 멧칼프의 법칙**

① 길더의 법칙은 "가장 비싼 자원을 아끼기 위한 최선의 방법은 가장 값싼 자원을 마구 쓰는 것이다"라는 조지 길더의 말에서 유래된 정보통신 법칙이다. 무어의 법칙에 따른 반도체 성능의 고성능화와 멧칼프 법칙에 따른 네트워크 규모 증가에 기인한 네트워크 가치의 폭발적 상승에 힘입어 1990년대 이후 데이터 전송능력의 비약적 성장으로 인한 IT현상을 설명해주는데 유용하다. Google이 가장 비싼 자원인 인력을 아끼기 위한 방법으로 가장 값싼 자원인 컴퓨팅 전력을 사용하는 것처럼, 현재 가장 값이 싼 자원인 컴퓨팅 전력과 광대역통신의 성장세를 논리적으로 설명해준다. 길더의 법칙은 광대역 전송능력의 발달로 인해서 과거에는 불가능했던 대용량 디지털 멀티미디어 콘텐츠를 인터넷을 통해 전송할 수 있게 된 현상을 설명해준다. 무어의 법칙과 함께 정보 기술의 발전의 비약적인 속도를 설명하는 이론 중 하나이며, 무어의 법칙이 반도체 기술을 설명하고, 멧칼프의 법칙이 전체적인 네트워크의 폭발적 잠재력을 설명해주었다면, 길더의 법칙은 네트워크의 범위 중에서도 광대역통신으로 인한 IT현상의 변화를 설명해준다.

② 멧칼프의 법칙(Metcalfe's law)은 통신망 사용자에 대한 효용성을 나타내는 망의 가치는 대체로 사용자 수의 제곱에 비례한다는 법칙이다. 1993년 조지 길더에 의해 이 형태로 처음 공식화되었고, 로버트 멧칼프의 이더넷에 대한 공로로 인해 멧칼프의 법칙이 1980년 경에 제안되었으며 이는 사용자 측면이 아닌 호환 가능한 통신장치(예 팩스머신, 전화 등)의 측면이 강했다. 멧칼프의 법칙은 인터넷, 소셜 네트워킹, 월드와이드웹과 같은 통신기술 및 네트워크의 많은 네트워크 효과를 특징으로 한다. 리드 헌트(Reed Hundt) 전 미국 연방통신위원회 위원장은 이 법이 인터넷의 작동 방식을 가장 잘 이해할 수 있게 해준다고 말했다. 멧칼프의 법칙은 n 노드로 구성된 네트워크에서 가능한 고유한 연결 수는 n^2에 점근적으로 비례하는 삼각형 수 $n(n-1)/2$로 수학적으로 표현될 수 있다는 사실과 관련이 있다. 법칙은 종종 팩스 기계의 예를 사용하여 설명되었다. 단일 팩스 기계는 쓸모가 없지만 모든 팩스 기계의 가치는 네트워크에 있는 전체 팩스 기계 수에 따라 증가한다. 문서 송수신이 늘어난다. 마찬가지로, 소셜 네트워크에서는 서비스를 사용하는 사용자 수가 많을수록 서비스가 커뮤니티에 더 가치가 있게 된다.

보충자료 51 **랜섬웨어, 스팸웨어, 웜 바이러스, 스푸핑 등**

① 랜섬웨어(ransomware) : 컴퓨터시스템을 감염시켜 접근을 제한하고 일종의 몸값을 요구하는 악성 소프트웨어의 한 종류이다. 컴퓨터로의 접근이 제한되기 때문에 제한을 없애려면 해당 악성 프로그램을 개발한 자에게 지불을 강요받게 된다. 이때 암호화되는 랜섬웨어가 있는 반면, 어떤 것은 시스템을 단순하게 잠그고 컴퓨터 사용자가 지불하게 만들기 위해 안내문구를 띄운다.

② 스팸웨어(spamware) : 스팸 발송을 위해 스팸 발송자가 특별히 고안한 소프트웨어 유틸리티이다. Spamware를 사용하면 전자메일 주소목록을 검색, 정렬 및 컴파일하고 자동 전자메일 브로드 캐스트 솔루션을 제공할 수 있다. 스팸 또는 원치 않는 이메일을 의심하지 않는 수신자에게 보내는 데 사용할 수 있다. 이메일 목록 서버 소프트웨어는 스팸이 아닌 합법적인 목적으로 사용될 수 있으므로 대량 이메일을 보내는 모든 소프트웨어가 스팸웨어인 것은 아니다.

③ 패킷 분석기, 패킷 애널라이저(packet analyzer/network analyzer), 패킷 스니퍼(packet sniffer/ network sniffer) : 디지털 네트워크나 네트워크의 일부를 통해 전달되는 트래픽을 가로채거나 기록할 수 있는 컴퓨터 프로그램 또는 컴퓨터 하드웨어를 의미한다. 이러한 도구를 사용하여 네트워크 통신 내용을 몰래 도청하는 행위를 패킷 가로채기 또는 **스니핑**(sniffing)이라고 한다.

④ 웜 바이러스(worm virus) : 컴퓨터시스템을 파괴하거나 작업을 지연 또는 방해하는 악성 프로그램을 일반적으로 컴퓨터바이러스라고 말한다. 컴퓨터바이러스는 바이러스, 웜, 트로이목마로 나눌 수 있다. 컴퓨터바이러스는 감염 대상을 갖고 파일에 기생하면서 다른 사용자에게로 옮겨다니는 것이다. 웜이 컴퓨터바이러스와 다른 점은 자기복제를 한다는 것이다. 트로이목마는 사용자의 정보를 빼가는 악성 프로그램이다. 웜은 보통 인터넷 전자우편의 첨부파일 형태로 퍼져나가고, 일단 파일이 실행되어 웜에 감염되면 자기복제를 통해 급속도로 퍼진다. 최근에 발견된 웜은 전자우편을 보낼 때마다 이름을 달리하여, 사용자가 쉽게 알아채지 못하는 등 피해가 점점 커지고 있다.

⑤ 스푸핑(spoofing) : 초단타 매매로 시세를 조작해 차익을 남기는 거래다. 2018년 미국 시카고상품거래소(CME)가 하나금융투자의 시세 조작 행위에 대해 과태료를 부과하기로 결정했다. IT에서는 **웹사이트를 통해 이용자 정보를 빼 가는 해킹 수법**을 의미하기도 한다.

⑥ 서비스 거부 공격(–拒否 攻擊, denial–of–service attack, DoS attack) 또는 DoS 공격/도스 공격(DoS attack) : 시스템을 악의적으로 공격해 해당 시스템의 **리소스를 부족하게 하여** 원래 의도된 용도로 **사용하지 못하게 하는** 공격이다. 대량의 데이터 패킷을 통신망으로 보내고 특정 서버에 수많은 접속 시도를 하는 등 다른 이용자가 정상적으로 서비스 이용을 하지 못하게 하거나, 서버의 TCP 연결을 바닥내는 등의 공격이 이 범위에 포함된다. 수단, 동기, 표적은 다양할 수 있지만, 보통 인터넷 사이트 서비스 기능의 일시적 또는 영구적 방해 및 중단을 초래한다. 통상적으로 DoS는 유명한 사이트, 즉 은행, 신용카드 지불 게이트웨이, 또는 심지어 루트 네임 서버(root name server)를 상대로 이루어진다.

분산서비스 거부공격(Distributed DoS attack) 또는 DDoS 공격/디도스 공격(DDoS attack)은 **여러 대의 공격자를 분산적으로 배치해 동시에 서비스 거부공격을** 하는 방법이다. 이는 IAB의 정당한 인터넷 사용 정책에 반하는 것으로 여겨지며 거의 모든 인터넷 서비스 공급자의 허용할 수 있는 사용 정책도 위반한다. 또한 개별 국가의 법률에도 저촉된다.

⑦ 신원 도용(identity theft) 또는 신분 위장 절도(identity theft) : 다른 누군가로 가장하려고 그 사람의 주민번호, 운전면허증번호, 신용카드번호 등 개인 핵심정보를 빼내는 범죄를 말한다. 이러한 정보는 피해자의 이름으로 신용구매를 하거나 제품을 구매하거나 서비스를 받는데 사용될 수 있고, 범죄자가 위조 신분증명서를 만드는 데 사용되는 등 여러 범죄를 일으키는데 사용될 수 있다.

PART 07

보충자료 52 **클라이언트/서버 컴퓨팅, 엔터프라이즈 컴퓨팅, 온-프레미스 컴퓨팅**

① **클라이언트/서버 컴퓨팅** : 클라이언트인 데스크톱 컴퓨터나 노트북 컴퓨터는 네트워크를 통해 클라이언트 컴퓨터에 다양한 서비스 및 기능을 제공하는 서버와 연결된다. 이처럼 클라이언트/서버 컴퓨터 간 컴퓨터의 처리 작업은 서로 분리되었다. 클라이언트가 사용자 입력에 초점을 맞춘 반면, 서버는 공유 데이터의 처리 및 저장, 웹 페이지 지원, 또는 네트워크 활동 관리 등의 역할을 수행한다.

② **엔터프라이즈 컴퓨팅(enterprise computing)** : 통합된 대규모 시스템에서 사용되는 컴퓨터 기술의 집합으로 "공동의 목적을 이루기 위해 컴퓨터를 활용하는 것", 개인의 목적이 아니라는 것, 그리고 개개인의 전문 분야 간의 관계를 세세히 따지지 않고 컴퓨터를 활용한다는 것에 중점을 둔 용어라는 특징이 있다.

③ **온-프레미스 컴퓨팅(on-premise computing)** : 온프레미스 컴퓨팅은 기업이나 조직이 하드웨어, 소프트웨어 등 모든 컴퓨팅 환경을 자체적으로 구축하고, 운영·유지·관리하는 것을 말한다. 클라우드 컴퓨팅 기술이 나오기 전까지 기업 인프라 구축의 일반적인 방식이었다. 시스템을 구축하는데 많은 시간이 걸리고 부지비용, 설치비용, 운영비용 등 비용측면에서 클라우딩 시스템과 비교하면 비효율적이다. 하지만 보안적인 이유로 비즈니스에 중요하고 보안이 필요한 서비스와 데이터는 온프레미스 환경에서 운영한다.

④ **그린 컴퓨팅** : 그린 컴퓨팅(Green computing)은 환경용어로 컴퓨터나 주변기기의 환경에 대한 악영향을 최소화할 수 있도록 만들거나 개선하도록 유도하는 환경운동의 일환으로, 컴퓨터를 제조, 사용, 폐기하는 일련의 과정에 있어 전방위적으로 환경에 대해 미치는 악영향을 최소화하자는 운동이다. 그린 컴퓨팅의 시작은 1990년대 초반 미국에서 발생한 수많은 환경운동에서도 그 영향을 받았으며, 1990년대 초반부터, 2000년대 초반에 이르기까지 많은 기준이 세워지게 되었다. 그런 와중에 미국에서 조사 결과, 미국의 많은 IT기업에서 소모되는 전기에너지 중에서 약 70% 가량이 실제로는 사용되지 않는 대기상태에서 전력 낭비가 되고 있다는 통계결과는 그린 컴퓨팅의 도입을 가속화시켰다.

⑤ **클라우드 컴퓨팅** : 정보처리를 자신의 컴퓨터가 아닌 인터넷으로 연결된 다른 컴퓨터로 처리하는 기술이다. 빅데이터를 처리하기 위해서는 다수의 서버를 통한 분산처리가 필수적이다. 인터넷기술을 활용하여 가상화된 IT자원을 서비스로 제공하는 방식으로 사용자는 소프트웨어, 스토리지, 서버, 네트워크 등 다양한 IT자원을 필요한 만큼 빌려서 사용한다. 서버나 시스템의 구매가 필요치 않기 때문에 조직의 막대한 IT자원에 대한 투자를 필요로 하지 않는다.

⑥ **분산 컴퓨팅(distributed computing)** : 분산 컴퓨팅은 분산 시스템(distributed systems)을 연구하는 컴퓨터 과학의 한 분야로, 인터넷에 연결된 여러 컴퓨터들의 처리능력을 이용하여 메시지를 하나에서 다른 하나로 보냄(message passing)으로써 거대한 계산문제를 해결하려는 분산처리 모델이다.

cf 중앙집중시스템(Centralized System) : 하나의 중앙 서버 또는 데이터베이스에서 모든 처리를 수행하는 시스템

⑦ **양자 컴퓨팅** : 양자 컴퓨터는 양자역학의 특성을 사용하여 계산을 수행한다. 양자 컴퓨터는 특정 유형의 계산에서 기존 컴퓨터(스마트폰, 서버, 데스크톱 컴퓨터 등 오늘날 널리 사용되는 모든 컴퓨팅 장치를 의미)보다 훨씬 빠르다. 가장 중요한 점은 양자 컴퓨팅이 기존 컴퓨팅으로는 전혀 효율적으로 해결할 수 없는 극도로 어려운 수학문제를 해결할 수 있다는 것이며, 이 때문에 현재의 암호화 방식이 위험에 처하고 중요한 데이터가 노출될 수 있다는 사실이다.

보충자료 53 시스템 개발 과정

1. 소프트웨어 개발 생명주기
계획, 분석, 설계, 구현으로 구성

(1) 계획에서의 타당성 분석
1) 기술적 타당성(개발할 수 있는 능력이 있는가?)
2) 경제적 타당성(비즈니스 가치를 제공할 수 있는가?)
3) 조직적 타당성(구축한다면 사용될 것인가?)

(2) 분석에서의 세 가지 단계
1) 분석전략 수집 : 현재 시스템에 대한 분석과 그 문제점, 새로운 시스템의 설계 방향이 포함
2) 요구 수집 : 비즈니스 분석 모델을 개발하는 데 기초가 됨
3) 문서화 : 시스템 제안서 작성

(3) 설계에서의 네 가지 단계
① 설계 전략 수집, ② 아키텍처 설계, ③ 데이터 설계, ④ 프로그램 설계

(4) 구현에서의 세 가지 단계
1) 시스템 구축 : 시스템이 설계대로 구현되었는지 테스트
2) 시스템 설치
3) 지원계획 : 개발한 시스템을 위한 지원계획을 확립한다.

2. 시스템 개발 수명주기[System Development Life Cycle : SDLC]
PLC(Product life cycle)와 같은 의미를 시스템 개발에 적용시킨 것이다.
["What" → "How" → "Change"]

① **시스템 분석** : 문제의 정의, 타당성 평가, 정보요구분석, 논리적 설계
② **시스템 설계** : 물리적 시스템 설계, 물리적 DB 설계, 프로그램 작성, 지침서 등의 작성
③ **시스템 실행/유지보수** : 변경, 운용, 유지보수, 사후감사

단계	설명
타당성 조사(feasibility study)	조직적 · 경제적 · 기술적 · 운영적 · 동기적 타당성
시스템 분석(systems analysis)	조직 분석/현재 시스템 분석/시스템 요구사항 분석
시스템 설계(systems design)	인터페이스 설계/데이터 설계/프로그램 설계
시스템 구축(systems implementation)	하드웨어 · 소프트웨어 획득/테스팅/시스템 전환
시스템 운영(systems operation)	시스템 유지 · 보수 · 개선

(1) 타당성 조사

시스템을 개발하기 전에 기술적 타당성을 포함한 시스템 개발의 조직 전반 입장에서의 합목적성을 고려하여야 한다. 조직적 타당성은 개발하려는 시스템이 조직의 전략적 비전, 전략, 실행계획 등과 관련하여 합목적성을 가지고 있는가를 검토하는 것이다. 경제적 타당성은 표현 그대로 투자재원 확보, 이익 증가, 회수기간의 적정성 등을 말하며, 운영적 타당성은 시스템 개발 후 운영 · 관리상의 제반 문제(조직적 지원, 예산, 인적 자원)에 관한 타당성을 말한다. 동기적 타당성은 시스템의 최종사용자가 시스템 개발과 운영과정에 적극적으로 참여하려는 동기가 충분한가에 관한 것이다.

(2) 시스템 분석

시스템 분석은 사용자가 시스템으로부터 원하는 것을 도출하는 과정으로서 이 단계를 거쳐 시스템 요구사항이 결정된다. 우선 시스템 분석은 조직 분석, 현재 시스템 분석, 요구사항 분석으로 나눌 수 있다.

분석	내용
조직 분석	최종사용자와 조직의 정보에 대한 요구
현재 시스템 분석	현재의 정보시스템의 활동, 자원, 출력물 등 분석
시스템 요구사항 분석	최종사용자의 정보에 대한 요구를 만족시키는 데 필요한 정보시스템의 능력

조직 분석은 시스템이 사용될 조직 전반에 대한 것으로 이를 통하여 시스템 개발 시 고려할 사항 혹은 제한점 등을 알아낸다. 또한 기존 활용되고 있는 시스템에 대한 분석이 필수적이다. 특히 요즘 들어 시스템 통합이 중요해짐에 따라 기존 시스템의 플랫폼(platform)과 데이터베이스와 호환되는 시스템을 개발하는 것은 유연하고 효율적인 시스템 개발에 절대적이라고 할 수 있다. 시스템 분석단계의 마지막인 시스템 요구사항 분석은 사용자가 시스템으로부터 원하는 정보요구를 시스템분석가가 도출하는 것이다. 이는 사용자 인터페이스 요구사항, 처리사항, 저장사항, 제어요구사항 등으로 이루어져 있다. 구체적인 내용은 다음과 같다.

시스템 요구사항	내용
사용자 인터페이스 요구사항	최종사용자의 정보 **입력과 출력에 대한 형태 및 내용, 양**에 대한 요구
처리 요구사항	입력을 출력으로 바꾸는데 **요구되는 각종 계산, 결정 규칙, 용량, 응답시간**에 대한 요구
저장 요구사항	• **데이터베이스의 구조, 내용, 규모**에 대한 요구 • 갱신, 조회의 유형 및 빈도에 대한 요구 • 자료 유지에 대한 길이와 원리에 대한 요구
제어 요구사항	입력, 처리, 출력 및 저장 기능에 대한 정확도, 안전성, 보안성, 유효성에 대한 요구

(3) 시스템 설계

이 단계는 시스템 분석단계의 산물인 사용자 요구사항을 만족시킬 수 있는 시스템을 설계하는 것으로 사용자 인터페이스(interface)설계, 자료설계, 처리설계로 나눌 수 있다. 인터페이스설계는 화면구성, **입출력 양식 등에 대한 설계**를 말하고, 자료설계는 **데이터베이스에 포함되는 파일의 구성과 그 형태**에 대한 것이며, 처리설계는 제안된 시스템의 프로그램 부분으로 각 모듈의 명세와 각 모듈의 상호작용에 대한 것이다.

(4) 시스템 구축

시스템 설계단계에서 마련된 설계명세(design specifications)를 바탕으로 하드웨어와 소프트웨어를 구입 혹은 실제 제작하는 단계가 시스템 구축단계이다. 이 단계는 시스템 구현과 더불어 시스템 **테스팅**(testing)**과 시스템 관련 문서화**(documentation)가 이루어진다. 특히 문서화는 하드웨어, 프로그램, 데이터 등에 대한 기록으로 사용자와 개발자, 운영·보수자, 장래 개발자 모두를 위해 필수적이다. 구축단계의 마지막은 시스템 전환(Systems conversion) 활동이다.

(5) 시스템의 운영

마지막으로 시스템 구축이 끝나면 시스템 운영단계에 들어간다. 이는 정상적으로 시스템이 사용자에게 사용될 수 있도록 제반 시스템관리와 운영을 포함한다. 또한 **시스템 유지보수**(maintenance)를 통하여 사용 중 발생하는 오류수정과 업무처리 변화와 조직 환경변화에 따라 시스템을 변경하여야 한다.

PART
07

보충자료 54 NFC, 텔레매틱스

(1) NFC(Near Field Communication, 근거리 무선통신)

은 표준 기반 연결기술로 이를 사용하면 거래와 디지털 콘텐츠 교환, 장치 연결이 더 편해진다. 다양한 장치 간의 근거리 무선통신이 가능한 기술로 무단통신을 방지한다. 약 1cm인 최대 판독 거리 내에 두 대의 NFC 장치를 함께 두면 활성화된다. NFC로 휴대폰과 다른 NFC 장치(IC 태그, 휴대폰, 기타 모바일 장치, 결제 장치, 홈 오디오 및 비디오 장치 등) 간에 정보를 전송할 수 있다. 예를 들어 웹 주소, 연락처, 전화번호, 음악 트랙, 비디오, 사진을 공유할 수 있다.

(2) 텔레매틱스(Telematics)

무선통신과 GPS 기술이 결합되어 자동차에서 위치정보, 안전운전, 오락, 금융 서비스, 예약 및 상품구매 등의 다양한 이동통신 서비스 제공을 의미한다. 좀 더 넓은 의미에서 원격 진료 및 원격 검진을 포함하여 지칭하기도 한다.

보충자료 55 사물인터넷, 가상현실

(1) 사물인터넷

정보통신기술 기반으로 모든 사물을 연결해 사람과 사물, 사물과 사물 간에 정보를 교류하고 상호 소통하는 지능형 인프라 및 서비스 기술이다. 사물인터넷(IoT, Internet of Things)은 센서(및 기타 기술)가 장착된 연결된 오브젝트와 장치(일명 "사물")로 이루어진 네트워크로, 다른 사물 및 시스템과 데이터를 전송하고 수신할 수 있다.

(2) 가상현실(假想現實, virtual reality, VR)

가상현실은 컴퓨터 시스템 등을 사용해 인공적인 기술로 만들어 낸, 실제와 유사하지만 실제가 아닌 어떤 특정한 환경이나 상황 혹은 그 기술 자체를 의미한다.

PART 08
재무관리

Chapter 01 재무관리의 의의와 기초개념

I 재무관리의 의의

재무관리는 **자금의 조달과 운용**에 대한 의사결정을 하는 것이다.

〈도표 1-1〉 재무관리의 의의

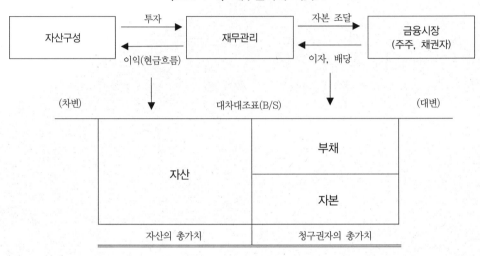

II 재무관리의 목표

1. 이윤극대화 목표의 문제점

① 이윤개념이 모호하다.

② 화폐의 시간가치를 무시하고 있다.

③ 미래의 불확실성(위험)을 무시하고 있다.

④ 사회적 책임을 무시하고 있다.

2. 기업가치 극대화 목표의 타당성

① 기업가치의 개념이 명확하다.

② 화폐의 시간가치를 고려하고 있다.

③ 미래의 불확실성(위험)을 고려하고 있다.

④ 기업가치는 주식시장에서의 주가를 통해 객관적으로 측정할 수 있다.

3. 기업가치의 극대화

(1) 기업가치(V)의 의의

1) 기업가치는 기업이 **미래에 벌어들일 현금흐름의 현재가치**이다.

2) 미래의 현금흐름(C_t)을 현재가치로 할인하기 위해서는, 그 현금흐름의 위험이 반영된 할인율 (h)을 이용해야 한다.

$$V = \sum_{t=1}^{\infty} \frac{C_t}{(1+k)^t} \qquad (1.1)$$

(2) 기업가치의 극대화

1) 기업가치를 극대화하기 위해서는 위의 식(1.1)에서 분자의 현금흐름(C_t)을 극대화하거나, 분모의 할인(k)을 극소화해야 한다.

2) 분자의 현금흐름(C)은 그 기업이 보유하고 있는 자산의 수익성을 나타내고, 분모의 할인율 (k)은 그 현금흐름의 위험의 크기를 나타낸다. 즉, 위험이 클수록 할인율(k)은 커진다.

$$V = \sum_{t=1}^{\infty} \frac{C_t}{(1+k)^t} \qquad \begin{array}{l} \text{: 수익성 극대화} \Rightarrow V \uparrow \\ \text{: 자본비용 극소화} \Rightarrow V \uparrow \end{array}$$

> 할인율은 자본비용이라고도 한다.

(3) 기업가치, 자기자본가치, 주가의 관계

1) 기업가치는 자기자본가치와 부채가치의 합인데, 부채가치가 일정하다면 기업가치 극대화는 자기자본(또는 주주가치) 극대화를 통해서 달성할 수 있다.

2) 자기자본가치는 주가와 발행주식수의 곱인데, 발행주식수가 일정하다면 자기자본가치 극대화는 주가의 극대화를 통해서 달성할 수 있다.

> 뒤에서 배울 피셔의 분리정리에 의하면 기업가치 극대화는 NPV극대화를 통해서 달성할 수 있다.

4. 기업가치 극대화 목표의 문제점

(1) 소유와 경영의 일치 시 : 주주의 부=경영자의 부

(2) 소유와 경영의 불일치 시 : 주주의 부≠경영자의 부

1) 이때 경영자(대리인)는 주주의 부보다는 자신의 부를 극대화하려는 의사결정을 할 수 있다.
   → 대리인문제가 발생

> 대리인 : agent, 주인 : principal

2) 대리인문제를 피하기 위한 방법
   ① 경영자 감시기관의 설치 및 운용
   ② 주주총회에서 이사의 선임권 행사

PART 08

③ 매수·합병(M&A)시장의 발달로 인한 경영자의 교체압력

④ 경영자 시장의 활성화

⑤ 스톡옵션(stock option) 등의 경영자 보상제도 도입

⑥ 이해상충되는 부분에 대한 경영자의 권한 제한

Ⅲ 유동성 선호

1. 유동성 선호와 화폐의 시간가치

(1) 사람들은 같은 금액이라면 다음과 같은 이유로 현재의 현금을 미래의 현금보다 선호한다.

→ 유동성 선호(liquidity preference)

① **시차선호** : 미래소비보다 현재소비를 선호

② 물가상승 가능성으로 구매력 감소 가능성 존재

③ 투자기회를 이용하여 현재 현금의 가치 증대 가능

④ 미래에는 불확실성의 존재

(2) 그러므로 화폐는 같은 금액이라도 시간에 따라 가치가 달라진다. → 이자율 개념 필요

(3) 발생시점이 서로 다른 화폐의 상대적 가치(화폐의 시간가치)를 비교하기 위해 이자율이란 척도가 필요하다.

① 이자율은 현재의 현금을 포기하는 대가로 요구하는 부분

② 이자율은 무위험이자율(R_f)과 위험프리미엄(RP)의 합으로 구성

〈도표 1-2〉 유동성 선호와 이자율

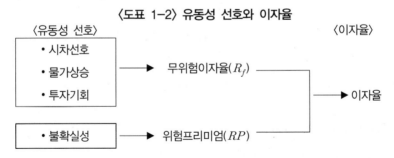

Ⅳ 이자율의 적용

1. 현금흐름이 한 번인 경우의 화폐의 시간가치

(1) **미래가치(FV ; future value)** : 이자율$=r$, 기간$=n$, 현재가치$=$PV

$$FV = PV(1+r)^n = PV \cdot CVIF_{(r,n)} \qquad (1.2)$$

$$P_n = P_0(1+r)^n = P_0 \times CVIF_{(r,n)} \qquad (1.3)$$

(2) 현재가치(PV ; present value)

$$PV = \frac{FV}{(1+r)^n} = FV \cdot PVIF_{(r,n)} \tag{1.4}$$

$$P_0 = \frac{P_n}{(1+r)^n} = P_n \times PVIF_{(r,n)} \tag{1.5}$$

〈도표 1-3〉 화폐의 미래가치와 현재가치

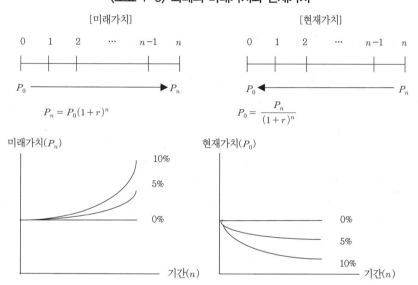

[예제 1]

미래가치의 계산

1) 현재 10,000원의 3년 후 가치는? (단, 이자율은 5%)
2) 현재 10,000원의 3년 후 가치는? (단, 이자율은 10%)
3) 현재 10,000원의 5년 후 가치는? (단, 이자율은 5%)
4) 현재 10,000원의 5년 후 가치는? (단, 이자율은 10%)
5) 현재 10,000원의 7년 후 가치는? (단, 이자율은 5%)
6) 현재 10,000원의 7년 후 가치는? (단, 이자율은 10%)

〈해설 및 정답〉

1) $P_3 = 10,000(1+0.05)^3 = (10,000)(1.1576) = 11,576$원
2) $P_3 = 10,000(1+0.1)^3 = (10,000)(1.3310) = 13,310$원
3) $P_5 = 10,000(1+0.05)^5 = (10,000)(1.2763) = 12,763$원
4) $P_5 = 10,000(1+0.1)^5 = (10,000)(1.6105) = 16,105$원
5) $P_7 = 10,000(1+0.05)^7 = (10,000)(1.4071) = 14,071$원
6) $P_7 = 10,000(1+0.1)^7 = (10,000)(1.9487) = 19,487$원

PART
08

[예제 2]

현재가치의 계산

1) 3년 후 10,000원의 현재가치는? (단, 이자율은 5%)

2) 3년 후 10,000원의 현재가치는? (단, 이자율은 10%)

3) 5년 후 10,000원의 현재가치는? (단, 이자율은 5%)

4) 5년 후 10,000원의 현재가치는? (단, 이자율은 10%)

5) 7년 후 10,000원의 현재가치는? (단, 이자율은 5%)

6) 7년 후 10,000원의 현재가치는? (단, 이자율은 10%)

〈해설 및 정답〉

1) $P_0 = \dfrac{10,000}{(1+0.05)^3} = (10,000)(0.8638) = 8,638원$

2) $P_0 = \dfrac{10,000}{(1+0.1)^3} = (10,000)(0.7513) = 7,513원$

3) $P_0 = \dfrac{10,000}{(1+0.05)^5} = (10,000)(0.7835) = 7,835원$

4) $P_0 = \dfrac{10,000}{(1+0.1)^5} = (10,000)(0.6209) = 6,209원$

5) $P_0 = \dfrac{10,000}{(1+0.05)^7} = (10,000)(0.7107) = 7,107원$

6) $P_0 = \dfrac{10,000}{(1+0.1)^7} = (10,000)(0.5132) = 5,132원$

2. 현금흐름이 여러 번인 경우의 화폐의 시간가치

(1) 연금(annuity)의 미래가치

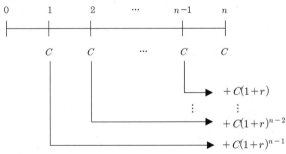

$$P_n = C + C(1+r) + C(1+r)^2 + \cdots + C(1+r)^{n-1}$$
$$= C\left[\frac{(1+r)^n - 1}{r}\right] = C \times CVIFA_{(r,n)}$$

(2) 연금의 현재가치

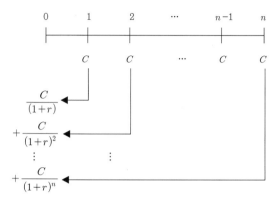

$$P_0 = \frac{C}{1+r} + \frac{C}{(1+r)^2} + \cdots + \frac{C}{(1+r)^{n-1}} + \frac{C}{(1+r)^n}$$
$$= C\left[\frac{(1+r)^n - 1}{r(1+r)^n}\right] = C \times PVIFA_{(r,n)}$$

(3) 영구연금(perpetuity)의 현재가치

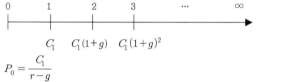

$$P_0 = \frac{C}{1+r} + \frac{C}{(1+r)^2} + \cdots + \frac{C}{(1+r)^\infty} = \sum_{t=1}^{\infty} \frac{C}{(1+r)^t} = \frac{C}{r} \qquad (1.6)$$

(4) 일정성장영구연금의 현재가치 : 현금흐름이 매년 g만큼 일정비율로 성장할 때

$$P_0 = \frac{C_1}{r-g} \qquad (1.7)$$

[예제 3]

영구연금 및 일정성장 연금의 현재가치의 계산

1) 1년 후부터 영구히 100만원씩 지급받는 상품의 현재가치는? (단, 이자율은 10%)

2) 1년 후에 100만원을 받고 그 이후 매년 5%씩 증액되는 상품의 현재가치는? (단, 이자율은 10%)

〈해설 및 정답〉

1) $P_O = \dfrac{C}{r} = \dfrac{100만원}{0.1} = 1,000 만원$

2) $P_O = \dfrac{C_1}{r-g} = \dfrac{100만원}{0.1-0.05} = 2,000 만원$

3. 화폐의 시간가치의 실제 사용 예

(1) 순현재가치(NPV)의 계산

1) 순현재가치(NPV ; net present value)는 어떤 투자안으로부터 얻게 될 현금유입의 현재가치에서 현금유출의 현재가치를 뺀 값이다.

NPV = 현금유입의 현재가치 − 현금유출의 현재가치

$$= \sum_{t=1}^{n} \frac{C_t}{(1+k)^t} - C_0 \qquad (1.8)$$

2) NPV가 0보다 클 때 그 투자안의 투자가치가 있는 것이므로 그 투자안을 채택한다.

[예제 4]

NPV의 계산

어떤 투자안으로부터의 현금흐름이 다음과 같을 때 NPV는? 단, 이자율(또는 할인율)=10%

기초투자액	1,000만원
1기말 현금흐름	700만원
2기말 현금흐름	500만원
3기말 현금흐름	600만원

〈해설 및 정답〉

```
    0         1         2         3
    |---------|---------|---------|
 −1,000     700       500       600
```

$$NPV = -1,000 + \frac{700}{1+0.1} + \frac{500}{(1+0.1)^2} + \frac{600}{(1+0.1)^3}$$

$$= -1,000 + (700)(0.9091) + (500)(0.8264) + (600)(0.7513)$$

$$= 5,003,500원$$

Ⅴ 소비와 투자의 결정

1. 소비와 투자결정의 기초개념

(1) 소비와 투자결정의 의의 및 가정

1) 의의 : 효용극대화를 위하여 자신에게 주어진 소득을 현재에 얼마 소비하고, 미래에 얼마 소비할 것인가를 결정하는 것

2) 가정

① 단일기간 : 현재시점(0시점)과 미래시점(1기 후)만 고려

② 미래의 확실성 : 미래소득이나 투자수익을 현재시점에서 확실히 알 수 있음

③ 완전자본시장(perfect capital market) : 세금이나 거래비용이 없으며, 동일한 이자율로 차입과 대출이 가능한 시장

(2) 소비의 효용과 무차별곡선

1) 효용(utility) : 소비를 통하여 얻게 되는 주관적인 만족도

2) 무차별곡선(IC ; indifference curve) : 동일한 효용을 가져다주는 소비조합 → 여기서는 현재소비(C_0)와 미래소비(C_1)의 조합

3) 무차별곡선의 특성
   ① 우하향
   ② 원점에 대해 볼록
   ③ 우상향으로 이동함에 따라 더 높은 효용수준
   ④ 교차하지 않음

4) 무차별곡선의 기울기 : 한계대체율(MRS ; marginal rate of substitution)
   ① 현재소비(C_0) 한 단위 증가 시 동일효용을 유지하기 위해 포기해야 하는 미래소비(C_1)의 양 → 소비자들의 주관적인 시차선호도
   ② 동일 소비점에서 한계대체율(MRS)이 클수록 현재소비를 더 선호

〈도표 1-4〉 효용함수와 무차별곡선

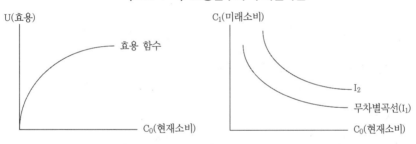

2. 자본시장만 존재하는 경우의 최적소비결정

(1) 자본시장과 자본시장선

1) 자본시장 : 일정한 이자율(r)로 차입과 대출(저축)이 가능한 시장

2) 자본시장선(= 시장기회선 = 소비가능선 = 이자율선)
   ① 자본시장 이용(차입과 저축) 시 소비가능한 현재소비(C_0)와 미래소비(C_1)의 조합
   ② 현재소득(y_0)과 미래소득(y_1)이 주어질 경우(E 수준에서), 소비는 소득수준까지 최대한 높일 것이므로, 소비의 현재가치와 소득의 현재가치(W_0)는 일치함. 또한 소비의 미래가치와 소득의 미래가치(W_1)도 일치함

   $$C_0 + \frac{C_1}{1+r} = y_0 + \frac{y_1}{1+r} = W_0 \qquad (1.9)$$

   또는 $C_0(1+r) + C_1 = y_0(1+r) + y_1 = W_1$

   ③ 자본시장선식

   $$C_1 = -(1+r)C_0 + W_1 \qquad (1.10)$$

④ 자본시장선의 기울기 $-(1+r)$은 현재화폐와 미래화폐의 객관적인 교환비율

〈도표 1-5〉 자본 시장선

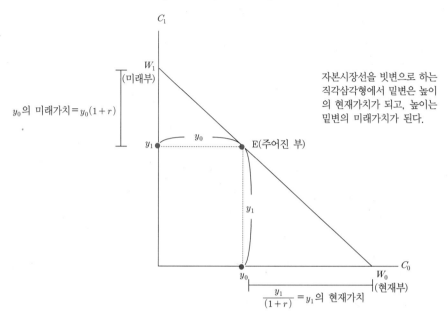

자본시장선을 빗변으로 하는
직각삼각형에서 밑변은 높이
의 현재가치가 되고, 높이는
밑변의 미래가치가 된다.

(2) 자본시장만 존재하는 경우의 최적소비결정

1) 최적소비점은 자신의 무차별곡선과 자본시장선이 접하는 점

$$MRS = -(1+r) \qquad (1.11)$$

2) 개인별 최적 소비점에서 소비함으로써 효용을 극대화함

〈도표 1-6〉 자본시장만 존재하는 경우의 최적소비결정

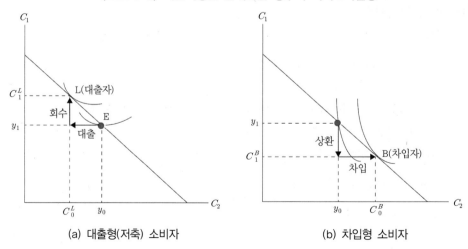

(a) 대출형(저축) 소비자   (b) 차입형 소비자

3. 생산기회만 존재하는 경우의 최적소비와 최적투자결정

(1) 생산기회 및 생산기회선(product opportunity line)

1) 생산기회 : 현재소득의 일부 또는 전부를 실물자산(기계 등)에 투자하여 미래수익을 얻을 수 있는 기회

2) 생산기회선(＝투자기회선)

① 현재시점의 투자금액과 그로부터 창출될 미래수익의 관계를 나타내는 선

→ 생산기회 이용 시의 가능한 소비조합

② 원점에 대하여 오목 → 한계수익률 체감

③ 생산기회선의 기울기 : 한계전환율(MRT ; marginal rate of transformation)

→ 현재소득 1단위 투자 시 얻게 될 미래수익

〈도표 1-7〉 생산기회선

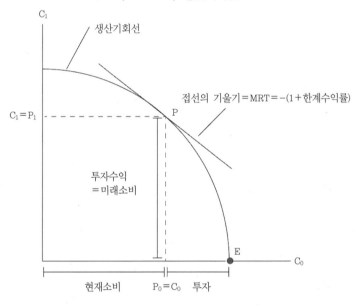

PART
08

(2) 생산기회만 존재하는 경우의 최적소비와 최적투자결정

1) 최적투자점(또는 최적소비점)은 자신의 무차별곡선과 생산기회선이 접하는 점

$$MRS = MRT \qquad (1.12)$$

〈도표 1-8〉 생산기회만 존재하는 경우의 최적소비와 최적투자 결정

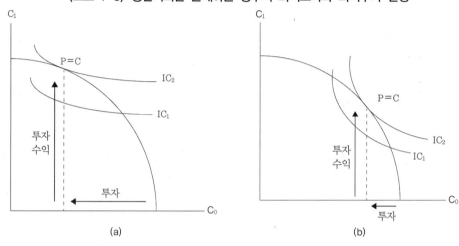

(a)   (b)

4. 자본시장과 생산기회가 모두 존재하는 경우의 최적투자와 최적소비결정

(1) 자본시장과 생산기회가 모두 존재하는 경우, 최적투자결정 후에 최적소비의 결정을 한다.
→ 2단계 구조

(2) 최적투자결정(=부의 극대화=NPV의 극대화) : 1단계

1) 최적투자점은 생산기회선의 기울기와 자본시장선의 기울기가 일치하는 점

$$MRT = -(1+r) \qquad (1.13)$$

2) 최적투자의 결정은 소비자의 효용함수(또는 무차별곡선)와 무관

(3) 최적소비결정(=효용의 극대화) : 2단계

1) 최적소비점은 자신의 무차별곡선과 최적투자점을 통과하는 자본시장선이 접하는 점

$$MRS = -(1+r) \qquad (1.14)$$

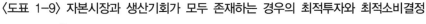

〈도표 1-9〉 자본시장과 생산기회가 모두 존재하는 경우의 최적투자와 최적소비결정

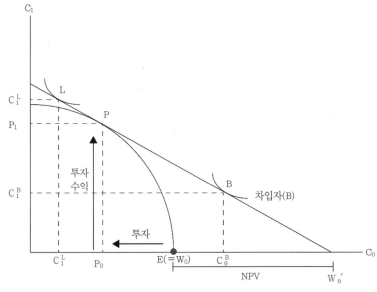

5. 피셔의 분리정리(Fisher's separation theorem)

(1) 의의

자본시장과 생산기회가 모두 존재하는 경우 최적투자결정과 최적소비결정이 서로 분리되는 것
→ 투자결정은 소비자들의 주관적인 선호(또는 효용)와 무관하게 객관적인 시장이자율기준에 의해 결정

(2) 시사점

1) NPV 극대화가 최적투자결정의 기준이 됨을 설명

→ 경영자가 NPV를 극대화하여 기업가치(또는 기업의 부를 최대한 증가시킨 후, 주주들은 극대화된 부를 자신의 시차선호에 따라 자본시장을 통하여 차입과 대출을 함으로써 자신들의 효용을 극대화할 수 있음

2) 소유와 경영의 분리를 설명

→ 피셔의 분리정리가 성립하면 경영자는 주주들의 주관적인 시차선호(효용함수)에 관계없이 객관적인 NPV 극대화기준에 의한 투자결정을 할 수 있고, 주주들은 투자결정을 경영자에게 위임할 수 있으므로 소유와 경영의 분리가 가능

PART

08

Ⅵ 확실성하의 자본예산

1. 자본예산의 기초

(1) 자본예산의 의의 및 가정

1) 고정자산과 같은 장기(1년 이상)투자안 평가
2) 미래현금흐름을 현재시점에서 확실하게 추정할 수 있다고 가정
3) 미래 현금흐름과 상응하는 할인율(무위험이자율)은 주어져 있다고 봄

(2) 투자의 분류

1) 투자안의 상호의존성에 의한 분류
   ① 독립적 투자(independent investment)
   ② 상호배타적 투자(mutually exclusive investment)
   ③ 상호보완적 투자(contingent investment)

2) 현금흐름의 형태에 의한 분류
   ① 대출형 투자(lending type investment)
   ② 차입형 투자(borrowing type investment)
   ③ 혼합형 투자(mixed type investment)

2. 현금흐름의 추정

(1) 현금흐름 : 다음과 같이 산출된 순현금흐름을 의미

순현금흐름(net cash flow) = 현금유입(cash inflow) − 현금유출(cash outflow)

(2) 현금흐름 추정의 기본원칙

1) 납세 후 기준(after-tax basis) : 법인세는 현금유출에 해당

2) 증분기준(incremental basis)
   ① 부수적 효과(side effects) : 새로운 투자안의 선택이 기존 투자안의 현금흐름을 증가시키는 효과
   ② 잠식비용(erosion costs) : 새로운 투자안의 선택이 기존 투자안의 현금흐름을 감소시키는 것
   ③ 기회비용(opportunity cost) : 현재 용도 이외의 다른 용도로 사용될 경우의 최대의 현금흐름
   ④ 매몰원가(sunk cost) : 과거의 의사결정에 의해 이미 발생한 비용

3) 금융비용(이자비용, 배당금) : 할인율에 반영
4) 감가상각비 등 : 비현금지출비용
5) 인플레이션(inflation) : 현금흐름과 할인율에 일관성 있게 반영

(3) 기타 고려사항

1) 투자세액공제(ITC ; investment tax credit) : $(+)$

2) 잔존가치(SV ; salvage value) : $SV_n - SV_0$

3) 처분가치(DV ; disposable value) : $DV - (DV - BV)t_c$

4) 운전자본(WC : working capital) : 발생시점$(-)$, 회수시점$(+)$

S (매출액)	: 현금유입
$-$O (현금유출 영업비용)	: 현금유출
$-$D (현금유출 없는 영업비용)	
EBIT (영업이익=NOI)	
$-$I (이자)	
EBT (세전 이익)	
$-$T (법인세)	: 현금유출
EAT (순이익=NI)	

〈도표 1-10〉 현금흐름 추정을 위한 손익계산서 및 현금흐름의 계산

$$CF = EBIT(1 - t_c) + D \quad = (S - O)(1 - t_c) + D \cdot t_c$$

$$\Delta CF = \Delta EBIT(1 - t_c) + \Delta D = (\Delta S - \Delta O)(1 - t_c) + \Delta D \cdot t_c$$

(4) 각 시점별 현금흐름의 추정

1) 투자시점(0기) : $CF_0 = -I + ITC + DV - (DV - BV)t_c - WC_0$

2) 투자기간 중(1기 $\sim$ n-1기) : $CF_1 \sim CF_{n-1} = (\Delta S - \Delta O)(1 - t_c) + \Delta D \cdot t_c - WC$

3) 종료시점(n기) : $CF_n = (\Delta S - \Delta O)(1 - t_c) + \Delta D \cdot t_c + SV_n - SV_o + \sum WC$

[예제 5]

최부장은 기존에 사용해 왔던 자사 사업부의 기계를 신기계로 대체할 것을 결정하였다.

잔존내용년수가 4년인 구기계의 현재 장부가는 1,700만원, 잔존가치는 100만원, 그리고 현재 시장가치는 2,700만원이다.

새 기계의 구입비는 2,000만원, 설치비는 1,000만원, 잔존가치는 200만원, 그리고 내용연수는 4년이다. 새 기계의 구입 시 투자시점에서 500만원의 운전자본이 필요하며, 투자금액의 10%를 투자세액공제를 받을 수 있다.

기계를 대체하면 매출액이 매년 2,000만원에서 2,500만원으로, 비용이 1,000만원에서 500만원으로 변동될 것이 확실하며, 1년 말에는 50만원, 2년 말에는 70만원, 3년 말에는 100만원의 운전자본이 추가로 필요하다.

감가상각방법은 정액법이며, 법인세율은 50%, 자본비용은 10%이다.

기계대체 시의 NPV는 얼마인가?

〈해설 및 정답〉

$$CF_0 = -I + ITC + DV - (DV - BV)t_c - WC_0 = -3,000 + 300 + 2,700 - 1,000 \times 0.5 - 500 = -1,000$$

$$CF_1 = (\Delta S - \Delta O)(1 - t_c) + \Delta D \cdot t_c - WC_1 = (500 + 500)(1 - 0.5) + 300 \times 0.5 - 50 = 600$$

$$CF_2 = (\Delta S - \Delta O)(1 - t_c) + \Delta D \cdot t_c - WC_2 = (500 + 500)(1 - 0.5) + 300 \times 0.5 - 70 = 580$$

$$CF_3 = (\Delta S - \Delta O)(1 - t_c) + \Delta D \cdot t_c - WC_3 = (500 + 500)(1 - 0.5) + 300 \times 0.5 - 100 = 550$$

$$CF_4 = (\Delta S - \Delta O)(1 - t_c) + \Delta D \cdot t_c + SV_n - SV_o + \sum WC$$
$$= (500 + 500)(1 - 0.5) + 300 \times 0.5 + (200 - 100) + 500 + 50 + 70 + 100 = 1,470$$

0	1	2	3	4
-1,000	600	580	550	1,470

$$NPV = -1,000 + \frac{600}{1 + 0.1} + \frac{580}{(1 + 0.1)^2} + \frac{550}{(1 + 0.1)^3} + \frac{1,470}{(1 + 0.1)^4} = 1,442.02$$

3. 투자안 평가

(1) 회계적 이익률법(ARR법 ; accounting rate of return method)

$$회계적\ 이익률(ARR) = \frac{순이익}{연평균\ 투자액}$$

1) 의사결정기준

① 독립적(또는 단일) 투자안 : 투자안의 ARR이 목표이익률보다 큰 투자안을 채택

② 상호배타적 투자안 : ARR이 목표이익률보다 큰 투자안 중에서, ARR이 가장 큰 투자안을 선택

2) 장점

① 계산이 간단하고 이해하기 쉽다.

② 회계장부상 자료를 이용하므로 편리하다.

3) 단점

① 현금흐름이 아닌 회계적 이익을 사용한다.

② 화폐의 시간가치를 무시한다.

③ 목표이익률 설정이 자의적이다.

④ 회계처리방법(감가상각방법)에 따른 순이익의 조작가능성이 있다.

(2) 회수기간법(payback period method)

> 회수기간=투자원금을 회수하는데 걸리는 기간

1) 의사결정기준

① **독립적(또는 단일) 투자안** : 투자안의 회수기간이 목표회수기간보다 짧으면 채택

② **상호배타적 투자안** : 투자안의 회수기간이 목표회수기간보다 짧은 투자안 중에서 가장 짧은 투자안을 선택

2) 장점

① 계산이 간단하고 이해하기 쉽다.

② 회수기간이 짧은 투자안의 선택으로 기업의 유동성은 증대되고, 인플레이션이나 설비의 진부화 위험을 어느 정도까지 회피 가능하다.

③ 회수기간은 위험지표(risk indicator)로서의 정보를 제공할 수 있다. 즉, 회수기간이 짧을수록 미래의 불확실성을 어느 정도 감소시킬 수 있기 때문이다.

3) 단점

① 회수기간 이후의 현금흐름을 무시한다.

② 화폐의 시간가치를 무시한다. → 할인회수기간법(discounted payback period)

③ 회수기간만 고려할 뿐 투자안의 수익성을 무시한다.

④ 목표회수기간 설정이 자의적이다. 즉, 어떤 회수기간을 기준으로 하여 투자안을 평가해야 하는지에 대한 근거가 확실하지 않다.

(3) 순현재가치(NPV ; net present value)법

> NPV=현금유입의 현가−현금유출의 현가
>
> $$NPV=\sum_{t=1}^{n}\frac{C_t}{(1+k)^t}-C_0$$

1) 의사결정기준

① **독립적(또는 단일) 투자안** : 투자안의 NPV가 0보다 큰 투자안을 채택

② **상호배타적 투자안** : NPV가 0보다 큰 투자안 중에서 가장 큰 투자안을 선택

2) 장점

① 내용연수 동안의 모든 현금흐름을 고려한다.

② 화폐의 시간가치를 고려한다.

③ 현금흐름과 자본비용만으로 투자안을 평가하므로 자의적 요인을 배제한다.

④ 투자안에 대한 가치가산의 원칙(value additivity principle)이 적용된다.

$$NPV(A+B)=NPV(A)+NPV(B)$$

⑤ 채택된 모든 투자안의 NPV의 합계는 그 기업의 가치를 반영한다.

3) 단점 : 자본비용의 추정이 어렵다.

(4) 내부수익률(IRR ; internal rate of return)

IRR=현금유입의 현재가치와 현금유출의 현재가치를 일치시키는 할인율

즉, $\sum\limits_{t=1}^{n}\dfrac{C_t}{(1+r)^t}-C_0=0$인 r

1) IRR의 의미

① NPV=0이 되게 하는 할인율

② 그 투자안의 수익률 → ∴ 투자안마다 서로 다른 값(즉, 내부수익률)

2) IRR 구하는 법

① 그 투자안의 수익률

② 근의 공식

③ 시행착오법(trial and error method)

④ 현금흐름이 매년 일정할 경우 투자수명이 길어질수록 회수기간의 역수에 접근

3) 의사결정기준

① 독립적(또는 단일) 투자안 : 투자안의 IRR이 자본비용(k)보다 크면 채택

② **상호배타적 투자안** : 투자안의 IRR이 k보다 큰 투자안 중에서 IRR이 가장 큰 투자안을 선택

4) 장점

① 내용연수 동안의 모든 현금흐름을 고려한다.

② 화폐의 시간가치를 고려한다.

5) 단점

① 내용연수가 3년 이상인 경우에는 내부수익률의 계산이 복잡하다.

② 재투자수익률의 가정이 불합리하다.

③ 내부수익률이 존재하지 않거나 복수의 내부수익률이 존재할 가능성이 있다.

④ 가치가산의 원리가 적용되지 않는다.

(5) 수익성지수(PI ; profitability index)법

> PI = 현금유입의 현재가치를 현금유출의 현재가치로 나눈 값
>
> $$PI = \frac{현금유입의\ 현재가치}{현금유출의\ 현재가치}$$

1) 의사결정기준

① 독립적(또는 단일) 투자안 : PI가 1보다 크면 채택

② 상호배타적 투자안 : 수익성지수가 1보다 큰 투자안 중에서 가장 큰 투자안을 선택

2) PI의 의의 및 한계점

① 투자규모가 다른 투자안의 상대적 수익성 → 투자금액의 단위당 투자의 효율성 지표

② 가치가산의 원리가 성립하지 않음 : PI(A+B) ≠ PI(A) + PI(B)

③ NPV법의 결과와 PI법의 결과가 다를 때 NPV법의 결과를 따름

4. NPV법과 IRR법의 비교

(1) 단일 투자안

① NPV법과 IRR법의 평가결과가 항상 일치

② IRR법에서는 현금흐름의 형태에 따라 의사결정기준이 달라짐

1) 대출형 투자

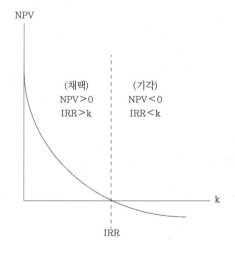

2) 차입형 투자

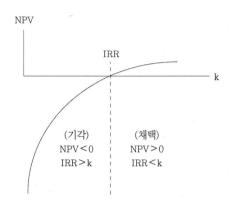

3) 혼합형 투자

복수의 내부수익률이 존재하거나 내부수익률이 존재하지 않을 가능성도 있음 → 이러한 경우 진정한 내부수익률(adjusted IRR ; 음(─)의 현금흐름은 IRR로 투자한 것으로 보고, 양(+)의 현금흐름은 자본비용으로 차입한 것으로 보아 계산한 IRR)을 산출

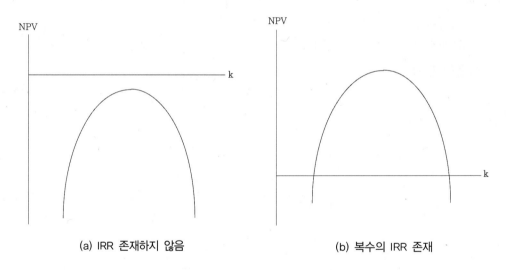

(a) IRR 존재하지 않음   (b) 복수의 IRR 존재

(2) 복수의 투자안

투자규모, 투자수명, 또는 현금흐름의 양상에 따라서 상반된 평가결과가 나타날 수 있다.

[예제 6]

투자안	현금흐름		NPV(k=10%)	IRR
	C_0	C_1		
A	−1,000	2,000	818	100%
B	−10,000	15,000	3,636	50%
투자안 선택			B	A

투자규모의 차이 9,000원(=10,000−1,000)에 대해서 NPV법에서는 자본비용(10%)으로 재투자한다고 가정하고, IRR법에서는 내부수익률(100%)로 재투자한다고 가정

[예제 7]

투자안	현금흐름					NPV (k=10%)	IRR
	C_0	C_1	C_2	C_3	C_4		
A	−10,000	12,500				1,364	25%
B	−10,000				20,000	3,660	19%
투자안 선택						B	A

NPV법에 의하면 투자수명의 차이(3년) 동안에 자본비용으로 재투자한다는 가정을 하고 있고, IRR법에서는 내부수익률로 재투자한다고 가정

[예제 8]

투자안	현금흐름				NPV (k=10%)	IRR
	C_0	C_1	C_2	C_3		
A	−10,000	8,000	4,000	2,000	2,081	25%
B	−10,000	2,000	4,000	10,000	2,637	21%
투자안 선택					B	A

투자기간 내의 현금흐름에 대하여 NPV법에서는 투자종료시점까지 자본비용으로 재투자한다고 가정하고, IRR법에서는 내부수익률로 재투자한다고 가정

1) 피셔의 수익률(Fisher's rate of return) : 두 투자자 간의 NPV를 같게 하는 할인율 → 자본비용의 변화에 따른 순현가곡선이 서로 교차하는 점

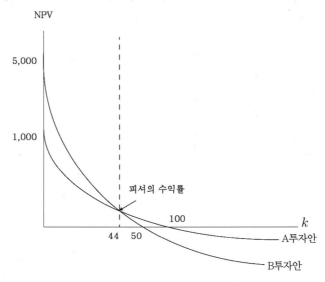

① 평가대상이 되는 투자안의 특성(투자규모, 투자수명, 현금흐름의 양상)이 현저히 다르더라도 평가결과가 항상 상반되지는 않고, 자본비용이 피셔의 수익률보다 작은 구간에서만 상반된 결과가 있게 됨

② 투자규모가 큰 투자안, 투자수명이 긴 투자안, 그리고 현금흐름이 투자 후기에 많은 투자안일수록 할인율(자본비용)의 변동에 대하여 NPV값이 보다 크게 변화함 → NPV법에 의하면 투자 후기의 현금흐름이 상대적으로 높게 평가되고, IRR법에 의하면 투자초기의 현금흐름이 상대적으로 높게 평가됨

③ 평가결과가 상반되는 이유 : 재투자수익률에 대한 가정이 다르기 때문

2) 상반된 평가결과의 해결방법

① 증분NPV와 증분IRR(incremental IRR) : 증분액 이용

② 수정NPV와 수정IRR(modified IRR) : 종가 이용 → 재투자수익률을 동일하게 가정

Chapter 02 투자론

I 불확실성하의 투자자산 선택

- 불확실성(uncertainty) : 위험을 내포하고 있다는 의미
- 위험 : 미래수익(또는 수익률)의 변동 가능성(variability)을 의미

1. 수익과 위험의 측정

(1) 수익

기대수익률 : $E(R) = \sum_s R_s \cdot P_s$

(2) 위험

1) 분산

: $Var(R) = \sigma^2 = \sum_s [R_s - E(R)]^2 \cdot P_s$

2) 표준편차

: $\sigma = \sqrt{Var(R)} = \sqrt{\sigma^2}$

3) 공분산

: $Cov(R_a, R_b) = \sigma_{ab} = \sum [R_{as} - E(R_a)][R_{bs} - E(R_b)] \cdot P_s$

[예제 1]

A자산의 상황별 확률과 수익률이 다음과 같을 때, 기대수익과 위험을 계산하시오.

	상황 1	상황 2
발생확률	$P_1 = 0.4$	$P_2 = 0.6$
예상수익률	10%	20%

〈해설 및 정답〉

① 기대수익률 : $E(A) = 10 \times 0.4 + 20 \times 0.6 = 16$

② 위험 : $Var(A) = (10-16)^2(0.4) + (20-16)^2(0.6) = 24$

　　※ $\sigma = \sqrt{24} = 4.89$

---

2. 불확실성하의 투자자산 선택이론

(1) 기대가치극대화 기준 : 수익성만 고려

(2) 기대효용극대화 기준 : 가장 타당

(3) 확률지배이론

  1) 수익률(부)의 확률분포는 알고 있으나
  2) 투자자의 구체적인 속성을 모를 때

3. 기대효용극대화 기준

(1) 위험과 투자자의 유형

  1) 위험회피형 : 보다 적은 위험 선호, 위험부담 시 보상 요구
  2) 위험중립형 : 위험 무시, 기대수익률에 의해 의사결정
  3) 위험선호형 : 보다 큰 위험 선호

〈도표 2-1〉 투자자의 효용함수

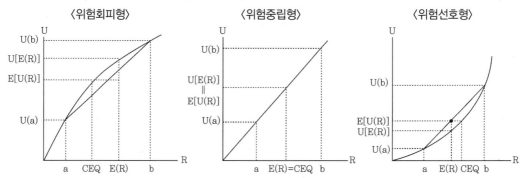

[투자자의 유형별 효용함수의 특징]

	위험회피형	위험중립형	위험선호형
효용함수	체험적 증가형 ($u'>0$, $u''<0$)	단순 증가형 ($u'>0$, $u''=0$)	체증적 증가형 ($u'>0$, $u''>0$)
특징	$U[E(R)] > E[U(R)]$	$U[E(R)] = E[U(R)]$	$U[E(R)] < E[U(R)]$
CEQ(확실성등가)	$E(R) > CEQ$	$E(R) = CEQ$	$E(R) < CEQ$
RP	항상 +	항상 0	항상 −

단, CEQ(certainty equivalent) : 기대효용과 동일한 효용을 주는 확실한 부의 수준
위험프리미엄＝기대부－확실성 등가

ⓛ 평균 – 분산기준

1. 평균–분산기준의 전제조건

기대효용극대화기준 대신에 평균–분산기준을 적용하려면 다음의 두 조건 중에서 하나만 충족되면 된다.

① 자산수익(률)에 대한 확률분포가 정규분포를 이룬다.

② 투자자의 효용함수가 2차함수이다.

2. 평균–분산기준에 의한 위험자산의 선택

〈1단계〉 지배원리에 의한 효율적인 자산집합의 선택

〈2단계〉 투자자의 주관적인 무차별곡선에 의한 최적자산의 선택

〈도표 2-2〉 평균–분산기준에 의한 위험자산의 선택

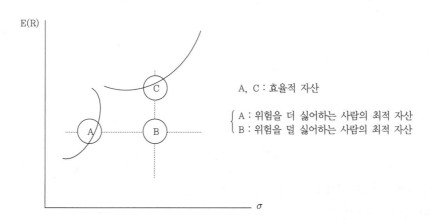

Ⅲ 포트폴리오이론

1. 포트폴리오이론의 의의 및 전제

(1) 포트폴리오이론의 의의

1) 마코위츠(H. Markowitz)에 의해 제시되었기 때문에 마코위츠모형, 또는 완전공분산모형 (full covariance model)으로도 불림

2) 투자자금을 하나의 투자대상에만 투자하기보다는 여러 자산에 나누어 투자하는 분산투자 (diversification)를 할 때, 둘 이상의 자산의 조합을 포트폴리오(portfolio)라고 함

(2) 포트폴리오이론의 가정

1) 모든 투자자는 위험회피적이고 기대효용을 극대화하고자 한다.

2) 모든 투자자는 평균–분산기준에 따라 투자 결정한다.

3) 모든 투자자는 투자대상의 미래수익률에 대하여 동질적 기대(homogeneous expectation)를 한다.

4) 투자기간은 단일기간(single period)이다.

> 포트폴리오이론은 완전자본시장에 대한 가정이나 시장의 균형 또는 무위험이자율에 대한 가정이 없다.

(3) 기술통계적 특성(단, a, b, c는 상수이고, X, Y, Z는 확률변수이다.)

1) 기댓값
  ① $E(a) = a$
  ② $E(aX) = aE(X)$
  ③ $E(aX + bY) = E(aX) + E(bY) = aE(X) + bE(Y)$

2) 분산
  ① $Var(a) = 0$
  ② $Var(aX) = a^2 Var(X)$
  ③ $Var(aX + bY) = Var(aX) + Var(bY) + 2Cov(aX, bY)$
  $$= a^2 Var(X) + b^2 Var(Y) + 2ab Cov(X, Y)$$

3) 공분산
  ① $Cov(a, X) = 0$
  ② $Cov(aX, Y) = a Cov(X, Y)$
  ③ $Cov(aX, bY) = ab Cov(X, Y)$
  ④ $Cov(aX, bY + cZ) = Cov(aX, bY) + Cov(aX, cZ) = ab Cov(X, Y) + ac Cov(X, Z)$

2. 포트폴리오의 기대수익률과 위험(자산이 2개일 경우)

(1) 포트폴리오의 기대수익률

$$E(R_p) = W_a \cdot E(R_a) + W_b \cdot E(R_b)$$

(2) 포트폴리오의 분산

$$Var(R_p) = \sigma_p^2 \fallingdotseq W_a^2 \sigma_a^2 + W_b^2 \sigma_b^2 + 2 W_a W_b \sigma_{ab}$$

(3) 공분산과 상관계수

1) 공분산(covariance)
  ① 두 주식수익률이 평균적으로 어떤 관계를 가지고 움직이는지를 설명하는 것
  ② 공분산이 (+)이면 두 주식수익률이 기대수익률을 중심으로 평균적으로 서로 같은 방향으로 움직임을 의미
  ③ 공분산이 (−)이면 이는 기대수익률을 중심으로 평균적으로 서로 다른 방향으로 움직임을 의미
  ④ 공분산이 0이면 서로 아무런 상관없이 독립적으로 움직임을 의미
  ⑤ 공분산의 크기는 변수의 측정 단위에 따라 달라지는 문제가 있음
    → 즉, 공분산의 크기가 상관관계의 정도를 나타내지 못함

2) 상관계수(correlation coefficient)

$$\rho_{ab} = \frac{\sigma_{ab}}{\sigma_a \sigma_b}, \quad -1 \leq \rho_{ab} \leq 1$$

① 공분산을 두 주식수익률의 표준편차의 곱으로 나누어 표준화시킨 값

② 공분산의 문제인 변수가 갖는 측정단위의 영향을 제거하여, 두 주식수익률의 상관관계를 분명하게 나타내 주는 척도 → 즉, 상관계수의 크기가 상관관계의 정도를 나타냄

③ $\rho = +1$(완전 정의 상관)

$o < \rho < 1$(정의 상관)

$\rho = 0$(무상관)

$-1 < \rho < 0$(부의 상관)

$\rho = -1$(완전 부의 상관)

3. 상관계수에 따른 포트폴리오 위험과 기대수익률 간의 관계

(1) 상관계수에 따른 포트폴리오의 기대수익률

1) 개별증권 간의 상관계수와 무관 → 일정

2) 포트폴리오의 기대수익률은 그 기대수익률과 완전한 정(+)의 선형관계

(2) 상관계수에 따른 포트폴리오의 위험

1) 상관계수가 +1인 경우

$$\sigma_p = W_a \sigma_a + W_b \sigma_b$$

① 포트폴리오의 위험은 그 표준편차와 완전한 정(+)의 선형관계

② 위험감소효과 없음

2) 상관계수가 −1인 경우

$$\sigma_p = |W_a \sigma_a - W_b \sigma_b|$$

① 포트폴리오의 위험은 그 표준편차와 절편은 동일하지만 기울기가 반대인 두 선형관계

② 위험감소효과 최대

3) 상관계수가 0인 경우(−1과 +1이 아닌 모든 경우)

$$\sigma_p = \sqrt{W_a^2 \sigma_a^2 + W_b^2 \sigma_b^2}$$

① 포트폴리오의 위험은 오목한 형태의 곡선

② 상관계수는 −1에서 +1 사이의 값이기 때문에 두 주식으로 이루어진 모든 포트폴리오는 〈그림〉의 삼각형 내에 존재

③ 위험감소효과 존재[상관계수가 작을수록 위험(표준편차)이 감소]

PART 08

〈도표 2-3〉 상관계수에 따른 포트폴리오 위험과 기대수익률 간의 관계

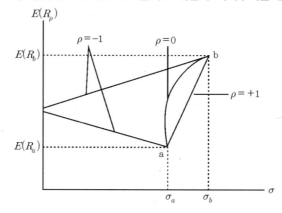

(3) 최소분산포트폴리오(MVP ; minimum variance portfolio)

1) 주어진 상관계수 하에서 두 자산으로 구성된 포트폴리오 중 위험이 최소가 되는 포트폴리오

2) 최소분산포트폴리오가 되기 위한 각 주식의 투자비율

$$W_a = \frac{\sigma_b^2 - \sigma_{ab}}{\sigma_a^2 + \sigma_b^2 - 2\sigma_{ab}}, \quad W_b = 1 - W_a$$

4. 포트폴리오의 기대수익률과 위험(자산이 n개일 경우)

(1) 포트폴리오의 기대수익률

$$E(R_p) = W_1 E(R_1) + W_2 E(R_2) + \cdots + W_n E(R_n)$$

(2) 포트폴리오의 분산(자산이 3개일 경우)

$$
\begin{aligned}
Var(R_p) &= W_1^2 \sigma_1^2 + W_2^2 \sigma_2^2 + W_3^2 \sigma_3^2 + 2 W_1 W_2 \sigma_{12} + 2 W_1 W_3 \sigma_{13} + 2 W_2 W_3 \sigma_{23} \\
&= W_1 W_1 \sigma_{11} + W_1 W_2 \sigma_{12} + W_1 W_3 \sigma_{13} + W_2 W_1 \sigma_{21} + W_2 W_2 \sigma_{22} + W_2 W_3 \sigma_{23} \\
&+ W_3 W_1 \sigma_{31} + W_3 W_2 \sigma_{32} + W_3 W_3 \sigma_{33} = (W_1 \ W_2 \ W_3)
\end{aligned}
$$

$$
\begin{pmatrix} \sigma_{11} & \sigma_{12} & \sigma_{13} \\ \sigma_{21} & \sigma_{22} & \sigma_{23} \\ \sigma_{31} & \sigma_{32} & \sigma_{33} \end{pmatrix}
\begin{pmatrix} W_1 \\ W_2 \\ W_3 \end{pmatrix}
$$

(3) 포트폴리오의 위험분산효과(자산이 n개고, 투자비율이 1/n씩 동일하다고 가정)

$$
\begin{aligned}
\sigma_p^2 &= \frac{1}{n} \overline{\sigma_i^2} + \frac{n-1}{n} \overline{\sigma_{ij}} \\
&= \frac{1}{n} (\overline{\sigma_i^2} - \overline{\sigma_{ij}}) + \overline{\sigma_{ij}}
\end{aligned}
$$

→ n이 무한히 커지면 포트폴리오의 위험은 공분산 평균($\overline{\sigma_{ij}}$)에 수렴

5. 최적포트폴리오의 선택

(1) 효율적 프론티어(efficient frontier)

투자기회집합(investment opportunity set) → 최소분산선(minimum variance frontier)
→ 효율적 프론티어

(2) 최적포트폴리오의 선택

〈도표 2-4〉 최적포트폴리오의 선택

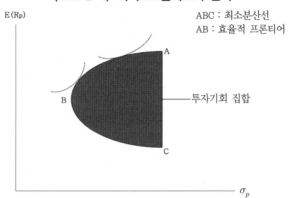

6. 포트폴리오이론의 한계점

① 투자대상을 위험자산에 한정하였다.

② 최적포트폴리오의 선택과정에서 필요한 정보량[$\frac{n(n+3)}{2}$개]이 너무 많다.

Ⅳ 자본자산의 가격결정모형(CAPM : capital asset pricing model)

(1) CAPM 이론의 기초

1) CAPM의 의의

① 모든 자산에 대한 수요와 공급이 일치하는 균형상태에서 자산의 가격결정을 설명하는 이론
② 자본시장이 균형인 상태에서 위험과 기대수익률의 관계를 설명하는 이론

2) CAPM모형의 도입을 위한 추가 가정

① 무위험자산이 존재하고, 모든 투자자는 무위험이자율로 차입과 대출이 자유롭다.
② 시장은 세금, 거래비용, 정보획득비용 등 거래마찰 요인이 전혀 없는 완전시장이며, 모든 자산은 무한히 분할가능하다.
③ 자본시장은 균형이다.

(2) 자본시장선(CML : capital market line)

1) 정의 : 무위험자산이 존재할 때의 새로운 효율적 투자선(effident frontier)

① 무위험자산의 의의 : 미래수익을 확실히 예측할 수 있어 수익률의 변동가능성이 없는 자산
(예 국공채, 정기예금)

② 무위험자산 존재 시의 기대수익률과 위험

$$E(R_p) = W \cdot R_f + (1-W)E(R_A)$$

$$\sigma_p = \sqrt{W^2\sigma_f^2 + (1-W)^2\sigma_A^2 + 2W(1-W)\sigma_{AF}} = (1-W)\sigma_A$$

③ 무위험자산 존재 시의 기대수익률과 위험의 관계

$$E(R_p) = R_f + \left[\frac{E(R_A)-R_f}{\sigma_A}\right]\sigma_p$$

2) 시장포트폴리오(M : market portfolio)

① 무위험자산과 위험자산의 결합으로 도출되는 가장 효율적인 투자선상의 접점

② 무위험자산이 존재할 경우 모든 투자자들은 위험자산에 대해서는 시장포트폴리오 M만을 선택 → 동질적 기대 가정 시 시장에 유일하게 1개 존재

③ 자본시장에 존재하는 모든 위험자산을 포함 → 완전분산투자된 포트폴리오 → 체계적 위험만 존재

〈도표 2-5〉 자본시장선의 도출

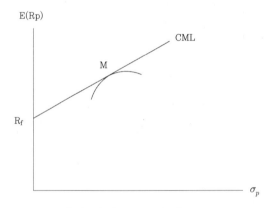

3) 대출포트폴리오(lending portfolio)와 차입포트폴리오(borrowing portfolio)

① 대출포트폴리오 : 무위험자산과 위험자산(M)에 나누어 투자한 포트폴리오

② 차입포트폴리오 : 무위험이자율로 자금을 차입하여 자신의 투자자금과 합친 금액을 위험자산(M)에 투자한 포트폴리오

4) 자본시장선(CML)식 : 무위험자산 존재 시의 가장 효율적인 기대수익률과 위험의 관계

$$E(R_p) = R_f + \left[\frac{E(R_M)-R_f}{\sigma_M}\right]\sigma_p$$

5) 자본시장선(CML)식의 의미

① 기대수익률 = 무위험이자율 + 위험프리미엄

② 기대수익률 = 무위험이자율 + 위험 1단위에 대한 시장가격 × 위험의 양

③ 표준편차로 측정된 위험에 상응하는 프리미엄이 반영된 균형수익률 제시

6) 최적포트폴리오의 선택과 토빈의 분리정리(Tobins separation theorem)

〈도표 2-6〉 최적포트폴리오의 선택

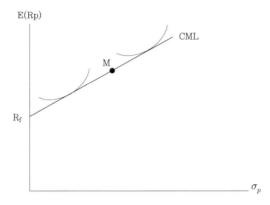

① **최적포트폴리오의 선택 과정**

〈1단계〉위험자산의 최적포트폴리오 선택 : 시장포트폴리오 M을 선택 → 투자자의 효용
함수와 무관(분리)

〈2단계〉투자자의 최적포트폴리오 선택 : M과 무위험자산의 결합비율의 결정

② **토빈의 분리정리** : 위험자산의 최적포트폴리오 선택은 투자자의 효용함수(위험에 대한 태
도)와 분리

③ **2기금정리(two-fund theorem)** : 무위험자산과 시장포트폴리오라는 두 개의 기금만으로
최적포트폴리오를 선택

(3) 증권특성선(SCL : security characteristic line)

1) 의의

① **샤프(W. Sharp)의 단일지수모형(single index model)** 또는 **시장모형(market model)**으
로도 불림

② **단일지수모형** : 모든 주식수익률의 변동을 설명할 수 있는 하나의 공통요인이 존재

③ **시장모형** : 개별주식의 수익률(R_f)은 시장포트폴리오의 수익률(R_M)과 선형관계를 갖는다
는 수익률생성모형

2) 체계적 위험과 비체계적 위험

샤프의 시장모형에서 투자에 따른 위험을 체계적 위험과 비체계적 위험으로 나눌 수 있다.

① **체계적 위험** : 시장 전체와 관련된 수익률변동의 위험을 말하며, 분산투자를 하더라도 제
거되지 않는 위험으로 증권특성선을 따라 움직이는 수익률 변동부분을 의미

② **비체계적 위험** : 개별주식과 관련된 수익률 변동의 위험을 말하며, 분산투자를 통하여 제
거되는 위험으로 증권특성선상에서 잔차에 의해 발생하는 부분을 의미

3) 시장모형의 가정

① E(eᵢ)=0 : 개별기업의 특유한 요인에 의한 수익률 변동을 나타내는 잔차의 기대치는 0
② Cov(eᵢ, Rₘ)=0 : 개별기업의 특유한 요인에 의한 수익률 변동은 시장 전체와 관련된 수익률 변동과는 무관
③ Cov(eᵢ, eⱼ)=0 : 각 기업간의 잔차항은 서로 관련이 없다. → 시장포트폴리오수익률 이외에 두 주식수익률에 영향을 미치는 공통요인이 존재하지 않음

4) 증권특성선(SCL)식과 β의 의미

$$R_i = \hat{\alpha_i} + \hat{\beta_i}R_M, \quad \hat{\beta_i} = \frac{\sigma_{iM}}{\sigma_M^2}, \qquad \begin{array}{l} \beta > 1 : \text{공격적 자산} \\ \beta < 1 : \text{방어적 자산} \end{array}$$

5) 시장모형을 이용한 기대수익률과 위험

① 개별자산
ⓐ 기대수익률
$$E(R_i) = \alpha_i + \beta_i E(R_M)$$
ⓑ 위험
$$Var(R_i) = \underbrace{\beta_p^2 Var(R_M)}_{\text{체계적 위험}} + \underbrace{Var(e_i)}_{\text{비체계적 위험}}$$
ⓒ 공분산
$$\sigma_{ij} = \beta_i \beta_j Var(R_M)$$

② 포트폴리오
ⓐ 기대수익률
$$E(R_p) = \alpha_p + \beta_p E(R_M)$$
ⓑ 위험
$$Var(R_p) = \beta_i^2 Var(R_M) + Var(e_p)$$
ⓒ 위험분산효과(투자비율 $\frac{1}{n}$씩 동일할 때)
$$Var(R_p) = \overline{\beta_i^2} Var(R_M) + \frac{Var(e_i)}{n}$$

→ 포트폴리오의 위험과 관련하여 중요한 것은 β(체계적 위험)뿐

6) 시장모형에서 필요한 정보의 수 : 3n+2개

7) 증권특성선의 설명력(R^2)

$$R^2(\text{결정계수}) = \frac{\text{체계적 위험}}{\text{총위험}} = \frac{\beta_i^2 Var(R_M)}{Var(R_i)} = \rho_{iM}^2$$

(4) 증권시장선(SML : security market line)

1) 의의 : 시장이 균형일 때 모든 자산의 기대수익률과 체계적 위험 간의 관계

2) 증권시장선(SML)식 및 증권시장선의 의미

$$E(R_i) = R_f + [E(R_M) - R_f] \cdot \beta_i$$

〈도표 2-7〉 증권시장선

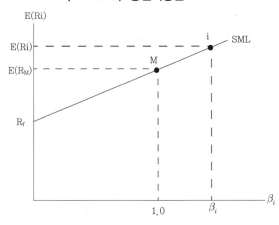

3) 증권시장선과 시장균형

〈도표 2-8〉 증권시장선과 시장균형

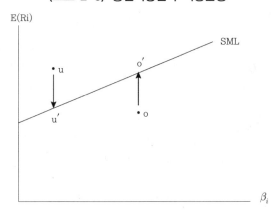

4) 자본시장선(CML)과 증권시장선(SML)의 비교

① 자본시장선(CML)은 완전분산투자된 효율적 포트폴리오의 총위험(표준편차)과 기대수익률 간의 선형관계

② 증권시장선(SML)은 효율적 포트폴리오는 물론 비효율적 포트폴리오나 개별자산을 포함한 모든 자산의 체계적 위험과 기대수익률 간의 선형관계

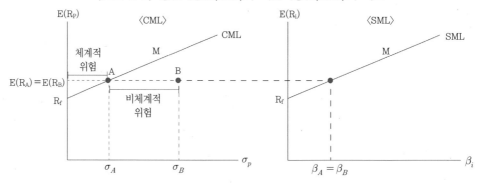

〈도표 2-9〉 증권시장선(SML)과 자본시장선(CML)의 비교

5) CAPM 가정의 현실화

① 무위험자산이 존재하지 않는 경우 → 제로베타포트폴리오를 사용
② 투자자들이 이질적으로 기대(heterogeneous expectation)하는 경우 → CAPM 불성립
③ 차입이자율과 대출이자율이 다른 경우 → CAPM 불성립
④ 세금이 존재하는 경우 → CAPM 성립
⑤ 거래비용이 존재하는 경우 → 증권시장선은 하나의 직선이 아닌 띠(band) 형태

(5) 차익거래가격결정이론(APT : arbitrage pricing theory)

1) 가정

① 자산수익률은 다수의 공통요인에 의해 결정된다.
② 투자자들은 위험회피형이고 차익거래이익의 극대화를 추구한다.
③ 투자자들은 공통요인과 개별자산의 확률분포에 대해서 동질적으로 기대한다.
④ 자본시장은 거래비용, 세금, 정보획득비용 등 거래마찰요인이 전혀 없는 완전시장이다.

수익률생성모형(return generating model)

$$R_i = E(R_i) + b_{i1}F_1 + b_{i2}F_2 + b_{i3}F_3 + \cdots + b_{ik}F_k + e_i$$

단, F_k=k요인의 예상치 못한 변동
b_{ik}=k요인에 대한 i자산 수익률의 민감도
E(R)=모든 요인의 예상치 못한 변동이 0일 때의 수익률

① $E(F_K)=0$: F_k는 각 요인의 예상치 못한 변동이므로 그 기대값은 0이다.
② $E(e_i)=0$: 개별주식의 고유요인에 의한 수익률은 0이다.
③ $Cov(F_i, F_j)=0$: 각각의 공통요인은 서로 독립적이므로 두 요인의 상관관계는 없다.
④ $Cov(F_k, e_i)=0$: 개별주식의 고유요인에 의한 수익률 변동은 공통요인과 무관하다.
⑤ $Cov(e_i, e_j)=0$: 시장모형에서와 같은 의미로 만약 $Cov(e_i, e_j)\neq0$이면 모든 공통요인을 고려하지 않은 것이다. 즉, 이 경우 주식수익률에 영향을 미칠 수 있는 추가적인 공통요인을 고려해야 한다.

---

2) **의의** : 균형 하에서 자산의 수익률은 체계적 위험의 지표인 각 요인에 대한 민감도의 선형결합에 의하여 결정

3) 차익거래(arbitrage transaction)와 차익포트폴리오(arbitrage portfolio)

① **차익거래** : 일시적으로 시장이 불균형상태일 때, 과대평가된 자산을 매도(공매)하고 과소평가된 자산을 매입하여, **추가적인 자금부담이나 추가적인 위험부담 없이** 차익을 얻고자 하는 거래 → 차익거래과정에서 과대평가된 자산은 공급의 증가로 가격이 하락하고, 과소평가된 자산은 수요의 증가로 가격이 상승하여 가격이 균형상태가 되므로 차익거래의 기회는 사라짐

② **차익포트폴리오** : 차익거래과정에서 형성되는 포트폴리오를 말하며 추가적인 자금(no investment)과 추가적인 위험(no risk)부담 없이 구성한 포트폴리오이므로 다음의 조건이 성립해야 함

ⓐ 개별자산에 대한 투자비율의 합은 0 → 개별자산에 투자된 금액의 변동분의 합계는 0

ⓑ 체계적 위험과 비체계적 위험 모두를 부담하지 않음 → 개별자산의 체계적 위험을 투자비율로 가중평균한 값이 0, 다수의 자산을 포트폴리오에 포함시킴

ⓒ 시장이 균형이라면 차익거래이익이 존재하지 않을 것이므로, 차익거래포트폴리오의 수익률은 0

> 균형상태란 모든 자산이 균형가격으로 거래되고 있는 상태를 말하며, 이때는 일물일가(一物一價)의 법칙이 성립한다.

4) APT모형의 도출

시장이 균형일 때 차익거래포트폴리오의 수익률은 0이어야 한다는 성질을 이용하면, 모든 자산의 기대수익률은 체계적 위험의 선형결합이 됨

$$E(R_i) = \lambda_0 + \lambda_1 b_{i1} + \lambda_2 b_{i2} + \lambda_3 b_{i3} + \cdots + \lambda_k b_{ik}$$

(단, λ_k =요인 k에 대한 위험프리미엄 또는 요인 k의 체계적 위험 1단위당 위험프리미엄)

5) CAPM과 APT의 비교

① CAPM은 자산수익률이 시장포트폴리오라는 하나의 공통요인에 의해 결정된다고 가정하고 있으나, APT에서는 자산수익률이 여러 개의 공통요인에 의해서 결정된다고 본다.

② CAPM은 투자자들이 평균─분산기준에 따라 투자결정하므로 자산의 미래수익률의 확률분포가 정규분포를 이루거나, 투자자의 효용함수가 2차함수라는 전제가 필요하다. 반면 APT에서는 이에 대한 특별한 가정이 없다.

③ CAPM은 시장포트폴리오가 위험자산 중의 유일한 투자대상으로 중요한 역할을 하지만 진정한 시장포트폴리오의 구성이 불가능해서 실증검증에 문제점이 있다. 반면 APT에서는 시장포트폴리오를 구성할 필요 없이 소규모 자산집합으로도 모형의 적용이 가능하므로 실증검증이 용이하다.

④ CAPM은 투자기간을 단일기간으로 가정하지만, APT에서는 단일기간을 가정하지 않으므로 다기간으로 쉽게 확장할 수 있다.

⑤ CAPM은 무위험자산의 존재를 가정하고 있으나, APT에서는 이에 대한 아무런 가정이 없다.

PART
08

6) APT의 한계점

① 요인분석(factor analysis)을 통한 공통요인의 경제적 의미가 명확하지 않다.

② 자산수익률에 영향을 주는 공통요인의 수를 파악하기 어렵고, 공통요인 상호 간에 관련성 이 존재할 수 있다.

③ 동일한 자료를 이용한 분석에서도 적용자에 따라서 요인의 순위가 바뀔 수 있으며, 적용하 고자 하는 자산의 수에 따라서 요인의 수가 다를 수 있다.

V 채권과 주식의 평가

(1) 채권의 평가

1) 채권의 종류

① 이표채(coupon bond)

ⓐ 시장이자율 > 액면이자율 → 채권가격 < 액면가 : 할인채(discount bond)

ⓑ 시장이자율 = 액면이자율 → 채권가격 = 액면가 : 액면가(par bond)

ⓒ 시장이자율 < 액면이자율 → 채권가격 > 액면가 : 할증채(premium bond)

② 무이표채(zero coupon bond) : 순수할인채(pure discount bond)라고도 한다.

③ 영구채(perpetual bond)

2) 채권가격의 특성 → 말킬(B. Malkiel)의 채권가격정리(bond price theorem)

① 채권가격과 시장이자율은 역의 관계

② 만기가 주어진 상태에서 시장이자율 하락으로 인한 채권가격 상승폭(a)은 동일한 크기의 시장이자율 상승으로 인한 채권가격의 하락폭(b)보다 크다.

〈도표 2-10〉 채권가격의 특성

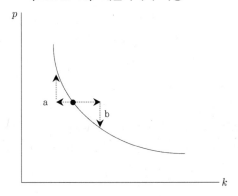

3) 채권수익률

① 명목수익률(nominal yield) : 액면이자율을 의미

② 현행수익률(current yield) : 채권의 현재 시장가격을 이용하여 측정

③ 보유기간수익률(holding period yield) : 채권을 만기일 이전에 처분할 경우 보유기간 동안 의 평균투자수익률

④ 기하평균수익률

⑤ 만기수익률(YTM : yield to maturity) : 채권을 현재 시장가격으로 매입하여 만기까지 보유할 때 얻을 수 있는 기대수익률 → 내부수익률과 동일한 연평균수익률을 의미하며 세 가지 전제가 필요

ⓐ 투자자는 채권을 만기까지 보유

ⓑ 채무불이행의 위험이 없음

ⓒ 투자기간 내에 지급받은 이자에 대해 채권의 만기까지 만기수익률(내부수익률과 동일한 투자수익률)로 재투자

4) 채권수익률의 위험구조(risk structure of bond yield)

① 채무불이행위험(default risk)

ⓐ 수익률 스프레드(yield spread) = 약속된 수익률(promised yield) - 무위험이자율

ⓑ 채무불이행 위험프리미엄 = 약속된 수익률 - 기대수익률(expected yield)

② 수의상환위험(call risk) = 수의상환채권의 수익률 - 일반채권의 수익률

③ 이자율 변동위험 = 재투자위험(reinvestment risk) + 가격위험(price risk)

④ 만기위험 → 채권수익률의 기간구조

⑤ 기타 : 인플레이션 위험, 표면이자율, 세금 등

5) 채권수익률의 기간구조

① 현물이자율과 선도이자율

ⓐ 현물이자율(spot rate) : 연평균수익률 → 순수할인채의 만기수익률과 동일한 개념

ⓑ 선도이자율(forward rate) : 현재시점에서 결정되는 미래의 단일기간 이자율 → 만기가 서로 다른 현물이자율로부터 측정

$$_{n-1}r_n = \frac{(1+R_n)^n}{(1+R_{n-1})^{n-1}} - 1$$

ⓒ 현물이자율과 선도이자율의 관계 : 현물이자율은 각 기간별 선도이자율에 대한 기하평균치

$$R_n = \sqrt[n]{(1 + {_0}r_1)(1 + {_1}r_2) \cdots (1 + {_{n-1}}r_n)} - 1$$

〈도표 2-11〉 현물이자율과 선도이자율의 관계

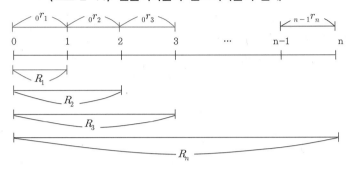

② 불편(＝순수)기대가설 ; 불편기대이론(unbiased expectation theory)

    ⓐ 선도이자율이 미래의 각 기간별 기대현물이자율($_{n-1}\rho_n$)과 일치하도록, 현재의 현물이자율이 결정된다. → 현물이자율은 기대현물이자율에 대한 기하평균치

    ⓑ 만기가 서로 다른 채권 간에 완전대체가 성립 → 만기에 관계없이 동일한 투자성과

    ⓒ 위험중립형 투자자를 가정 → 만기의 차이에 의하여 발생 가능한 위험이나 유동성 상실 등에 대한 어떤 보상도 요구하지 않는다.

③ 유동성선호가설 : 유동성프리미엄(liquidity premium)이론

    ⓐ 선도이자율이 미래의 각 기간별 기대현물이자율($_{n-1}\rho_n$)과 유동성프리미엄($_{n-1}L_n$)의 합과 일치하도록 현재의 현물이자율이 결정된다. → 선도이자율이 미래의 기간별 기대현물이자율보다 유동성프리미엄만큼 높게 형성 → 현물이자율은 기대현물이자율과 유동성프리미엄의 합에 대한 기하평균치

    ⓑ 만기가 서로 다른 채권 간에 완전대체가 성립하지 않음 → 만기에 따라 투자성과가 달라짐

    ⓒ 위험회피형 투자자를 가정 → 유동성프리미엄이 만기에 따라 체감적으로 증가

    ⓓ 수익률곡선이 불편기대가설하의 수익률곡선보다 높은 형태를 갖는다.

〈도표 2-12〉 불편기대가설과 유동성선호가설의 수익률곡선

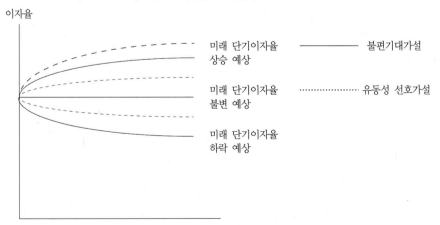

④ 시장분할이론(market segmentation theory)
   ⓐ 채권의 만기에 대한 선호가 서로 다른 투자자들이 각자의 시장을 형성하므로 채권수익률은 분할된 시장별로 자체의 수요와 공급에 의해서 별도로 형성된다는 이론
   ⓑ 만기별로 수익률곡선이 단속적(독립적)으로 형성
⑤ 선호영역가설(선호영역이론, preferred habitat theory)
   채권시장에 대한 투자자들의 선호에 따라 채권시장은 하위시장으로 분할되어 있지만, 선호영역이 다른 시장에서 채권수익률이 충분히 높다면 다른 시장으로 이동이 가능하다는 이론

6) 채권의 듀레이션(D ; duration)
   ① 듀레이션의 의의
      ⓐ 채권에 투자한 금액이 회수되는 데 걸리는 평균회수기간
      ⓑ 이자율 변동에 대한 채권가격의 민감도를 측정하기 위해 Macaulay(1938년)가 제시
   ② 채권의 종류와 듀레이션
      ⓐ 순수할인채(pure discount bond) : 만기와 일치
      ⓑ 영구채(perpetual bond) : 시장이자율에 의해 좌우되며, 채권만기가 무한하더라도 듀레이션은 유한한 크기로 나타난다. [$D = (1+r)/r$]
      ⓒ 이표채(coupon bond) : 만기일의 가중치가 1보다 작게 되어 듀레이션이 만기보다 짧다.
   ③ 듀레이션의 특징
      ⓐ 다른 조건이 동일한 경우 만기가 길수록 듀레이션은 길어진다.
      ⓑ 다른 조건이 동일한 경우 액면이자율이 높을수록 듀레이션은 짧아진다.
      ⓒ 다른 조건이 동일한 경우 만기수익률(시장이자율)이 높아질수록 듀레이션은 짧아진다.
   ④ 듀레이션과 채권가격의 이자율탄력성
   $$\frac{\Delta P}{P_0} = -\frac{D}{1+r} \cdot \Delta r$$
      ⓐ 채권가격은 이자율과 서로 역의 관계
      ⓑ 듀레이션이 긴 채권일수록 이자율 변동률에 대해 채권가격의 변동률이 보다 커짐
   ⑤ 듀레이션의 단점
      ⓐ 이자율 변동이 작을 때만 유용
      ⓑ 수익률곡선이 수평임을 가정
   ⑥ 볼록성 : 듀레이션에 의해 추정된 채권가격과 실제 채권가격의 차이
   $$\frac{\Delta P}{P_0} = C \cdot (\Delta r)^2$$

7) 채권 투자전략
   ① 면역전략 : 이자율 변동위험을 제거하고자 하는 소극적 전략
      ⓐ 목표기간 면역전략
      ⓑ 순자산 면역전략
   ② 스왑전략 : 이자율 변동을 이용하여 높은 투자성과를 얻고자 하는 적극적 투자전략

PART
08

(2) 주식의 평가

1) **주식의 가치** : 주식을 보유함으로써 얻게 되는 미래현금흐름을 그 현금흐름에 내재된 위험이 반영된 할인율(즉, 주주의 요구수익률)을 사용하여 할인한 현재가치

2) **배당평가모형** : 미래현금흐름은 주식의 보유기간 동안에 지급받는 배당금과 그 주식의 처분시점에서 얻게 되는 처분가격으로 보고 주식가격을 평가
   ① 제로성장모형(zero growth model)
   ② 항상성장모형(constant growth model)

3) **이익평가모형** : 주주의 미래현금흐름을 배당금과 유보이익을 합한 순이익으로 보고 주식가격을 평가

4) **주가배수모형** : 주가수익비율(PER ; price earning ratio)을 이용

Ⅵ 효율적 자본시장

(1) 완전자본시장과 효율적 자본시장

1) **완전자본시상(perfect market)** : 세 가지 요건을 완전히 충족하는 시장
   ① **배분의 효율성(allocation efficiency)** : 경제 내에 희소자원인 자금이 생산성의 순서에 따라 최적배분되어 있는 상태 → 운영의 효율성과 정보의 효율성이 충족되어야 달성될 수 있다.
   ② **운영의 효율성(operational efficiency)** : 자금 이전 과정상의 거래비용이나 세금, 규제 등 마찰적 요인이 적은 시장
   ③ **정보의 효율성(informational efficiency)** : 증권가격에 관련된 정보가 신속하고(instantaneously) 정확하게(fairly), 그리고 충분히(fully) 반영되어 있는 상태

2) **효율적 자본시장** : 정보의 효율성이 충족된 시장

(2) 효율적 시장가설(EMH : efficient market hypothesis) ; 파마(E. Fama)

1) **약형 효율적 시장가설(weak-form EMH)**
   ① 자본시장에서 형성되는 주식가격은 과거의 역사적 정보(historical information)를 이미 반영하고 있다는 가설
   ② 과거의 역사적 정보를 이용한 투자전략으로는 비정상적인 초과수익을 실현하지 못한다.
   ③ **검증방법** : 연의 검증(run test), 시계열 상관분석(serial correlational analysis), 필터기법(filter technique)

2) 준강형 효율적 시장(semi-strong EMH)

① 자본시장에서 형성되는 주가는 과거의 역사적 정보뿐만 아니라 공개적으로 이용 가능한
정보를 완전히 반영하고 있다는 가설

② 과거의 역사적 정보나 공개적으로 이용 가능한 정보를 이용하여 비정상적인 초과수익을
얻지 못하게 된다.

③ **검증방법** : 사건연구(event study) 또는 잔차분석(residual analysis)

3) 강형 효율적 시장가설(strong-form EMH)

① 주가는 과거의 역사적 정보, 공개적으로 이용 가능한 정보뿐만 아니라, 공개되지 않은 내
부정보까지 반영되어 있다는 가설

② 투자자는 어떠한 정보를 이용하더라도 비정상적인 초과수익을 실현하지 못한다.

PART
08

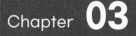

Chapter 03 자본구조론

Ⅰ 레버리지분석과 기업위험

1. 레버리지분석

〈도표 3-1〉 레버리지 분석

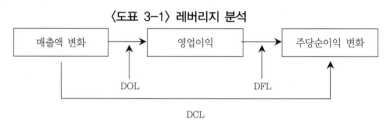

DOL은 투자결정과 관련되어 있고, DFL은 자본조달결정에 관련되어 있다.

(1) 영업레버리지분석

1) 영업레버리지(operating leverage) : 고정 영업비를 수반하는 고정자산의 보유정도
   → 차변

2) 영업레버리지효과 : 영업레버리지에 의하여 매출액의 변화율보다 영업이익의 변화율이 커지게 되는 현상

3) 영업레버리지도(DOL : degree of operating leverage) : 영업레버리지효과의 정도

$$DOL = \frac{\frac{\Delta EBIT}{EBIT}}{\frac{\Delta Q}{Q}} = \frac{(P-V)Q}{(P-V)Q - FC}$$

① 손익분기점(BEP) 매출액 수준에서 DOL은 무한대(∞)
② 손익분기점 매출액 이상의 수준에서는 매출액이 증가함에 따라 DOL은 1에 접근
③ 기업의 고정영업비가 없다면 DOL은 1(매출액의 변화율과 영업이익의 변화율이 동일) → 손익의 확대효과는 발생하지 않음
④ 손익분기점 미만의 매출액 수준에서 DOL은 부(−)의 값 → 매출액이 증가함에 따라 영업이익의 손실 폭이 그만큼 줄어든다는 의미
⑤ 고정영업비가 일정하더라도 매출액 수준에 따라 DOL의 값도 달라짐

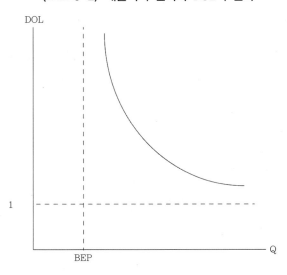

〈도표 3-2〉 매출액의 변화와 DOL의 변화

(2) 재무레버리지분석

1) **재무레버리지(financial leverage)** : 고정재무비의 지출을 수반하는 부채의 사용정도 → 대변

> DOL은 투자결정과 관련되어 있고, DFL은 자본조달결정에 관련되어 있다.

2) **재무레버리지효과** : 재무레버리지에 의하여 영업이익의 변화율보다 주당순이익의 변화율이 커지게 되는 현상

3) **재무레버리지도(DFL : degree of financial leverage)** : 재무레버리지효과의 정도

$$DFL = \frac{\dfrac{\Delta EPS}{EPS}}{\dfrac{\Delta EBIT}{EBIT}} = \frac{(P-V)Q - FC}{EBIT - I - \dfrac{P}{(1-t_c)}}$$

① 재무손익분기점의 영업이익 수준에서는 DFL은 무한대(∞)
② 재무손익분기점의 영업이익 수준 이상에서는 영업이익이 증가함에 따라 DFL은 1에 접근 (∵ 영업이익이 증가함에 따라 고정재무비의 영향이 점차 감소하기 때문)
③ 고정재무비(이자비용, 우선주 배당금)가 없다면 DFL은 1(영업이익의 변화율과 주당순이익의 변화율이 동일) → 손익의 확대효과는 발생하지 않음
④ 재무손익분기점 미만의 영업이익 수준에서는 DFL은 부($-$) → 영업이익이 증가함에 따라 순손실의 폭이 그만큼 줄어든다는 의미
⑤ 고정재무비가 일정하더라고 영업이익 수준에 따라 DFL의 값도 달라짐

(3) 결합레버리지분석

1) **결합레버리지(combined leverage)** : 기업의 고정영업비를 수반하는 고정자산의 보유정도와 동시에 고정재무비의 지출을 수반하는 타인자본의 사용정도를 의미

PART
08

2) 결합레버리지효과 : 결합레버리지에 의하여 매출액의 변화율보다 주당순이익의 변화율이 커지게 되는 현상

3) 결합레버리지도(DCL : degree of combined leverage) : 결합레버리지효과의 정도를 나타내며, DCL은 DOL과 DFL을 곱하여 산출

$$DCL = \frac{\frac{\Delta EPS}{EPS}}{\frac{\Delta Q}{Q}} = \frac{(P-V)Q}{EBIT - I - \frac{P}{(1-t_c)}}$$

① 고정영업비와 고정재무비가 클수록 DCL은 커짐
② 고정영업비와 고정재무비가 모두 0이면 DCL은 1 → 레버리지효과는 발생하지 않음

2. EBIT – EPS분석

(1) EBIT – EPS분석의 의의

기업이 고려하고 있는 자본조달 방안 중 예상되는 EBIT 수준에서 EPS를 극대화하기 위한 최적 자본조달의 방안을 선택하고자 하는 것

(2) EBIT와 EPS의 관계 : 선형관계 즉, ⓐ 부분이 기울기, ⓑ 부분이 절편

$$EPS = \underbrace{\frac{(1-t_c)}{n}}_{ⓐ} EBIT - \underbrace{\frac{I(1-t_c)+P}{n}}_{ⓑ}$$

1) 이자비용을 발생시키는 부채보다 보통주를 많이 발행할수록 기울기는 작아짐($\because n\uparrow$)
2) 부채를 많이 이용할수록 n이 감소하여 기울기는 커짐
3) 부채조달의 규모가 커질수록 기울기는 가파르게 됨 → 부채가 증가할수록 EBIT변화에 따른 EPS의 변화가 더 민감함을 의미

〈도표 3-3〉 EBIT – EPS

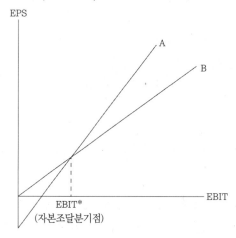

(3) EBIT－EPS분석의 문제점

1) EBIT－EPS분석에 의한 최적자본조달방안은 B/S, 즉 B(부채)의 극대화만을 고려 → 기업가치를 극대화(또는 주가의 극대화)하는 방안이 되지 않을 수 있음
2) 부채를 많이 이용할수록 주주들이 부담하는 재무위험은 증가 → 자기자본비용이 상승 → 주가는 오히려 낮아질 수 있다.
3) 주주들이 위험중립형 투자자라면 EPS의 극대화방안은 기업의 목표(즉, 기업가치극대화)와 일치할 수 있다.

3. 레버리지와 기업위험

(1) 재무레버리지와 베타

1) 기초개념

① **β의 필요성** : 투자안의 경제성 평가 ← 할인율 추정 ← 자기자본비용(즉, 주주의 요구수익률) 산출 ← 개별주식의 β를 SML에 대입

② 재무레버리지의 정도를 베타에 조정 ← 재무레버리지(부채의 사용정도)에 따라 재무위험은 달라질 것이므로

2) 법인세가 없는 경우

① **자산베타(β_A)** : 기업자산 전체로부터 얻게 될 수익률의 체계적 위험

ⓐ 영업위험만 반영된 베타(자본구조와 무관＝일정)

ⓑ 무부채기업의 주식베타와 동일

ⓒ 부채베타와 주식베타로부터 베타의 가산원리를 적용

$$\beta_A = \beta_s \frac{S}{S+B} + \beta_B \frac{B}{S+B}$$

② **주식베타(β_s)** : 주주들이 얻게 될 수익률의 체계적 위험

ⓐ 주주들은 영업위험뿐만 아니라 재무위험도 부담

$$\underbrace{\beta_s}_{\text{영업위험}} = \underbrace{\beta_A + (\beta_A - \beta_B)\frac{B}{S}}_{\text{재무위험}}$$

③ **부채베타(β_B)** : 채권자들이 얻게 될 수익률의 체계적 위험

단, 무위험부채 : $\beta_B = 0$

PART 08

〈도표 3-4〉 재무레버리지와 베타(법인세가 없는 경우)

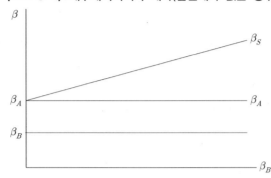

3) 법인세가 있는 경우

① 가정

ⓐ 기업은 무위험부채만 이용($\beta_B = 0$)

ⓑ 기업가치＝무부채 기업가치＋법인세 절감효과

② 하마다 모형 : 무부채기업의 주식베타(β_U)와 부채기업의 주식베타(β_L)의 관계

$$\beta_L = \beta_U [1 + \frac{B}{S}(1 - t_c)]$$

③ 하마다 모형의 이용

ⓐ 회사의 기존사업과 영업위험이 다른 신규투자안의 주식베타를 측정할 때 주로 이용

ⓑ 즉, 신규투자안의 영업위험이 기존사업의 영업위험과 다르다면 대용회사(proxy company)의 영업위험만 반영된 베타를 신규투자안의 베타로 이용

④ 자산베타(β_A) $= \beta_U (1 - t_c \frac{B}{S+B})$

〈도표 3-5〉 재무레버리지와 베타(법인세가 있는 경우)

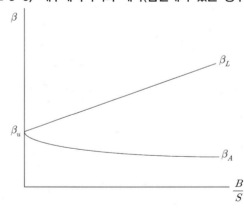

Ⅱ 자본비용

1. 자본비용의 의의

(1) 자본비용(cost of capital) : 자본 사용의 대가

1) 기업의 입장

   ① 투자안으로부터 벌어들여야 하는 최저필수수익률(minimum required of return)

   ② 투자안이 경제성을 갖기 위해 초과해야 하는 장애율(hurdle rate)

   ③ 투자안에 대한 거부율(cut-off rate)

2) 투자자의 입장

   ① 제공한 투자자본에 대한 최소한의 요구수익률(required rate return)

   ② 투자수익률

2. 원천별자본비용

(1) 타인자본비용(cost of debt) : k_d

1) 부채로 자금을 조달할 때 부담하는 비용 → 부채의 시장가치(B)에 해당하는 부채조달액과 그 대가로 지급하는 이자(I) 및 원금(F)의 현재가치를 일치시키는 할인율

2) 세후 타인자본비용 : $k_d(1-t_c)$

(2) 자기자본비용(cost of equity) : k_e

1) CAPM을 이용하는 방법 : $k_e = R_f + [E(R_M) - R_f]\beta_s$

2) 배당평가모형 이용하는 방법

   ① 제로성장모형에서의 자기자본비용 : $k_e = \dfrac{D}{P_0}$

   ② 항상성장모형에서의 자기자본비용 : $k_e = \dfrac{D_1}{P_o} + g$

(3) 우선주자본비용(cost of preferred stock) : k_p

(4) 유보이익의 자본비용 : $k_r = k_e$

단, 자금조달경비 존재 시 : $k_r < k_e$

3. 가중평균자본비용(WACC : weighted average cost of capital) : k_o

$$k_o = k_d(1-t_c)\frac{B}{V} + k_e\frac{S}{V} + k_p\frac{P}{V} + k_r\frac{R}{V}$$

단, $V = B + S + P + R$

Ⅲ 자본구조이론

1. 자본구조이론의 기초

(1) 자본구조이론의 의의

1) **자본구조이론의 의의** : 자본구조이론은 자본비용(가중평균자본비용)을 최소화하는 최적자본 구조와 부채수준과의 관련성을 찾고자 하는 이론

2) **최적자본구조** : 기업가치를 극대화하는 자본구조 ← 자본비용을 최소화함으로써 달성

(2) 자본구조이론의 가정

1) 기업의 모든 자본은 타인자본과 자기자본으로 구성된다.
2) 기업의 미래현금흐름(기대영업이익을 의미)은 매기 일정하고 영속적이다.
3) 기업의 총자본규모는 일정하다. ← 총자본규모(타인자본+자기자본)의 변화 없이 사채를 발행하여 주식을 재매입하거나, 주식을 발행하여 사채를 상환함으로써 자본구조의 변경이 가능
4) 기업의 영업이익은 전액 이자와 배당으로 지급된다.
5) 모든 투자자들은 미래현금흐름의 확률분포에 대하여 동질적 기대(homogeneous expect-ation)를 한다.

2. 순이익접근법(net income approach : NI 접근법)

(1) 기본 개념

1) **가정** : 타인자본의 사용정도(레버리지)에 관계없이 타인자본비용(k_d)과 자기자본비용(k_e)은 일정하다.
2) 타인자본을 많이 사용할수록 낮은 자본비용에 해당하는 k_d의 가중치가 커지게 되어 k_o는 감소

$$k_o = k_e - (k_e - k_d)\frac{B}{V}$$

3) 부채를 많이 사용할수록 기업가치는 증가 ← 부채를 최대한 많이 사용하는 것이 최적자본구조

(2) 한계점

1) 부채를 많이 사용할수록 재무위험이 증가하여 주주들의 요구수익률(자기비용)은 상승하며, 또한 부채사용이 과다해지면 일반적으로 타인자본비용도 상승할 것이다. ← 그러나 순이익접근법에서는 이러한 사실을 간과
2) 순이익접근법에서는 자기자본가치를 먼저 구하기 때문에 자기자본은 잔여청구권(residual claim)이라는 사실을 무시

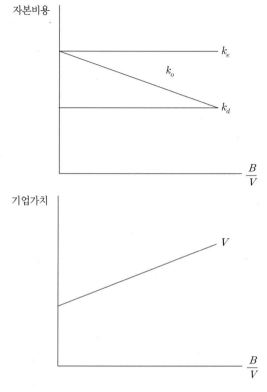

〈도표 3-6〉 순이익(NI)접근법의 자본비용과 기업가치

3. 전통적 접근법(traditional approach)

(1) 기본 개념

1) 가정

① 부채사용이 증가함에 따라 재무위험은 증가하기 때문에 자기자본비용이 상승

② 부채를 과다하게 사용하게 되면 타인자본비용도 상승

2) 일정한 레버리지 수준까지는 k_d의 저렴효과가 k_e의 상승효과보다 커서 k_o는 감소하지만, 레버리지가 일정수준을 초과하게 되면 오히려 k_e의 상승효과가 k_d의 저렴효과보다 커지기 때문에 k_o가 증가

3) 부채사용이 증가함에 따라 k_o는 감소하다가 다시 증가하게 된다. ← 기업가치가 최대가 되는 최적자본구조 존재

(2) 한계점

구체적으로 최적자본구조의 수준이 어떻게 되는가를 모형화하여 제시하지 못함

〈도표 3-7〉 전통적 접근법의 자본비용과 가치

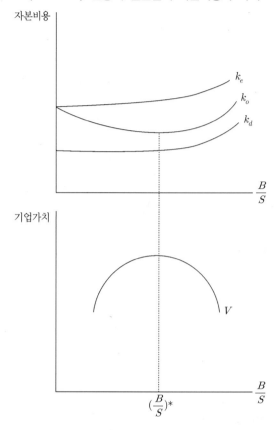

4. 순영업이익접근법(net operating income approach : NOI접근법)

(1) 기본 개념

1) 가정 : 레버리지(부채의 사용정도)에 관계없이 타인자본비용(k_d)과 가중평균자본비용(k_o)이 일정

2) k_e는 레버리지에 비례하여 증가

$$k_e = k_o + (k_o - k_d)\frac{B}{S}$$

3) 부채를 사용할수록 재무위험의 증가로 자기자본비용은 상승하여 가중평균자본비용이 상승하는 효과와 부채사용에 따른 저렴한 부채비용으로 인한 가중평균자본비용이 감소하는 효과가 정확하게 상쇄

4) k_o를 일정하게 가정함에 따라 자본구조와 관계없이 기업가치는 항상 일정 ← 최적자본구조는 존재하지 않음

(2) 한계점 : 타인자본을 과다하게 사용하게 되면 채무불이행위험이 증가하여 타인자본비용이 상승하게 된다는 사실을 간과

〈도표 3-8〉 순영업이익접근법의 자본비용과 기업가치

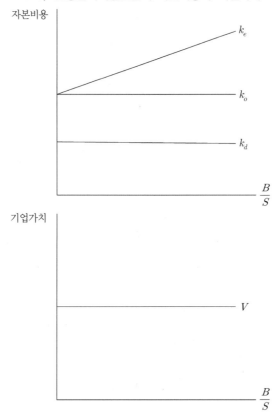

5. MM(Modigliani & Miller)의 자본구조이론 : 초기이론, 1958년 논문

(1) MM이론의 추가가정

1) 세금 등(법인세, 개인소득세, 기래비용 등 거래 마찰요인)이 존재하지 않는 완전자본시장이다.
2) 개인이나 기업은 동일한 무위험이자율로 얼마든지 차입과 대출이 자유롭다.
3) 모든 기업은 영업위험이 동일한 동질적 위험집단으로 분류할 수 있다.
4) 기업과 투자자의 부채는 무위험부채이다.

(2) MM의 명제(proposition)

1) 제1명제 : 기업가치에 대한 명제

기업가치는 자본구조와 무관 ← $V_L = V_u = \dfrac{E(NOI)}{\rho}$ ← 기업가치는 기대영업이익(수익성)과 영업위험에 의하여 결정

2) 제2명제 : 자기자본비용에 대한 명제

　　레버리지의 증가에 따라 자기자본비용은 상승하며, 이는 부채비용의 저렴효과를 완전히 상쇄

$$\leftarrow \quad k_e = \rho + (\rho - k_d)\frac{B}{S}$$

　　단, ρ는 영업위험만 반영된 자본비용이므로 자본구조와는 무관한 값

3) 제3명제

　　신규투자안에 대한 거부율(cut-off rate)은 ρ이며, 이는 자금조달방법(자본구조)과는 무관하게 결정된다.

(3) MM이론의 주요 개념

1) 차익거래(arbitrage transaction) : 추가적인 위험과 자금을 부담하지 않고 이익을 얻고자 하는 거래

2) 자가레버리지(homemade leverage) : 기업부채를 개인부채로 대체하는 것

〈도표 3-9〉 MM이론(1958)의 자본비용과 기업가치

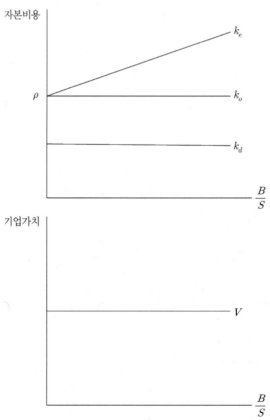

6. MM의 자본구조이론 : 수정이론, 1963년 논문

(1) 기본 개념 : 법인세의 고려

(2) MM의 수정명제(proposition)

1) 제1명제 : 기업가치에 대한 명제

부채기업의 가치는 무부채기업의 가치에 부채사용에 따른 법인세절세액의 현가를 더한 것과 같다. ← $V_L = V_u + B \cdot t_c$ ← 부채사용이 많을수록 기업가치가 상승

부채사용에 따른 법인세절세액의 현재가치 $B \cdot t_c$를 레버리지이득(gain from leveraged) 또는 법인세 절세효과(tax shield effect)라 한다.

2) 제2명제 : 자기자본비용에 대한 명제

레버리지의 증가에 따라 자기자본비용은 상승하지만, 부채비용의 저렴효과를 완전히 상쇄하지는 못한다. ← $k_e = \rho + (\rho - k_d)(1 - t_c)\dfrac{B}{S}$

부채를 많이 사용할수록 자기자본비용의 상승효과보다 부채사용의 저렴효과가 더 크게 작용하여 가중평균자본비용은 감소 ← $k_o = \rho(1 - t_c \cdot \dfrac{B}{V})$

3) 제3명제

신규투자안에 대한 거부율(cut-off rate)은 $\rho(1 - t_c \cdot \dfrac{B}{V})$이다. 단, ρ는 신규투자안의 영업위험만 반영된 자본비용

〈도표 3-10〉 MM이론(1963)의 자본비용과 기업가치

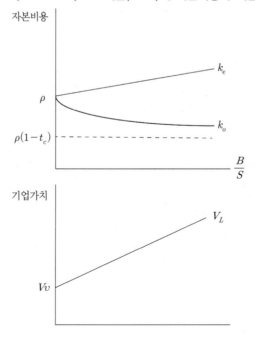

7. MM이론의 한계

① 개인과 기업은 자금차입능력, 신용, 위험 등에서 차이가 있기 때문에 차익거래의 핵심이 되는 완전대체는 불가능하다. 또한 개인구좌로 차입하여 자신의 레버리지를 가지는 것보다는 부채기업에 투자하여 간접적으로 레버리지를 갖는 것이 유리하다. ← 개인은 자신의 부채에 대하여 무한책임을 지는 반면 부채기업의 주주는 기업부채에 대하여 유한책임을 지기 때문

② 현실적으로 기업들을 영업위험이 동일한 동질적 위험집단으로 분류하는 것은 거의 불가능하다.

③ MM은 완전자본시장을 가정하고, 개인소득세, 파산비용, 대리인비용 또는 거래비용 등의 시장불완전요인을 고려하고 있지 않다. ← 기본 가정에 대한 문제이지 MM이론상의 문제점은 아님

8. 개인소득세와 밀러의 균형부채이론

(1) 개인소득세 존재 시의 기업가치

1) 이자소득에 대한 개인소득세율(t_d)과 주식투자에 대한 개인소득세율(t_s)의 비교

$$t_d > t_s$$

개인소득세 존재 시의 기업가치

$$V_L = V_U + \underbrace{[1 - \frac{(1-t_c)(1-t_s)}{(1-t_d)}] \cdot B}_{G}$$

〈도표 3-11〉 개인소득세 존재 시의 기업가치

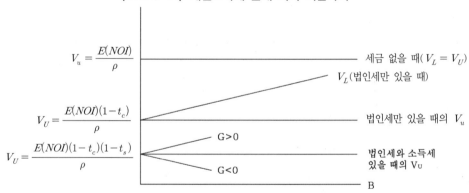

(2) 밀러의 균형부채이론

1) 가정

① 이자소득에 대한 개인소득세율(t_d) : 누진적
② 주식투자에 대한 개인소득세율(t_s) : 0

$$V_L = V_U + [1 - \frac{(1-t_c)}{(1-t_d)}] \cdot B$$

2) 결론 : $t_d = t_s \rightarrow V_L = V_U$

9. 재무적 곤경비용[파산비용(bankruptcy cost)이론] : Kraus & Litzenberger(1973)

〈도표 3-12〉 재무적 곤경비용 존재 시의 기업가치

$$V_L = V_U + B \cdot t_c - PVFD$$

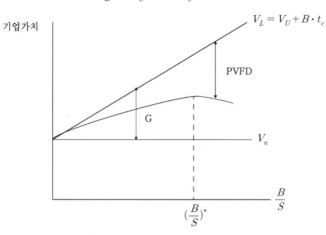

10. 대리이론(agency theory) : Jensen & Meckling(1976)

(1) 기본 개념

1) **대리관계** : 위임자(principals)가 자신을 대신하여 의사결정권한을 대리인(agency)에게 위임하는 계약관계

   ① 외부주주는 위임자가 되고 소유경영자는 대리인

   ② 채권자는 위임자가 되고 소유경영자는 대리인

2) **대리비용(agency cost)** : 대리문제로부터 발생하는 금전적 또는 비금전적 비용

   ① **감시비용(monitoring cost)** : 대리인의 의사결정이 위임자의 이익으로부터 이탈하는 것을 감시하기 위하여 위임자가 부담하는 비용 ← 외부 감사비용, 감사조직 또는 감시기구의 도입으로 인한 비용

   ② **확증비용(bonding cost)** : 대리인이 위임자의 이익을 위한 경영을 하고 있다는 확신을 주기 위하여 대리인이 부담하는 비용

   ③ **잔여손실(residual loss)** : 위와 같은 감시와 확증에도 불구하고 제거되지 않는 비용

(2) 대리비용의 유형

1) **지분의 대리비용(agency cost of equity)** : 외부주주인 주체(위임자)와 소유경영자(내부주주)인 대리인 사이의 이해상충(갈등)으로 발생하는 비용 ← 대리인인 소유경영자가 특권적 소비나 비금전적 효익을 통하여 자신들의 효용을 추구하려는 경우에 발생

> 외부주주의 지분비율이 높을수록 → 소유경영자는 특권적 소비나 비금전적 효익을 누리려고 함 → 지분의 대리비용 증가 → 기업가치는 감소

2) 부채의 대리비용(agency cost of debt) : 주체(위임자)인 채권자와 소유경영자(내부주주) 사이의 갈등으로 발생하는 비용

① 위험선호유인(risk incentive) : 위험이 큰 투자안을 선택할 경우 채권자의 부는 감소하고 주주의 부는 증가

② 과소투자유인(under-investment incentive) : 부채기업의 주주들은 투자안의 NPV가 0보다 크다 하더라도 NPV가 충분히 크지 않을 때에는 그 투자안을 채택하지 않으려는 유인

③ 재산도피유인(incentive toward milling the property)

> 부채비율이 높을수록 → 위험선호유인, 과소투자유인, 재산도피유인 증가 → 부채의 대리비용 증가

(3) 대리비용과 최적자본구조

지분의 대리비용은 외부주주의 지분비율이 높아질수록 증가하며, 반면에 부채의 대리비용은 기업의 부채비율이 높아질수록 증가한다. → 지분의 대리비용과 부채의 대리비용의 합으로 이루어지는 총대리인비용이 최소가 되는 외부주식과 부채의 최적배합이 존재

〈도표 3-13〉 대리비용 존재 시의 기업가치

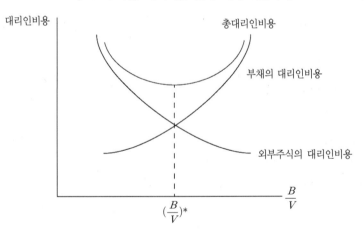

11. 정보불균형(information asymmetry) 또는 정보의 비대칭과 자본구조

(1) 로스의 신호이론 : Ross(1977)

정보불균형이 존재하는 현실의 자본시장하에서 다음과 같은 가정을 전제한다면 최적자본구조가 존재할 수 있다.

① 경영자보수는 기업가치에 정(+)의 함수이다.

② 경영자가 기초에 제공한 기업 내용에 대한 신호의 진위는 기말에 밝혀진다.

③ 거짓신호를 보낸 경영자에게는 충분한 벌과금이 부과되므로 거짓신호의 유인이 존재하지 않는다.

④ 부채조달의 수준이 기업 내용에 관한 신호전달의 역할을 한다.

(2) 자본조달순위이론 : Myers & Majluf(1983)

1) 경영자와 일반투자자 사이에 정보불균형이 존재하는 경우에는 기존 주주의 부를 극대화하기 위하여 자본조달의 형태가 부채와 자기자본의 균형을 유지하는 방향으로 이루어지지 않고 어떤 순서가 존재한다고 주장

2) 투자자금을 내부금융 → 부채 → 신주발행 순으로 조달한다.

Ⅳ 불확실성하의 자본예산

1. 위험투자안의 평가방법

(1) 분산투자가 불가능한 경우 : 총위험을 기준으로 위험투자안을 평가

(2) 분산투자가 가능한 경우 : 체계적 위험을 기준으로 위험투자안을 평가

1) 위험조정할인율법(risk adjusted discount rate method)

① 베타가 투자안의 내용연수 동안 안정적(즉, 일정한 값)일 때 적용

② 동일한 위험조정할인율로써 투자안을 평가

2) 확실성등가법(CEQ법 : certainty equivalent method)

① 투자안의 내용연수에 걸쳐 베타가 안정적이지 못할 때(즉, 기간 별로 현금흐름의 확률분포가 달라 매기의 베타계수가 달라진다면) 적용

② 확실성등가(CEQ)를 무위험이자율로 할인하여 투자안 평가

Ⅴ 배당정책이론

1. 배당정책이론의 기초

(1) 배당정책이론의 의의 : 투자의 결과 얻어지는 순이익의 처리과정이 기업가치에 미치는 영향을 살펴보는 이론

(2) 배당정책(dividend policy) : 기업의 투자활동의 결과 벌어들인 순이익을 배당금과 재투자를 위한 유보이익으로 나누는 의사결정

(3) 배당정책이론의 가정

1) 순수하게 배당정책만이 기업가치에 미치는 효과를 파악하기 위해 투자정책은 일정한 상태로 유지되는 것으로 봄

2) 자본구조가 기업가치에 미칠지도 모르는 영향을 배제하기 위해 부채비율(B/S)이 일정하거나 부채가 없는 것으로 봄

PART
08

(4) 배당에 대한 척도

1) 주당배당액(dividend per share ; DPS) : 1주당 지급되는 현금배당금
2) 배당성향(dividend payout ratio) : 순이익 중에서 배당금으로 지급되는 수준
3) 배당수익률(dividend yield) : 배당소득에 대한 수익률을 의미하며, 배당지급액을 주가수준으로 나눈 값
4) 배당률(dividend ratio) : 1주당 배당액을 1주당 액면금액으로 나눈 값

2. MM의 무관련이론

(1) 가정

1) 세금이나 거래비용 등이 없는 완전자본시장이다.
2) 투자자들은 같은 금액의 현금배당과 자본이득을 동일하게 평가한다.
3) 배당소득과 자본이득에 대한 세율이 동일하다.
4) 투자자들은 미래의 이익과 배당을 확실하게 예측하며, 동질적 기대를 한다.
5) 기업은 자기자본만으로 구성되며 배당재원을 내부금융 및 외부자본으로 조달한다.

(2) 무관련이론의 증명

현재 기업가치(=주주 부)를 결정하는 변수들 중에는 배당과 관련된 변수가 없다. 즉, 기업가치는 기말의 영업이익, 투자금액, 그리고 기말의 기업가치에 의하여 영향을 받을 뿐, 순이익(=영업이익)을 배당과 유보이익으로 나누는 배당정책과는 전혀 무관하다.

(3) MM이론을 뒷받침하는 논리

1) 자가배당조정

① **자가배당조정**(homemade dividends) : 완전자본시장 하에서 주주들은 기업으로부터 지급받는 배당수준과 관계없이 그들이 원하는 배당수준으로 자유로이 배당을 조정할 수 있다는 것

② 기업의 배당지급액이 원하는 수준에 미달할 때에는 그 미달액만큼 보유주식을 매도하고, 반대로 원하는 수준을 초과할 때에는 그 초과배당액으로 주식을 매입함으로써 주주들은 그들이 원하는 배당수준을 유지할 수 있음

③ 자가배당조정의 논리에 의하면 주주들은 자신들이 원하는 목표수준을 스스로 조정해 갈 수 있으므로 기업이 채택한 특정한 배당정책에 가치를 부여하지 않을 것이며, 기업가치는 항상 일정하게 유지된다는 것이다.

2) 고객이론(clientele theory)

① **고객효과**(clientele effect) : 투자자마다 각자의 선호에 맞는 기업에 투자하게 된다는 것

② 현재의 배당을 바라는 투자자나 소득이 적어 낮은 소득세의 한계세율이 적용되는 투자자는 배당성향이 높은 기업을 선호하고, 미래 자본이득(=매매차익)을 바라는 투자자나 소득이 많아 높은 한계세율이 적용되는 투자자는 배당성향이 낮은 기업을 선호하게 된다. → 고객

효과가 성립하게 되면 기업의 배당성향과 투자자들의 배당에 대한 선호가 일치하는 균형시장이 되며, 균형시장에서는 개별주식에 대한 수요와 공급이 균형상태를 이루므로 어느 기업의 배당정책의 변경에 의한 기업가치의 증대를 기대할 수 없을 것이다.

③ 고객효과로 인해 차별적인 세율이 존재하더라도 배당정책이 기업가치에 무관함

3. 불완전자본시장 하에서 배당이론

(1) 배당소득이 선호되는 현실적 측면

1) 손 안의 새 논쟁(birds-in-hand argument) : 확실성의 선호

배당소득은 자본이득보다도 그 소득이 확실하다.

2) 배당의 정보효과(information contents of dividend) : 현실적인 자본시장에서는 정보의 비대칭성(asymmetric information)이 존재 → 이러한 상황에서 경영자는 투자자들에게 기업정보를 전달하는 수단으로 배당정책을 이용 → 배당의 증가는 증가된 배당금을 충분히 감당할 수 있을 정도로 기업이 수익성이 높은 투자안을 갖고 있다거나 충분한 현금동원능력이 있다는 정보를 투자자들에게 전달하는 신호효과(signaling effect)가 있다.

3) 대리비용(agency cost) : 배당이 많아지면 경영자가 자유재량으로 사용할 수 있는 여유자금은 줄어들게 되고 경영자의 특권적 소비는 감소하게 하여 기업가치에 정(+)의 효과를 미친다.

4) 정액소득원의 선호 : 투자자들 중에는 일정한 크기의 소득이 보장되는 배당을 선호하는 사람이 있다. 왜냐하면 이들 중에는 정기적인 배당에 의하여 생활하는 사람도 있기 때문이다.

5) 증권거래비용의 절감 : MM은 homemade dividends를 설명하면서 자본이득이 더 요구되는 경우에는 배당 대신 주식의 일부를 매각하면 된다고 하지만, 이러한 행위는 거래비용을 수반한다. 반면에 배당수익은 거래비용이 발생하지 않는다.

(2) 사내유보(자본이득)가 선호되는 현실적 측면

1) 배당지급으로 인한 현금유출과 재투자기회의 감소

2) 낮은 자본이득세율 : 일반적으로 배당소득세율보다도 자본이득세율이 훨씬 낮다. 특히 우리나라의 경우 자본이득은 일반적으로 비과세되고 있는 반면에 배당소득에 대해서는 세금이 부과된다. 따라서 세후 기준으로 보면 자본이득이 동일한 금액의 배당소득보다 유리할 것이다.

3) 신주의 저가발행

4. 밀러·숄즈의 배당무관련이론

밀러와 숄즈(Miller & Scholes)는 배당소득세율과 자본이득세율이 다르더라도 개인부채에 대한 이자비용이 과세소득의 계산과정에서 손비로 인정된다면, 투자자들은 배당소득세를 회피할 수 있기 때문에 배당소득과 자본이득은 투자자에게 무차별하다라고 하였다. → 기업가치는 배당정책과 무관하다고 주장

5. 특수배당정책

(1) 주식배당(stock dividend)

기존주주에게 현금배당 대신 신주를 발행하여 주식소유비율에 따라 무상으로 교부하여 주는 것
→ 주식배당을 하면 발행주식수가 증가하면서 유보이익이 자본금계정으로 대체될 뿐 자기자본이
나 기업의 총가치에는 변화가 없다.

1) 주식배당의 긍정적인 효과

① 현금의 사외유출을 막고 유동성을 높일 수 있다.
② 잠정적인 유보이익을 영구히 자본화한다.
③ 주식배당으로 발행주식수가 증가하고 주가는 하락하여 주식의 활발한 거래가 이루어질 수
있다.
④ 일반적으로 성장가능성이 높은 기업이 투자자금을 확보하려고 주식배당을 실시하므로 그
기업의 미래전망이 밝다는 것을 알리는 정보효과로 인해 주가가 상승할 수 있다.

2) 주식배당의 부정적 효과

① 기업의 입장에서 볼 때 증가된 주식수는 장기적으로 기업에게 배당압력을 가중시킨다.
② 현실적으로 신주발행비용이 발생하므로 기업가치를 하락시키는 요인이 된다.

(2) 주식재매입(stock repurchase)

기업이 발행한 주식을 시장가격에 재매입하여 발행주식수를 줄이는 것을 말하며, 그 주식을 자
기주식이라고 한다. 주식 재매입이 있게 되면 주식수가 감소하는 반면에 EPS와 주가가 상승함
으로써 자본이득을 얻을 수 있다. 그러나 총자기자본가치는 불변이다. 기업이 자기주식을 매입
하면 현금배당이 자본이득으로 대체되는 결과를 얻는다. 투자자 입장에서 볼 때 현금배당보다
주식재매입이 선호되는 것은 배당소득세율보다도 자본소득세율이 낮을 뿐만 아니라 주식이 매각
될 때까지는 세금이 부과되지 않기 때문이다. 뿐만 아니라 사채발행자금으로 자사주를 매입하면
부채사용의 세금효과까지 얻을 수 있다. 한편, 주식재매입은 기업의 결정에 의하므로 기업내부
자들이 정보독점력을 행사하게 될 경우 경영통제권의 장악은 물론 주가의 조작으로 기존주주들
의 이익이 침해될 수 있다. 따라서 상법에서도 주식재매입을 엄격하게 규제하여 일정한 범위 내
에서 허용하고 있다.

(3) 주식분할(stock split)

주당 액면가를 낮추어 단순히 기존의 1주를 그 이상으로 늘림으로써 주식수를 증가시키는 것이
다(액면분할이라고도 한다). 따라서 기업의 자본금계정이나 기업가치, 부채비율 등은 변화가 없
고 다만 액면가와 주식수만 변화한다. 원래 주식분할은 엄격한 의미로 보아 배당정책과는 무관
하나, 주식분할이 장래 기업의 배당정책에 영향을 미치게 되며, 주식배당과도 유사한 면이 많으
므로 특수배당정책으로 간주하기도 한다. 이러한 주식분할을 실시하는 목적은 다음과 같다.

① 주식의 단위를 세분화함으로써 주식의 시장성을 제고시키고 이를 통하여 주식의 소유권을 분산시키는 수단으로 이용할 수 있다.

② 고주가로 인한 주식분할은 미래 배당소득 증가에 대한 기대와 같은 유리한 정보효과가 존재할 수 있다.

(4) 주식병합

주식분할과 대립되는 개념으로 발행주식수를 감소시키는 것이다. 이를 실시하면 기업가치나 자기자본가치는 변함없고 주식수만 감소하므로, 주당순이익과 주식가격은 감소되는 주식수에 비례하여 상승하게 된다. 주식병합은 주가를 상승시키고자 할 때 종종 이용되고 있다.

PART
08

Chapter 04 파생상품론

I 옵션가격결정모형

1. 옵션의 기초

(1) 옵션(option)

미리 정해진 기간(＝만기일) 내에 정해진 가격(＝행사가격)으로 특정자산(＝기초자산)을 매입하거나 매도할 수 있는 권리가 부여된 증권

(2) 옵션의 종류

1) 권리의 내용에 따른 분류

① 콜옵션(call option) : 기초자산을 살 수 있는 권리가 부여된 옵션

② 풋옵션(put option) : 기초자산을 팔 수 있는 권리가 부여된 옵션

2) 권리행사의 가능시점에 따른 분류

① 유럽형 옵션(European option) : 만기일에만 권리를 행사할 수 있는 옵션

② 미국형 옵션(American option) : 만기일 이전이라도 언제든지 권리를 행사할 수 있는 옵션

(3) 옵션의 기능

1) 위험의 헷지 : 옵션은 기초자산의 보유나 공매에서 발생하는 위험을 헷지하는 수단

2) 레버리지 기능 : 기초자산에 대한 투자에 비해 적은 투자금액으로 기초자산과 동일한 포지션을 가질 수 있어 높은 투자수익률이 가능

3) 새로운 투자수단의 제공 : 신금융상품 창조기능

4) 옵션은 그 자체가 하나의 새로운 투자대상

2. 옵션의 투자전략

(1) 기본포지션(naked position or uncovered position) : 하나의 주식이나 옵션에 투자하는 전략

〈도표 4-1〉 옵션의 기본포지션

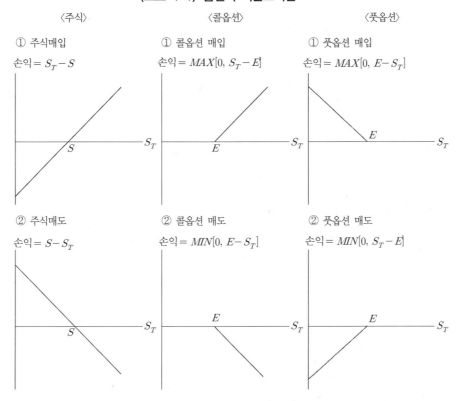

(2) 헷지포지션(hedge position) : 주식과 옵션을 결합하여 한쪽에서 발생하는 손실을 다른 쪽의 이익으로 보전하는 전략

   1) 헤지 포트폴리오＝방비콜(covered call) : 특정 주식을 1주 매입하고, 그 주식을 기초자산으로 하는 콜옵션 1개를 매도하는 전략

   2) 보호적 풋(protective put) : 특정 주식을 1주 매입하고, 그 주식을 기초자산으로 하는 풋옵션 1개를 매입하는 전략

(3) 스프레드(spread)와 콤비네이션(combination)

   1) 스프레드포지션(spread position) : 동일한 기초자산에 대하여 발행된 동일한 종류의 옵션 중에서 행사가격이나 만기가 다른 하나는 매입하고 다른 하나는 매도하는 전략

     ① 수직스프레드(vertical spread) : 다른 조건은 모두 같고 행사가격만 서로 다른 옵션을 하나는 매입하고 다른 하나는 매도하는 전략

ⓐ **강세스프레드(bull spread)** : 낮은 행사가격의 옵션을 매입하고 높은 행사가격의 옵션을 매도하는 전략으로, 주가가 상승하는 강세시장(bull market)에서 이익을 얻을 수 있는 전략

ⓑ **약세스프레드(bear spread)** : 낮은 행사가격의 옵션을 매도하고 높은 행사가격의 옵션을 매입하는 전략으로, 주가가 하락하는 약세시장(bear market)에서 이익을 얻을 수 있는 전략

ⓒ **나비형 스프레드와 샌드위치형 스프레드** ← 강세스프레드와 약세스프레드의 혼합

② **수평스프레드(horizontal spread)** : 다른 조건은 모두 같고 만기만 서로 다른 옵션을 하나는 매입하고 다른 하나는 매도하는 전략

2) **콤비네이션(combination)** : 동일한 기초자산에 대하여 발행된 콜옵션과 풋옵션을 동시에 매입하거나 매도(발행)하는 전략

① **스트래들(straddle) 매입** : 동일한 조건(기초자산, 만기, 행사가격)에 있는 콜옵션과 풋옵션을 한 개씩(또는 같은 비율) 동시에 매입하는 전략 ← 미래 주가변동이 클 것으로 예상하지만 그 변동의 방향이 불확실한 경우에 유효

② **스트래들 매도** : 동일한 조건에 있는 두 종류의 옵션을 동시에 매도하는 전략 ← 미래 주가변동이 작을 것으로 예상되지만 그 변동방향을 알 수 없는 경우에 유효

③ **스트립(strip)과 스트랩(strap)** ← 주가변동의 가능성이 클 것으로 예상되는 경우 이익

ⓐ **스트립 매입(콜옵션 한 개와 풋옵션 두 개의 결합)** : 주가의 하락 가능성이 예상되는 경우 유용

ⓑ **스트랩매입(콜옵션 두 개와 풋옵션 한 개의 결합)** : 주가의 상승 가능성이 있는 경우 유용

④ **스트랭글(strangle)** : 기초자산과 만기는 동일하고 행사가격은 서로 다른 콜옵션과 풋옵션을 한 개씩 결합한 전략

ⓐ **스트랭글 매입(long strangle)** : 두 옵션을 동시에 매입하는 것 ← 주가변동이 클 것으로 예상하는 경우에 이익

ⓑ **스트랭글 매도(short strangle)** : 두 옵션을 동시에 매도하는 것 ← 주가변동이 작을 것으로 예상하는 경우에 이익

3. 옵션가격 결정의 기초

(1) 옵션가격 결정요인

옵션가격은 기초자산의 가격과 관련된 특성(기초주식의 가격, 기초주식의 분산, 기초주식에 대한 배당 등), 옵션계약과 관련된 특성(행사가격, 만기), 또는 무위험이자율에 의하여 영향을 받는다.

(2) 콜옵션

1) **기초자산의 현재가격(S) ; (+)** : 기초자산의 현재가격이 높을수록 기초자산가격이 행사가격보다 높아질 가능성이 증가하므로 콜옵션가격은 높아진다.

2) 행사가격(E) ; (−) : 행사가격이 높을수록 기초자산가격이 행사가격보다 높아질 가능성이 감소하므로 콜옵션가격은 낮아진다.

3) 무위험이자율(Rf) ; (+) : 무위험이자율이 높을수록 행사가격의 현재가치를 감소시켜 콜옵션가격은 높아진다.

4) 만기(T) ; (+) : 만기가 길수록 행사가격의 현재가치는 작아지고, 기초자산가격(주가)의 변동가능성이 커지기 때문에 콜옵션가격은 높아진다.

5) 기초자산가격(또는 수익률)의 분산(σ^2) ; (+) : 분산이 클수록 기초자산가격이 행사가격보다 높아질 가능성이 증가하기 때문에 콜옵션가격은 높아진다.

6) 기초자산에 대한 배당(D) ; (−) : 기초자산에 대한 배당이 많을수록 기초자산의 가격은 더 크게 감소하여 권리행사의 가능성이 감소하기 때문에 콜옵션가격은 낮아진다.

(3) 풋옵션

1) 기초자산의 현재가격(S) ; (−) : 기초자산의 현재가격이 높을수록 기초자산가격이 행사가격보다 낮아질 가능성이 감소하므로 풋옵션가격은 낮아진다.

2) 행사가격(E) ; (+) : 행사가격이 높을수록 기초자산가격이 행사가격보다 낮아질 가능성이 증가하므로 풋옵션가격은 높아진다.

3) 무위험이자율(Rf) ; (−) : 무위험이자율이 높을수록 행사가격의 현재가치를 감소시켜 풋옵션가격은 낮아진다.

4) 만기(T) ; (?) : 만기가 풋옵션가격에 미치는 영향은 분명하지 않다. 만기가 길수록 주가의 변동가능성이 커지므로 풋옵션가격이 높아지는 효과가 있는 반면에, 행사가격의 현재가치가 작아져서 풋옵션가격이 낮아지는 효과도 있다. → 만기와 풋옵션가격과의 관계는 이 두 가지 효과의 상대적인 크기에 좌우

5) 기초자산가격(또는 수익률)의 분산(σ^2) ; (+) : 분산이 클수록 기초자산가격이 행사가격보다 낮아질 가능성이 증가하기 때문에 풋옵션가격은 높아진다.

6) 기초자산의 배당(D) ; (+) : 기초자산에 대한 배당이 많을수록 주가하락을 가져오고 주가가 행사가격보다 낮아질 가능성이 증가하기 때문에 풋옵션가격은 높아진다.

4. 옵션가격의 결정범위와 결정요인

(1) 콜옵션

1) C ≤ S : 만약 콜옵션가격이 현재주가보다 크다면 콜옵션을 매도하고 주식을 매입함으로써 차익거래이익을 얻을 수 있기 때문 ← 상한

2) C ≥ 0 : 옵션은 유리한 경우에만 권리를 행사할 뿐 의무는 수반되지 않기 때문 ← 하한

3) C ≥ S − E 또는 $C \geq S - \dfrac{E}{(1 + R_f)^T}$: 콜옵션가격은 현재주가에서 행사가격의 현재가치를 차감한 값보다 커야 한다.

<도표 4-2> 콜옵션가격의 범위

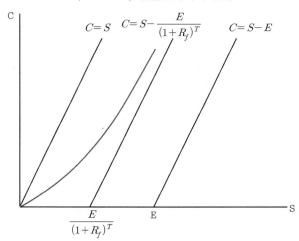

(2) 풋옵션

<도표 4-3> 풋옵션가격의 범위

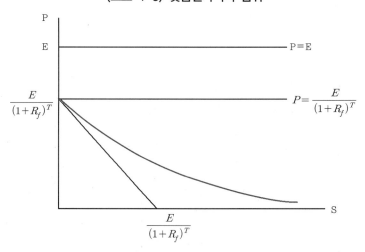

(3) 옵션가격의 구성요소

만기일 이전의 옵션가격은 내재가치와 시간가치로 구성된다.

옵션가격 = 내재가치 + 시간가치

1) 내재가치(intrinsic value) : 지금 당장 권리를 행사했을 때 얻을 수 있는 가치로 본질적 가치라
고도 한다.
① in the money(내가격상태) : 지금 당장 옵션을 행사함으로써 이익을 얻을 수 있는 상태
② at the money(등가격상태) : 내재가치가 0이므로 권리를 행사하더라도 손익이 발생하지
않는 상태

③ out of the money(외가격상태) : 내재가치가 존재하지 않으므로 권리를 행사하면 손실이
   발생하는 상태

2) 시간가치(time value) : 옵션의 만기일까지 남아 있는 기간 동안에 주식가격이 옵션에 유리한
   방향으로 변동하여 옵션가치가 상승할 것으로 기대하는 가치가 반영된 것을 의미하며, 이를
   외재가치(extrinsic value)라고도 한다.

시간가치 = 옵션가치 − 내재가치

① 등가격(또는 외가격)상태일 때는 옵션가격은 시간가치로만 구성되어 있다.
② 만기일 이전에는 옵션가격은 내재가치보다 항상 높게 형성된다.
③ 시간가치는 등가격상태일 때 가장 높고, 기초주식의 현재가격이 행사가격에서 멀리 위치
   할수록 감소한다.
④ 시간가치는 기초주식의 분산이 커짐에 따라 증가한다. ← 분산이 클수록 잔존만기까지 기
   초주식이 크게 변동할 가능성이 많아지므로
⑤ 시간가치는 만기일이 다가옴에 따라 점점 큰 폭으로 줄어들면서 내재가치에 수렴하고, 만
   기일에서 0이 된다.

〈도표 4-4〉 옵션가격의 구성요소

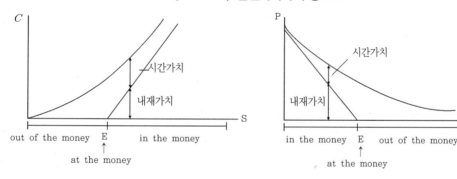

5. 풋-콜 패러티(put-call parity)

(1) 의의

시장이 균형인 상태에서 동일한 기초자산(주식)에 대해 발행된 만기와 행사가격이 동일한 콜옵
션가격과 풋옵션가격 간의 일정한 관계

$$S + P - C = \frac{E}{(1 + R_f)^T}$$

(2) 무위험헷지포트폴리오의 구성

주식 1주와 이 주식을 기초자산으로 하는 풋옵션을 1개 매입하는 동시에 이 풋옵션과 만기와
행사가격이 동일한 콜옵션을 1개 매도하는 포트폴리오(즉 무위험헷지포트폴리오)를 구성 → 투
자자는 아무런 위험을 부담하지 않으면서 만기일에는 행사가격만큼 현금흐름이 보장된다. 따라
서 균형시장을 전제하면 현재의 투자금액에 대한 수익률은 무위험이자율과 동일

(3) 풋 – 콜 패러티의 의미

1) 풋 – 콜 패러티 식에서 콜옵션가격이나 풋옵션가격 중에서 어느 하나만 알면 모든 조건(기초
주식, 만기, 행사가격)이 동일한 다른 옵션가격을 구할 수 있다.

2) 주식, 콜옵션, 풋옵션, 그리고 무위험채권을 상호결합하면 다양한 합성포지션(synthetic
position)을 구성할 수 있다.

6. 옵션가격결정모형(option pricing model : OPM)

완전자본시장의 가정 하에 옵션의 균형가격이 어떻게 결정되는지 설명하는 모형

(1) 이항옵션가격결정모형 : Cox & Rubinstein(1976)

완전자본시장의 가정 하에서 주식과 옵션을 적절히 결합하여 무위험헷지포트폴리오를 구성

→ 이때 기초주식의 가격변동이 이항분포(binomial distribution)에 따라 움직인다면 이렇게 구
성한 무위험헷지포트폴리오의 수익률은 무위험이자율과 동일해야 한다는 논리에 근거하여
옵션의 균형가격을 도출한다.

1) 가정

① 기초자산 또는 옵션시장은 완전자본시장으로서, 차익거래의 기회가 존재하지 않는다.

② 기초자산(주식)의 가격변동은 이항분포에 따른다. 즉, 가격변동은 매기간 일정비율로 상승
또는 하락하며, 상승확률과 하락확률이 일정하다.

2) 단일기간 모형

기초주식의 현재가격(S)은 만기시점에서 상승(uS) 또는 하락(dS)하는 두 가지 상황만 존재

→ 이 기초자산에 대하여 발행된 콜옵션의 만기시점에서의 분포는 다음과 같다.

〈도표 4-5〉 단일기간 모형에서 주가(S)와 콜옵션가격(C)의 변동

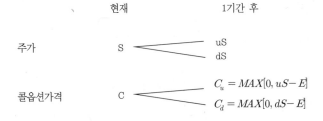

단, u : 1+주가상승률, d : 1+주가하락률, r : 1+R$_f$

① 무위험헷지포트폴리오의 구성(risk free hedge portfolio)

주식 1주를 매입하고 콜옵션 m개를 매도(또는 콜옵션 1개를 매도하고 주식 h주를 매입)하
면 1기간 후의 주가변동에 관계없이 일정한 가치를 갖는 무위험헷지포트폴리오를 구성할
수 있다. 이 포트폴리오의 현재 투자금액은 S – mC(또는 hS – C)이고 1기간 후의 가치는
다음과 같이 변동한다.

〈도표 4-6〉 무위험헷지포트폴리오의 가치변동

현재   1기간 후

$$S \diagdown \begin{array}{l} uS - m \cdot C_u \\ dS - m \cdot C_d \end{array}$$

② 헷지비율(hedge ratio) : 이렇게 구성한 포트폴리오가 무위험헷지포트폴리오가 되기 위해서는 주가의 상승 또는 하락과 관계없이 1기간 후의 가치가 일정해야 한다. 따라서 이 포트폴리오의 구성을 위하여 매도하여야 하는 콜옵션의 수(m)를 헷지비율이라 한다.

$$m = \frac{uS - dS}{C_u - C_d}$$

③ 콜옵션의 균형가격 : 균형시장 하에서는 위와 같이 구성한 무위험헷지포트폴리오의 수익률은 무위험이자율과 동일한 값이 되어야 한다. → 이 개념을 c에 대하여 정리하여 콜옵션의 균형가격을 도출

$$C = \frac{P \cdot C_u + (1-P)C_d}{r} \quad \text{단, } p = \frac{r-d}{u-d}$$

위 식에서, p는 0<p<1의 값을 갖게 되어 확률과 유사한 속성을 갖는 값인데, 이를 헷지확률(hedge probability) 또는 위험중립확률(risk-neutral probability)이라고 한다.
→ 헷지확률은 주식(또는 옵션)의 기대수익률이 무위험이자율과 동일하게 해주는 주가의 상승확률(p)을 의미

3) 이항옵션가격결정모형의 특징

① 옵션가격은 헷지확률(p)에 의해서 결정될 뿐 주가의 상승확률(P)이나 하락확률(1-P)과는 무관하다.
② 옵션가격은 투자자들의 위험에 대한 태도와는 무관하게 결정된다. 따라서 위험회피형 투자자의 가정이 필요 없으며, 단지 시장은 균형이어서 차익거래의 기회가 존재하지 않는다고 가정할 뿐이다.
③ 옵션가격을 결정짓는 유일한 확률변수는 기초자산인 주가이며, 시장포트폴리오 등은 옵션가격에 아무런 관련이 없다.

4) 다기간 모형(참고)

(2) 블랙-숄즈의 옵션가격결정모형(F. Black & M. Scholes ; 1973)

주가의 연속적인 브라운운동(Brownian motion)을 가정하여 보다 일반적인 가격결정모형을 발표

1) 가정

① 주가는 위너과정(Wiener process)을 따른다. 즉, 주가는 미세한 시간 사이에서 연속적으로 변동

② 주식시장(또는 옵션시장)은 완전자본시장이다. 무위험이자율로 차입과 대출이 자유롭고 세금이나 거래비용 등이 존재하지 않는다. 이에 따라 차익거래기회는 존재하지 않는다.
③ 주식이나 옵션의 공매에 제한이 없다.
④ 무위험이자율은 옵션만기 동안 일정하다.
⑤ 옵션만기까지 배당을 지급하지 않는 유럽형 옵션만을 대상으로 한다.

2) 옵션의 가격결정

① $C = S \cdot N(d_1) - \dfrac{E}{e^{Rf \cdot T}} N(d_2)$

단, $N(d_1) =$ 표준정규분포의 d_1까지의 누적확률

② $P = -S \cdot N(-d_1) + \dfrac{E}{e^{Rf \cdot T}} N(-d_2) = -S + C + \dfrac{E}{e^{R_f \cdot T}}$

단, $N(-d_2) = 1 - N(d_2)$

3) $N(d_1)$의 의미

① 무위험헷지포트폴리오를 구성하기 위한 헷지비율

$m = \dfrac{1}{N(d_1)}, \quad h = N(d_1), \quad k = \dfrac{1}{N(-d_1)} = \dfrac{1}{1 - N(d_1)}$

② 주가변화에 대한 콜옵션가격의 변화정도(즉, 민감도)

$\dfrac{\partial C}{\partial S} = N(d_1), \qquad \dfrac{\partial P}{\partial S} = -[1 - N(d_1)]$

③ 옵션만기일에 콜옵션이 행사될 확률 : $N(d_1)$

7. 옵션가격결정모형의 응용

(1) 자기자본과 부채

1) 자기자본가치(SV)
① 기업자산(V)을 기초자산으로 하며, 행사가격이 부채의 액면가액(B)이고 만기는 부채의 만기일(T)인 유럽형 콜옵션을 매입한 포지션과 동일
풋옵션을 매입하고 액면가 B인 무위험채권을 공매(또는 발행)한 포지션과 동일
② 기업가치를 소유함과 동시에 그 기업가치를 기초자산으로 하는 유럽형

2) 부채가치(B)
① 기초자산인 기업가치를 소유하고 유럽형 콜옵션을 매도한 포지션과 동일
② 무위험채권을 매입하고 기업가치를 기초자산으로 하는 풋옵션을 매도한 포지션과 동일

(2) 옵션부사채

1) 신주인수권부사채(bond with warrants : BW)
2) 전환사채(convertible bond : CB)

3) 수의상환사채(callable bond)

4) 상환청구권부사채(bond with put option)

Ⅱ 선물거래

1. 선물거래의 기초개념

(1) 의의

선물거래(futures transaction)는 미래의 특정한 시점에 정해진 가격으로 특정자산을 매입 또는 매도하는 거래에 대하여 현재시점에서 약정하는 계약을 사고 파는 것

(2) 주요용어

1) 기초자산(underlying asset) : 선물거래의 대상이 되는 자산

2) 만기일(maturity date) : 선물계약이 이행되는 미래의 특정한 시점 → 인도일(delivery date)

3) 선물가격(futures price) : 만기일에 기초자산을 거래하는 경우에 적용되는 가격 → 선물계약의 가치와는 다른 개념

(3) 선도거래 및 옵션과의 비교

1) 선도거래(forward trading)와 비교

① 선도거래는 두 당사자 간의 직접계약이다. 그러므로 시간에 구애받지 않고 장소에 상관없는, 즉 장외시장(over-the counter market)에서 거래가 형성된다. 반면, 선물거래는 조직적이고 공식적인 시장형태인 선물거래소에서 공개입찰의 방식으로 거래가 이루어진다. 따라서 선물거래는 선도거래에 비해 상대적으로 쉽게 거래상대방을 찾을 수 있다. 또한 높은 시장성으로 인해 수요와 공급이 일치하는 균형수준에서 보다 쉽게 선물가격이 형성된다.

② 선도거래는 거래당사자의 협의에 의하여 거래조건이 결정된다. 반면, 선물거래는 거래조건(즉, 기초자산이나 거래단위, 만기일 등)이 표준화되어 있으므로 계약체결이 상대적으로 용이하며, 선물거래의 유동성이 높기 때문에 만기일 전에 언제든지 제3자에게 반대매매를 할 수 있다.

③ 선도거래의 계약불이행에 대한 위험은 당사자의 신용에 좌우된다. 반면, 선물거래는 결제소(청산소)가 거래상대방의 모든 선물계약의 청산에 대하여 계약이행을 보증한다. 계약이행에 대한 제도적 장치로 증거금제도와 일일정산제도를 두고 있다.

2) 옵션과의 비교

① 옵션의 경우에 매입자는 옵션의 행사여부에 대한 권리가 있는 반면, 매도자는 계약이행에 대한 의무를 부담한다. 반면에 선물거래는 매입·매도자 모두 계약이행에 대한 의무를 부담한다.

② 옵션의 경우에 매입자는 매도자에게 옵션의 가격(=옵션프리미엄)을 지불하고 매도자는 증거금을 납부한다. 반면에 선물거래는 매입·매도자 모두 증거금을 납부할 뿐 이에 대한 대가는 없다.

③ 옵션의 매입자는 자신에게 불리한 경우에는 권리행사를 포기하면 되므로 위험(즉, 손실)을 한정할 수 있으나, 선물거래는 매입·매도자 모두 반드시 계약을 이행하여야 하므로 위험 (손실)에 대한 한계가 없게 된다.

(4) 선물거래자의 유형

1) 헷저(hedger) : 자신이 보유 중인 자산의 가격하락이나 미래에 매입 예정인 자산(즉, 현물자산)의 가격상승으로부터 오는 위험을 회피하기 위해서 현물포지션과는 반대로 선물거래를 하는 사람

2) 투기자(speculator) : 현물시장의 포지션과 관계없이 오직 선물가격변동에 따른 시세차익을 얻을 목적으로 선물거래를 이용하는 사람 → 이러한 투기자들이 선물시장에 참여함으로써 헷저의 위험은 투기자에게 전가될 수 있으며, 선물시장도 안정적으로 경쟁적인 기능을 수행할 수 있다.

3) 차익거래자(arbitrageur) : 현물가격과 선물가격 간의 일시적인 불균형 상태를 이용해서 차익거래이익(자금과 위험을 전혀 부담하지 않으면서 얻는 이익)을 얻고자 하는 사람

2. 선물가격과 현물가격과의 관계

(1) 베이시스(basis)

1) 의의 : 어떤 시점에서 특정 상품에 대한 선물가격(F)과 현물가격(S)의 차이를 말한다.
   $b = F - S$

2) 콘탱고 : 선물가격(F) > 현물가격(S)

3) 백워데이션 : 선물가격(F) < 현물가격(S)

4) 인도일수렴현상(delivery date convergence) : 만기일이 다가옴에 따라 선물가격이 현물가격에 수렴하는 현상

(2) 베이시스위험(basis risk)

1) 개시베이시스(initial basis) : 선물거래자가 선물계약을 매입(또는 매도)할 당시의 베이시스

2) 커버베이시스(cover basis) : 선물계약을 청산할 때(즉, 청산시점)의 베이시스

3) 현물가격과 선물가격의 변동이 동일한 경우 : 베이시스는 일정

4) 베이시스위험 : 베이시스 축소(또는 확대) 시 선물거래를 이용한 헷지에서 베이시스의 변동에 따른 손실 또는 이익을 보게 됨

3. 선물가격 결정이론

(1) 기대가설 : $F = E(S_T)$

(2) 정상적 백워데이션가설 : $F < E(S_T) \rightarrow F = E(S_T)$

(3) 정상적 콘탱고가설 : $F > E(S_T) \rightarrow F = E(S_T)$

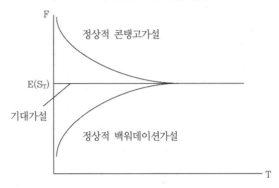

〈도표 4-7〉 선물가격 결정이론

Ⅲ 국제재무관리

1. 환율의 종류

환율(foreign exchange rate) : 한 국가의 통화와 다른 국가의 통화와의 교환비율

(1) 환율표시방법

1) 자국통화표시환율(rate in home currency) : 외국통화를 기준으로 외화 한 단위와 교환되는 자국통화의 단위량을 표시하는 방법 → 대부분 국가는 이 방법을 사용
2) 외국통화표시환율(rate in foreign currency) : 자국통화를 기준으로 자국통화 한 단위와 교환되는 외국통화의 단위을 표시하는 방법

(2) 3국간의 환율관계

1) 기준환율(basic rate) : 대외적인 거래에서 가장 많은 비중을 차지하는 외국통화에 대한 환율을 말한다. → 우리나라의 경우 미국 달러화에 대한 환율
2) 교차환율(cross rate) : 기준환율의 대상이 되는 외국통화와 제3국 통화와의 환율을 말한다. → 일본 엔화와 미국 달러화에 대한 환율
3) 재정환율(arbitrage rate) : 기준환율과 교차환율의 관계에서 도출된 자국통화와 제3국통화와의 환율

2. 환율결정이론

외환시장에서 환율은 각국의 상대적인 기대물가상승률, 명목이자율, 선물환율 등의 상호작용에 의해 결정된다.

(1) 구매력평가설(theory of purchasing power parity : PPP)

두 국가의 실질구매력이 동일한 수준에서 환율이 결정된다는 이론으로, 두 국가의 인플레이션율의 차이가 발생하면 그 차이가 환율변화율을 결정한다. ← 일물일가의 법칙에 근거

PART
08

(2) 국제피셔효과

1) 피셔효과(Fisher effect) : 명목이자율(N), 실질이자율(R), 기대인플레이션율(I) 간의 관계

2) 국제피셔효과(international Fisher effect) : 구매력평가설과 피셔효과에서 유도된 이론

(3) 금리평가설(theory if interest rate)

선물환율에 대한 할인율(할증율)은 국가간 선물만기일까지의 명목이자율 차이와 동일한 수준에서 결정된다는 이론

(4) 효율적시장가설(efficient market hypothesis : EMH)

외환시장이 효율적이라면 선물환율은 미래 현물환율의 기대값과 같다는 이론

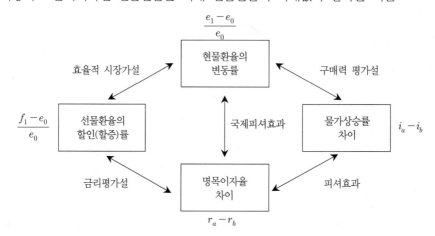

3. 환위험의 관리

(1) 환위험(foreign exchange risk)

환율변동에 따라 기업의 성과가 변동하게 될 가능성을 의미하며, 환위험은 환율변동의 시점을 기준으로 환산환노출, 거래환노출, 경제적 환노출로 구분할 수 있다.

(2) 환위험의 종류

1) 환산환노출 = 회계적 환노출(accounting exposure)

외화로 표시된 재무제표를 자국의 화폐가치로 환산하는 경우에 환율변동에 따라 재무상태나 경영성과가 달라질 가능성을 말하며, 환율변동시점 이전에 종결된 거래에 대해 회계상 보고과정에서 나타나는 환위험이다.

2) 거래환노출

환율변동시점 이전에 거래가 발생하였으나 거래대금에 대한 결제는 환율변동시점 이후에 이루어지는 경우에 부담하는 환위험을 말한다. 이는 거래발생시점에서 외화표시의 채권, 채무가 그 당시의 환율로 확정된 후에 환율이 변동하여 실제로 회수·지급하는 금액이 거래당시의 금액과 달라지는 경우가 된다.

3) 경제적 환노출

환율변동으로 인하여 기업의 미래기대현금흐름이 변동될 가능성을 말한다. 미래의 수익·비용은 환율변동에 영향을 받아서 변동하는 금액이 되며, 이를 순현재가치로 측정한 개념이 경제적 환노출이다. 아직 이에 대한 관리기법이 정형화되어 있지 못한 상황이므로 경제적 환노출을 가장 효율적으로 관리하는 방법은 기업의 영업활동 및 자본조달을 국제적으로 분산시키는 것이라 할 수 있다.

(3) 환위험의 관리

환위험에 대한 관리기법은 환위험의 종류에 따라 달라지며, 이를 대내적 관리기법과 대외적 관리기법으로 대별하여 볼 수 있다.

1) 대내적 관리기법

① **전통적 관리기법** : 강세가 예상되는 통화에 대해서는 자산을 늘리고 부채를 줄이며, 약세가 예상되는 통화에 대해서는 자산을 줄이고 부채를 늘리는 방법 → 환율변동이 예상과 일치하면 이익을 보게 되는 적극적 관리기법

② **대차대조표(재무상태표) 헷지** : 동일한 외화로 표시된 화폐성자산·부채를 같은 금액이 되게 하여 환율변동으로 인한 평가손실(이익)과 평가이익(손실)을 상쇄시킴으로써 환위험을 제거하는 방법

2) 대외적 관리기법

① **선물환시장을 이용한 헷지** : 선물환시장을 이용하면 미래 일정시점의 환율을 현재시점에서 선물환율로 확정할 수 있다. → 거래시점과 결제시점의 환율이 동일하지 않아 발생하는 환위험을 관리하는 방법

② **옵션시장을 이용한 헷지**

③ **화폐시장을 이용한 헷지** : 채권·채무의 발생시점에서 특정통화로 차입하여 다른 통화로 교환한 다음 이를 교환된 국가의 금융자산에 투자함으로써 환위험을 관리하는 방법

④ **통화스왑을 이용한 헷지** : 서로 다른 통화로 채무를 부담하고 있는 두 당사자가 이를 교환하기로 미리 약속하는 것 → 통화스왑을 이용함에 있어 두 당사자는 약정된 환율을 기준환율로 적용하기 때문에 환위험을 헷지하는 효과가 있다.

PART
08

Chapter 05 재무관리의 기타 주제

Ⅰ M&A 공격 · 방어 전략

(1) 공격전략

1) 주식공개매수(Tender offer), 공개매수(take over bid : TOB)

① 주식공개매수는 가장 단순한 공격방법으로 인수대상기업의 주주들에게 공개적으로 장내보다 비싼 가격을 제안하여 주식을 매입하여 인수대상기업의 지배력을 얻는 전략이다.

② 주로 주식의 매입 희망자가 매입기간, 주수(株數), 가격을 공표해서 증권시장 밖에서 공개적으로 매수하는 방법이다.

③ 특정 기업을 인수하기 위해 주식을 공개적으로 매입한다는 의사를 밝히고, 현 시가보다 비싼 가격으로 살 테니 주식을 팔라는 형식으로 제의하게 된다.

④ 주주들은 시가보다 비싼 가격에 팔 수 있기 때문에 선뜻 매도의사를 표시, 매입자는 단시일 내에 경영권을 행사할 수 있게 된다.

⑤ 증권거래법은 기존 최대주주 이외의 자가 25% 이상의 지분을 확보하려 할 경우 최소한 과반수(50% + 1주)를 사도록 하고 있지만 외국인 투자유치와 기업간의 적대적 M&A 활성화를 위해 완전 폐지가 추진되고 있다.

⑥ 매수자에게 막대한 자금력이 있고 기존 주주들로부터 지지를 얻는 경우에 단기간 내에 쉽게 M&A가 가능하다.

2) 백지위임장투쟁(Proxy contest, proxy fight, 위임장대결)

① 백지위임장투쟁은 주주총회에서 현 경영진에 반대하는 주주들을 설득하여 의결권을 위임(Proxy)받고 인수대상기업의 지배력을 얻는 것을 의미한다.

② 주식공개매수와 다르게 적은 비용으로 지배력을 획득할 수 있다는 장점이 있다.

③ 현실적으로 쉽지 않다.

3) 차입매수

① 차입매수는 앞의 두 개의 방법보다 전 단계에 해당하는 차원에서 인수대상기업의 자산이나 수입을 담보로 자금을 차입하여 인수대상기업을 인수 · 합병 후 해당 채무를 상환하는 식의 공격방법이다.

② 다른 방법들과 다르게 적은 자본을 통해 기업을 인수할 수 있지만, 그만큼 부채비율이 높아져서 재무위험으로부터 노출될 가능성이 매우 높은 공격방법이다.

4) 곰의 포옹(bear's hug)

① 매수자가 사전경고 없이 목표 기업의 경영진에 편지를 보내 매수 제의를 하고 신속한 의사결정을 요구하는 것이다.

② 마치 곰이 몰래 껴안듯이 공포 분위기를 조성하면서 회사의 매수가격과 조건을 제시한다고
해서 이 같은 이름이 붙었다.

③ 유사한 적대적 M&A 전략으로 '새벽의 기습(Dawn Raid)'이 있다.

④ 이를 위해서는 막대한 자금력과 M&A전문가가 필요하다.

5) 새벽의 기습(Dawn Raid)

① 아무도 눈치 채지 못하도록 인수대상 기업 주식을 상당량 매입한 후 기습적으로 해당 기업
에게 인수의사를 전달하는 전략이다.

② 곰의 포옹과 마찬가지로 대상기업이 대응할 만한 여유를 주지 않기 위해 주로 주말과 같은
시간을 이용하는 것이 특징이다.

6) Saturday night special(토요일밤의 반란)

① 주식시장이 마감한 후 토요일밤에 기업을 인수하겠다고 선언함으로써 공격받고 있는 기업
이 방어전략을 구사할 수 있는 기회를 주지 않는 전략이다.

② 장외시장 주식거래는 아는 사람끼리 만이 거의 가능하여 방어가 쉽지 않기 때문이다.

③ 현재는 불가능한 방법

④ 1960년대에 미국에서 유행하였으며, 인수기업이 공휴일인 토요일 저녁 황금시간대에 TV
를 통해 공개매수를 선언하여 매수기간을 짧게 함으로써 인수대상 기업에 방어할 시간을
주지 않고 주주들에게도 매도여부를 검토할 충분한 시간을 허용하지 않는 방법이다.

7) 주식파킹(stock parking)

① 기업을 인수하려는 회사가 우호적인 관계에 있는 제3자에게 인수 목표 회사의 주식을 매입
해서 일정 기간 보유토록 하는 것을 말한다.

② 인수하기 전 믿을만한 제3자와 구두나 문서로 인수대상기업의 주식매매에 대해 일종의 이
면계약을 맺어 두는 것이다.

③ 파킹을 하는 이유는 기업을 인수하기 위해 공개적으로 주식을 매입할 경우 주가가 높아져
많은 비용이 들기 때문이다.

④ 주식파킹을 해두면 인수기업은 본격적인 지분확보에 나서면서 이 주식을 미리 약속된 가격
에 사들여 목적을 달성하게 된다.

⑤ 그만큼 인수대상기업의 주식을 미리 안전하고 쉽게 확보할 수 있는 이점이 있다.

⑥ 하지만 은밀하게 이뤄지기 때문에 잘 드러나지 않아 불법시비를 불러일으킬 소지가 많다.

8) Black knight(흑기사)

① 제3세력을 공격에 가담하게 하는 전략이다.

② 혼자 하려면 막대한 자금력이 필요하므로 유용한 전략이 된다.

PART
08

9) 매집(買集, accumulation)

① 어떤 의도를 가지고 일정한 주식을 대량으로 사 모으는 행위이다.

② 경영권을 노리는 적대적 M&A를 목적으로 하는 경우도 있고, 대량매집을 통하여 주가를 상승시켜서 고가에 매도하여 차익을 노리는 경우도 있다.

10) 그린메일(Greenmail)

① Raider(M&A사냥꾼)들이 경영권이 취약한 기업의 지분을 매집한 뒤 해당 기업의 경영진을 교체하겠다고 위협하거나, 대주주에게 인수·합병(M&A) 포기의 대가로 높은 가격에 지분을 되사줄 것을 요구하는 행위이다.

② 대주주에게 초록색인 미달러화를 요구하는 편지를 보낸다는 점에서 그린메일이라는 이름이 붙여졌다.

(2) 방어전략

1) 포이즌필(poison pill, 독소조항, 극약처방)

① 포이즌필은 적대적 인수·합병(M&A)의 시도가 있을 때 기존 주주들에게 시가보다 싼 가격에 지분을 매수할 수 있도록 권리를 부여해 적대적 M&A 시도자의 지분 확보를 어렵게 만드는 것을 말한다.

② 독약을 삼킨다는 의미에서 일명 '포이즌 필'이라고 부른다.

③ 독소조항은 적대적 M&A가 성사되는 경우 인수기업이 불리한 상황에 처하도록 하는 규정이나 계약을 의미하며, 대표적인 독소증권으로 상환우선주, 전환우선주 등이 있다.

④ 독소증권이란 특정기업을 상대로 적대적 인수 시도가 있을 경우, 대상기업의 독소증권을 보유한 주주에게 특별한 권리를 부여해 이를 행사하게 함으로써, 인수자로 하여금 적대적 인수를 포기하도록 유도하는 권리 또는 증권을 말한다.

ⓐ **보통주로 전환 가능한 우선주를 배당으로 발행**하여 특정사건이 발생하면 우선주를 보유한 주주가 대상기업에 고가로 매각하거나 인수기업과 합병할 경우에는 합병기업의 주식으로 전환할 수 있는 권리를 부여한다.

ⓑ 인수기업이 존속기업으로 되는 **흡수합병**이 발생할 경우에는 대상기업의 주주에게 **합병기업의 주식을 염가로 매입할 수 있는 권리**를 부여한다.

ⓒ 피인수기업이 존속기업으로 되는 **역합병**의 경우에 권리를 보유한 주주에게 **대상기업의 주식을 염가로 매입할 수 있는 권리**를 부여한다.

ⓓ 특정 사건이 발생하면 대상기업의 주주는 권리와 주식을 **고가에 매각할 수 있는 권리**를 부여한다.

ⓔ **초대다수 의결권을 갖는 우선주**를 대상기업의 주주에게 발행하고 특정 사건이 발생하면 인수자가 매입한 대상기업의 우선주에 대해서는 의결권을 부여하지 않는다.

⑤ 포이즌필은 이사회 이사들의 차등임기제(staggered board system)와 결합할 경우 거의 현 지배주주에 도전하는 것을 불가능하게 한다.

⑥ M&A가 활발했던 1980~1990년대 미국에서 유행했다.

2) 백기사(White Knight)

① 적대적인 M&A(기업 인수·합병)의 목표대상이 된 기업이 모든 방어수단을 동원해도 공격을 막을 수 없을 경우, 우호적인 기업인수자에게 경영권을 넘기게 된다.

② 이때 우호적인 기업인수자를 백기사라고 한다. 인수대상기업의 편이 되어주는 제3자를 의미하며, 주식 확보 등을 통해 인수대상기업이 적대적 M&A로부터 지배력을 방어하는 데에 도움을 준다.

③ 백기사 전략은 사실상 방어 전략이라기보다는 경영진이 주주에 대한 의무를 다하기 위해 주주의 이익을 극대화할 목적으로 제3자에게 매각하는 방안이다.

④ 백기사는 목표기업을 인수하거나 공격을 차단해 주게 된다.

⑤ 반대로 적대적인 공개매수를 취하는 측을 기업사냥꾼, 레이더스(raiders)라고 한다.

3) 의무공개매수(義務公開買受)

① 상장회사의 주식을 25% 이상 취득할 경우에는 반드시 40% + 1주를 주식시장에서 공개적으로 매입하도록 의무화한 규정이다.

② 이는 주식 취득을 통해서 대주주가 되려면 아예 40% 이상을 사들이도록 강요함으로써 기존 기업주의 경영권을 최대한 보호해주기 위한 것이다.

4) 역공개매수(Pac Man Strategy, Counter Tender Offer, 팩맨)

① 인수대상기업의 공개매수자의 주식을 거꾸로 공개매수하겠다고 발표함으로써 정면대결을 펼치는 전략을 뜻하며, 팩맨 방어라고도 불린다. 먼저 상대 매수자의 이사회를 장악함으로써 공개매수(tender offer)를 좌절시키는 방법이다.

② 이는 양 회사가 상호 10% 이상 주식을 보유하면 의결권이 제한되는 상법규정을 이용한 것이다.

③ 양 회사가 모두 상대회사에 대한 지배권을 얻게 되면, 발행주식총수의 50%를 초과하는 주식을 가진 회사만이 모회사로 의결권을 행사할 수 있다.

④ 경영권 방어를 위한 극단적인 반격전략 중 하나다.

5) 자기공개매수(Self Tender Offer, 자기주식의 취득, 자사주 매입)

① 자기공개매수는 인수대상기업이 적대적 인수세력의 공개매수를 방어할 목적으로 자신을 대상으로, 즉 인수대상기업의 주주를 상대로 공개매수하는 것을 말한다.

② 대상기업은 자기공개매수를 통해 취득하는 주식도 자기주식이 되므로 의결권을 확보할 수는 없지만 적대적 인수기업의 공개매수가격보다 높게 제시해 적대적 공개매수를 실패하게 하는 방안이다.

③ 역공개매수는 시가보다 높은 가격에 매입하는 반면, 자사주 매입은 회사 주식의 가격이 지나치게 낮게 평가되어 있을 경우 경영권 보호 및 주가안정을 위해 자기주식을 매입하는 방어방법이다.

PART
08

6) 차등의결권

① 일반적으로 '1주 1의결권 원칙'의 예외를 인정하여 경영권을 보유한 대주주의 주식에 대하여 보통주보다 더 많은 의결권을 부여하는 제도를 말한다.

② 이로써 일부 주주의 지배권을 강화하여 적대적 M&A로부터 경영권을 방어하는 수단으로 이용된다.

7) 황금주(Golden Share)

① 황금주란 단 1주(또는 1주 이상의 소수 지분)만으로도 주주총회 결의사항에 대해 거부권을 행사할 수 있는 권리를 가진 특별주식이다.

② 광의의 의미로는 법적으로 주어진 의결권 이상의 특별한 권리가 부여된 주식을 보통주와 구별하여 정의한다.

③ 80년대 유럽 국가들이 전략적으로 중요한 공기업을 민영화하면서 외국자본으로부터 경영권을 보호하기 위해 도입한 제도로, 민영화 이후에도 이사회 결정을 뒤집을 수 있는 권한을 갖고 있는 특별주식을 말한다.

④ 아시아, 아프리카 등 개발도상국들의 경우 최근 도입확대 추세인 반면 유럽에서는 '황금주' 제도가 점차 쇠퇴하고 있다.

8) 왕관보석(Crown Jewel)

① M&A 대상이 되는 회사의 가장 가치 있는 자산(Crown Jewel)을 처분함으로써 대상 회사의 가치 및 매력을 감소시켜 M&A를 방지하는 것을 말한다.

② 대상회사의 가치 있는 자산이나 사업부분을 우호적인 제3자에게 매각하거나 이를 인수할 권리인 Crown Jewel Option을 부여하는 것은 실질적으로 전부의 자산을 양도하는 것이 아니므로 주주총회의 승인을 받을 필요가 없고, 다른 기업인수자의 입장에서는 이러한 대상회사는 기업인수의 대상으로 선호하지 않기 때문에 사후적 방어책으로 활용한다.

③ 여기서 Crown Jewel이라고 하는 것은 단지 공장이나 투자가치가 높은 부동산뿐만 아니라 영업권, 특허기술권 등 무형의 자산도 포함될 수 있다.

9) 황금낙하산(Golden Parachute)

① 인수대상기업의 CEO(최고경영자)가 인수로 인해 임기 전에 사임하게 될 경우를 대비해 거액의 퇴직금, 저가에 의한 주식매입권(스톡옵션), 일정기간 동안의 보수와 보너스 등을 받을 권리를 사전에 고용계약에 기재해 안정성을 확보하고 동시에 기업의 인수비용을 높이는 방법이다.

② 경영권 방어를 위한 대표적인 전략의 하나이다.

10) 초다수결의 전략(의결정족수특약, 합병승인결의 특별정족수)

① M&A에 관한 사항, 이사의 선임에 대한 주주총회의 결의, 그 외 중요한 안건에 대하여 통상의 안건보다는 더 많은 수의 지지를 얻지 않으면 결의할 수 없도록 하는 조항을 정관에 규정해 둔다.

② 예컨대 M&A와 관련된 것에 승인을 해주는 경우에는 80% 이상의 찬성을 얻어야만 승인되도록 특별한 규정을 설정하는 것과 같다.

③ 그러한 조항을 두면 통상적인 다수의 주식, 예를 들면 50% 이상의 주식을 취득하더라도 기업의 경영권을 획득하지 못한다든지, 또는 합병을 할 수 없게 되어 매수자의 M&A 시도에 대한 방어책이 될 수 있다.

11) 이사임기교차제

이사들의 임기만료시점을 분산하는 것을 의미하며, 이사들의 임기만료가 분산되어 인수기업 입장에서 기업 지배력을 확보하는 데에 제한사항이 생기게 된다.

12) 불가침협정

불가침협정은 인수기업이 매입한 자사 주식을 높은 가격에 재매입하는 대가로 적대적 M&A를 포기하도록 계약을 맺는 것을 의미한다.

13) 자본감소전략

① 감자를 통하여 자기주식을 매입하여 소각한다면 매수대상기업의 총발행주식수가 감소하게 된다.

② 그러면 총발행주식수의 감소로 대주주의 지분율은 상승하게 되고 주가도 상승하게 될 것이다.

③ 따라서 매수기업으로서는 지분율 확보에 어려움이 따르게 되고, 주가상승으로 매수비용이 증가될 수 있어서 매수의욕이 꺾일 수 있다.

14) Shark repellent(상어퇴치법)

M&A 공격을 사전에 방어하기 위하여 **의결정족수(supermajority)를 강화**하거나 임원의 **임기를 시차제(staggered BOD)**로 조정하는 규정을 정관에 규정하는 전략을 표현하는 용어이다 (anti-takeover amendment).

15) Corporate suicide (자해행위)

사업의 분할을 통하여 공격자를 공격을 어렵게 만드는 전략으로 Spin-off, Carve-out 등이 있다.

16) LBO 또는 MBO(Leverage/Management Buy Out)

① 공격을 받고 있는 기업의 종업원 또는 임원들이 기업을 담보로 하여 자금을 차입하여 그 기업을 인수하는 전략으로 종업원과 임원들이 기업의 Owner가 된다.

② IMF 이후 우리나라에서 많이 사용

PART
08

09 회계관리

PART 09
회계관리

Chapter **01** 회계순환과정과 재무제표

제1절 회계의 의미

I 회계의 정의

(1) 의의

회계(accounting)란 정보이용자의 경제적 의사결정에 유용한 정보를 제공하기 위해서 기업실체에 관한 거래나 사건을 식별·측정·전달하는 과정으로 정의된다.

(2) 회계의 분류

회계는 정보이용자의 유형 및 그들의 의사결정목적에 따라 재무회계와 관리회계로 구분되어 발전하여 왔다.

1) 재무회계(financial accounting)는 주주, 채권자, 정부 등 **기업외부이용자**들의 의사결정에 유용한 정보를 제공하는 회계분야이다. 기업 외부의 다양한 이용자집단들은 서로 다른 의사결정목적을 가지고 있어, 이들의 이용목적별로 회계정보를 제공하는 것은 사실상 불가능하기 때문에 재무회계에서는 대차대조표, 손익계산서 등과 같은 **일반목적의 재무제표를 작성**하여 외부에 공시토록 하고 있다.

2) 관리회계(managerial accounting)는 **기업내부이용자**, 즉 경영자의 경제적 의사결정에 유용한 정보를 제공하는 회계분야로서, 재무제표와 같은 **정형화된 양식과 외부공시를 필요로 하지 않는다.**

II 일반적으로 인정된 회계원칙

1) 정보이용자들이 회계정보를 이용하고자 하는 목적은 다양하면서 서로 상충관계에 있기 때문에 이용목적별로 회계정보를 제공하는 데에는 엄청난 사회적 비용이 발생하게 된다. 따라서 이용자집단들의 공통적인 욕구(목적)를 추출하여 이에 대한 정보만을 제공할 필요성이 제기되며, 이를 충족하기 위해서는 일반적으로 인정된 회계원칙(GAAP, generally accepted accounting principle)에 따라 회계정보가 작성·공시되어야 한다.

> 일반적으로 인정된 회계원칙에 따라 작성된 재무제표를 일반목적의 재무제표라고 한다.

2) 일반적으로 인정된 회계원칙의 특성

① 회계원칙 제정 당시의 이용가능한 회계실무이어야 한다.

② 이해관계자들의 합의(다수의 권위 있는 지지)에 의해 형성되며, 합의를 도출하기 위한 정치적 과정을 필요로 한다.

③ 환경의 변화에 따라 변화하는 속성을 지니고 있으며, 자연과학에서의 원칙과는 구별되는 개념이다.

3) 우리나라의 기업회계기준(기업회계기준서와 의견서 및 해석 등을 포함)

① **주식회사의 외부감사에 관한 법률에** 근거하여 **금융감독위원회가** 제정

② 한국회계연구원이 기업회계기준의 제정·개정에 관한 업무를 위임받아 수행

제 2 절 회계등식

I 회계등식의 구조

1) 재무제표는 회계등식(accounting equation)을 기초로 하여 작성된다.

2) 회계등식이란 기업의 경제적 자원과 경제적 자원에 대한 청구권이 일치하는 것을 의미한다.

경제적 자원 = 경제적 자원에 대한 청구권

자산 = 부채 + 자본

> 회계등식은 대차대조표등식 또는 대차평균의 원리라고도 한다.

① 자산이란 미래에 효익을 가져다 줄 것으로 기대되는 경제적 자원을 말하며, 자산의 예로는 기업이 보유하고 있는 현금이나 상품, 토지, 건물, 기계 등이 있다.

② 부채란 기업 외부인(채권자)에 대한 경제적 의무를 의미하는 것으로서, 예를 들면 차입금, 사채, 미지급법인세 등이 있다.

③ 자본이란 기업의 자산에 대해서 기업 내부인(소유주 또는 투자자)이 갖는 청구권을 의미하는 것으로서 자산에서 부채를 차감한 후의 금액, 즉 순자산이라고도 한다.

> **차변과 대변**
> 상기 회계등식에서 자산은 왼쪽에, 부채와 자본은 오른쪽에 표시되면서 서로 일치하고 있다. 회계학에서는 왼쪽과 오른쪽을 각각 차변과 대변이라고 칭한다. 따라서 기업의 자산은 차변에, 부채와 자본은 대변에 각각 표시된다.

3) 자본

① 소유주지분인 자본은 납입자본과 이익잉여금으로 구성된다.

② 납입자본은 소유주가 직접 회사에 불입한 자금을 의미한다.

PART
09

③ 이익잉여금은 영업활동의 결과로 발생한 이익 중 사외로 유출되지 않고 회사 내부에 유보되어 있는 부분을 말한다.

자산 = 부채 + <u>　　　　　자본　　　　　</u>

자산 = 부채 +　　납입자본＋이익잉여금

(수익 − 비용)

4) 이익잉여금

① 이익잉여금은 다시 수익과 비용으로 구성되는데, 수익은 이익잉여금을 증가시키는 요인이고, 비용은 이익잉여금을 감소시키는 요인이다.

② 만일 수익이 비용을 초과하는 경우 차액을 당기순이익이라 하며, 비용이 수익을 초과하는 경우 차액을 당기순손실이라 한다.

③ 따라서 당기순이익이 발생하는 경우 동금액만큼 이익잉여금을 증가시키며, 당기순손실이 발생하는 경우 동금액만큼 이익잉여금을 감소시키게 된다.

제 3 절　회계순환과정

Ⅰ　의의

1) 회계순환과정(accounting cycle)이란 기업실체에 관한 거래나 사건을 식별 · 측정 · 전달하는 과정, 즉 재무제표가 작성되는 과정을 의미한다.

2) 회계순환과정은 크게 회계기간 중에 실시되는 절차와 회계기말에 실시되는 결산절차로 구분된다.

> 회계순환과정, 즉 재무제표가 작성되는 과정에 대한 이해는 회계학 공부에서 필수적인 과정으로 매우 중요한 부분이다.

〈회계기간 중의 절차〉 (1) 거래의 식별

(2) 분개

(3) 원장에의 전기

(4) 수정전시산표 작성

〈결산절차〉　　　　　 (1) 결산수정분개

(2) 수정후시산표 작성

(3) 재무제표 작성과 마감분개

Ⅱ 회계기간 중의 절차

(1) 거래의 식별

1) 회계기록의 대상이 되는 경제적 사건을 거래(transaction)라고 한다.

① 어떤 경제적 사건이 발생하면 우선 이 사건이 회계기록의 대상이 되는지의 여부를 판단하여야 한다.

② 회계기록의 대상이 되는 경제적 사건은 기업 재무상태의 변동을 초래하여야 하고, 그 변동의 정도를 화폐액으로 측정가능하여야 한다.

[예제 1-1]

① 20×1년 1월 1일 갑은 현금 ₩50,000을 출자하여 컨설팅을 주요업무로 하는 A회사를 설립하였다.

② A회사는 4월 1일 현금 ₩40,000을 지급하고 건물을 취득하였다.

③ A회사는 5월 1일 은행으로부터 ₩10,000을 차입하였다.

④ A회사는 5월 10일 B회사에게 컨설팅용역을 제공하고 현금 ₩3,000을 수취하였다.

⑤ A회사는 6월 1일 건물 보험료 ₩240을 현금으로 지급하였다.

⑥ A회사는 8월 20일 B사에게 ₩9,000에 상당하는 컨설팅용역을 제공하고 3개월 후와 6개월 후에 각각 ₩4,500씩 받기로 하였다.

⑦ A회사의 주주인 갑은 9월 5일 자신의 집을 수리하기 위해서 갑 개인통장에서 ₩800을 인출하여 지급하였다.

⑧ A회사는 11월 20일 B사로부터 컨설팅용역대금 중 ₩4,500을 회수하였다.

⑨ A회사는 12월 29일 종업원들에게 급여 ₩6,000을 현금으로 지급하였다.

〈물음〉 상기 거래를 분개하고, 원장에 전기한 후 수정된 시산표를 작성하시오.

제2절에서 설명한 회계등식의 개념을 사용하여 상기 거래가 자산과 부채 및 자본에 어떠한 영향(플러스 또는 마이너스)을 미치는지에 대해서 살펴보고자 한다.

자산	=	부채	+	자본
자산	=	부채	+	납입자본+이익잉여금
				(수익−비용)

	자산	=	부채	+	자본
	현금				자본금
①	+50,000	=	0	+	50,000

	자산		=	부채	+	자본
	현금	+ 건물				자본금
	50,000			0	+	50,000
②	−40,000	40,000				
	10,000	40,000	=	0		50,000

	자산		=	부채	+	자본
	현금 +	건물				자본금
	10,000	40,000				50,000
③	+10,000			+10,000		
	20,000	40,000	=	10,000		50,000

	자산		=	부채	+	자본	
	현금 +	건물		차입금		자본금+이익잉여금	
	20,000	40,000		10,000		50,000	
④	+3,000						+3,000
	23,000	40,000	=	10,000		50,000	3,000

	자산		=	부채	+	자본	
	현금 +	건물		차입금		자본금+이익잉여금	
	23,000	40,000		10,000		50,000	3,000
⑤	−240						−240
	22,760	40,000	=	10,000		50,000	2,760

	자산			=	부채	+	자본	
	현금 +	건물 +	매출채권		차입금		자본금+이익잉여금	
	22,760	40,000			10,000		50,000	2,760
⑥			+9,000					+9,000
	22,760	40,000	9,000	=	10,000		50,000	11,760

	자산			=	부채	+	자본	
	현금 +	건물 +	매출채권		차입금		자본금+이익잉여금	
	22,760	40,000	9,000	=	10,000		50,000	11,760
⑧	+4,500		−4,500					
	27,260	40,000	4,500		10,000		50,000	11,760

	자산			=	부채	+	자본	
	현금 +	건물 +	매출채권		차입금		자본금+이익잉여금	
	27,260	40,000	4,500	=	10,000		50,000	11,760
⑨	−6,000							−6,000
	33,260	40,000	4,500		10,000		50,000	17,760

(2) 분개

분개(journalizing)란 회계적 거래를 복식부기의 원리에 따라 차변계정과목과 대변계정과목에 거래금액을 기록하는 과정을 의미한다.

(차변) 계정과목 ×××   (대변) 계정과목 ×××

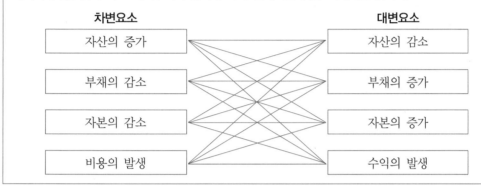

거래의 이중성

기업의 모든 거래는 최소한 둘 이상의 계정과목에 영향을 미치며, 또한 차변과 대변에 영향을 미치는 금액이 동일하다. 이를 거래의 이중성(dual effects of a transaction)이라고 하며, 이러한 성격을 이용하여 회계처리하는 것이 바로 복식부기의 원리에 따라 분개하는 것을 의미하는 것이다.

차변요소		대변요소
자산의 증가		자산의 감소
부채의 감소		부채의 증가
자본의 감소		자본의 증가
비용의 발생		수익의 발생

〈해설 및 정답〉

[예제 1-1]을 분개하면 다음과 같다.

①	(1.1.)	(차) 현금	50,000	(대) 자본금	50,000
②	(4.1.)	(차) 건물	40,000	(대) 현금	40,000
③	(5.1.)	(차) 현금	10,000	(대) 차입금	10,000
④	(5.10.)	(차) 현금	3,000	(대) 매출	3,000
⑤	(6.1.)	(차) 보험료	240	(대) 현금	240
⑥	(8.20.)	(차) 매출채권	9,000	(대) 매출	9,000
⑦	분개 없음				
⑧	(11.20.)	(차) 현금	4,500	(대) 매출채권	4,500
⑨	(12.29.)	(차) 급여	6,000	(대) 현금	6,000

(3) 원장에의 전기

1) 의의 : 원장(ledger)이란 각 계정과목별로 구성된 장부를 말한다.

2) 분개장에 기록된 내용을 원장의 해당 계정과목에 옮겨 적는 절차 또는 증가·감소를 기록하는 절차를 전기(posting)라고 한다.

PART
09

〈해설 및 정답〉
T계정을 이용하여 [예제 1-1]을 전기하면 다음과 같다.

자산		부채		자본	
현금		**차입금**		**자본금**	
(1.1.) 50,000	(4.1.) 40,000		(5.1.) 10,000		(1.1.) 50,000
(5.1.) 10,000	(6.1.) 240		잔액 10,000		잔액 50,000
(5.10.) 3,000	(12.29.) 6,000				
(11.20.) 4,500					
잔액 21,260					
건물				**매출**	
(4.1.) 40,000					(5.10.) 3,000
잔액 40,000					(8.20.) 9,000
					잔액 12,000
매출채권				**보험료**	
(8.20.) 9,000	(11.20.) 4,500			(6.1.) 240	
잔액 4,500				잔액 240	
				급여	
				(12.29.) 6,000	
				잔액 6,000	

(4) 수정전시산표 작성

1) 의의 : 결산시점에서 기중에 기록된 각 계정과목별 원장의 잔액을 하나의 표로 작성한 것을 수정전시산표(unadjusted trial balance)라고 한다.
2) 수정전이란 용어가 사용된 의미는 다음 절차인 결산수정분개를 반영하기 이전에 기중에 기록된 내용만을 요약한 표이기 때문이다.

> 수정전시산표상의 잔액이 재무제표상의 금액이 아니라는 점이다. 재무제표는 결산절차가 수행된 이후에 작성된다.

〈해설 및 정답〉
[예제 1-1]의 수정전 시산표를 작성하면 다음과 같다.

수정전시산표(20×1.12.31)

현금	21,260	차입금	10,000
건물	40,000	자본금	50,000
매출채권	4,500	매출	12,000
보험료	240		
급여	6,000		
합계	72,000	합계	72,000

III 결산절차

(1) 결산수정분개

1) **기본 개념** : 결산수정분개(adjusting entries)란 발생주의에 의해 기말시점에서 행해지는 분개를 의미한다.

> **결산수정분개**
> 결산수정분개는 현행회계가 발생주의에 의해 이익을 측정하기 때문에 필요한 것으로서, 기중에 수수된 현금에 따라 기록된 분개(이를 현금주의라고 한다)를 발생주의로 전환과정을 의미한다. 따라서 결산수정분개에서는 현금계정과목은 나타나지 않는다.

구체적인 결산수정분개를 하기 전에 이를 뒷받침하는 몇 가지 회계원칙과 개념을 설명하고자 한다.

2) **결산수정분개의 이론적 배경**

① 발생주의와 현금주의

ⓐ 발생주의(accrual basis accounting)란 수익과 비용을 현금의 수취 또는 지급에 관계없이 발생사실에 따라 인식하는 것을 의미하고, 현금주의(cash basis accounting)란 현금을 수취하는 시점에 수익을 인식하고, 현금을 지급하는 시점에 비용을 인식하는 것을 말한다.

> 발생주의란 발생사실에 따라 수익과 비용을 인식하는 것

> 발생주의와 수익인식의 원칙, 수익·비용대응의 원칙 등 중요한 회계원칙에 대해서 정확하게 이해하여야 한다.

> **발생주의의 예**
> 호텔의 한 고객이 20×1년 11월 초부터 20×2년 1월 말까지 3개월에 해당하는 숙박료 ₩3,000을 20×1년 11월 초에 지급한 경우 호텔의 입장에서 발생주의에 따라 수익을 인식하면, 20×1년 11월과 12월에 해당하는 ₩2,000만을 20×1년도 수익으로 계상하여야 한다. 만일 현금주의에 따라 수익을 인식한다면, 수취한 현금 ₩3,000을 전액 20×1년 수익으로 계상하게 된다.

ⓑ 현행 회계는 발생주의에 의해 수익과 비용을 인식하는데, 그 이유는 경영성과가 제대로 반영되는 당기순이익을 산출하고, 기업간 또는 기간별 비교가능성을 제고하기 위함이다.

> 회계기간의 개념은 일정기간별로 회계처리를 함에 따라 기간별 귀속여부를 결정하기 위한 회계추정 및 원가배분의 문제를 가져오게 된다. 현행 회계에서 수익인식이 중요한 이유는 수익을 기록하는 시점을 달리함에 따라 중요한 회계정보 중의 하나인 기간별 당기순이익에 차이를 가져오기 때문이다.

② **회계기간의 개념** : 회계기간의 개념은 회계처리 및 보고를 일정기간을 단위로 하여 수행한다는 것을 의미한다. 여기서 일정기간은 월별, 분기별, 연간으로 구분될 수 있으나, 현행회계에서는 1년을 단위로 하여 측정・보고한다.

③ **수익인식의 원칙** : 수익인식의 원칙이란 수익을 기록하는 시점을 결정하는 기준으로 수익은 ⓐ 실현되었거나 실현가능하고, ⓑ 가득되었을 때 인식한다는 원칙이다.

④ **수익・비용 대응의 원칙**

ⓐ 수익・비용 대응의 원칙이란 관련된 수익이 보고되는 시점에서 비용을 인식한다는 원칙이다.

ⓑ 수익과 비용의 대응 관계(관련성)에는 직접대응과 간접대응이 있다.

㉠ 직접대응은 매출이 인식되는 시점에 매출원가를 기록하는 것과 같이 수익과 비용 사이에 직접적인 관련성을 갖고 있는 관계를 말한다.

㉡ 간접대응은 감가상각비, 광고비 등과 같이 관련된 수익을 직접적으로 파악하기 어려운 경우 체계적이고 합리적인 방법을 사용하거나, 지출 시에 비용으로 처리하는 경우로 기간대응이라고도 한다.

3) 결산수정분개의 유형

① **선급비용**

ⓐ 선급비용이란 현금지출은 이루어졌으나 기말시점 현재 아직 용역을 제공받지 못한 부분으로 미래 일정기간동안 비용으로 소멸될 자산을 의미한다.

ⓑ 선급비용의 예로는 선급임차료, 선급보험료 등이 있다.

[사례연구 1]

예를 들어 어떤 회사가 20×1년 5월 1일에 건물을 임차하면서 1년치에 해당하는 임차료 ₩1,200을 지급한 경우 5월 1일자 분개와 12월 31일자 결산수정분개는 다음과 같다.

(5.1.)　(차) 임 차 료　　1,200　　(대) 현　　금　　1,200
(12.31.)　(차) 선급임차료　　400[(1)]　　(대) 임 차 료　　　400

(1) $₩1,200 \times 4/12(20X2.1.1-4.30) = ₩400$

---

② **미지급비용**

ⓐ 미지급비용이란 기중에 용역을 제공받았으나 기말시점 현재 제공받은 용역에 대해서 현금지출이 이루어지지 않은 부분으로 미래 일정시점에 갚아야 할 부채를 의미한다.

ⓑ 미지급비용의 예로는 미지급급여, 미지급이자, 미지급법인세 등이 있다.

[사례연구 2]

어떤 회사가 20×1년에 종업원에게 지급하여야 할 급여가 ₩5,000이나 1년 동안 실제로 현금지급한 급여가 ₩4,000인 경우 발생주의에 따라 손익계산서상 계상되어야 할 급여는 ₩5,000이어야 한다. ₩4,000의 급여지급 시 회계처리와 12월 31일자 결산수정분개는 다음과 같다.

(기 중)	(차) 급 여	4,000	(대) 현 금	4,000
(12.31)	(차) 급 여	1,000[(1)]	(대) 미지급급여	1,000

(1) ₩5,000－₩4,000＝₩1,000

③ 감가상각비

ⓐ 토지를 제외한 유형자산은 내용연수 동안에 걸쳐서 비용으로 계상되어야 하며, 이러한 비용을 감가상각비라고 한다.

감가상각비

감가상각비를 비용으로 계상하는 이유는 유형자산을 취득한 목적은 수익을 얻기 위함이다. 그렇다면 앞서 설명한 수익·비용 대응의 원칙에 따라 매년 가치가 감소되는 금액만큼을 비용으로 계상하여야 한다는 것이다.

ⓑ 내용연수 : 회사가 보유하고 있는 유형자산(토지, 건물, 기계장치 등)은 장기간 사용할 목적으로 취득한 자산이다. 토지를 제외한 유형자산은 미래 일정기간 동안 사용이 가능하며, 이러한 사용가능기간을 내용연수라고 한다.

[사례연구 3]

20×1년 7월 1일 취득원가 ₩30,000인 기계를 현금구입하고, 기계의 내용연수는 6년, 잔존가액은 없으며, 정액법으로 상각하는 경우 7월 1일자와 12월 31일의 결산수정분개는 다음과 같다. 여기서 잔존가액이란 내용연수 6년이 모두 경과한 시점에서의 처분가액(추정치)을 의미하며, 정액법 상각이란 내용연수 동안 가치가 일정하게 감소하는 것을 가정하는 감가상각방법을 말한다.

(7. 1.)	(차) 기 계	30,000	대) 현 금	30,000
(12.31.)	(차) 감가상각비	2,500[(1)]	(대) 감가상각누계액	2,500

(1) (₩30,000－₩0)/6년 × 6/12＝₩2,500

ⓒ 결산수정분개에서 대변의 감가상각누계액은 부채 또는 자본을 의미하는 것이 아니고 자산(기계)의 차감계정을 의미한다. 따라서 재무상태표상에는 다음과 같이 표시된다.

재무상태표(20×1.12.31)

기계	30,000	
감가상각누계액	(2,500)	27,500

④ 대손상각비

ⓐ 매출채권의 경우 상대방 거래처의 부도 등으로 인해 회수가 불가능하게 된 경우, 이 매출채권은 더 이상 자산이 아니므로 장부에서 제거하고, 비용(대손상각비)을 인식하여야 한다.

ⓑ 대손상각비를 인식하는 방법에는 직접차감법과 충당금설정법이 있다.

㉠ 직접차감법이란 상대방 거래처의 부도 등으로 회수가 불가능하게 된 시점에 대손상각비를 인식하고, 매출채권을 감소시키는 방법이다.

㉡ 충당금설정법은 결산수정분개 시 기말매출채권 중 회수불가능할 것으로 예상되는 금액을 추정하여 대손상각비로 계상한다.

[사례연구 4]

20×1년 매출액과 기말매출채권이 각각 ₩80,000과 ₩20,000이었으며, 20×2년 1월 15일에 전기말 매출채권 중 ₩1,000이 거래처의 부도로 회수 불가능하게 된 경우, 직접차감법과 충당금설정법하에서의 회계처리는 다음과 같다. 단, 충당금설정법에서는 기말매출채권의 5%가 회수불가능할 것으로 예상한다.

① 직접차감법

    (X1.12.31.) 분개 없음

    (X2.1.15.) (차) 대손상각비   1,000   (대) 매 출 채 권   1,000

② 충당금설정법

    (X1.12.31.) (차) 대손상각비   1,000[(1)]   (대) 대손충당금   1,000

                  (1) ₩20,000 × 5% = ₩1,000

    (X2. 1.15.) (차) 대손충당금   1,000   (대) 매 출 채 권   1,000

[예제 1-2]

[물음] [예제 1-1]에서 결산수정분개사항이 다음과 같을 때, 이에 대한 회계처리를 하고 수정후시산표를 작성한 후, 마감분개 및 재무제표를 작성하시오.

ⓐ 건물의 내용연수는 10년이고, 잔존가액은 없으며, 정액법으로 상각한다.

ⓑ 차입금은 1년 만기이며, 연이자율은 12%, 만기상환시 이자지급조건이다.

ⓒ 6월 1일에 지급한 건물보험료는 20×1년 6월 1일부터 20×2년 5월 31일까지 1년간에 해당하는 보험료이다.

ⓓ 회사가 1년 동안 종업원들에게 지급하여야 할 급여는 ₩6,500이다.

ⓔ 회사는 기말 매출채권잔액의 5%를 대손충당금으로 설정하고 있다.

〈해설 및 정답〉

결산수정분개(20×1.12.31)

ⓐ (차) 감가상각비   3,000$^{(1)}$ (대) 감가상각누계액   3,000

       (1) (₩40,000 − ₩0)/10년 × 9/12 = ₩3,000

ⓑ (차) 이 자 비 용   800$^{(2)}$ (대) 미 지 급 이 자   800

       (2) ₩10,000 × 12% × 8/12 = ₩800

ⓒ (차) 선급보험료   100$^{(3)}$ (대) 보 험 료   100

       (3) ₩240 × 5/12 = ₩100

ⓓ (차) 급   여   500$^{(4)}$ (대) 미지급급여   500

       (4) ₩6,500 − ₩6,000 = ₩500

ⓔ (차) 대손상각비   225$^{(5)}$ (대) 대손충당금   225

       (5) ₩4,500 × 5% = ₩225

(2) 수정후시산표 작성

결산수정분개를 한 후 각 계정과목별 원장잔액을 집계한 표를 수정후시산표라 한다.

〈해설 및 정답〉

[예제 1−2]의 수정후시산표는 다음과 같다.

20×1.12.31

계정과목	수정 전 시간표		결산수정분개		수정 후 시산표	
	차변	대변	차변	대변	차변	대변
현금	21,260				21,260	
건물	40,000				40,000	
매출채권	4,500				4,500	
차입금		10,000				10,000
자본금		50,000				50,000
매출		12,000				12,000
보험료	240			ⓒ 100	140	
급여	6,000		ⓓ 500		6,500	
합계	72,000	72,000				
감가상각비			ⓐ 3,000		3,000	
감가상각누계액				ⓐ 3,000		3,000
이자비용			ⓑ 800		800	
미지금이자				ⓑ 800		800
선급보험료			ⓒ 100		100	
미지급급여				ⓓ 500		500
대손상각비			ⓔ 225		225	
대손충당금				ⓔ 225		225
합계			4,625	4,625	76,525	76,525

(3) 재무제표 작성과 마감분개

1) 수정후시산표상의 잔액 중 수익과 비용은 손익계산서 구성항목으로 수익이 비용을 초과하는 경우 차액은 당기순이익이 되며, 비용이 수익을 초과할 경우 차액은 당기순손실이 된다.

〈해설 및 정답〉

[예제 1-2]의 손익계산서를 작성하면 다음과 같다.

손익계산서(20×1.1.1-12.31)

보 험 료	140	매 출	12,000
급 여	6,500		
감가상각비	3,000		
이 자 비 용	800		
대손상각비	225		
당기순이익	1,335		
	12,000		12,000

2) 영업활동의 결과를 나타내는 당기순이익[당기순손실]은 소유주의 몫이므로 이익잉여금의 증가[감소]를 가져온다.

3) 당기순이익을 이익잉여금으로 대체하는 과정을 마감분개(closing entries)라 한다.

〈해설 및 정답〉

[예제 1-2]의 마감분개는 다음과 같다.

마감분개(20×1.12.31)

1) 수익계정의 마감

    (차) 매   출 12,000   (대) 이익잉여금 12,000

2) 비용계정의 마감

    (차) 이익잉여금 10,665   (대) 보 험 료   140
                                       급   여   6,500
                                       감가상각비 3,000
                                       이 자 비 용   800
                                       대손상각비   225

4) 마감분개로 인해 수익과 비용의 원장잔액은 모두 영(0)이 된다. 즉, 한 회계연도의 수익과 비용은 손익계산서가 작성되고 이익잉여금으로 대체되는 과정에서 모두 소멸한다는 의미는 한 회계연도의 수익·비용은 다음 회계연도의 수익·비용과 전혀 관련이 없다(이월되지 않는다)는 것을 의미한다. 따라서 수익과 비용을 명목계정(nominal accounts)이라 한다.

〈해설 및 정답〉

[예제 1-2]에 대해 마감분개를 한 후 작성된 재무상태표는 다음과 같다.

재무상태표(20×1.12.31.)

현 금	21,260	차 입 금	10,000
건 물	40,000	미 지 급 이 자	800
감가상각누계액	(3,000)	미 지 급 급 여	500
매 출 채 권	4,500	자 본 금	50,000
대 손 충 당 금	(225)	이 익 잉 여 금	1,335
선 급 보 험 료	100		
합 계	62,635	합 계	62,635

결산수정분개

만일 결산수정분개 시 ⓑ의 이자비용과 미지급이자가 누락된 경우 재무제표에 어떠한 영향을 미치는지에 대해 검토하여 보자. 우선 이자비용 ₩800이 과소계상되었으므로 당기순이익은 동금액만큼 과대계상되고, 그 결과 이익잉여금도 ₩800만큼 과대계상된다. 그리고 미지급이자 ₩800이 계상되지 않았으므로 대차대조표상의 부채가 동금액만큼 과소계상되는 결과를 가져온다. 나머지 결산수정분개 ⓐⓑⓒⓓ가 누락되었다고 가정하는 경우 재무제표에 미치는 영향에 대해서도 각자 검토하기 바란다.

제 4 절 재무제표

Ⅰ 재무제표의 의의

(1) 의의

재무제표란 회계실체와 관련하여 발생한 거래를 측정·기록·분류·요약한 보고서로서 기업의 재무상태와 경영성과 등을 외부정보이용자들에게 전달하는 수단이다.

(2) 재무제표의 구성

1) 재무제표는 대차대조표(재무상태표), (포괄)손익계산서, 이익잉여금처분계산서(결손금처리계산서 IFRS에서는 생략), 현금흐름표, 자본변동표로 구성되며, 주석을 포함한다.

2) 주석은 재무제표상의 해당과목에 기호를 붙이고, 별지에 동일한 기호를 표시하여 그 내용을 기재하는 방법을 말한다.

자본변동표가 추가되었으며, 주석은 재무제표의 일부를 구성한다.

(3) 재무제표의 표시방법

1) 재무제표의 기간별 비교가능성을 제고하기 위하여 전기 재무제표의 모든 계량정보를 당기와 비교하는 형식으로 표시한다.

2) 또한 전기 재무제표의 비계량정보가 당기 재무제표를 이해하는 데 필요한 경우에는 이를 당기의 정보와 비교하여 주석에 기재한다.

Ⅱ 대차대조표(재무상태표)

(1) 대차대조표(재무상태표)의 의의 및 유용성

1) 의의

① 대차대조표(balance sheet, B/S), 재무상태표는 일정시점의 기업의 재무상태에 관한 정보를 제공하는 보고서이다.

② 대차대조표(재무상태표)는 기업의 재무상태를 자산과 부채, 자본으로 구분표시하여 제공하며, 일정시점과 관련된 정태적 보고서이다.

> 기업회계기준의 개정으로 재무제표의 종류 및 구분표시방법이 과거와는 많이 달라진 내용에 대해 출제가능성이 매우 높으므로 수험생들은 정확하게 이해하고 있어야 한다.

2) 유용성

대차대조표(재무상태표)는 정보이용자들이 기업의 유동성, 재무적 탄력성, 수익성과 위험 등을 평가하는 데 유용한 정보를 제공한다.

> **유동성**
> 유동성이란 기업의 자산과 부채가 현금화되는 속도를 말하며, 재무적 탄력성이란 긴박한 자금수요에 대처할 수 있는 능력을 의미한다.

(2) 대차대조표(재무상태표) 작성기준

1) 구분표시의 원칙

대차대조표(재무상태표)의 구성요소인 자산, 부채, 자본은 다음과 같이 구분한다.

자산	유동자산	1) 당좌자산 2) 재고자산	부채	1) 유동부채 2) 비유동부채
	비유동자산	1) 투자자산 2) 유형자산 3) 무형자산 4) 기타비유동자산	자본	1) 자본금 2) 자본잉여금 3) 자본조정 4) 기타포괄손익누계액 5) 이익잉여금

① 자산

유동자산
- 당좌자산 : 현금및현금성자산, 단기금융상품, 단기매매증권(단기매매금융자산), 당기손익인식금융자산, 매출채권, 단기대여금, 미수금, 선급비용, 이연법인세자산 등
- 재고자산 : 상품, 제품, 반제품, 재공품, 원재료, 저장품 등

비유동자산
- 투자자산 : 장기금융상품, 장기대여금, 매도가능증권(매도가능금융자산), 만기보유증권(만기보유금융자산), 지분법적용투자주식, 투자부동산 등
- 유형자산 : 토지, 건물, 구축물, 기계장치, 선박, 차량운반구, 건설중인자산 등
- 무형자산 : 영업권, 산업재산권, 광업권, 어업권, 차지권, 개발비 등
- 기타비유동자산 : 이연법인세자산, 임차보증금, 장기성매출채권, 장기미수금 등

> 창업비와 연구비, 경상개발비는 모두 비용항목에 해당된다.

② 부채

- 유동부채 : 매입채무, 단기차입금, 미지급법인세, 미지급배당금, 유동성 장기부채, 이연법인세부채 등
- 비유동부채 : 사채, 장기차입금, 장기성매입채무, 퇴직급여충당부채, 이연법인세부채 등

③ 자본

- 자본금 : 보통주자본금, 우선주자본금
- 자본잉여금 : 주식발행초과금, 감자차익, 자기주식처분이익, 전환권대가, 신주인수권대가
- 자본조정 : 자기주식, 주식할인발행차금, 감자차손, 자기주식처분손실, 신주청약증거금, 출자전환채무, 주식매수선택권, 미교부주식배당금, 배당건설이자
- 기타포괄손익누계액 : 매도가능증권평가손익, 해외사업환산손익, 현금흐름위험회피 파생상품평가손익
- 이익잉여금 : 법정적립금, 임의적립금, 미처분이익잉여금

2) 유동성과 비유동성의 구분원칙

① 자산과 부채는 1년을 기준으로 유동자산(유동부채)과 비유동자산(비유동부채)으로 구분한다.

> **영업주기**
> 영업주기는 원재료를 구입한 시점부터 제품의 판매로 인한 현금의 회수완료시점까지 소요되는 기간을 말하며, 대부분의 경우 영업주기가 1년 이내인 경우가 보통이다.

PART
09

> 정상적인 영업주기 내에 판매되는 재고자산과 회수되는 매출채권 등은 대차대조표일로부터 1년 이내에 실현되지 않더라도 유동자산으로 분류한다.

3) **유동성배열의 원칙** : 자산과 부채는 유동성이 큰 항목부터 배열하는 것을 원칙으로 한다.

> **유동성배열**
> 유동성배열이란 유동성, 즉 현금화되는 속도가 높은 순서대로 자산과 부채를 기재한다는 의미이다. 예컨대, 재고자산은 매출채권에 비해 판매라는 과정을 거쳐야 하기 때문에 매출채권 다음에 위치하게 된다.

4) **총액표시의 원칙** : 자산과 부채는 원칙적으로 상계하여 표시하지 않는다.

> 이연법인세자산·부채는 유동항목과 비유동항목으로 분류되고, 동일항목 내에서는 상계표시된다(총액표시원칙의 예외).

> **매출채권에 대한 대손충당금**
> 매출채권에 대한 대손충당금 등은 해당 자산이나 부채에서 직접 가감하여 표시할 수 있으며, 가감한 경우 그 금액을 주석으로 기재한다.

(3) 일부 계정과목에 대한 해설

1) 매출채권과 매입채무
   ① 매출채권은 일반적 상거래에서 발생한 외상매출금과 받을어음을 말한다.
   ② 매입채무는 일반적 상거래에서 발생한 외상매입금과 지급어음을 말한다.

> **일반적 상거래**
> 일반적 상거래란 당해 회사의 사업목적을 위한 경상적 영업활동에서 발생하는 거래를 의미한다. 따라서 일반적 상거래에서 발생한 매출채권은 유형자산의 처분 등과 같은 일반적 상거래 이외에서 발생하는 채권(미수금) 또는 금전대차거래에서 발생하는 채권(대여금)과는 구별되는 개념이다.

2) 미수금과 미지급금
   ① 미수금이란 일반적 상거래 이외에서 발생한 미수채권을 말한다.
   ② 미지급금이란 일반적 상거래 이외에서 발생한 채무를 말한다.

3) 선급금과 선수금
   ① 선급금이란 상품·원재료 등의 매입을 위하여 선급한 금액을 말한다.
   ② 선수금은 일반적 상거래에서 발생한 선수액으로 한다.

Ⅲ 손익계산서(포괄손익계산서)

(1) 손익계산서의 의의 및 유용성

1) **의의** : 손익계산서(Income Statement, I/S)는 일정 기간 동안 기업의 경영성과를 나타내는 보고서이다.

2) **유용성** : 대차대조표(재무상태표)가 일정 시점의 재무상태를 나타내는 정태적 보고서인데 반해, 손익계산서(포괄손익계산서)는 일정 기간 동안의 영업활동 결과를 나타내는 동태적 보고서이다.

> **B/S항목과 I/S항목의 개념 차이**
> 대차대조표 항목은 저량(stock)개념이고, 손익계산서 항목은 유량 혹은 흐름(flow)의 개념을 나타낸다. 이러한 개념의 차이는 대차대조표 항목과 손익계산서 항목을 이용한 재무제표 분석 시 매우 중요한 의미를 갖는다.

(2) 손익계산서 작성기준

1) **구분표시의 원칙** : 손익계산서는 매출총이익(a), 영업손익(b), 법인세비용차감전계속사업손익(c), 계속사업손익(d), 당기순손익(e)으로 구분표시하여야 한다.

손익계산서

Ⅰ. 매출액	××
Ⅱ. 매출원가	(××)
Ⅲ. 매출총이익(a)	××
Ⅳ. 판매비와관리비	(××)
Ⅴ. 영업손익(b)	××
Ⅵ. 영업외수익	××
Ⅶ. 영업외비용	(××)
Ⅷ. 법인세비용차감전계속사업손익(c)	××
Ⅸ. 계속사업손익법인세비용	(××)
Ⅹ. 계속사업손익(d)	××
Ⅺ. 중단사업손익(법인세효과 차감후)	××
Ⅻ. 당기순손익(e)	××
ⅩⅢ. 주당계속사업손익	
ⅩⅣ. 주당순손익	

① **매출액** : 매출액은 총매출액에서 매출에누리와 환입 및 매출할인을 차감한 금액으로 하되, 차감대상 금액이 중요한 경우에는 총매출액에서 차감하는 형식으로 표시하거나 주석으로 기재한다.

> **매출환입**
> 매출환입은 기업이 판매한 재화가 품질불량이나 파손 등의 이유로 상대방으로부터 반품당하는 경우를 말하며, 매출에누리는 판매한 재화에 하자가 있을 경우 반품을 않는 대신에 값을 깎아주는 것을 말한다.

> 매출할인은 구매자로 하여금 외상대금의 지급을 촉진시키기 위해서 제공되는 할인으로 현금할인
> 이라고도 한다.

② **매출원가**

ⓐ 매출원가는 기초상품재고액과 당기상품매입액의 합계액에서 기말상품재고액을 차감하는 형식으로 기재한다.

ⓑ 당기상품매입액은 총매입액에서 매입에누리와 환출 및 매입할인을 차감한 금액으로 한다(차감하는 형식은 인정 안 됨).

ⓒ 매출원가의 산출과정은 손익계산서 본문에 표시하거나 주석으로 기재한다.

③ **판매비와 관리비** : 급여, 퇴직급여, 복리후생비, 임차료, 접대비, 감가상각비, 무형자산상각비, 세금과공과, 광고선전비, 연구비, 경상개발비, 대손상각비 등

④ **영업외수익** : 이자수익, 배당금수익, 임대료, 단기매매증권(만기보유증권, 매도가능증권)처분이익, 단기매매증권평가이익, 외환차익, 외화환산이익, 지분법이익, 만기보유증권(매도가능증권)감액손실환입, 유형자산처분이익, 사채상환이익 등

⑤ **영업외비용** : 이자비용, 기타의대손상각비, 단기매매증권(만기보유증권, 매도가능증권)처분손실, 단기매매증권평가손실, 외환차손, 외화환산손실, 기부금, 지분법손실, 만기보유증권(매도가능증권)감액손실, 유형자산처분손실, 사채상환손실 등

⑥ **중단사업손익**

ⓐ 중단사업손익은 중단사업으로부터 발생한 영업손익과 영업외손익으로서 사업중단직접비용(사업중단과 직접적으로 관련하여 발생할 것으로 예상되는 비용)과 중단사업자산손상차손, 중단사업에 속하는 자산과 부채의 매각에 따른 처분손익을 포함한다.

ⓑ 중단사업손익은 법인세효과를 차감한 후의 순액으로 보고하고, 법인세효과는 주기 한다.

ⓒ 과거기간의 손익계산서에는 중단사업에서 발생한 영업손익과 영업외손익을 중단사업손익으로 구분하여 재작성

ⓓ 중단사업에 속하는 자산과 부채 및 중단사업에 귀속되는 현금흐름을 주석으로 기재

> 중단사업손익의 의의와 포함되는 항목(5개) 및 표시방법을 알고 있어야 한다.

⑦ **주당계속사업손익과 주당순손익** : 손익계산서 본문에 표시(주기 사항이 아님)

> 주당순손익은 손익계산서 본문에 표시. 특별손익항목은 폐지

> 과거와 달리 특별이익(자산수증이익, 채무면제이익, 보험차익)과 특별손실재해손실항목이 없어졌음
> → 영업외손익

⑧ **포괄손익계산서** : 당기순이익에 기타포괄손익을 가감하여 산출한 포괄손익의 내용을 주석으로 기재한다.

ⓐ 포괄손익계산서

ⓑ 기타포괄손익은 법인세효과를 차감한 후의 순액으로 보고하고, 법인세효과는 주기 한다.

> 포괄손익은 일정 기간 동안 주주와의 자본거래를 제외한 모든 거래나 사건에서 인식한 자본의 변동을 말한다.

2) 총액표시의 원칙

① 수익과 비용은 각각 총액으로 보고하는 것을 원칙으로 한다.

② 동일 또는 유사한 거래나 사건에서 발생한 항목으로 중요하지 않은 경우에는 상계하여 표시할 수 있다(**예** 외환차손과 외환차익).

(3) 당기업적주의와 포괄주의

1) 당기업적주의 : 경상적이고 반복적인 손익항목만을 손익계산서에 포함시키는 것이다.

2) 포괄주의 : 경상적이고 반복적인 손익항목 뿐만 아니라, 비경상적이고 비반복적인 항목(특별항목)도 손익계산서에 포함시킨다.

3) 당기업적주의의 주장근거

① 특별항목은 비정상적이고 비반복적으로 발생함에 따라, 이를 이익결정에서 제외시키는 것이 기업의 **정상적인 미래이익창출능력**을 예측하는데 도움을 준다.

② 정보이용자들이 경상항목과 특별항목이 갖는 의미를 구분할 능력이 없어 정보이용자를 오도할 가능성이 있다.

4) 포괄주의의 주장근거

① 특별항목도 이익의 구성요소이며 **장기적인 이익창출능력**을 예측하는 데 도움을 준다.

② 비경상성·비반복성에 대한 자의적인 판단을 배제함으로써, 특별항목의 포함여부에 따른 이익조작가능성을 감소시킨다.

Ⅳ 이익잉여금처분계산서

1) 이익잉여금처분계산서는 이익잉여금의 처분사항을 명확하게 보고하기 위하여 이익잉여금의 변동사항에 관한 정보를 제공하는 보고서이다.

2) 기초이익잉여금 + 당기순이익 − 배당 = 기말이익잉여금

Ⅴ 현금흐름표

1) 현금흐름표는 기업의 현금흐름을 나타내는 보고서로서 현금의 변동내용을 명확하게 보고하기 위하여 당해 회계기간에 속하는 현금의 유입과 유출 내용을 적정하게 표시한 기본재무제표이다.

2) 현금흐름표에서는 기업의 활동을 영업활동, 투자활동, 재무활동으로 구분하여 각 활동별로 현금흐름을 표시하여 줌으로써 다른 재무제표에서 얻을 수 없는 정보를 제공하여 준다.

Ⅵ 자본변동표

1) 자본변동표는 자본의 크기와 그 변동에 관한 정보를 제공하는 재무보고서로서 자본을 구성하고 있는 자본금, 자본잉여금, 자본조정, 기타포괄손익누계액, 이익잉여금의 변동에 대한 포괄적인 정보를 제공한다.

2) 자본변동표에는 자본금, 자본잉여금, 자본조정, 기타포괄손익누계액, 이익잉여금의 각 항목별로 기초잔액, 변동사항, 기말잔액을 표시한다.

Ⅶ 재무제표의 기본가정(회계공준)

1) **기업실체의 가정** : 기업을 소유주와는 독립적으로 존재하는 회계단위로 간주하고, 이 회계단위의 관점에서 재무정보를 측정·보고하는 것을 말한다. 기업실체의 개념은 법적 실체와는 구별되는 개념으로 경제적 실체를 의미한다(예 연결재무제표의 작성).

2) **계속기업의 가정** : 기업실체는 그 목적과 의무를 이행하기에 충분할 정도로 장기간 존속한다고 가정하는 것을 말한다. 역사적 원가에 의한 평가방법을 정당화한다.

3) **기간별 보고의 가정** : 기업실체의 존속기간을 일정한 기간단위로 분할하여 각 기간별로 재무제표를 작성하는 것을 말한다. 회계추정 및 원가배분의 문제를 발생시킨다.

재무제표의 기본가정
① 기업실체(연결재무제표의 작성)
② 계속기업(역사적 원가)
③ 기간별 보고(회계추정 및 원가배분)

제 5 절 　 IFRS

Ⅰ 국제회계기준(IFRS)

1) 자본시장의 세계화추세에 따라 전 세계적으로 단일기준으로 작성된 신뢰성 있는 재무정보의 요구가 증대되어 왔음

2) 이러한 수요에 부응하기 위하여 "국제적으로 통일된 고품질의 회계기준 제정"이라는 목표 아래 감독기구와는 독립적으로 운영되는 국제적인 회계 제정기구인 국제회계기준위원회, 즉 IASB(International Accounting Standards Board)가 설립되었음

3) 국제회계기준(IFRS, International Financial Reporting Standard)은 국제회계기준위원회가 제정한 국제회계기준서(standard) 및 국제회계기준해석서(interpretations)를 통칭함

Ⅱ 국제회계기준 도입 필요성

(1) 전 세계적인 회계기준 단일화 추세에 적극 대응

자본시장이 글로벌화됨에 따라 국제적으로 통일된 회계처리기준에 대한 요구가 크게 증가하였고 2007년 3월 당시 EU, 호주, 캐나다 등 100여 개국이 국제회계기준을 자국의 회계기준으로 수용 또는 수용할 예정이었음. 이에 우리나라도 세계적인 회계기준 단일화 추세에 적극 대응할 필요

(2) 회계투명성에 대한 신뢰도 제고

외환위기 이후 정부는 기업회계 선진화를 위해 회계감독을 강화하고 제도개선을 지속적으로 실시하여 왔으나, 기업의 재무상태와 영업성과를 나타내는 기초언어인 회계처리기준이 국제회계기준과 달라 외국인 등이 한국기업의 회계에 대하여 신뢰하지 못하는 한 원인이 되어왔음. 이에 코리아 디스카운트의 원인 중 '회계기준 미흡'요인을 제거하여 회계정보에 대한 대내외 신뢰도를 높일 필요가 있음

(3) 글로벌 기업들의 회계장부 이중작성 부담 경감

국내기업이 해외증시에 상장할 경우 해당 국가의 회계처리기준을 적용하여 재무제표를 다시 작성하고 외부감사도 받게 되므로 기업부담이 발생하나, 국제회계기준 도입 시 국내법규에 의한 재무제표를 국제자본시장에서 그대로 사용할 수 있게 되어 이중으로 회계장부를 작성하는 부담이 없어짐

Ⅲ 주요 특징

(1) 대다수 국가의 공동작업을 통해 제정되는 기준

IASB는 기준 제정과정에서 미국, 영국, 호주, 일본 등 세계 각국의 회계기준제정기구와 공동으로 작업수행

(2) 원칙중심의 기준체계(principle-based standards)

1) 상세하고 구체적인 회계처리방법 제시보다는 회계담당자가 경제적 실질에 기초하여 합리적으로 회계처리할 수 있도록 회계처리의 기본원칙과 방법론을 제시(principle-based)하는데 주력

2) 기업의 활동이 복잡해짐에 따라 예측가능한 모든 활동에 대해 세부적인 규칙을 제시하는 것은 불가능하며, 규칙의 자구해석에 지나치게 집중하는 경우 오히려 규제회피가 더욱 쉬워지는 문제가 발생하므로 회계기준 당국은 회계처리 적정성을 판단할 수 있는 충분한 원칙 및 근거를 제시하는데 주력하여야 한다는 입장

3) 반면, US GAAP 등은 법률관계 및 계약의 내용에 따라 개별 사안에 대한 구체적인 회계처리 방법과 절차를 세밀하게 규정(rule-based)하고 있음

PART
09

(3) 연결재무제표(consolidated financial statements) 중심

    1) 국제회계기준은 종속회사가 있는 경우 연결재무제표를 기본으로 함

    2) 이에 따라 사업보고서 등 모든 공시서류가 연결재무제표 중심으로 작성

(4) 공정가치 평가(fair value accounting)

    국제회계기준의 핵심내용은 자본시장의 투자자에게 기업의 재무상태 및 내재가치에 대한 의미 있는 투자정보를 제공하는 것이며, 이를 위해 국제회계기준은 금융자산·부채와 유·무형자산 및 투자부동산에까지 공정가치 측정을 의무화 또는 선택 적용할 수 있도록 하고 있음

Ⅳ 한국채택국제회계기준과 현행 기업회계기준과의 차이

1. 국제회계기준과 현행 회계기준의 주요 차이 발생원인

항목	국제회계기준	국내기준	관련항목
① 회계처리원칙	원칙중심, 회계처리 선택권 넓게 허용	규정중심, 구체적인 회계 처리방법 제공	기업에 적합한 회계처리 선택가능
② 공시체계 차이	연결재무제표를 기본재무제표로 함	개별재무제표를 원칙으로 함	연결재무제표 작성범위, 지분법등
③ 자산·부채의 평가방법 차이	공정가치 평가를 강조함	객관적 평가가 어려운 항목은 취득원가 평가	투자부동산, 금융부채, 유형자산 등
④ 정책적 목적에 따른 기준의 차이	거래의 실질에 맞는 회계처리방법을 규정	일부 항목에 대해 특정 회계처리를 규제	금융회사의 대손충당금, 상환우선주의 자본처리 등

2. 한국채택 국제회계기준의 주요 내용

(1) 공시체계 및 재무제표 구성

주 공시체계	한국채택 국제회계기준	현행 회계기준
	연결재무제표	개별재무제표
재무제표구성 (제1001호)	① 재무상태표 ② 포괄손익계산서 ③ 자본변동표 ④ 현금흐름표 ⑤ 주석 회계정책을 소급하여 적용하거나 재무제표의 항목을 소급하여 재작성 또는 재분류하는 경우 가장 빠른 비교기간의 기초 재무상태표 추가작성	① 대차대조표 ② 손익계산서 ③ 자본변동표 ④ 현금흐름표 ⑤ 주석 ⑥ 이익잉여금처분계산서

현행의 손익계산서에 당기손익으로 인식하지 않은 수익과 비용(재평가잉여금의 변동, 해외사업장의 외화환산손익 변동 등), 즉 기타포괄손익이 포함된 손익계산서

V 재무제표 표시와 중간재무보고

1. 재무제표 표시(기업회계기준서 제1001호)

(1) 전체 재무제표

① 기말 재무상태표

② 기간 포괄손익계산서

→ 당기순수익의 구성요소는 단일 포괄손익계산서의 일부로 표시하거나 별개의 손익계산서에
   표시할 수 있음

③ 기간 자본변동표

④ 기간 현금흐름표

⑤ 주석(유의적인 회계정책의 요약 및 그 밖의 설명으로 구성)

⑥ 회계정책을 소급하여 적용하거나, 재무제표의 항목을 소급하여 재작성 또는 재분류하는 경우
   가장 빠른 비교기간의 기초 재무상태표

(2) 재무상태표

① 표시방법

구분	내용	적용기업
유동성·비유동성 구분법	자산(부채)을 유동자산(부채)과 비유동자산(부채)으로 구분표시	영업주기 내에 재화나 용역을 제공하는 경우
유동성 순서 배열법	모든 자산·부채를 유동성 순서로 표시	금융업
혼합법	유동성·비유동성 구분법과 유동성 순서 배열법을 혼용함	다양한 사업을 영위하는 경우

② 유동성, 비유동성 구분법에 의한 재무상태표

재무상태표

A사   20××년 12월 31일 현재

자 산		자 본 과 부 채	
비 유 동 자 산		자 본	
유 형 자 산	×××	납 입 자 본	×××
영 업 권	×××	이 익 잉 여 금	×××
기 타 무 형 자 산	×××	기타자본구성요소	×××
관 계 기 업 투 자	×××	자 본 총 계	×××
매도가능금융자산	×××	부 채	
비 유 동 자 산 계	×××	비 유 동 부 채	
유 동 자 산		장 기 차 입 금	×××
재 고 자 산	×××	이연법인세부채	×××
매 출 채 권	×××	장 기 충 당 부 채	×××
기 타 유 동 자 산	×××	비 유 동 부 채	×××
현금및현금성자산	×××	유 동 부 채	
유 동 자 산 계	×××	매입채무와기타미지급금	×××
		단 기 차 입 금	×××
		유동성장기차입금	×××
		당기법인세부채	×××
		단 기 충 당 부 채	×××
		유 동 부 채 계	×××
		부 채 총 계	×××
자 산 총 계	×××	자본과부채총계	×××

(3) 포괄손익계산서

1) 표시방법

① 단일 포괄손익계산서

② 두 개의 보고서 : 당기순손익의 구성요소를 배열하는 보고서(별개의 손익계산서)와 당기순
손익에서 시작하여 기타포괄손익의 구성요소로 배열하는 보고서(포괄손익계산서)

단일의 포괄손익계산서		별개의 손익계산서	
A사 20××년 1월 1일부터 12월 31일까지		A사 20××년 1월 1일부터 12월 31일까지	
수 익	×××	수 익	×××
매 출 원 가	(×××)	매 출 원 가	(×××)
매출총이익	×××	매출총이익	×××
기 타 수 익	×××	기 타 수 익	×××
물 류 원 가	(×××)	물 류 원 가	(×××)
관 리 비	(×××)	관 리 비	(×××)
기 타 비 용	(×××)	기 타 비 용	(×××)
금 융 원 가	(×××)	금 융 원 가	(×××)
관계기업이익지분	×××	관계기업이익지분	×××
법인세비용차감전이익	×××	법인세비용차감전이익	×××
법인세비용	(×××)	법인세비용	(×××)
계속영업이익	×××	계속영업이익	×××
중단영업이익	×××	중단영업이익	×××
당기순이익	×××	당기순이익	×××
기타포괄이익	×××		
총포괄이익	×××		

PART
09

2) 기타포괄손익의 표시방법

포괄손익계산서		포괄손익계산서	
A사 20××년 1월 1일부터 12월 31일까지		A사 20××년 1월 1일부터 12월 31일까지	
당기순이익	×××	당기순이익	×××
기타포괄이익		기타포괄이익	
재평가이익	×××	재평가이익	×××
보험수리적손익	×××	보험수리적손익	×××
매도가능금융자산평가손익	×××	매도가능금융자산평가손익	×××
해외사업장환산외환차이	×××	해외사업장환산외환차이	×××
현금흐름위험회피파생손익	×××	현금흐름위험회피파생손익	×××
관계기업기타포괄손익지분	×××	관계기업기타포괄손익지분	×××
총포괄이익	×××	기타포괄이익관련법인세	(×××)
		총포괄이익	×××

3) 기타포괄손익의 재분류조정

① 과거기간에 기타포괄손익으로 인식한 금액을 당기손익으로 재분류하는 경우

② 재분류조정은 그 조정액이 당기손익으로 재분류되는 기간의 기타포괄손익의 관련 구성요소에 포함

③ 재분류조정은 해외사업장을 매각할 때, 매도가능금융자산을 제거할 때, 위험회피예상 거래가 당기손익에 영향을 미칠 때 발생 → 재분류조정은 재평가이익의 변동이나 확정급여제도의 보험수리적손익에 의해서는 발생하지 않음

4) 포괄손익계산서의 표시방법

① **성격별 분류법** : 당기손익에 포함된 비용은 그 성격(**예** 감가상각비, 원재료의 구입, 운송비, 종업원급여와 광고비)별로 통합하며, 기능별로 재배분하지 않음

② **기능별 분류법(매출원가법)** : 비용을 매출원가, 그리고 물류원가와 관리활동원가 등과 같이 기능별로 분류하는 방법 → 성격별 분류에 따른 추가 공시가 필요

성격별 포괄손익계산서		
A사　20××년 1월 1일부터 12월 31일까지		
수　　익		×××
기 타 수 익		×××
총 비 용		
제품과 재공품의 변동	×××	
원재료와 소모품의 사용액	×××	
종업원급여비용	×××	
감가상각비와 기타상각비	×××	
기 타 비 용	×××	(×××)
법인세비용차감전이익		×××
법인세비용		(×××)
계속영업이익		×××
중단영업이익		×××
당기순이익		×××
기타포괄이익		×××
총포괄이익		×××

기능별 포괄손익계산서	
A사　20××년 1월 1일부터 12월 31일까지	
수　　익	×××
매 출 원 가	(×××)
매출총이익	×××
기 타 수 익	×××
물 류 원 가	(×××)
관 리 비	(×××)
기 타 비 용	(×××)
금 융 원 가	(×××)
관계기업이익지분	×××
법인세비용차감전이익	×××
법인세비용	(×××)
계속영업이익	×××
중단영업이익	×××
당기순이익	×××
기타포괄이익	×××
총포괄이익	×××

Chapter 02 재무회계 개념체계와 자산평가기준

제1절 재무회계 개념체계

I 재무보고의 목적

(1) 재무보고의 목적은 재무회계개념체계의 최상위 개념이다.

(2) 재무보고의 목적은 재무정보이용자의 정보수요로부터 도출되며, 개념체계의 내용을 구체화하는 토대가 된다.

① 투자 및 신용의사결정에 유용한 정보의 제공
② 미래 현금흐름(크기, 시기 및 불확실성) 예측에 유용한 정보의 제공
③ 재무상태, 경영성과, 현금흐름 및 자본변동에 관한 정보의 제공
④ 경영자의 수탁책임 평가에 유용한 정보의 제공

II 회계정보의 질적특성

회계정보의 질적특성이란 회계정보가 유용하기 위해 갖추어야 할 주요 속성을 말하며, 회계정보의 유용성의 판단기준이 된다.

〈도표 2-1〉 회계정보 질적특성의 구조

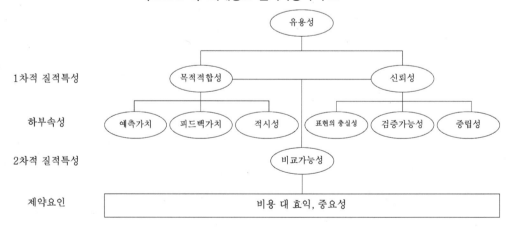

(1) 목적적합성

1) 의의 : 회계정보가 정보이용자의 의사결정에 유용하기 위해서는 그 정보가 의사결정 목적과 관련이 있어야 한다.

2) 목적적합성의 하부속성

① 예측가치 : 정보이용자가 기업실체의 미래 재무상태, 경영성과, 순현금흐름 등을 예측하는 데에 회계정보가 활용될 수 있는 능력을 의미

② 피드백가치 : 회계정보가 정보이용자의 당초 예측치를 확인 또는 수정시켜 줌으로써 의사결정에 영향을 미칠 수 있는 능력을 의미

③ 적시성 : 회계정보가 의사결정에 반영될 수 있도록 적시에 제공되어야 한다는 것을 의미

(2) 신뢰성

1) 의의 : 회계정보가 정보이용자의 의사결정에 유용하기 위해서는 그 정보가 믿을 수 있는 정보이어야 한다.

① 표현의 충실성 : 회계정보가 나타내고자 하는 대상을 충실하게 표현(형식보다는 경제적 실질)하여야 한다는 것을 의미

② 검증가능성 : 동일한 사건이나 거래에 대하여 동일한 측정방법을 적용할 경우 다수의 독립적인 측정자가 유사한 결론에 도달할 수 있어야 함을 의미

③ 중립성 : 의도된 결과를 유도할 목적으로 회계기준을 제정하거나 재무제표에 특정 정보를 제공함으로써 정보이용자의 의사결정에 영향을 미쳐서는 안 된다는 것을 의미

(3) 질적특성 간의 상충관계

1) 회계정보의 목적적합성과 신뢰성, 또는 하부속성 간에도 서로 상충되는 경우가 발생할 수 있다.

> **질적특성 간의 상충관계**
> ① 유형자산을 역사적 원가로 평가하면 일반적으로 검증가능성이 높으므로 측정의 신뢰성이 제고되나, 목적적합성은 저하될 수 있다.
> ② 정보를 적시에 제공하기 위해 거래나 사건의 모든 내용이 확정되기 전에 보고하는 경우 목적적합성은 향상되나, 신뢰성은 저하될 수 있다.

2) 상충되는 질적특성 간의 선택은 재무보고의 목적을 최대한 달성할 수 있는 방향으로 이루어져야 하며, 질적특성 간의 상대적 중요성은 상황에 따라 판단되어야 한다.

(4) 비교가능성

1) 의의 : 회계정보가 유용하기 위해서는 기간별 비교가 가능해야 하고, 기업실체 간 비교가능성이 있어야 한다.

2) 비교가능성을 제고시키는 예

① 일반적으로 인정되는 회계원칙에 따라 재무제표를 작성

② 당해 연도와 과거 연도를 비교하는 방식으로 재무제표를 작성

PART
09

③ 재무제표의 작성에 적용된 회계처리방법이 변경된 경우 변경의 영향 등을 충분히 공시

(5) 회계정보의 제약요인

회계정보의 제약요인이란 회계정보의 제공이 정당화되기 위한 요건을 의미한다.

① **비용 대 효익** : 정보제공 및 이용에 소요될 사회적 비용이 정보제공 및 이용에 따른 사회적 효익을 초과한다면 그러한 회계정보의 제공은 정당화될 수 없다는 것을 의미

② **중요성** : 목적적합성과 신뢰성을 갖춘 회계정보라 하더라도 정보이용자의 의사결정에 영향을 미치지 않는 회계정보의 제공은 정당화될 수 없다는 것을 의미

(6) 회계관습 : 보수주의

1) 보수주의란 불확실성이 존재하는 경우 재무적 기초를 견고히 하기 위하여 가급적 자산과 이익을 작게 계상하는 회계처리방법을 선택하는 것을 말한다.

2) 보수주의는 회계정보의 질적특성은 아니고, 회계실무에서 관습적으로 존중되고 있는 회계관습에 해당된다.

3) 보수주의의 예로는 **우발부채의 인식, 재고자산의 저가평가, 감액손실의 인식, 공사손실충당부채의 인식 등**이 있다.

제 2 절 자산평가기준

Ⅰ 자산의 정의

자산은 과거의 거래나 사건의 결과로서, 현재 기업 실체에 의해 지배되고, 미래에 경제적 효익을 창출할 것으로 기대되는 자원을 의미한다.

Ⅱ 자산평가기준

(1) 역사적 원가

1) 의의 : 역사적 원가란 기업이 구매시장에서 자산을 취득할 때 상대방에게 지급한 현금 또는 현금등가액을 말하며, 취득원가라고도 한다. 현금등가액이란 현금 이외의 자산이 지급된 경우 현금으로 구입하였다면 지급하여야 할 금액을 의미한다.

2) 기업회계기준에서는 역사적 원가에 의한 자산평가를 원칙으로 하고 있으며, 역사적 원가(취득원가)는 취득 당시의 공정가액으로 규정하고 있다.
공정가액이란 합리적인 판단력과 거래의사가 있는 독립된 당사자 간에 거래될 수 있는 교환가격을 말한다.

3) 역사적 원가의 장·단점

① 장점

ⓐ 과거에 실제로 발생한 교환가격으로 기록되므로 검증가능하고 신뢰성이 높다.

ⓑ 측정이 용이하다.

② 단점

ⓐ 현행수익에 과거의 원가가 대응되어 불완전한 수익·비용의 대응이 이루어진다.

ⓑ 대차대조표(재무상태표)상의 자산이 과거의 가격으로 표시되어 현재의 재무상태를 나타내지 못한다.

(2) 현행원가

1) 의의 : 현행원가란 기업이 보유하고 있는 자산과 동일한 자산을 기말시점에서 **다시 취득한다고 가정**할 때 지급하여야 하는 현금 또는 현금등가액을 말하며, 대체원가라고도 한다.

2) 기업회계기준에서 현행원가가 적용되는 경우는 **단기매매증권 및 매도가능증권의 평가**를 예로 들 수 있다.

① 현행원가에 의한 이익 = 영업손익 + 보유손익

$\qquad\qquad\qquad\quad$ = 영업손익 + 실현보유손익 + 미실현보유손익

② 영업손익 = (판매가격 − 현행원가)(판매수량)

③ 보유손익 = 현행원가에 의한 이익 − 영업손익

④ 역사적 원가에 의한 이익 = 현행원가에 의한 이익 중 (영업손익 + 실현보유손익)

⑤ 역사적 원가에 의한 이익 = 현행원가에 의한 이익 − 미실현 보유손익

3) 현행원가의 장·단점

① 장점

ⓐ 현행수익에 현행원가가 대응되어 보다 적절한 수익·비용의 대응이 이루어진다.

ⓑ 회계이익을 영업손익과 보유손익으로 구분함으로써 경영성과를 평가하는데 도움을 준다.

ⓒ 대차대조표(재무상태표)상의 자산이 현행원가로 표시되어 현재의 재무상태를 적정하게 나타낸다.

② 단점

ⓐ 검증가능성이 낮아 신뢰성이 저하된다.

ⓑ 기업의 모든 자산에 대해 현행원가를 결정하기가 어렵다.

PART
09

[예제 2-1]

갑회사는 20X1년 12월 1일 상품 30개를 개당 ₩100에 구입하였으며, 12월 31일에 20개의 상품을 개당 ₩150에 판매하였다. 20X1년 12월 31일의 현행 원가는 ₩130이었다.

〈물음〉 역사적 원가와 현행원가에 의해 자산을 평가하는 경우 상품판매로 인한 이익은 얼마인가?

〈해설 및 정답〉

1. 역사적 원가

   20개 × (₩150 − ₩100) = ₩1,000

2. 현행원가

영 업 이 익 = 20개 × (₩150 − ₩130) =	₩400
실현보유이익 = 20개 × (₩130 − ₩100) =	600
미실현보유이익 = 10개 × (₩130 − ₩100) =	300
	₩1,300

(3) 현행유출가치

1) 의의 : 현행유출가치란 기업이 소유하고 있는 자산을 현재시점에서 **판매한다고 할 때 수취할 수 있는 금액**을 의미한다.

2) 종류 : 현행유출가치에는 현행판매가격과 순실현가능가액 및 청산가치가 있다.

   순실현가능가액(NRV) = 예상판매가격 − 예상판매비용

3) 기업회계기준에서 순실현가능가액이 적용되는 경우는 **재고자산의 평가와 매출채권에서 대손충당금을 차감 표시**하는 것을 예로 들 수 있다.

4) 현행유출가치의 장·단점

   ① 장점

   ⓐ 대차대조표(재무상태표)상의 자산이 현행유출가치로 표시되어 현재의 재무상태를 적절하게 표현한다.

   ⓑ 기업의 수익창출능력, 즉 순현금유입액에 관한 정보를 제공하여 준다.

   ② 단점

   ⓐ 검증가능성이 낮아 신뢰성이 저하된다.

   ⓑ 기업의 모든 자산에 대해 현행유출가치를 결정하기가 어렵다.

(4) 현재가치

1) 의의 : 미래현금흐름을 현재시점의 가치로 환산한 것을 현재가치라 하며, 현재가치는 이자율과 기간 수에 의해 결정된다. 현재가치와 이자율은 서로 역관계를 갖는다.

2) 장기연불조건의 매매거래, 장기금전대차거래 또는 이와 유사한 거래에서 발생하는 채권·채무로서 명목가액과 현재가치의 차이가 중요한 경우에는 이를 현재가치로 평가한다(단기인 경우 명목가액으로 평가).

3) 다음의 경우에는 현재가치의 평가대상에서 제외한다.

① 전세권, 전신전화가입권, 회원권, 임차보증금, 기타보증금

② 장기의 선급금·선수금

③ 이연법인세자산·부채 등

4) 채권·채무의 명목가액과 현재가치의 차액은 현재가치할인차금의 과목으로 하여 당해 채권·채무의 명목가액에서 차감하는 형식으로 기재한다.

5) 현재가치할인차금은 이자를 의미한다. 현재가치할인차금에 대해서는 유효이자율법을 적용하여 상각 또는 환입하고, 이를 이자비용 또는 이자수익의 과목으로 계상한다.

① **정액법** : 정액법은 총이자비용을 연도별로 균등배분하는 방법이다.

② **유효이자율법** : 유효이자율법은 기초장부가액에 이자율을 곱하여 연도별 이자비용을 계산하는 방법이다.

[예제 2-2]

갑회사는 20X1년 1월 1일 을회사로부터 기계를 구입하면서 액면 ₩12,100인 2년만기, 무이자부 약속어음을 지급하였다.

〈물음〉 시장이자율이 연 10%라고 가정하는 경우 정액법과 유효이자율법하에서의 회계처리를 하시오. (10%, 2년, 현가)=0.8264

〈해설 및 정답〉

(×1.1.1.) (차) 기 계 10,000[1] (대) 장기미지급 12,100
현재가치할인차금 2,100

1) 현재가치=₩12,100×0.8264=₩10,000

대차대조표(재무상태표) ×1.1.1

기계	10,000	장기미지급금	12,100
		현재가치할인차금	(2,100)
			10,000

1. 정액법

(×1.12.31.) (차) 이자비용 1,050[2] (대) 현재가치할인차금 1,050

2) ₩2,100/2년=₩1,050

(×2.12.31.) (차) 이자비용 1,050[2] (대) 현재가치할인차금 1,050
(차) 장기미지급금 12,100 (대) 현 금 12,100

2. 유효이자율법

(×1.12.31.) (차) 이자비용 1,000[3] (대) 현재가치할인차금 1,000

3) ₩10,000×10%=₩1,000

(×2.12.31.) (차) 이자비용 1,100[4] (대) 현재가치할인차금 1,100

4) ₩11,000×10%=₩1,100

(차) 장기미지급금 12,100 (대) 현 금 12,100

대차대조표(재무상태표)

	[×1.1.1]	[×1.12.31]
장기미지급금	12,100	12,100
현재가치할인차금	(2,100)	(1,100)
	10,000	11,000

6) 유효이자율법에서 기초장부가액의 의미
   ① 해당 연도의 원금을 의미한다.
   ② 당해 거래의 유효이자율로 할인한 현재가치를 의미한다.

7) 유효이자율과 시장이자율
   ① 유효이자율이란 현금유입의 현재가치와 현금유출의 현재가치를 일치시키는 할인율을 의미
   ② 시장이자율이란 자금을 대여하는 측에서 상대방에게 요구하는 수익률로서 상대방의 신용과 위험도에 의해 결정된다.

   > 상대방의 신용과 위험도에 의해서 결정되는 시장이자율은 모든 회사에 대해 동일하지 않고 회사마다 다를 뿐만 아니라 동일한 회사에 대해서도 시간이 경과됨에 따라 신용과 위험도가 변화하는 경우 시장이자율은 달라지게 된다. 그러나 과거 특정 거래에서 발생한 유효이자율은 해당 회사에 대한 시장이자율이 달라지는 것에 관계없이 항상 고정된 값을 가지게 된다. 그 이유는 유효이자율이란 과거 거래가 발생한 시점에서의 현금유입의 현재가치와 현금유출의 현재가치를 일치시키는 할인율이기 때문이다.

8) 기업회계기준에서는 현재가치 계산 시 적용하여야 할 이자율에 대해서 다음과 같이 순차적으로 규정하고 있다.
   ① 유효이자율
   ② 동종시장이자율 : 당해 거래의 유효이자율을 구할 수 없거나, 당해 거래의 유효이자율과 동종시장이자율의 차이가 중요한 경우
   ③ 가중평균차입이자율 : 당해 거래의 유효이자율과 동종시장이자율의 산정이 곤란한 경우

제 2 절 · IFRS 개념체계

I 개념체계의 의의 및 목적

(1) 개념체계의 의의
   ① 회계와 관련된 일련의 현상의 기본이 되고 있거나 그 현상들을 지배하고 있는 규칙 또는 원칙을 체계화한 것
   ② 일관된 회계이론을 정립하고 이를 전개하기 위하여 필요한 틀을 제공해주는 것
   ③ 외부정보이용자를 위하여 일반목적의 재무제표를 작성하고 표시함에 있어서 기초가 되는 개념을 정립하고, 회계실무를 평가할 수 있는 준거체계를 제공하여 주며, 새로운 회계실무를 발전시키는 지침
   ④ 개념체계는 한국채택국제회계기준이 아니므로 특정한 측정과 공시에 관한 기준을 정하지 아니한다. 따라서 개념체계와 한국채택국제회계기준이 상충되는 경우에는 **한국채택국제회계기준이 개념체계보다 우선 적용됨**

(2) 개념체계의 목적

① 회계기준위원회가 향후 새로운 한국채택국제회계기준을 제정하고 기존의 한국채택국제회계기준의 개정을 검토할 때에 도움을 줌

② 한국채택국제회계기준에서 허용하고 있는 대체적인 회계처리방법의 수를 축소하기 위한 근거를 제공하여 회계기준위원회가 재무제표의 표시와 관련되는 법규, 회계기준 및 절차의 조화를 촉진시킬 수 있도록 도움을 줌

③ 재무제표의 작성자가 한국채택국제회계기준을 적용하고 한국채택국제회계기준이 미비한 주제에 대한 회계처리를 하는 데 도움을 줌

④ 재무제표가 한국채택국제회계기준을 따르고 있는지에 대해 감사인이 의견을 형성하는 데 도움을 줌

⑤ 한국채택국제회계기준을 따라 작성된 재무제표에 포함된 정보를 재무제표의 이용자가 해석하는데 도움을 줌

⑥ 회계기준위원회의 업무활동에 관심 있는 이해관계자에게 한국채택국제회계기준을 제정하는 데 사용한 접근방법에 대한 정보를 제공

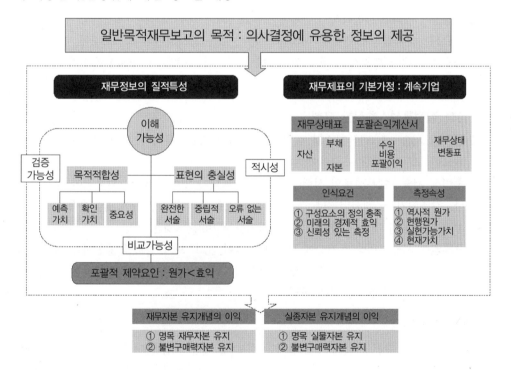

Ⅱ 일반목적재무보고의 목적

일반목적재무보고의 목적은 현재 및 잠재적 투자자, 대여자 및 기타 채권자가 기업에 자원을 제공하는 것에 대한 의사결정을 할 때 유용한 보고기업 재무정보를 제공하는 것

〈개념체계상의 일반목적 재무제표〉

구분		재무제표
일반목적 재무보고의 수단	주요 재무제표	재무상태표, 포괄손익계산서, 재무상태변동표
	기타 재무제표	주석, 그 밖의 보고서와 설명 자료

Ⅲ 유용한 재무정보의 질적특성

(1) 근본적 질적특성 : 목적적합성

① 예측가치와 확인가치 : 정보를 이용하여 미래에 발생할 사건을 예측하거나, 정보를 이용하여 과거의 의사결정에 대해 피드백(확인하거나 변경)을 수행. 따라서 정보의 예측 역할과 확인 역할은 상호 관련됨. 단, 정보 자체가 예측의 형태일 필요는 없음(예 수익이나 비용의 비경상적, 비정상적 그리고 비반복적인 항목이 구분표시되는 경우 포괄손익계산서의 예측가치는 제고됨)

② 중요성 : 의사결정에 영향을 미치는 모든 정보는 공시하여야 함. 하지만, 회계기준위원회가 중요성에 대한 획일적인 계량 임계치를 정하거나 특정한 상황에서 무엇이 중요한 것인지를 미리 결정할 수 없음

(2) 근본적 질적특성 : 충실한 표현

① 완전한 서술 : 필요한 기술과 설명을 포함하여 정보이용자가 서술되는 현상을 이해하는 데 필요한 모든 정보를 포함해야 함

② 중립적 서술 : 재무정보의 선택이나 표시에 편의가 없어야 하며, 편파적이 되거나, 편중되거나, 강조되거나, 경시되거나 그 밖의 방식으로 조작되지 않아야 함. 중립적 정보는 목적이 없거나 행동에 대한 영향력이 없는 정보를 의미하는 것은 아님

③ 오류없는 서술 : 현상의 기술에 오류나 누락이 없고, 보고 정보를 생산하는 데 사용되는 절차의 선택과 적용 시 절차상 오류가 없어야 함. 오류가 없다는 것은 모든 면에서 완벽하게 정확하다는 것을 의미하는 것은 아님

(3) 보강적 질적특성

① 비교가능성 : 다른 기업에 대한 유사한 정보 및 해당 기업에 대한 다른 기간이나 다른 일자의 유사한 정보와 비교할 수 있다면 더욱 유용함(비교가능성은 일관성과 관련은 되어 있지만 동일하지는 않으며, 통일성과는 다른 개념임)

② 검증가능성 : 정보가 나타내고자 하는 경제적 현상을 충실히 표현하는지를 정보이용자가 확인하는데 도움을 준다면 더욱 유용함(계량화된 정보가 검증가능하기 위해서 단일점추정치이어야 할 필요는 없음)

③ 적시성 : 의사결정에 영향을 미칠 수 있도록 의사결정자가 정보를 제때에 이용가능하게 해
   준다면 더욱 유용함

④ 이해가능성 : 정보를 명확하고 간결하게 분류하고, 특징지으며, 표시하여 이해가능하게 해
   준다면 더욱 유용함(특정 정보가 복잡하여 이해하기 어렵다는 이유로 재무보고서에서 제외하
   면 불완전한 정보가 제공되어 의사결정을 오도할 수 있게 됨)

※ 보강적 질적 특성은 가능한 한 극대화되어야 하지만, 특정 정보가 근본적 질적특성인 목적적
   합성과 충실한 표현이 훼손되면, 개별적으로든 집단적으로든 그 정보를 유용하게 할 수 없음

Ⅳ 유용한 재무보고에 대한 원가 제약

원가는 재무보고로 제공될 수 있는 정보에 대한 포괄적 제약요인임. 따라서 정보이용자 각자가
목적적합하다고 보는 모든 정보를 일반목적재무보고서에서 제공하는 것은 불가능함.

PART
09

Chapter 03 수익의 인식

제1절 재화의 판매

재화의 판매로 인한 수익은 다음 조건이 모두 충족될 때 인식한다.

• 재화의 소유에 따른 위험과 효익의 대부분이 구매자에게 이전된다.
• 판매자는 판매한 재화에 대하여 소유권이 있을 때 통상적으로 행사하는 정도의 권리나 효과적인 통제를 할 수 없다.
• 수익금액을 신뢰성 있게 측정할 수 있다.
• 경제적 효익의 유입가능성이 매우 높다.
• 거래와 관련하여 발생했거나 발생할 거래원가와 관련 비용을 신뢰성 있게 측정할 수 있다.

I 위탁판매와 시용판매

(1) 위탁판매

   1) 의의 : 위탁판매란 자기소유의 상품을 타인에게 위탁하여 수수료를 지급하고 판매하는 형태를 말한다.

   2) 회계처리 : 위탁자가 수탁자에게 상품을 발송하는 경우 자기소유의 상품과 구별하기 위해서 적송품계정을 사용하며, **수탁자가 상품을 판매한 날**에 수익을 인식한다.

(2) 시용판매

   1) 의의 : 시용판매란 매입자로 하여금 일정기간 사용한 후에 매입 여부를 결정하는 조건으로 판매하는 형태를 말한다.

   2) 회계처리 : 매입자에게 발송한 상품은 자기소유의 상품과 구별하기 위해서 시송품계정을 사용하며, **매입자가 매입의사표시를 한 날**에 수익을 인식한다.

II 할부판매

(1) 의의 : 할부판매란 판매대금을 분할하여 회수하는 조건으로 판매하는 형태를 말한다.

(2) 회계처리

   ① 할부기간이 장기인 경우 : **현재가치를 재화가 인도되는 시점**에 수익으로 인식

   ② 할부기간이 단기인 경우 : 이자수익이 상대적으로 작기 때문에 **명목가액**을 수익으로 인식

(3) 중소기업은 장기할부매출에 대하여 **할부금회수기일이 도래한 날**에 수익을 **인식할 수 있다.**

III 상품권 판매

(1) 상품권의 발행과 관련된 수익은 **상품권을 회수한 시점**, 즉 재화를 인도하거나 판매한 시점에 인식하고, 상품권을 발행한 때에는 **선수금으로 처리**한다.

(2) 상품권을 액면발행하거나 할인발행하는 경우 모두 **액면가액**을 선수금계정에 대기하고, 할인발행의 경우 할인액을 상품권할인액계정으로 하여 선수금계정에 차감하는 형식으로 표시한다.

(3) **상품권을 회수하면서 상품을 인도하는 시점**에 매출을 인식하고, 회수된 상품권에 해당하는 선수금 (액면가액)을 상계처리한다. 또한 선수금의 차감항목인 상품권할인액은 매출에누리로 대체한다.

IV 반품조건부 판매

반품조건부 판매의 경우 판매 시점에 반품이 예상되는 부분의 매출액과 매출원가를 각각 차감하고, 매출총이익에 해당하는 금액을 반품추정부채로 설정한다.

제 2 절   용역의 제공

I 의의

(1) 용역제공으로 인한 수익은 용역제공거래의 **성과를 신뢰성 있게 추정**할 수 있을 때 **진행기준**에 따라 인식한다.

(2) 다음 조건이 모두 충족되는 경우 용역제공거래의 성과를 신뢰성 있게 추정할 수 있다고 본다.
 ① 거래 전체의 수익금액을 신뢰성 있게 측정할 수 있다.
 ② 경제적 효익의 유입가능성이 매우 높다.
 ③ 진행률을 신뢰성 있게 측정할 수 있다.
 ④ 이미 발생한 원가 및 거래의 완료를 위하여 투입하여야 할 원가를 신뢰성 있게 측정할 수 있다.

II 회계처리

용역제공거래에서는 용역제공기간의 장단기 여부에 관계없이 **진행기준에 따라 수익을 인식**한다. 단, **중소기업은 용역제공거래가 1년 이내의 기간에 완료**되는 경우 **용역제공을 완료한 날에 수익을 인식할 수 있다.**

제 3 절 　 이자 · 배당금 · 로열티

(1) 이자수익은 원칙적으로 유효이자율을 적용하여 발생기준에 따라 인식한다.

(2) 배당금수익은 배당금을 받을 권리와 금액이 확정되는 시점(배당결의일)에 인식한다.

(3) 로열티수익은 계약의 실질적인 내용에 따라 수익으로 인식한다.

제 4 절 　 건설형 공사계약

Ⅰ 　진행기준과 완성기준

(1) 의의

　　1) 진행기준이란 총공사수익금액에 공사진행률을 곱하여 매기간별로 공사수익을 인식하고, 동 공사수익에 대응하여 실제로 발생한 비용을 공사원가로 계상하는 방법을 말한다.

　　2) 완성기준은 공사가 완료된 시점에서 전체 공사수익과 공사원가를 인식하는 방법을 의미한다.

(2) 회계처리

　　1) 기업회계기준서에서는 공사결과를 신뢰성 있게 추정할 수 있을 때는, 공사기간의 장단기에 관계없이 **진행기준을** 적용하여 공사수익을 인식하도록 규정하고 있다.

　　2) **중소기업의 경우 1년 내의 기간에 완료**되는 건설형 공사계약에 대해서는 **완성기준을 적용할 수 있다.**

Ⅱ 　이론적 비교

(1) 진행기준의 장단점

　1) 장점

　　① 매기 공사수익과 공사원가를 대응시킴으로써 기간별 경영성과를 표시하여 주고, **적절한 수익 · 비용의 대응**을 가능케 한다.

　　② 공사의 진행 정도를 매기 표시하여 줌으로써 **적시성** 있는 정보를 제공한다.

　2) 단점

　　① 진행기준에서는 매기 공사수익을 인식하기 위해 공사진행률을 파악하여야 하며, 이 경우 총공사예정원가는 추정치로써 **검증가능성을 저해**하게 된다.

　　② 기간별 **이익조작가능성**이 존재한다. 공사 초기에 이익을 증가시킬 목적으로 추정치에 해당하는 총공사예정원가를 과소계상하는 경우 공사진행률은 높아지게 되고, 그 결과 공사수익을 과대계상하게 된다.

(2) 완성기준의 장단점

1) 장점 : 추정치에 의존하지 않고 실제 발생사실에 따라 회계처리를 함으로써 **검증가능성**이 높다.

2) 단점

① 기간별 영업성과를 표시하지 못한다.

② 공사수익과 공사원가를 공사완료시점까지 지연시킴으로써 적시성 있는 정보를 제공하지 못한다.

Ⅲ 진행기준하에서의 공사이익의 계산

(1) 진행기준하에서 연도별 공사이익

총공사이익금액 × 누적공사진행률 − 전기까지 인식한 공사이익

(2) 연도별 공사이익

총공사이익액 × 누적공사진행률 − 전기까지 인식한 공사이익

= (총공사이익금액 − 총공사예정원가) × 누적공사진행률 − 전기까지 인식한 공사이익

[예제 3-1]

갑건설회사는 20×1년초에 공사금액 ₩100,000인 건물공사를 수주하였다. 이 공사는 20×3년말에 완공될 예정이며, 총공사예정원가는 공사초기에는 ₩80,000이 소요될 것으로 예상하였으나, 20×2년말에는 자재가격의 상승으로 ₩90,000으로 예상되고, 공사완료 시 총공사원가는 ₩92,000으로 집계되었다. 건물공사와 관련된 자료는 다음과 같다.

	20×1년	20×2년	20×3년
당기발생공사원가	₩20,000	₩34,000	₩38,000
총공사예정원가	₩80,000	₩90,000	₩92,000

〈물음〉 진행기준과 완성기준하에서 각 연도별 공사이익을 계산하시오.

〈해설 및 정답〉

1. 진행기준
   (20×1년) (₩100,000 − ₩80,000) × 25%(₩20,000 / ₩80,000) = ₩5,000
   (20×2년) (₩100,000 − ₩90,000) × 60%[(₩20,000 + ₩34,000)/₩90,000] − ₩5,000 = ₩1,000
   (20×3년) (₩100,000 − ₩92,000) × 100% − (₩5,000 + ₩1,000) = ₩2,000

2. 완성기준
   (20×1년) ₩0
   (20×2년) ₩0
   (20×3년) ₩100,000 − ₩92,000 = ₩8,000

PART
09

Ⅳ 공사 전체적으로 손실이 예상되는 경우

(1) 공사 전체적으로 손실(총공사예정원가 > 총공사수익금액)이 예상되는 경우, 예상되는 손실을 당기에 인식한다. 이는 **보수주의**에 의한 회계처리방법에 해당된다.

(2) 한편 공사 전체적으로 손실이 예상되는 경우 예상되는 손실을 당기에 인식하는 것은 완성기준 하에서도 적용된다. 즉, 상기 예에서 완성기준을 적용하는 경우 20×3년 공사손실액은 ₩8,000 이 된다.

[예제 3-2]

[물음] [예제 3-1]에서 20×2년말 총공사예정원가를 ₩108,000으로 추정하는 경우 20×2년 의 공사손실액을 계산하고, 회계처리하시오.

〈해설 및 정답〉

① 누적공사진행률은 50%[(₩20,000+₩34,000) / ₩108,000]이고, 20×2년 공사손실액은 다음과 같이 계산 된다.

(20×2년) (₩100,000-₩108,000) × 50%-₩5,000=₩(9,000)

② 20×2년에 ₩9,000의 공사손실을 인식하면, 20×1년에 인식한 공사이익 ₩5,000과 합하여 총 ₩4,000의 공사손실을 인식하는 결과를 가져온다.

③ 그러나 20×2년은 공사 전체적으로 손실이 예상되는 경우로서 총손실액 ₩8,000 (₩100,000-₩108,000) 중 미래에 예상되는 손실 ₩4,000을 합하여 20×2년 공사손실액은 ₩13,000(₩ 9,000+₩4,000)으로 보고되어야 한다.

④ 미래에 예상되는 손실액 ₩4,000에 대한 회계처리는 다음과 같이 한다.

(차) 공사손실충당부채전입액　　4,000　　　　　　(대) 공사손실충당부채　　4,000

제5절　IFRS 수익인식 회계기준 변경

Ⅰ IFRS 수익인식 변경 배경

(1) 거래유형(재화, 용역, 로열티 등) 및 산업간 수익인식기준 실무적 다양성 존재

⇒ 모든 유형 및 산업에 공통 적용되는 새로운 수익인식기준 필요

(2) 국제회계기준(IFRS)과 미국회계기준(US GAAP)의 정합성 달성

⇒ 국제회계기준위원회와 미국회계기준위원회의 통일된 수익인식체계 확립 필요

Ⅱ 신 수익인식기준(K-IFRS 1115호)-고객과의 계약에서 생기는 수익

(1) 적용시기 : 2018.1.1.

(2) 의무 적용대상 : 상장사 및 공개예정기업 등 K-IFRS적용기업

(3) 수익인식기준 주요 변경내용

* 기존의 거래유형별로 나누어져 있던 수익인식 방식을 통합하여 모든 유형의 계약에 적용되도록 함

현행 수익인식기준	새로운 수익기준서
재화의 판매, 용역의 제공, 건설계약, 이자수익, 로열티수익, 배당수익…	고객과의 계약에서 생기는 수익

* 재화나 용역의 이전을 나타내는 방법으로 수익인식

기존 수익인식기준	변경 수익인식기준
위험과 효익의 이전	통제*의 이전 * 자산 사용을 지시할 수 있고, 효익의 대부분을 획득할 수 있는 고객의 능력
경제적 효익의 유입가능성	수익인식 판단기준 아님 ⇒ 수익측정의 일부요인
수입금액의 합리적 추정가능 여부	
원가의 합리적 추정가능 여부	

(4) 수익인식 5단계 모형 : 수익인식 판단의 기준 Flow

- 1단계 : 고객과의 계약 식별
- 2단계 : 수행의무 식별
- 3단계 : 거래가격 산정
- 4단계 : 거래가격을 수행의무에 배분
- 5단계 : 수행의무 이행 시 수익인식

⟨1단계 주요사항⟩ 고객과의 계약 식별

(1) 고객과의 계약의 식별

계약개시 시점에 다음 **5가지 요건을 모두 충족**할 때 이 기준서 적용(미충족 시는, 충족여부 지속적으로 검토)

    ⓐ 거래당사자들이 서면, 구두, 사업관행 등에 따라 계약을 승인하고 각자의 의무 수행을 확약

    ⓑ 이전할 재화나 용역과 관련된 각 당사자의 권리가 식별 가능

    ⓒ 이전할 재화나 용역의 지급조건이 식별 가능

    ⓓ 계약에 상업적 실질이 있음(미래현금흐름의 위험, 시기, 금액 등이 변동 예상)

    ⓔ 고객에게 이전할 재화나 용역에 대한 대가의 회수가능성이 높음

⟨5단계 주요사항⟩ 수행의무 이행 시 수익인식

(대전제) : 기업이 고객에게 재화·용역을 이전(자산의 이전*)하여 수행의무를 이행할 때 수익을 인식함

    * 자산의 이전 : 고객이 자산을 통제할 때

PART
09

(1) 수익인식 방법판단

계약개시 시점에 다음 요건 중 **하나라도 충족하면** 기간에 걸쳐 수익인식(**진행률** 적용). **모두를 충족**하지 **못하면** 통제가 이전되는 **특정 시점에** 수익 인식

① 고객은 기업이 수행하는 대로 그 수행에서 <u>제공되는 효익</u>을 동시에 얻고 소비함 (**예** 청소용역, 케이블TV용역 등)

② 기업이 자산을 만들거나 자산의 <u>가치를 높이는</u> 대로 고객이 통제하는 자산을, 기업이 만들거나 그 자산의 가치를 높이는 행위를 수행함(**예** 고객의 소유지에 가서 제작하는 자산)

③ 기업이 수행하여 만든 자산이 기업에 <u>대체용도</u>가 없고, 지금까지 수행 완료한 부분에 대해 집행 가능한 <u>지급청구권</u>을 기업이 가지고 있음

  ⓐ 통제의 의미 : 자산을 사용하도록 지시하고 자산의 <u>나머지 효익의 대부분</u>을 획득할 수 있는 능력

  ⓑ 수행의무 이행 시점(고객이 자산을 통제하는 시점, 수익인식 시점)을 판단하기 위해서는, 다음 5가지 지표를 참고
    - 지급청구권, 법적 소유권, 물리적 점유, 소유에 따른 유의적인 위험과 보상, 자산의 인수

(2) 진행률 측정방법

① 산출법(고객에게 주는 가치 직접 측정) → 달성결과, 도달단계, 경과시간, 생산단위, 인도단위, 받을 권리금액(간편법)

② 투입법(총 투입물 대비 수행의무 이행 위한 기업의 노력이나 투입물) → 소비자원, 노동시간, 기계시간, 발생원가, 경과시간 등

Ⅲ 기타 새 기준에서 주요하게 언급된 사항

(1) 현재가치

선불거래, 후불거래 등 재화나 용역의 이전시점과 대가 지급시점의 차이로 인해 금융효과가 발생하는 경우, 화폐의 시간가치를 반영하여 거래가격 산정

(2) 반품권

반품될 것으로 예상되는 금액과 원가를 환불부채 및 반환제품회수권(자산)으로 계상

(3) 라이선스

접근권과 사용권으로 분리하여 판단

① **접근권(Right to access)** : 라이선스 기간 전체에 걸쳐 존재하는 기업의 지적재산에 접근할 권리 → 기간에 걸쳐 수행되는 의무. 따라서, 수행의무 완료까지 진행률을 측정하여 기간에 걸쳐 수익인식

② **사용권(Right to use)** : 라이선스 부여시점에 존재하는 지적재산을 사용할 권리 → 한 시점에 이행되는 수행의무. 따라서, 고객에게 라이선스를 이전하는 시점에 일시 수익인식

Chapter 04 유동자산

제1절 당좌자산

Ⅰ 현금 및 현금등가물

(1) 현금 및 현금등가물은 **통화** 및 타인발행수표 등 **통화대용증권**과 **당좌예금, 보통예금 및 현금등** 가물로 한다.

① 전도금, 우편환증서, 배당금지급통지표 및 기일이 도래한 공사채 이자표 : 현금계정
② 선일자수표 : 발행일자 이전에는 매출채권으로 기재하였다가 발행일자에 현금으로 대체

(2) 현금등가물이란 큰 거래비용 없이 **현금으로 전환이 용이**하고, **이자율변동에 따른** 가치변동의 **위험이 중요하지 않은** 유가증권으로서 **취득당시 만기가 3개월 이내**에 도래하는 것을 말한다.

> 우표, 수입인지 : 소모품계정

Ⅱ 단기금융상품

(1) 단기금융상품은 금융기관이 취급하는 정기예금·정기적금·사용이 제한되어 있는 예금 및 기타 정형화된 상품(기업어음, 양도성예금증서, 어음관리구좌 등)으로 기한이 1년 내에 도래하는 것으로 한다. 단, 만기가 1년 이상인 예금은 투자자산 내의 장기금융상품으로 분류한다.

(2) 사용이 제한된 예금의 경우에도 만기가 1년 내에 도래하는 경우에는 단기금융상품으로 1년 이상인 경우에는 장기금융상품으로 분류하고, 그 내용을 주석으로 기재한다.

Ⅲ 매출채권

(1) 매출의 차감항목

1) 매출액은 총매출액에서 매출환입과 매출에누리 및 매출할인을 차감한 금액으로 한다.
2) 매출환입은 기업이 판매한 재화의 전부 또는 일부가 품질불량이나 파손 등의 이유로 상대방으로부터 반품당하는 경우를 말한다.
3) 매출에누리는 판매한 재화에 하자가 있을 경우 반품을 않는 대신에 값을 깎아주는 것을 말한다.
4) 매출할인은 구매자로 하여금 외상대금의 지급을 촉진시키기 위해서 제공되는 할인으로 현금할인이라고도 한다. 예컨대, [2/10, n/30]의 조건으로 외상판매를 한 경우 이러한 조건은 외상기간이 30일이고, 10일 이내에 외상대금을 지급하면 판매가격의 2%를 할인하여 주는 것을 말한다.

(2) 대손상각비의 인식

1) **직접차감법** : 직접차감법은 특정 매출채권에 대한 대손이 실제로 발생한 시점에 대손상각비를 계상하고, 매출채권을 감소시키는 방법이다.

(대손발생시) (차) 대손상각비 $\times\times$ (대) 매출채권 $\times\times$

① 장점

ⓐ 실제로 발생한 금액을 기록함으로써 검증가능성이 높다.

ⓑ 쉽고 간편하다.

② 단점

ⓐ 부적절한 수익·비용의 대응을 가져온다.

ⓑ 기말 매출채권이 순실현가능가액을 나타내지 못한다.

2) **충당금설정법** : 충당금설정법은 기말시점에서 대손이 발생할 것으로 예상되는 금액을 추정하여 대손상각비로 계상하고, 대변에 대손충당금을 설정하는 방법이다. 실제로 대손이 발생한 시점에서는 대손충당금을 차기하고 매출채권을 감소시킨다.

(기말 시점) (차) 대손상각비 $\times\times$ (대) 대손충당금 $\times\times$

(대손발생시) (차) 대손충당금 $\times\times$ (대) 매출채권 $\times\times$

① 장점

ⓐ 적절한 수익·비용의 대응을 가져온다.

ⓑ 기말 매출채권이 순실현가능가액을 나타낸다.

② 단점 : 추정치에 의존하므로 검증가능성이 상대적으로 낮다.

3) **기업회계기준**

① 현행 기업회계기준에서는 대손인식방법으로 충당금설정법을, 대손예상액의 측정방법으로는 대차대조표접근법을 인정하고 있다.

② 일반적 상거래에서 발생한 매출채권에 대한 대손상각비는 판매비와 관리비로 처리하고, 기타 채권에 대한 대손상각비는 영업외비용으로 처리한다.

③ 기중에 대손이 발생하는 경우 회수불가능한 채권은 대손충당금과 상계하고, 대손충당금이 부족한 경우에는 그 부족액을 대손상각비로 처리한다.

④ 대손처리한 매출채권을 현금회수하는 경우에는 대손처리한 분개를 취소하는 회계처리를 하고, 매출채권의 현금회수에 대한 회계처리를 한다.

⑤ 기말 대손충당금잔액이 대손예상액을 초과하는 경우 동 차액에 대해서는 대손충당금환입계정을 사용하여 영업외수익으로 처리한다.

[예제 4-1]

갑회사의 기초대손충당금은 ₩3,000이었고, 기중에 ₩2,200의 대손이 발생하였다. 기말 매출채권이 ₩80,000이고, 기말매출채권의 5%를 대손충당금으로 설정하는 경우 갑회사의 손익계산서상 대손상각비는 얼마인가?

〈해설 및 정답〉

시산표상 대손충당금잔액=₩3,000−₩2,200=₩800

대손상각비=₩80,000×5%−₩800=₩3,200

[예제 4-2]

을회사의 기초대손충당금은 ₩2,000이었다. 5월초에 ₩1,500의 대손이 발생하였으며, 7 월말에 5월에 발생한 대손액 중 ₩600을 회수하였다. 기말매출채권이 ₩60,000이고 기 말매출채권의 5%를 대손충당금으로 설정하는 경우 을회사의 손익계산서상 대손상각비는 얼마인가?

〈해설 및 정답〉

시산표상 대손충당금잔액=₩2,000−₩1500+₩600=₩1,100

대손상각비=₩60,000×5%−₩1,100=₩1,900

Ⅳ 기타의 당좌자산

(1) **단기대여금** : 회수기한이 1년 내에 도래하는 대여금으로 한다. (↔ 단기차입금)

(2) **미수금** : 일반적 상거래 이외에서 발생한 미수채권으로 한다. (↔ 미지급금)

(3) **미수수익** : 당기에 속하는 수익 중 미수액으로 한다. (↔ 선수수익)

(4) **선급금** : 상품·원재료 등의 매입을 위하여 선급한 금액으로 한다. (↔ 선수금)

(5) **선급비용** : 선급된 비용 중 1년 내에 비용으로 되는 것으로 한다. (↔ 미지급비용)

Ⅴ 외화자산 및 부채의 환산

(1) **의의** : 외화로 표시된 자산과 부채를 원화로 환산하는 과정을 외화환산이라 한다.

(2) **회계처리** : 기업회계기준에서는 **화폐성항목에 대해 현행환율**을 적용하고, **비화폐성항목에 대해 서는 역사적환율**을 적용하여 환산하도록 규정하고 있다.

(3) **현행환율과 역사적환율** : 여기서 현행환율이란 대차대조표일 현재의 환율을 의미하며, 역사적 환율이란 자산을 취득하거나 부채를 조달한 당시의 환율을 말한다.

(4) **화폐성자산과 비화폐성자산** : 화폐성자산과 부채는 미래에 수취하거나 지급하여야 할 금액이 고정되어 있어 화폐가치가 변동하더라도 수정할 필요가 없는 항목인 반면, 비화폐성자산과 부채 는 미래에 수취하거나 지급하여야 할 금액이 확정되지 않아 화폐가치가 변동하는 경우 동일한 구매력의 화폐액으로 전환되기 위해서 수정이 필요한 항목을 말한다.

PART

09

- 화폐성자산의 예로는 현금, 매출채권 등이 있으며, 비화폐성자산으로는 재고자산, 유형자산 등이 있다. 부채의 경우 거의 대부분 화폐성항목에 해당되며, **비화폐성부채의 예로는 선수금**을 들 수 있다.
- 결산일에 화폐성외화자산 또는 화폐성외화부채를 환산하는 경우 발생하는 손익은 **외화환산이익 또는 외화환산손실**의 과목을 사용하며, 외화자산의 회수 또는 외화부채의 상환시에 발생하는 손익은 **외환차익 또는 외환차손**의 과목으로 하여 영업외손익에 반영한다. 비화폐성항목의 경우에는 역사적환율이 적용되므로 환율변동에 따른 손익이 발생치 아니한다.

[예제 4-3]

갑회사는 20×1년과 20×2년 중에 다음과 같은 외화거래가 발생하였다.

(X1. 9. 1.) 상품을 $200에 외상판매하였다. ($1 = ₩770)

(X2. 3.31.) 외상판매대금 $200를 회수하였다. ($1 = ₩780)

〈물음〉 20X1년 12월 31일 환율이 $1 = ₩800인 경우 각 일자별로 회계처리를 하시오.

〈해설 및 정답〉

(X1. 9. 1.)　(차)　매출채권　　154,000[1)]　　　(대)　매출　　　　154,000
　　　　　　　　1) $200 × ₩770/$ = ₩154,000

(X1.12.31.)　(차)　매출채권　　6,000[2)]　　　(대)　외화환산이익　6,000
　　　　　　　　2) $200 × (₩800/$ − ₩770/$) = ₩6,000

(X2. 5. 1.)　(차)　현금　　　　156,000[3)]　　　(대)　매출채권　　160,000
　　　　　　　　외환차손　　　4,000[4)]
　　　　　　　　3) $200 × ₩780/$ = ₩156,000
　　　　　　　　4) $200 × (₩780/$ − ₩800/$) = ₩(4,000)

제 2 절　재고자산

Ⅰ　재고자산의 의의와 취득원가

(1) 재고자산의 의의 및 중요성

1) 의의 : 재고자산(inventory)이란 정상적인 영업과정에서 판매를 위하여 보유하거나 생산과정에 있는 자산 및 생산에 투입될 원재료나 소모품의 형태로 존재하는 자산을 말한다.

> **차변과 대변**
> 재고자산은 판매를 목적으로 보유하고 있는 자산으로 기업의 정상적인 영업활동이 무엇이냐에 따라 동일한 자산일지라도 구분을 달리한다. 예컨대, 중장비제조회사가 보유하고 있는 중장비는 재고자산으로 분류되나, 건설회사의 건설장비로 사용되는 중장비는 유형자산으로 분류된다.

2) **중요성** : 일반적으로 재고자산은 총자산에서 차지하는 비중이 크고, 재고자산의 측정은 대차
대조표(재무상태표)와 손익계산서 양자에 영향을 미치게 되어 매우 중요한 계정과목으로 인
식되고 있다.

  • 재고자산과 효과 : 기말재고자산을 과대계상하면, 매출원가는 과소계상되어 당기순이익을
과대계상하는 결과를 가져오고, 대차대조표(재무상태표)상의 기말재고자산은 과대표시된다.

재고자산

기초재고	××	매출원가	××
당기매입	××	기말재고	××
합계	××	합계	××

(2) 재고자산의 취득원가

1) 재고자산의 취득원가는 매입가액에 매입운임, 하역료 및 보험료 등 취득과 직접적으로 관련
되어 있으며, 정상적으로 발생되는 부대비용을 가산한 금액이다.

> 일반적으로 재고자산 뿐만 아니라 모든 자산의 취득원가의 범위를 결정하는 원칙은 "자산을 취득하여
> 의도된 목적 또는 본래의 기능에 도달할 때까지 지출된 현금 또는 현금등가액"이 취득원가에 포함된다.

2) 매입환출과 매입에누리, 매입할인은 매입원가에서 차감한다.

Ⅱ 재고자산에 포함될 항목의 결정

(1) 특정 재고자산이 판매자와 구매자 중 누구의 재고자산에 포함되어야 하는가를 결정하는 기준은
해당 재고자산에 대한 권리와 의무가 누구에게 귀속되느냐에 의해 결정된다.

(2) 미착상품(운송 중인 상품)

1) **선적지인도조건** : 구매자의 재고자산에 포함
2) **목적지인도조건** : 판매자의 재고자산에 포함

(3) 기타사항

1) **적송품(위탁판매)** : 수탁자가 제3자에게 판매하기 전까지는 위탁자의 재고자산에 포함
2) **시송품(시용판매)** : 구매자가 매입의사표시를 하기 전까지는 판매자의 재고자산에 포함
3) **저당상품** : 저당권이 실행되기 전까지는 담보제공자인 회사의 재고자산에 포함

Ⅲ 재고자산의 기록방법

(1) 계속기록법

1) 계속기록법에서는 매입 시 재고자산계정을 사용하며, 기중 판매 시 매출과 매출원가를 동시
에 기록하는 방법이다.

2) 이 방법에서는 **매출원가가 기중에 먼저 기록**되고, 기말재고자산은 종속적으로 결정된다.

(기초재고자산 + 당기매입액) − 매출원가 = 기말재고자산

(2) 실지재고조사법

1) 실지재고조사법은 매입 시 매입계정을 사용하며, 기중 판매 시 매출만을 기록할 뿐 매출원가는 기록하지 않는다.

2) 따라서 이 방법에서는 기말에 재고조사를 실시하여 **기말재고자산을 먼저 결정**한 후 매출원가는 종속적으로 결정된다.

(기초재고자산 + 당기매입액) − 기말재고자산 = 매출원가

3) **혼합법** : 회사가 계속기록법과 실지재고조사법 중 어느 한 방법만을 사용하는 경우 재고자산 감모손실을 파악하는 것은 불가능하며, 두 가지 방법을 병행하여야만 파악이 가능하다. 재고자산감모차손은 정상적으로 발생한 경우 매출원가에 가산하고, 비정상적으로 발생한 경우에는 영업외비용으로 분류한다.

Ⅳ 재고자산의 원가결정방법

(1) 의의 : 재고자산의 원가결정방법이란 재고자산의 취득원가(단가)가 변동하는 경우 매출원가와 기말재고자산에 언제 구입한 단가를 적용할 것인가를 결정하는 것을 의미한다.

예를 들어, 기초와 당기에 매입한 상품의 구입단가가 각각 ₩10과 ₩20으로 서로 다른 경우, 기중에 판매된 80개와 기말 현재 보유중인 20개의 상품에 어떠한 단가를 적용하는냐에 따라 매출원가와 기말재고자산의 금액이 달라지게 된다.

재고자산

기초재고 10개(₩10)	₩100	매출원가 80개(₩?)	₩?
당기매입 90개(₩20)	1,800	기말재고 20개(₩?)	?
합계	₩1,900	합계	₩1,900

재고자산의 원가결정방법은 원가흐름을 가정한 것이지 물량흐름을 의미하는 것은 아니다.

(2) GAAP

기업회계기준서에서는 원가흐름을 가정하는 방법, 즉 원가결정방법을 계층적으로 규정하고 있다.

1) 우선 개별법을 적용하여야 하는 상황을 먼저 설명하고, 개별법의 적용이 부적합한 경우에는 평균법, 선입선출법, 후입선출법 중 하나를 선택할 수 있도록 하였다.

2) 다만, 위에서 설명한 원가결정방법의 사용이 곤란한 유통업종의 경우 또는 유통업 이외의 업종에 속한 기업이라도 매출가격환원법을 적용하는 것이 다른 원가결정방법을 적용하는 것보다 합리적이라고 판단된다면 매출가격환원법을 적용할 수 있다.

① **개별법의 적용** : 상호 교환될 수 없는 재고항목이나 특정 프로젝트별로 생산되는 경우 개별법을 적용

② 개별법의 적용이 부적합한 경우 : 평균법, 선입선출법, 후입선출법 중 선택

③ 위의 원가결정방법의 사용이 곤란한 유통업종의 경우 또는 매출가격환원법을 적용하는 것이 다른 방법에 비해 보다 합리적인 경우 매출가격환원법 적용

> 재고자산의 원가결정방법은 원가배분과정을 의미하는 것이지 평가과정이 아니다. 한편 재고자산의 원가결정방법은 앞서 설명한 재산의 기록방법(계속기록법과 실지재고조사법)에 따라 차이를 가져오는 경우가 있다.

[예제 4-4]

일자	매입수량	매입단가	매입금액	판매수량
기초재고	100개	₩ 40	₩ 4,000	
3월 5일	400	42	16,800	
6월 10일				300개
9월 15일	600	46	27,600	
12월 20일				500
합계	1,100개		₩ 48,400	800개

〈물음〉 1) 평균법에 의한 매출원가와 재고자산을 계산하시오.
　　　　2) 선입선출법(FIFO)에 의한 매출원가와 재고자산을 계산하시오.
　　　　3) 후입선출법(LIFO)에 의한 매출원가와 재고자산을 계산하시오.

---

(3) 개별법

개별법은 각 재고자산별로 매입원가를 결정하는 방법이다. 개별법은 상호교환될 수 없는 재고항목에 적용되며, 상호 교환가능한 대량의 동질적인 상품에 대해서는 적절하지 않다.

1) 장점

① 실제수익에 실제원가가 대응되어 정확한 수익·비용의 대응을 이룬다.

② 원가흐름과 물량흐름이 일치하며, 원가흐름에 대한 가정을 하지 않고 있다.

2) 단점

① 재고자산의 종류와 수량이 많은 경우 비용이 많이 소요된다.

② 다른 가격표를 적용하는 경우 이익조작가능성이 존재한다.

(4) 평균법

1) 총평균법(실지재고조사법)

① 회계기간동안의 판매가능한 총원가(차변합계액)를 판매가능한 총수량으로 나누어 계산된 총평균단가를 적용하는 방법으로, 매출원가와 기말재고자산에 동일한 단가가 적용된다.

② 이 방법은 총평균단가가 기말시점에서만 계산가능하므로 기중판매 시에 매출원가를 계상하는 계속기록법에서는 적용될 수 없고, 실지재고조사법에서만 사용이 가능하다.

PART 09

〈해설 및 정답〉

총평균단가＝₩48,400/1,100개＝₩44

기말재고자산＝300개 × ₩44＝₩13,200

매출원가＝₩48,400－₩13,200＝800개 × ₩44＝₩35,200

2) 이동평균법(계속기록법)

① 이동평균법은 매입이 이루어질 때마다 평균단가를 계산하여 기중판매 시 판매수량에 곱하여 매출원가를 계산하는 방법

② 계속기록법에서만 사용이 가능하다.

〈해설 및 정답〉 [예제 4-4]

(6.10.) 300개 × ₩41.6＝₩12,480

₩41.6은 판매직전까지의 재고수량 500개의 평균단가이다.

(100개 × ₩40＋400개 × ₩42)/500개＝₩41.6

(12.20.) 500개 × ₩44.9＝₩22,450

200개(₩41.6)와 600개(₩46)의 평균단가이다.

(200개 × ₩41.6＋600개 × ₩46)/800개＝₩44.9

매출원가＝12,480＋₩22,450＝₩34,930

기말재고자산＝₩48,400－₩34,930＝₩13,470

(5) 선입선출법(FIFO)

1) 먼저 구입한 상품의 단가를 매출원가에 적용하는 방법으로 계속기록법과 실지재고조사법 적용 시 동일한 결과를 가져온다.

2) 장점

① 일반적으로 원가흐름의 가정과 물량흐름이 일치한다.

② 이익조작가능성을 배제한다.

③ 기말재고자산이 최근에 구입한 단가로 구성되어 현행원가의 근사치를 반영한다.

3) 단점

① 현행수익에 과거의 구입한 단가가 매출원가로 대응되어 부적절한 수익비용의 대응을 가져온다.

② 물가상승 시 당기순이익의 과대계상으로 세금부담을 가져온다.

〈해설 및 정답〉 [예제 4-4]

① 실지재고조사법 적용 시

기말재고자산＝300개 × 46＝₩13,800

매출원가＝₩48,400－₩13,800

＝100개 × ₩40＋400개 × ₩42＋300개 × ₩46＝₩34,600

② 계속기록법 적용 시

(6.10.의 300개) 100개 × ₩40＋200개 × ₩42＝₩12,400

(12.20.의 500개) 200개 × ₩42＋300개 × ₩46＝₩22,200

매출원가＝₩12,400＋₩22,200＝₩34,600

기말재고자산＝₩48,400－₩34,600＝₩13,800

(6) 후입선출법(LIFO)

1) 후입선출법은 나중에 구입한 상품의 단가를 매출원가에 적용하는 방법으로, 계속기록법과 실지재고조사법 적용 시 서로 다른 결과를 가져오는 경우가 일반적이다.

2) 장점

① 현행수익에 최근에 구입한 단가가 매출원가로 대응되어 적절한 수익·비용의 대응을 가져온다.

② 물가상승 시 세금을 적게 납부하는 효과를 가져온다.

3) 단점

① 기말재고자산이 과거의 가격으로 표시되어 재무비율분석을 왜곡한다.

② 대부분의 경우 원가흐름의 가정과 물량흐름이 일치하지 않는다.

③ 물가상승 시 기말재고수량이 기초재고수량에 미달하는 경우 후입선출법에 의한 청산문제가 발생한다.

④ 후입선출법에 의한 청산문제를 해결하기 위해 불건전한 구매관습을 유발시키고, 이로 인해 이익조작가능성이 존재한다.

〈해설 및 정답〉 [예제 4-4]

① 실지재고조사법 적용 시

기말재고＝100개 × ₩40＋200개 × ₩42＝₩12,400

매출원가＝₩48,400－₩12,400＝600개 × ₩46＋200개 × ₩42＝₩36,000

② 계속기록법 적용 시

매출원가의 계산

(6.10.의 300개)   300개 × ₩42＝₩12,600

(12.20.의 500개) 500개 × ₩46＝₩23,000

매출원가＝₩12,600＋₩23,000＝₩35,600

기말재고자산＝₩48,400－₩35,600＝₩12,800

4) 물가상승 시 후입선출법을 적용하면 나중에 구입한 상품의 높은 단가가 매출원가로 계상되어 세전순이익이 과소계상되고, 그 결과 세금을 적게 납부하는 효과를 가져온다. 그러나 이러한 절세효과는 물가상승 시에 항상 나타나는 현상이 아니고, 기말재고수량이 기초재고수량에 미달하는 경우에는 과거에 낮은 단가로 계상된 기초재고가 매출원가에 포함되어 세전순이익이 과대계상되는 결과를 가져온다. 따라서 이러한 경우에는 과거에 적게 납부한 세금효과가 일시에 반전되어 높은 세금부담을 가져오는데, 이러한 현상을 후입선출법에 의한 청산문제라고 한다.

(7) 원가결정방법의 비교

1) 일반적으로 물가상승 시에 기말재고수량이 계속 증가하는 경우 매출원가의 크기에 미치는 영향은 다음과 같다.
   (원가결정방법) 선입선출법 ≤ 평균법 ≤ 후입선출법
   (기록방법)   계속기록법 ≤ 실지재고조사법

2) 물가상승 시 매출원가의 크기에 미치는 영향

   선입선출법 ≤ 평균법(계속) ≤ 평균법(실사) ≤ 후입선출법(계속) ≤ 후입선출법(실사) = 선입선출법 ≤ 이동평균법 ≤ 총평균법 ≤ 후입선출법(계속) ≤ 후입선출법(실사)

(8) 매출가격환원법

1) 매출가격환원법은 판매가기준으로 평가한 기말재고가액에 구입원가, 판매가 및 판매가변동액에 근거하여 산정한 원가율을 적용하여 기말재고자산의 원가를 결정하는 방법으로 소매재고법이라고도 한다.

2) 이 방법은 실제원가가 아닌 추정에 의한 원가결정방법이므로 원칙적으로 많은 종류의 상품을 취급하여 실제원가에 기초한 원가결정방법의 사용이 곤란한 유통업종에서만 사용할 수 있다. 다만, 유통업 이외의 업종에 속한 기업이 매출가격환원법을 사용하는 예외적인 경우에는 매출가격환원법의 사용이 다른 원가결정방법을 적용하는 것보다 합리적이라는 정당한 이유와 매출가격환원법의 원가율 추정이 합리적이라는 근거를 주석으로 기재하여야 한다.

V 매출총이익률법

(1) 매출총이익률법은 계속기록법을 사용하지 않는 회사가 화재나 재난 등으로 손실이 발생하는 경우 손실액을 추정하기 위해 사용되는 방법으로 정상적인 상황에서는 인정되지 않는 방법이다.

(2) 매출총이익률법에서는 과거의 자료(매출총이익률 또는 원가에 대한 이익률)로부터 원가율을 구한 다음 매출원가의 추정치를 계산하는 방식으로 진행된다. 매출총이익률법을 사용하는 경우에는 "매출액 − 매출원가 = 매출총이익"의 등식만을 알면 된다.

[예제 4-5]
갑회사는 실지재고조사법을 사용하고 있으며, 20×1년 5월 20일 상품 창고에 화재가 발생하였다. 회사는 5월 31일에 실사를 하였고, 재고자산과 관련된 자료는 다음과 같다.

기초재고액 (20×1, 1.1)   ₩150,000
당기매입액 (20×1, 1.1−5.31)   600,000
매 출 액(20×1, 1.1−5.31)   800,000
실 사 액(20×1. 5.31)   70,000

〈물음〉 과거의 자료로부터 매출총이익률이 30%인 경우 화재손실액을 계산하시오.

〈해설 및 정답〉

매출액−매출원가=매출총이익 양변을 매출액으로 나누면 원가율이 70%라는 것을 알 수 있다.

1−원가율=매출총이익률(30%) 매출원가의 추정치=매출액 × 원가율=₩800,000 × 70%=₩560,000

재고자산			
기초재고	150,000	추정매출원가	560,000
당기매입	600,000	화재손실액	120,000
		기말재고	70,000
합계	750,000	합계	750,000

Ⅵ 재고자산의 평가방법

(1) 재고자산의 시가가 취득원가보다 하락한 경우에는 저가법을 사용하여 재고자산의 대차대조표가 액을 결정한다.

(2) 재고자산을 저가법으로 평가하는 경우 제품, 상품 및 재공품의 시가는 **순실현가능가액**을 말하며, 원재료의 시가는 **현행대체원가**를 말한다.

(3) 매 회계기간말에 재고자산의 시가가 장부가액 이하로 하락하여 발생한 평가손실은 매출원가에 가산하고, 재고자산의 차감계정으로 표시한다.

(차) 매 출 원 가　　 × ×　　 (대) 재고자산평가충당금　　 × ×
　　(재고자산평가손실)　　　　　　　　(재고자산의 차감계정)

제 3 절　　재무비율 분석

Ⅰ 유동성비율

(1) **유동비율** = $\dfrac{유동자산}{유동부채}$

유동비율이란 유동자산을 유동부채로 나눈 비율로서, 1년 이내에 현금화되는 유동자산이 1년 이 내에 갚아야 할 유동부채보다 크면 클수록 이 비율은 큰 값을 갖게 되며, 이 비율이 클수록 기업 의 단기유동성 또는 단기지급능력이 우월하다고 판단하는 것이다.

(2) **당좌비율** = $\dfrac{당좌자산}{유동부채}$

당좌비율이란 당좌자산을 유동부채로 나눈 비율로서, 앞서 유동비율이 갖는 문제점 중 재고자산 이 1년 이내에 판매된 후 현금으로 회수된다는 가정이 비현실적이기 때문에, 유동비율에서 분자 에 해당하는 유동자산 중 재고자산을 제외한 당좌자산을 사용하여 기업의 단기지급능력을 판단 하는 비율이다.

Ⅱ 활동성비율

(1) 재고자산 관련 비율

1) 재고자산회전율 $= \dfrac{\text{매출원가}}{\text{평균재고자산}} = \dfrac{\text{매출원가}}{(\text{기초재고}+\text{기말재고})/2}$

재고자산회전율이란 기업의 재고자산이 연간 평균적으로 몇 번에 걸쳐서 판매되었는가를 나타내는 지표로서, 재고자산이 얼마나 빨리 판매되었는가를 나타낸다. 따라서 이 비율이 높을수록 기업의 유동성은 양호하다고 할 수 있다.

재무비율 계산 시 분자에 손익계산서 항목을 표시하고, 분모에 대차대조표 항목이 표시되는 경우 항상 대차대조표 항목은 평균치를 사용하여야 한다. 그 이유는 손익계산서 항목은 일년 동안에 발생한 수치(Flow)인데 반해, 대차대조표 항목은 일정시점의 잔액(Stock)이므로 이를 서로 대응시키기 위해서 일정시점의 금액을 Flow화한 것이다.

2) 재고자산회전기간 $= \dfrac{365\text{일}}{\text{재고자산회전율}} = 365\text{일} \times \dfrac{\text{평균재고자산}}{\text{매출원가}}$

재고자산회전기간이란 재고자산을 구입한 시점부터 재고자산을 판매한 시점까지의 일수를 의미하는 것으로서, 재고자산을 판매하는데 소요된 기간을 말한다. 재고자산회전기간이 짧을수록 재고자산을 판매하는데 소요된 기간이 짧아지고, 그 결과 기업의 유동성은 양호하다고 할 수 있다.

(2) 매출원가 관련 비율

1) 매출채권회전율 $= \dfrac{\text{매출액}}{\text{평균매출채권}} = \dfrac{\text{매출액}}{(\text{기초매출채권}+\text{기말매출채권})/2}$

매출채권회전율이란 기업의 매출채권이 연간 평균적으로 몇 번에 걸쳐서 현금으로 회수되었는가를 나타내는 지표로서, 매출채권이 얼마나 빨리 현금화되었는가를 나타낸다. 따라서 이 비율이 높을수록 매출채권의 현금화 속도가 빠르고, 그 결과 기업의 유동성은 양호하다고 할 수 있다.

2) 매출채권회전기간 $= \dfrac{365\text{일}}{\text{매출매권회전율}} = 365\text{일} \times \dfrac{\text{평균매출채권}}{\text{매출액}}$

매출채권회전기간이란 외상판매로 인해 매출채권이 계상된 시점부터 현금회수시점까지의 일수를 의미하는 것으로서 매출채권의 회수기간을 말한다. 매출채권의 회수기간이 짧을수록 현금화되는 속도가 빨라지고, 그 결과 기업의 유동성은 양호하다고 할 수 있다.

3) 총자본(총자산)회전율 $= \dfrac{\text{매출액}}{\text{평균총자본}} = \dfrac{\text{매출액}}{(\text{기초총자본}+\text{기말총자본})/2}$

Ⅲ 수익성비율

(1) 자본이익률

1) 총자본이익률 $= \dfrac{\text{당기순이익}}{\text{평균총자본}} = \dfrac{\text{당기순이익}}{(\text{기초총자본} + \text{기말총자본})/2}$

2) 자기자본이익률 $= \dfrac{\text{당기순이익}}{\text{평균자기자본}} = \dfrac{\text{매출액}}{(\text{기초자기자본} + \text{기말자기자본})/2}$

(2) 매출액이익률

1) 매출액영업이익률 $= \dfrac{\text{영업이익}}{\text{매출액}}$

2) 매출액순이익률 $= \dfrac{\text{당기순이익}}{\text{매출액}}$

Ⅳ 레버리지비율

(1) 부채비율 $= \dfrac{\text{부채}}{\text{자본}}$

(2) 이자보상비율 $= \dfrac{(\text{세전순이익} + \text{이자비용})}{\text{이자비용}}$

(3) 자기자본비율 $= \dfrac{\text{자본}}{\text{총자산}}$

Ⅴ 안정성비율

고정비율 $= \dfrac{\text{고정자산}}{\text{자기자산}}$

Ⅵ 성장성비율

(1) 매출액증가율

(2) 순이익증가율

(3) 총자산증가율

Ⅶ 시장가치비율

(1) PER

(2) 토빈Q

PART
09

Chapter **05** 유형자산과 무형자산

Ⅰ 유형자산의 의의

(1) 유형자산은 물리적 형태가 있는 자산으로서 재화의 생산, 용역의 제공, 타인에 대한 임대 또는 자체적으로 사용할 목적으로 보유하고, 1년을 초과하여 사용할 것이 예상되는 자산을 말한다.

(2) 유형자산의 과목분류

1) 토지

2) **건물** : 건물, 냉난방, 전기, 통신 및 기타의 건물부속설비 등

3) **구축물** : 교량, 궤도, 갱도, 정원설비 및 기타의 토목설비 또는 공작물 등

4) **기계장치** : 기계장치, 운송설비(콘베이어, 호이스트, 기중기 등)와 기타의 부속설비 등

5) **건설중인자산** : 유형자산의 건설을 위한 재료비, 노무비 및 경비로 하되, 건설을 위하여 지출한 도급금액 등을 포함한다.

6) **기타의 유형자산** : 비품, 차량운반구, 선박

Ⅱ 유형자산의 회계처리

(1) 취득원가의 범위

취득원가의 범위에 관한 원칙이란 자산을 취득하여 의도된 목적 또는 본래 기능에 도달할 때까지 취득과 직접 관련하여 발생한 부대비용이 취득원가에 포함된다는 것을 의미한다.

> **취득원가범위 적용 사례**
> 판매를 목적으로 취득한 재고자산의 경우 판매가능한 상태에 이를 때까지, 사용을 목적으로 취득한 유형자산은 사용가능한 상태에 이를 때까지 발생한 부대비용을 취득원가에 산입하게 되며 이러한 부대비용에는 매입운임, 설치비용, 사운전비용 등이 있다.

(2) 주요 회계처리

1) 건물을 신축하기 위하여 기존 건물이 있는 토지를 취득하고 그 건물을 철거하는 경우, 기존 건물의 철거비용에서 철거된 건물의 부산물을 판매하여 수취한 금액을 차감한 가액은 토지의 취득원가에 산입한다.

2) 건물을 신축하기 위하여 사용중인 건물을 철거하는 경우, 기존 건물의 장부가액은 처분손실로 처리하고, 철거비용은 전액 당기비용으로 처리한다.

3) 유형자산의 취득과 관련하여 국·공채 등을 불가피하게 매입하는 경우, 당해 채권의 매입가액(액면가액)과 현재가치와의 차액은 당해 유형자산의 취득원가에 산입한다.

4) 유형자산의 취득, 건설, 개발에 따른 복구비용의 현재가치는 해당 유형자산의 취득원가에 산입한다.

Ⅲ 취득원가의 측정

(1) **기본원칙** : 유형자산을 비롯한 모든 자산의 취득원가는 자산을 취득하기 위하여 제공한 자산의 공정가액으로 하는 것이 원칙이며, 만일 제공한 자산의 공정가액이 불명확한 경우에는 취득한 자산의 공정가액을 취득원가로 한다. 즉, 자산의 취득원가는 제공한 자산의 공정가액과 취득한 자산의 공정가액 중 보다 명확한 것으로 한다.

(2) 주요사항

1) 유형자산을 장기후불조건으로 구입하거나 대금지급기간이 일반적인 신용기간보다 긴 경우 취득원가는 취득시점의 현금구입가격(현금등가액)으로 한다.

2) 유형자산을 취득하면서 상대방에게 주식을 발행하여 교부한 경우(현물출자) 유형자산의 취득원가는 취득원가의 측정원칙에 따라 상대방에게 제공한 주식의 공정가액으로 한다.

3) 증여 또는 무상에 의한 취득의 경우 취득한 유형자산의 공정가액으로 취득원가가 결정되면, 대변에는 자산수증이익(영업외수익)의 과목으로 처리한다.

4) 여러 종류의 유형자산을 일괄하여 구입하는 경우 유형자산별 취득원가 합계는 취득원가의 측정원칙에 따라 제공한 자산의 공정가액이어야 하며, 유형자산별 취득원가는 개별자산의 장부가액이 아닌 공정가액을 기준으로 배분되어져야 한다.

Ⅳ 국고보조금

(1) 상환의무가 없는 경우

1) 자산취득에 사용될 국고보조금을 받는 경우에는 이를 유형자산의 취득원가에서 차감하는 형식으로 표시하고, 당해 자산의 내용연수에 걸쳐 감가상각비와 상계하며, 유형자산을 처분하는 경우에는 그 잔액을 처분손익에 반영한다.

$$감가상각비와 \ 상계되는 \ 국조보조금 = 감가상각비 \times \frac{국고보조금 \ 총액}{(취득원가 - 잔존가액)}$$

2) 특정 비용을 보전할 목적으로 받은 기타의 국고보조금은 보전비용과 상계처리하며, 대응되는 비용이 없는 기타의 국고보조금은 영업외수익으로 처리한다.

(2) 상환의무가 있는 경우

상환될 금액이 확정된 경우에는 동금액을 부채로 계상하고, 향후 상환의무가 소멸하게 되면 채무면제이익으로 계상하여야 한다.

[예제 5-1]

㈜조이는 20×1년 1월 1일 취득원가 ₩100,000인 건물을 구입하고, 상환의무가 없는 국고보조금 ₩40,000을 수령하였다. 건물의 내용연수는 5년이고, 잔존가액은 ₩10,000이며, 정액법을 사용하여 상각한다.

〈물음〉 20×1년 1월 1일과 12월 31일자 회계처리를 하시오.

〈해설 및 정답〉

(×1. 1. 1.)	(차)	건 물	100,000	(대)	현 금	100,000
		현 금	40,000		국 고 보 조 금	40,000
(×1.12.31.)	(차)	감가상각비	18,000[1]	(대)	감가상각누계액	18,000
		국고보조금	8,000[2]		감 가 상 각 비	8,000

1) $(₩100,000 - ₩10,000)/5년 = ₩18,000$

2) $₩18,000 × ₩40,000/(₩100,000 - ₩10,000) = ₩8,000$

대차대조표(×1.12.31.)

건 물	100,000	
감가상각누계액	(18,000)	
국 고 보 조 금	(32,000)	
	50,000	

Ⅴ 금융비용의 자본화

(1) 금융비용의 자본화란 금융비용 중 일부를 손익계산서상 이자비용으로 처리하지 않고, 자본화대상자산의 취득원가에 산입하는 것을 의미한다.

(2) 기업회계기준서에서는 모든 금융비용을 손익계산서상 기간비용으로 처리함을 원칙으로 하고 있다.

(3) 자본화대상자산은 제조, 매입, 건설 또는 개발(이하 취득이라 함)이 개시된 날로부터 의도된 용도로 사용하거나 판매할 수 있는 상태가 될 때까지 1년 이상의 기간이 소요되는 재고자산과 유형자산, 무형자산 및 투자자산을 말한다. 유형자산에 대한 자본적 지출이 있는 경우에는 이를 포함한다.

Ⅵ 유형자산의 취득후 지출

(1) **자본적 지출(자산)** : 내용연수를 연장시키거나 가치를 실질적으로 증가시키는 지출

(2) **수익적 지출(비용)** : 원상을 회복시키거나 능률유지를 위한 지출

Ⅶ 감가상각비

(1) 감가상각이란 유형자산의 감가상각대상금액(취득원가에서 잔존가액을 차감한 금액)을 그 자산의 내용연수동안 체계적인 방법에 의하여 각 회계기간에 배분하는 것을 말한다.

(2) 감가상각비를 계산하기 위해서는 감가상각대상금액과 내용연수 및 감가상각방법의 3가지 요소가 결정되어야 한다.

Ⅷ 감가상각방법

[예제 5-2]
조이회사는 20×1년초에 기계장치를 ₩10,000에 구입하였다. 기계의 잔존가액은 ₩1,000이며, 내용연수는 4년이다.

〈물음〉 정액법, 생산량비례법, 정률법, 이중체감잔액법, 연수합계법에 따라 각 회계연도에 감가상각비로 계상해야 할 금액을 구하시오.

(1) 정액법

1) 의의 : 정액법은 내용연수(시간)에 비례해서 감가상각비를 계산하는 방법이다.

2) 이 방법은 주로 계산이 간단하고, 매년 균등하게 사용되는 경우에 적용가능한 방법이다.

〈해설 및 정답〉 [예제 5-2]

$$\text{감가상각비} = \frac{(\text{취득원가} - \text{잔존가액})}{\text{내용연수}} = \frac{(₩10,000 - ₩1,000)}{4년} = ₩2,250$$

(2) 생산량비례법

1) 의의 : 생산량비례법은 연간 조업도에 비례해서 감가상각비를 계산하는 방법이다.

2) 이 방법은 주로 사용시간이나 생산량 등을 조업도로 사용한다.
기계의 총사용시간이 3,000시간으로 추정되고, 20×1년 기계사용시간이 500시간이라면 감가상각비는 다음과 같이 계산된다.

〈해설 및 정답〉 [예제 5-2]

$$\text{감가상각비} = (\text{취득원가} - \text{잔존가액}) \times \frac{\text{당기조업도}}{\text{총조업도수준}}$$
$$= (₩10,000 - ₩1,000) \times \frac{500시간}{3,000시간} = ₩1,500$$

(3) 정률법

1) 의의 : 정률법은 기초장부가액에 상각률을 곱하여 감가상각비를 계산하는 방법이다.

2) 상각률의 계산

〈해설 및 정답〉 [예제 5-2]

감가상각비＝(취득원가－감가상각누계액)×상각률

$$\text{상각률} = 1 - \sqrt[n]{\frac{\text{잔존가액}}{\text{취득원가}}} = 1 - \sqrt[4]{\frac{₩1,000}{₩10,000}} = 0.43766$$

$(20×1년) ₩10,000 \times 0.43766 = ₩4,377$

$(20 \times 2년)(₩10,000 - ₩4,377) \times 0.43766 = ₩2,461$
$(20 \times 3년)(₩10,000 - ₩4,377 - ₩2,461) \times 0.43766 = ₩1,384$
$(20 \times 4년)(₩10,000 - ₩4,377 - ₩2,461 - ₩1,384) \times 0.43766 = ₩778$

(4) 이중체감잔액법

1) 의의 : 이중체감잔액법은 정률법에서와 같이 기초장부가액에 상각률을 곱하여 감가상각비를 계산한다.
2) 이중체감잔액법에서의 상각률은 정액법 상각률의 2배인 값을 사용한다.

〈해설 및 정답〉 [예제 5-2]
• 감가상각비 = (취득원가 - 감가상각누계액) × 상각률
  상각률 = 정액법 상각률의 2배
  상기 사례에서 정액법 상각률은 25%(1년/4년)이며, 이중체감잔액법에서의 상각률은 50%가 된다.
  $(20 \times 1년) ₩10,000 \times 0.5 = ₩5,000$
  $(20 \times 2년)(₩10,000 - ₩5,000) \times 0.5 = ₩2,500$
  $(20 \times 3년)(₩10,000 - ₩5,000 - ₩2,500) \times 0.5 = ₩1,250$
  $(20 \times 4년) ₩1,250 - ₩1,000 = ₩250$

(5) 연수합계법

1) 의의 : 연수합계법은 감가상각대상금액에 상각률을 곱하여 감가상각비를 계산한다.
2) 연수합계법에서의 상각률은 내용연수의 합계를 분모로 하고, 매년 내용연수의 역순을 분자로 한 값을 사용한다.

〈해설 및 정답〉 [예제 5-2]

감가상각비 $= (취득원가 - 잔존가액) \times \dfrac{내용연수의 역순}{내용연수의 합계}$

$(20 \times 1년) (₩10,000 - ₩1,000) \times 4년/10년 = ₩3,600$
$(20 \times 2년) (₩10,000 - ₩1,000) \times 3년/10년 = \ \ \ 2,700$
$(20 \times 3년) (₩10,000 - ₩1,000) \times 2년/10년 = \ \ \ 1,800$
$(20 \times 4년) (₩10,000 - ₩1,000) \times 1년/10년 = \underline{\ \ \ \ \ 900}$
$\underline{\underline{₩9,000}}$

제 2 절 무형자산

I 무형자산의 의의

(1) 의의 : 무형자산은 물리적 형체가 없지만 식별가능하고, 기업이 통제하고 있으며, 미래 경제적 효익이 있는 비화폐성자산을 말한다.

(2) 무형자산에는 영업권, 산업재산권(특허권, 실용신안권, 의장권 및 상표권 포함), 광업권, 어업권, 차지권, 개발비 등이 있다.

Ⅱ 내부적으로 창출된 무형자산

내부적으로 창출된 무형자산이 자산으로 인식되기 위해서는 무형자산의 창출과정을 연구단계와 개발단계로 구분하여야 한다.

① 연구단계에서 발생한 지출은 무형자산으로 인식할 수 없고, **연구비**의 과목으로 하여 **발생한 기간에 비용으로** 인식한다.

② 개발단계에서 발생한 지출은 자산의 인식요건을 모두 충족하는 경우에만 **개발비**의 과목으로 하여 **무형자산으로** 인식하고, 그 외의 경우에는 **경상개발비**의 과목으로 하여 **발생한 기간에 비용으로** 인식한다.

Ⅲ 무형자산의 상각

1) 무형자산의 내용연수는 독점적·배타적인 권리를 부여하고 있는 관계 법령이나 계약에 정해진 경우를 제외하고는 20년을 초과할 수 없다.

2) 무형자산의 상각방법은 자산의 경제적 효익이 소비되는 형태를 반영한 합리적인 방법이어야 한다. 다만, 합리적인 상각방법을 정할 수 없는 경우에는 정액법을 사용한다.

3) 무형자산의 상각비는 무형자산에서 직접 차감한다.

4) 무형자산의 잔존가액은 없는 것을 원칙으로 한다.

Ⅳ 영업권(goodwill)

1) 의의 : 영업권이란 동종기업이 획득하는 정상이익 이상의 초과이익을 얻을 수 있는 능력을 의미한다.

2) 기업결합에서 합병회사가 제공한 대가의 공정가액이 피합병회사 순자산의 공정가액을 초과하는 경우 차액을 영업권으로 인식한다. 자가창설영업권은 인정되지 아니한다.

3) 영업권은 정액법으로 상각하고, 영업권의 내용연수는 20년을 초과하지 못하도록 규정하고 있다.

PART
09

[예제 5-3]

조이회사는 20×1년초에 을회사를 합병하기로 하였다. 합병당시 을회사 자산의 장부가액과 공정가액은 ₩500,000과 ₩600,000이었으며, 부채의 장부가액은 ₩400,000으로 공정가액과 일치하였다.

〈물음〉 조이회사가 합병대가로 ₩250,000의 현금을 지급한 경우 합병 시의 회계처리를 하시오.

〈해설 및 정답〉

| (20×1년초) (차) | 자 산 | 600,000 | (대) | 부 채 | 400,000 |
| | 영 업 권 | 50,000 | | 현 금 | 250,000 |

Chapter 06 부채

제1절 유동부채

Ⅰ 부채의 의의

부채는 과거의 거래나 사건의 결과로, 현재 기업실체가 부담하고 있고, 미래에 자원의 유출 또는 사용이 예상되는 의무이다.

Ⅱ 유동부채

유동부채는 1년 내에 상환 또는 지급해야 하는 채무로서 과목분류는 다음과 같다.

(1) **매입채무** : 일반적 상거래에서 발생한 외상매입금과 지급어음으로 한다.

(2) **단기차입금** : 금융기관으로부터의 당좌차월액과 1년 내에 상환될 차입금으로 한다.

(3) **미지급금** : 일반적 상거래 이외에서 발생한 채무로 한다.

(4) **선수금** : 수주공사·수주품 및 기타 일반적 상거래에서 발생한 선수액으로 한다.

(5) **예수금** : 일반적 상거래 이외에서 발생한 일시적 제 예수액으로 한다.

(6) **미지급비용** : 발생된 비용으로서 지급되지 아니한 것으로 한다.

(7) **미지급법인세** : 법인세 등의 미지급액으로 한다.

(8) **유동성장기부채** : 비유동부채 중 1년 내에 상환될 것 등으로 한다.

(9) **선수수익** : 받은 수익 중 차기 이후에 속하는 금액으로 한다.

제 2 절　충당부채와 우발부채

Ⅰ 충당부채

(1) 의의 : 충당부채란 ① 과거사건이나 거래의 결과에 의한 현재의무로서, ② 지출의 시기 또는 금액이 불확실하지만 그 의무를 이행하기 위하여 자원이 유출될 가능성이 매우 높고, ③ 당해 금액을 신뢰성 있게 추정할 수 있는 의무를 의미한다(예 판매보증충당부채, 퇴직급여충당부채).

(2) 퇴직급여충당부채는 회계연도말 현재 전 임직원이 일시에 퇴직할 경우 지급하여야 할 퇴직금에 상당하는 금액으로 한다.

당기 설정액＝당기말 퇴직금추계액－(전기말 퇴직금추계액－당기 퇴직금지급액)

[예제 6-1]

갑회사의 20×1년말과 20×2년말 현재 전 임직원이 일시에 퇴직할 경우 지급하여야 할 퇴직금은 ₩150,000과 ₩220,000이다.

〈물음〉 20×2년 중에 퇴직한 직원에게 지급한 퇴직금이 ₩26,000인 경우 회계처리를 하시오.

〈해설 및 정답〉

(퇴직금 지급 시)	퇴직급여충당부채	26,000	현　　　금	26,000
(퇴직급여충당부채 설정 시)	퇴직급여	96,000	퇴직급여충당부채	96,000[1]

1) ₩220,000－(₩150,000－₩26,000)＝₩96,000

Ⅱ 우발부채

(1) 의의

우발부채는 다음의 ① 또는 ②에 해당하는 잠재적인 부채를 말한다.

① 과거사건은 발생하였으나, 기업이 전적으로 통제할 수 없는 하나 또는 그 이상의 불확실한 미래사건의 발생 여부에 의해서만 그 존재여부가 확인되는 잠재적인 의무

② 과거사건이나 거래의 결과로 발생한 현재의무이지만, 그 의무를 이해하기 위하여 자원이 유출될 가능성이 매우 높지 않거나, 또는 그 가능성은 매우 높으나 당해 의무를 이행하여야 할 금액을 신뢰성 있게 추정할 수 없는 경우

(2) 회계처리

1) 우발부채는 부채로 인식하지 아니하며, 자원이 유출될 가능성이 아주 낮지 않는 한 우발부채를 주석에 기재한다.

2) 우발자산은 자산으로 인식하지 아니하고, 자원의 유입가능성이 매우 높은 경우에만 주석에 기재한다.

PART
09

제 3 절   사채

Ⅰ   사채의 발행

(1) 기본사항

1) **의의** : 사채(bonds)란 회사가 일반대중으로부터 자금을 조달할 목적으로 사채증서를 발행하여 만기일에 정해진 금액(액면가액)을 지급하고, 액면가액에 일정한 이자율을 곱한 이자를 정기적으로 지급할 것을 약속한 채무로서 만기가 장기인 것을 말한다.

2) **사채발행가액** : 기업회계기준에서는 사채의 발행가액을 사채권자로부터의 현금유입액(사채의 현재가치)에서 사채발행비를 차감한 순현금유입액으로 규정하고 있다.

   사채의 발행가액＝사채발행 시 순현금유입액＝사채권자로부터의 현금유입액－사채발행비
   　　　　　　　＝시장이자율로 할인한 현재가치－사채발행비

3) **회계처리** : 사채발행가액과 액면가액과의 차액은 사채할인발행차금 또는 사채할증발행차금으로 하여 당해 사채의 액면가액에서 차감 또는 부가하는 형식으로 기재한다.

[예제 6-2]

갑회사는 20×1년 1월 1일 3년 만기, 표시이자율 연 10%, 매년말 이자지급조건인 액면가액 ₩ 10,000의 사채를 발행하여 을회사에게 교부하였다.

〈물음〉 을회사가 갑회사에게 요구하는 수익률(시장이자율)이 연 12%와 연 8%라고 가정하는 경우 사채의 발행가액을 계산하고, 갑회사와 을회사의 입장에서 회계처리를 하시오. 단, 을회사는 갑회사의 사채를 만기보유증권으로 분류한다고 가정한다.

(12%, 3년, 현가)＝0.7118 　　　　(8%, 3년, 현가)＝0.7938
(12%, 3년, 연금)＝2.4018 　　　　(8%, 3년, 연금)＝2.5771

〈해설 및 정답〉

1. 시장이자율이 연 12%인 경우
   사채의 발행가액＝(액면가액) ₩10,000 × 0.7118(12%, 3년, 현가)＝₩7,118
   　　　　　　　　(표시이자) 　　1,000 × 2.4018(12%, 3년, 연금)＝ 2,402
   　　　　　　　　　　　　　　　　　　　　　　　　　　　　　　₩9,520

갑회사(사채발행회사)	을회사(사채권자)
(×1.1.1)　현　　　금 9,520　사 채 10,000	만기보유증권 9,520　현　금 9,520
사채할인발행차금 480	

2. 시장이자율이 연 8%인 경우
   사채의 발행가액＝(액면가액) ₩10,000 × 0.7938(8%, 3년, 현가)＝₩7,938
   　　　　　　　　(표시이자) 　　1,000 × 2.5771(8%, 3년, 연금)＝ 2,577
   　　　　　　　　　　　　　　　　　　　　　　　　　　　　　₩10,515

갑회사(사채발행회사)	을회사(사채권자)
(×1.1.1)　현　　　금 10,515　사　　　채　　　　10,000	만기보유증권 10,515　현　금 10,515
사채할증발행차금　515	

---

(2) 주요사항

1) 사채권면에 표시된 표시이자율과 사채권자가 요구하는 시장이자율이 다름에 따라 액면발행, 할인발행, 할증발행으로 구분된다.

차변과 대변

구 분	표시이자율과 시장이자율의 관계
액면발행	표시이자율 = 시장이자율
할인발행	표시이자율 < 시장이자율
할증발행	표시이자율 > 시장이자율

2) 사채발행비가 존재하는 경우 사채의 발행가액은 사채권자로부터의 현금유입액에서 사채발행 비를 차감한 값으로 하며, 그 결과 사채발행회사의 유효이자율은 항상 사채발행 시의 시장이 자율보다 큰 값을 갖게 된다.

▮▮ 이자비용의 인식

(1) 총이자비용의 의미

1) [예제 6 - 2]에서 표시이자율이 10%이고, 시장이자율이 12%인 경우 사채발행회사가 3년동 안 인식하여야 할 총이자비용은 3년간 현금유출액(액면가액과 표시이자) ₩13,000과 사채발 행가액 ₩9,520과의 차액 ₩3,480이다. 여기서 3년간 현금유출액은 원리금합계액이며, 사채 의 발행가액은 원금에 해당되는 것이다.

2) **총이자비율의 분류** : 총이자비용 ₩3,480은 3년간 현금표시이자 ₩3,000과 사채할인발행차 금 상각액 ₩480으로 구분된다.
   ① 3년동안 인식하여야 할 총이자비용 = 원리금합계(₩13,000) − 원금(₩9,520) = ₩3,480
   ② 현금표시이자(₩1,000 × 3년)   ₩3,000
   ③ 사채할인발행차금 상각액   480
                                 ₩3,480

(2) 사채할인(할증)발행차금의 상각방법

1) 사채할인발행차금 ₩480을 연도별 이자비용으로 나누는 방법에는 정액법과 유효이자율법이 있다.

2) 정액법은 사채할인발행차금을 만기시점까지의 기간으로 나누어 매년 동일한 금액을 이자비 용으로 인식하는 방법이다.

3) 유효이자율법은 기초장부금액에 유효이자율을 곱하여 이자비용을 계산한 후, 표시이자를 차 감하여 사채할인발행차금 상각액을 인식하는 방법이다.

4) 기업회계기준에서는 유효이자율법만을 인정하고 있다.

유효이자율법 적용 시[할인발행의 경우]
① 이자비용 = 기초장부금액 × 유효이자율
② 표시이자 = 액면가액 × 표시이자율
③ 사채할인발행차금 상각액 = 이자비용(①) − 표시이자(②)
④ 기말장부가액 = 기초장부금액 + 사채할인발행차금 상각액

[예제 6-3]
앞의 [예제 6-2]의 자료를 이용하여 다음 물음에 답하시오.

〈물음〉

1. 시장이자율이 연 12%이고 정액법을 적용하는 경우 만기시까지 갑회사와 을회사의 입장에서 회계처리를 하시오.
2. 시장이자율이 연 12%이고, 유효이자율법을 적용하는 경우 만기시까지 갑회사와 을회사의 입장에서 회계처리를 하시오.
3. 시장이자율이 연 8%이고, 유효이자율법을 적용하는 경우 만기시까지 갑회사와 을회사의 입장에서 회계처리를 하시오.

〈해설 및 정답〉

1. 시장이자율이 연 12%이고, 정액법을 적용하는 경우
   표시이자 = ₩10,000 × 10% = ₩1,000
   사채할인발행차금 상각액 = ₩480/3년 = ₩160

	갑회사(사채발행회사)				을회사(사채권자)			
(×1.12.31.)	이자비용	1,160	현　금	1,000	현　금	1,000	이자수익	1,160
			사채할인발행차금	160	만기보유증권	160		
(×2.12.31.)	이자비용	1,160	현　금	1,000	현　금	1,000	이자수익	1,160
			사채할인발행차금	160	만기보유증권	160		
(×3.12.31.)	이자비용	1,160	현　금	1,000	현　금	1,000	이자수익	1,160
			사채할인발행차금	160	만기보유증권	160		
	사　채	10,000	현　금	10,000	현　금	10,000	만기보유증권	10,000

2. 시장이자율이 연 12%이고, 유효이자율법을 적용하는 경우

유효이자율법에 의한 사채할인발행차금 상각표

	이자비용[1]	표시이자[2]	차금상각액[3]	장부금액[4]
(×1.1.1.)				₩9,520
(×1.12.31.)	₩1,142	₩1,000	₩142	9,662
(×2.12.31.)	1,159	1,000	159	9,821
(×3.12.31.)	1,179	1,000	179	10,000
합　계	₩3,480	₩3,000	₩480	

1) 이자비용 = 기초장부금액 × 유효이자율(12%)
2) 표시이자 = 액면가액 × 표시이자율(10%)
3) 사채할인발행차금 상각액 = 이자비용 − 표시이자
4) 기말장부금액 = 기초장부금액 + 사채할인발행차금 상각액

갑회사(사채발행회사)			을회사(사채권자)		
(×1.12.31)	이자비용 1,142	현　금 1,000	현　금 1,000	이자수익	1,142
		사채할인발행차금 142	만기보유증권 142		
(×2.12.31)	이자비용 1,159	현　금 1,000	현　금 1,000	이자수익	1,159
		사채할인발행차금 159	만기보유증권 159		
(×3.12.31)	이자비용 1,179	현　금 1,000	현　금 1,000	이자수익	1,179
		사채할인발행차금 179	만기보유증권 179		
	사　채 10,000	현　금 10,000	현　금 10,000	만기보유증권	10,000

3. 시장이자율이 연 8%이고, 유효이자율법을 적용하는 경우

　　3년 동안 인식하여야 할 총이자비용＝원리금합계(₩13,000)－원금(₩10,515)＝₩2,485

　　　　1) 현금표시이자(₩1,000×3년)　　₩3,000
　　　　2) 사채할증발행차금 상각액　　　　(515)
　　　　　　　　　　　　　　　　　　　　₩2,485

할증발행의 경우 사채할증발행차금 상각액은 이자비용을 감소시키는 역할을 한다.

유효이자율법에 의한 사채할인발행차금 상각표

	이자비용[1]	표시이자[2]	차금상각액[3]	장부금액[4]
(×1.1.1.)				₩10,515
(×1.12.31.)	₩841	₩1,000	₩159	10,356
(×2.12.31.)	828	1,000	172	10,184
(×3.12.31.)	816	1,000	184	10,000
합　계	₩3,480	₩3,000	₩515	

　　　　1) 이자비용＝기초장부금액×유효이자율(12%)
　　　　2) 표시이자＝액면가액×표시이자율(10%)
　　　　3) 사채할증발행차금 상각액＝이자비용－표시이자
　　　　4) 기말장부금액＝기초장부금액－사채할증발행차금 상각액

갑회사(사채발행회사)			을회사(사채권자)		
(×1.12.31.)	이자비용　　841	현　금 1,000	현　금 1,000	이자수익	841
	사채할증발행차금 159			만기보유증권	159
(×2.12.31.)	이자비용　　828	현　금 1,000	현　금 1,000	이자수익	828
	사채할증발행차금 172			만기보유증권	172
(×3.12.31.)	이자비용　　816	현　금 1,000	현　금 1,000	이자수익	816
	사채할증발행차금 184			만기보유증권	184
	사　채　　10,000	현　금 10,000	현　금 10,000	만기보유증권	10,000

PART
09

제 4 절 전환사채와 신주인수권부사채

▌ I ▌ 전환사채(convertible bonds)

(1) 의의

전환사채는 유가증권의 소유자가 일정한 조건하에 전환권을 행사할 수 있는 사채로서, 권리를 행사하면 보통주로 전환되는 사채를 말한다.

(2) 전환사채의 유용성

① 사채발행회사의 입장에서 전환사채는 보통주로 전환되기 전까지는 상대적으로 낮은 이자율을 지급하면서 자금을 이용할 수 있고, 전환이 이루어지면 부채가 감소하고 자본이 증가하여 재무구조를 개선시키는 효과를 가져온다.

② 전환사채소유자의 입장에서는 주가가 상승하는 경우 보통주로 전환하여 자본이득을 실현할 수 있을 뿐만 아니라, 주가가 전환가격까지 상승하지 않으면 그대로 보유하여 전환사채로부터 이자수익을 얻을 수 있는 매력적인 투자수단이다.

(3) 전환사채의 가치평가

1) 전환사채의 가치(발행가액)는 전환권이 없다고 가정하는 경우의 일반사채의 가치와 보통주로 전환할 수 있는 권리에 해당하는 전환권의 가치로 구분된다.

2) 일반사채의 가치는 부채항목에 해당되며, 전환권의 가치는 납입자본의 성격을 지니고 있는 자본항목에 해당된다.

    전환사채의 가치(발행가액) = 일반사채의 가치 + 전환권의 가치

3) 일반사채의 가치는 상환할증금을 포함한 미래현금유출액을 전환사채발행일 현재 일반사채의 유효이자율로 할인한 현재가치이다.

4) 전환권의 가치는 전환사채의 발행가액에서 일반사채 가치(현재가치)를 차감하여 계산되며, 종속적으로 결정된다.

    ① 일반사채의 가치 = 미래현금유출액을 일반사채의 유효이자율로 할인한 현재가치

    ② 전 환 권의 가치 = 전환사채의 발행가액 – 일반사채의 가치(현재가치)

(4) 회계처리

1) 납입자본의 성격을 지니고 있는 전환권의 가치는 전환권대가의 계정과목을 사용하여 기타자본잉여금으로 분류한 후, 전환권이 행사되는 경우 주식발행초과금으로 대체한다.

(차) 현 금	①	(대) 전환사채	××
전환권조정	××	사채상환할증금	××
(차) 현 금	②	(대) 전환권대가	××

2) 상환할증금

① 상환할증금은 전환사채소유자가 전환청구기간 동안 전환권을 행사하지 않아 만기상환하는 경우 사채발행회사가 전환사채소유자에게 일정수준의 수익률(보장수익률)을 보장하기 위하여 액면가액에 추가하여 지급하기로 약정한 금액을 말한다.

② 만기시점에 지급되는 상환할증금은 보장수익률과 표시이자율에 의한 이자차액의 미래가치를 의미한다.

상환할증금＝보장수익률과 표시이자율에 의한 이자차액의 미래가치

3) 전환사채의 연도별 이자비용은 전환사채의 장부가액에 일반사채의 유효이자율을 적용하여 계산한다.

4) 전환권 행사 시 주식의 발행가액은 전환권을 행사한 부분에 해당하는 전환사채의 장부가액과 전환권대가의 합계금액으로 한다.

Ⅱ 신주인수권부사채(bonds with warrants)

(1) 의의

1) 신주인수권부사채는 유가증권의 소유자가 일정한 조건하에 신주인수권을 행사할 수 있는 권리가 부여된 사채를 말한다.

2) 신주인수권이란 유가증권의 소유자가 보통주로의 발행을 청구할 수 있는 권리를 말하며, 신주인수권 행사 시에는 현금의 납입이 있어야 한다.

3) 전환사채의 경우 전환권을 행사하면 전환사채가 감소되나, 신주인수권부사채는 신주인수권 행사 시 현금의 납입이 이루어지는 대신에 사채가 감소되지 않고 계속 남게 되어 만기시점에 상환을 하여야 한다.

(2) 신주인수권부사채의 가치평가

1) 신주인수권부사채의 가치(발행가액)는 신주인수권이 없다고 가정하는 경우의 일반사채의 가치와 신주인수권을 행사할 수 있는 권리에 해당하는 신주인수권의 가치로 구분된다. 일반사채의 가치는 부채항목에 해당되며, 신주인수권의 가치는 납입자본의 성격을 지니고 있는 자본항목 해당된다.

신주인수권부사채의 가치(발행가액)＝일반사채의 가치＋산주인수권의 가치

(차)	현 금	①	(대)	신주인수권부사채	××
	신주인수권조정	××		사채상환할증금	××
(차)	현 금	②	(대)	신주인수권대가	××

(3) 신주인수권부사채의 유형

1) 신주인수권부사채의 유형에는 신주인수권이 사채와 분리되어 시장에서 거래될 수 있는지의 여부에 따라 비분리형 신주인수권부사채와 분리형 신주인수권부사채가 존재한다.

2) 비분리형 신주인수권부사채

① 일반사채의 가치는 전환사채에서와 마찬가지로 상환할증금을 포함한 미래현금유출액을 사채발행일 현재 일반사채의 유효이자율로 할인한 현재가치이다.

② 신주인수권의 가치는 신주인수권부사채의 발행가액에서 일반사채의 가치(현재가치)를 차감하여 계산한다.

〈비분리형 신주인수권부사채〉

• 일반사채의 가치 = 미래현금유출액을 일반사채의 유효이자율로 할인한 현재가치
• 신주인수권의 가치 = 신주인수권부사채의 발행가액 − 일반사채의 가치(현재가치)

3) 분리형 신주인수권부사채의 경우에는 일반사채와 신주인수권이 각각 분리되어 시장에서 거래되므로, 발행 직후 일반사채와 신주인수권의 공정가치를 기준으로 일반사채의 가치와 신주인수권의 가치를 계산한다.

〈분리형 신주인수권부사채〉

• 일반사채의 가치 = 신주인수권부사채의 발행가액 × 일반사채의 공정가치비율
• 신주인수권의 가치 = 신주인수권부사채의 발행가액 × 신주인수권의 공정가치비율

Chapter 07 유가증권

Ⅰ 유가증권의 의의와 분류

(1) 의의

1) 유가증권은 재산권을 나타내는 증권을 말하며, 실물이 발행되거나 명부에 등록만 되어 있을 수도 있다.

2) 유가증권은 적절한 액면금액단위로 분할되어 시장에서 거래되거나 투자의 대상이 된다.

(2) 유가증권의 분류

1) 유가증권은 지분증권(주식)과 채무증권(채권)으로 구분된다.

2) 채무증권(채권)의 경우 만기보유증권, 단기매매증권 및 매도가능증권으로 분류가능하다.

① 만기보유증권(상각후원가 측정 금융자산 ; Amortized cost, AC) : 만기가 확정된 채무증권을 만기까지 보유할 적극적인 의도와 능력이 있는 경우에는 만기보유증권으로 분류한다.

② 단기매매증권(당기손익–공정가치 측정 금융자산 ; Fair value through profit or Loss, FVPL) : 단기매매증권은 주로 단기간 내의 매매차익을 목적으로 취득한 유가증권으로서 매수와 매도가 적극적이고 빈번하게 이루어지는 것을 말한다.

③ 매도가능증권(기타포괄손익–공정가치 측정 금융자산 ; Fair value through other comprehensive income, FVOCI) : 만기보유증권이나 단기매매증권으로 분류되지 아니하는 유가증권은 매도가능증권으로 분류한다.

3) 지분증권(주식)의 경우 만기가 없으므로 단기매매증권 및 매도가능증권으로만 분류가 가능하다.

(3) 회계처리

1) 단기매매증권(FVPL)은 유동자산으로 분류하고, 만기보유증권(AC)과 매도가능증권(FVOCI)은 투자자산으로 분류한다.

2) 단기매매증권(FVPL)은 다른 유가증권과목으로 분류변경할 수 없으며, 다른 유가증권과목의 경우에도 단기매매증권(FVPL)으로 분류변경할 수 없다.

3) 매도가능증권은 만기보유증권으로 분류변경할 수 있으며, 만기보유증권은 매도가능증권으로 분류변경할 수 있다.

II 유가증권의 평가

(1) 만기보유증권(상각후원가 측정 금융자산 : AC)

1) 만기보유증권은 **상각후취득원가**로 평가한다.
2) 만기보유증권을 상각후취득원가로 측정할 때에는 취득원가와 액면가액의 차이를 상환기간에 걸쳐 유효이자율법에 의하여 상각하여 취득원가와 이자수익에 가감한다.

(2) 단기매매증권(당기손익–공정가치 측정 금융자산 : FVPL)

단기매매증권은 **공정가액**으로 평가하며, 단기매매증권에 대한 미실현보유손익은 당기손익항목(단기매매증권평가손익)으로 처리한다.

(3) 매도가능증권(기타포괄손익–공정가치측정 금융자산 : FVOCI)

매도가능증권은 공정가액으로 평가하며, 매도가능증권에 대한 미실현보유손익은 자본조정항목(매도가능증권평가손익)으로 처리하고, 매도가능증권평가손익의 누적금액은 그 유가증권을 처분하는 시점에 일괄하여 당기손익에 반영한다.

[예제 7-1]

A상장주식과 관련한 거래내역은 다음과 같다.

(20X1. 5.1)　　A상장주식을 ₩10,000에 취득하였다.

(20X1.12.31)　A상장주식의 공정가액은 ₩11,000이다.

(20X2. 7.1)　　A상장주식을 ₩13,000에 처분하였다.

〈물음〉 A상장주식을 단기매매증권과 매도가능증권으로 분류한 경우 각 일자별로 회계처리를 하시오.

〈해설 및 정답〉

	〈단기매매증권〉		〈매도가능증권〉	
(20×1. 5.1.)	단기매매증권 10,000		매도가능증권 10,000	
	현금 10,000		현금 10,000	
(20×1.12.31.)	단기매매증권 1,000		매도가능증권 1,000[1]	
	단기매매증권평가이익 1,000		매도가능증권평가이익 1,000	

B/S		B/S	
단기매매증권 11,000		매도가능증권 11,000	
			매도가능증권 평가이익 1,000

(20×2. 7.1.) (차) 현 금	13,000	(차) 현 금	13,000
(대) 단기매매증권	11,000	매도가능증권평가이익	1,000
단기매매증권처분이익	2,000	(대) 매도가능증권	11,000
		매도가능증권처분이익	3,000

제 **2** 절	지분법회계

Ⅰ 지분법의 의미와 적용범위

(1) 의의

1) 지분법이란 피투자회사의 순자산 변동액 중 투자회사의 지분율에 해당하는 금액을 지분법적
용투자주식에 가감하는 방법을 말한다.

> **지분법의 사례**
> 예를 들어, 투자회사가 순자산가액이 ₩100,000인 피투자회사의 보통주 30%를 ₩30,000에 취득하
> 였으며, 1년 후 피투자회사의 순자산가액이 ₩110,000으로 ₩10,000만큼 증가되었다면, 투자회사는
> 30%에 해당하는 ₩3,000만큼 지분법적용투자주식의 증가를 가져와 기말장부가액은 ₩33,000이 된
> 다는 것이다.

2) 피투자회사에 대해 중대한 영향력을 행사할 수 있는 지분증권에 대해서는 지분법을 적용하여
야 하며, 중대한 영향력이란 투자회사가 피투자회사의 재무정책과 영업정책에 관한 의사결정
에 실질적인 영향을 미칠 수 있는 능력을 말한다.

Ⅱ 기본적인 회계처리방법

1) 피투자회사의 순자산가액 변동이 당기순이익 또는 당기순손실로 인하여 발생한 경우, 지분변
동액은 지분법손익으로 하여 손익계산서 영업외손익에 반영한다.
[당기순이익 보고시] (차) 지분법적용투자주식 ×× (대) 지분법이익 ××
[당기순손실 보고시] (차) 지분법손실 ×× (대) 지분법적용투자주식 ××

2) 피투자회사가 배당금지급을 결의한 시점에 피투자회사의 순자산가액이 감소하므로 투자회사
는 수취하게 될 배당금을 지분법적용투자주식에서 직접 차감한다.
[현금배당 결의시] (차) 미수배당금 ×× (대) 지분법적용투자주식 ××
[현금배당 수취시] (차) 현금 ×× (대) 미수배당금 ××

3) 주식배당의 경우에는 피투자회사의 순자산가액이 변동하지 않으므로 그에 대하여 회계처리
하지 아니한다.

> **[예제 7-2]**
> 갑회사는 20X1년 1월 1일 을회사의 발행주식총수의 30%를 ₩30,000에 취득하여 중대한
> 영향력을 행사할 수 있게 되었다. 취득당시 을회사 순자산의 장부가액은 ₩100,000이다.
> (20X1.12.31.) 을회사는 ₩10,000의 당기순이익을 보고하였다.
> (20X2. 3.10.) 을회사는 ₩6,000의 현금배당을 결의하고 지급하였다.
>
> 〈물음〉 지분법하에서 각 일자별로 회계처리를 하시오.

PART
09

〈해설 및 정답〉

(×1. 1.1) 지분법적용투자주식	30,000		현 금	30,000	
(×1.12.31) 지분법적용투자주식	3,000		지 분 법 이 익	3,000[1]	

1) ₩10,000 × 30% = ₩3,000

(×2. 3.10) 현 금	1,800[2]		지분법적용투자주식	1,800

2) ₩6,000 × 30% = ₩1,800

Ⅲ 투자주식의 취득 시 차액이 발생하는 경우

(1) 중대한 영향력을 행사할 수 있게 된 날 현재, 투자주식의 취득원가와 피투자회사 순자산의 장부가액 중 투자회사의 지분에 해당하는 금액이 일치하지 않는 경우 그 차액의 원인 및 원인별 회계처리는 다음과 같다.

차액 = 투자주식의 취득원가 − 피투자회사 순자산의 장부가액 × 지분율

① 투자주식의 취득시점에서 피투자회사의 식별가능한 자산·부채의 공정가액과 장부가액이 다른 경우 차액이 발생하며, 해당 원인이 손익에 반영되는 시점에 투자주식과 지분법손익을 조정한다.
② 차액의 원인 중 나머지는 피투자회사의 미래 초과수익력 또는 미래에 발생할 것으로 예상되는 손실 등에 기인하는 것으로, 영업권 또는 부의 영업권에 해당된다. 영업권의 경우에는 20년 이내의 기간 중 합리적인 기간동안 정액법으로 상각한다.

제 3 절　 K-IFRS 금융상품 분류

Ⅰ 기존의 K-IFRS 1039호 : 금융자산을 4가지로 분류

① 대여금 및 수취채권
② 당기손익인식 금융자산
③ 매도가능 금융자산
④ 만기보유 금융자산

유형	보유목적	계정과목	공정가치변동분	처분손익	금융상품사례
채무상품	만기보유	만기보유 금융자산	상각후원가	당기손익	회사채, 전환사채 등 복합금융상품
	단기매매	단기매매 금융자산	당기손익	당기손익	
	기타	매도가능 금융자산	기타포괄손익	당기손익	
지분상품	단기매매	단기매매 금융자산	당기손익	당기손익	투자주식, 전환상환우선주 등 복합금융상품
	기타	매도가능 금융자산	기타포괄손익	당기손익	

Ⅱ K-IFRS 1109호 : 금융자산을 3가지로 분류

① 상각후원가(AC : Amortized Cost) 측정 금융자산
② 기타포괄손익-공정가치(FVOCI : Fair Value through Other Comprehensive Income) 측정 금융자산
③ 당기손익-공정가치(FVPL : Fair Value through Profit or Loss) 측정 금융자산

		계약상 현금흐름 특성	
		원금과 이자만으로 구성	그 외의 경우
사업 모형	계약상 현금흐름 수취 목적	AC	FVPL(단, 지분상품은 FVOCI로 지정 가능하나 FVOCI로 지정할 경우 처분 손익을 당기손익으로 인식불가)
	계약상 현금흐름 수취 및 매도목적	FVOCI	
	매도목적 및 기타	FVPL	

Ⅲ 금융자산 분류단계

가장 먼저 금융자산의 **계약현금흐름이 순수원리금(SPPI)인지** 파악

(1) 금융자산의 계약현금흐름이 순수원리금(SPPI)이면 세 가지 모두로 분류 가능
→ 세 가지(AC, FVOCI, FVPL) 중 어느 항목으로 분류할 지는 사업모형(보유목적과 유사)에 따름

> **금융자산이 SPPI로만 구성된 상품[1]은 손에 꼽힘**
> 1) 대여금, 국공채, 회사채 등과 같이 원금과 이자 외엔 다른 현금흐름을 기대할 수 없는 금융상품 등

(2) 금융자산의 계약현금흐름이 순수원리금(SPPI)이 아닌 나머지 모든 금융자산
→ 보유자의 사업모형에 관계없이 당기손익-공정가치(FVPL) 측정 금융자산으로 분류
→ 다만, 지분상품에 한해 기타포괄손익-공정가치(FVOCI) 측정 금융자산으로 분류할 선택권이 있음

> 사업모형 : 1039호에서 설명하는 "보유목적"과 개념이 비슷하면서도 다름. 사업모형은 보유자가 다음의 세 가지 중 어느 하나에 해당하는지를 따짐
> ① 금융자산의 계약상 현금흐름을 수취하기 위해 보유
> ② 금융자산의 매도를 위해 보유
> ③ 금융자산의 계약상 현금흐름수취와 매도 둘 다를 위해 보유

→ 사업모형은 기존의 보유목적과 비슷하지만, 만기보유 같은 개념보다 금융자산을 통해 어떻게 현금흐름을 수취할 것인지에 대한 보유자의 사업모형에 따르도록 하고 있음.

> **계약상 현금흐름의 특성 : 다음의 두 가지 중 하나**
>
> 1) 금융자산으로부터의 현금흐름이 원금과 이자만으로 구성
>   (SPPI : contratual cashflows that are Soley Payments of Principal and Interest of the principal amount outstandings)
>   → 계약상 현금흐름이 원금과 이자만으로 구성된 경우를 SPPI라고 한다. 일반채무증권이나 대여금 같은 일부 금융자산만 해당됨
> 2) 그 외의 경우 (금융자산으로부터의 현금흐름이 원금과 이자 외 항목도 포함)
>   → 전환사채와 같은 복합금융상품의 계약상 현금흐름은 원금과 이자 외에 보통주 전환이 되므로 SPPI에 해당되지 않음. 즉, 내재파생요소가 있는 모든 복합금융상품은 SPPI에 해당되지 않는 것으로 볼 수 있음

Ⅳ 공정가치 변동분 반영

(1) 상각후원가(AC : Amortized Cost) 측정 금융자산

① 계약상 현금흐름을 수취하기 위해 보유하는 것이 목적인 사업모형 하에서
② 금융자산의 계약조건에 따라 SPPI 발생
③ 유효이자율법에 따라 계산된 상각후원가를 인식

(2) 기타포괄손익 – 공정가치(FVOCI : Fair Value through Other Comprehensive Income) 측정 금융자산

① 계약상 현금흐름 수취와 금융자산의 매도 모두를 통해 목적을 이루는 사업모형 하에서
② 금융자산의 계약조건에 따라 SPPI 발생
③ 공정가치변동분을 기타포괄손익으로 인식

(3) 당기손익 – 공정가치(FVPL : Fair Value through Profit or Loss) 측정 금융자산

① 상각후원가(AC) 또는 기타포괄손익 – 공정가치(FVOCI) 외의 모든 금융자산
② 지분상품에 한해 공정가치선택권(FVO : Fair Value Option) 부여 : FVOCI로 인식가능
③ 공정가치변동분은 당기손익으로 인식

〈금융상품의 분류와 측정 Flow chart〉

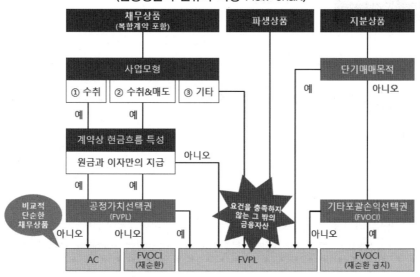

금융상품의 분류 측정비교 : k-IFRS 제1039호 vs k-IFRS 제1109호

K-IFRS 제1039호/IAS 39			K-IFRS 제1109호/IFRS 9
	분류	측정	분류·측정
금융자산	대여금 및 수취채권	AC	AC
	만기보유금융자산 (채무상품)		
	매도가능금융자산 (채무상품)	FVOCI (재순환)	FVOCI(채무상품)_재순환
	매도가능금융자산 (지분상품)		FVPL(지분상품)* *FVOCI 선택가능: OCI 재순환 금지
	당기손익인식금융자산	FVPL	FVPL_공정가치선택권(FVO) 포함
	공정가치선택권		
금융부채	당기손익인식금융부채	FVPL	FVPL_공정가치선택권(FVO)* 포함 *FVO: 자기신용위험→OCI, 재순환 금지
	공정가치선택권		
	기타	AC	AC

새로운 분류기준
①사업모형
②계약상CF

동일한 분류기준

PART
09

Chapter **08** # 자본

I 자본의 정의

(1) 의의 : 자본이란 기업의 자산에서 부채를 차감한 잔여지분 또는 기업의 자산에 대해서 주주가 갖는 청구권을 의미한다.

(2) 기업회계기준상의 자본 : 기업회계기준에서 자본은 자본금, 자본잉여금, 이익잉여금 및 자본조정으로 구분표시된다. 자본금은 법정자본금으로서 주당 액면가액에 발행주식수를 곱한 금액을 말한다.

II 주식의 종류

(1) 보통주

보통주는 이익배당이나 잔여재산분배에 있어서 어떠한 제한이나 우선권도 부여되지 아니한 주식을 의미한다. 상법에서 주주란 보통주주를 의미하며, 주주의 기본적인 권리에는 의결권, 이익배당청구권, 잔여재산분배청구권, 신주인수권 등이 있다.

(2) 우선주

1) 의의 : 우선주는 이익배당이나 잔여재산분배에 있어서 보통주에 우선하여 배당 또는 분배를 받을 수 있는 주식을 의미한다.
2) 상법에서 이익배당에 관한 우선주에 대해서는 정관에 최저배당률을 정하도록 규정하고 있다.
3) 우선주의 유형에는 누적적 우선주와 참가적 우선주가 있다.
   ① 누적적 우선주는 특정연도의 배당액이 정관에서 정한 우선주배당률에 미달하는 경우 그 부족액을 보통주배당에 앞서 우선적으로 배당받을 수 있는 주식을 의미하며, 특정연도의 배당액이 부족하더라도 이월되지 않는 것을 비누적적 우선주라고 한다.
   ② 참가적 우선주는 정관에서 정한 우선주배당률에 의해 배당을 받고, 잔여이익이 있는 경우 보통주와 함께 배당을 받을 수 있는 권리가 부여된 주식을 말하며, 그렇지 못한 경우를 비참가적 우선주라고 한다.

제 2 절 　주식의 발행

Ⅰ 주식의 현금발행

(1) 의의 : 주식의 발행가액은 주주로부터 납입된 금액에서 신주발행비를 차감한 가액을 의미한다.

(2) 회계처리

1) 주식의 발행가액이 액면가액보다 크다면 그 차액을 주식발행초과금으로 하여 자본잉여금으로 회계처리한다.

2) 주식의 발행가액이 액면가액보다 작다면 그 차액을 자본잉여금 중 주식발행초과금의 범위내에서 상계처리하고, 미상계된 잔액이 있는 경우에는 자본조정의 주식할인발행차금으로 회계처리한 후 이익잉여금을 처분하여 상각한다.

[할증발행]　(차) 현금 　　　　　　　　××　(대) 자본금 　　　　　　　　　××
　　　　　　　　　　　　　　　　　　　　　　주식발행초과금 　　　　　　××

[할인발행]　(차) 현금 　　　　　　　　××　(대) 자본금 　　　　　　　　　××
　　　　　　　　주식발행초과금　　　　××
　　　　　　　　주식할인발행차금　　　××

[예제 8-1]

㈜조이는 20×1년 7월 1일 액면 ₩500인 보통주 100주를 주당 ₩550에 현금발행(신주발행비 : ₩1,000)하였으며, 20X1년 10월 1일 액면 ₩500인 보통주 100주를 주당 ₩430에 현금발행(신주발행비 : ₩1,500)하였다.

〈물음〉20X1년에 필요한 분개를 하시오. 단, 20X1년 기초시점에 주식발행초과금과 주식할인발행차금은 없다고 가정한다.

〈해설 및 정답〉
(×1. 7.1.) (차) 현　　　　금　　54,000[1]　(대) 보통주자본금　　50,000
　　　　　　　　　　　　　　　　　　　　　　주식발행초과금　　4,000

　　　1) 100주 × ₩550 - ₩1,000 = ₩54,000

(×1.10.1.) (차) 현　　　　금　　41,500[2]　(대) 보통주자본금　　50,000
　　　　　　　주식발행초과금　　4,000
　　　　　　　주식할인발행차금　　4,500

　　　2) 100주 × ₩430 - ₩1,500 = ₩41,500

Ⅱ 현물출자

(1) 의의

1) 현물출자란 주식을 발행하면서 현금 이외의 자산을 수취하는 경우를 말한다.

2) 회계처리 : 현물출자로 취득한 자산의 취득원가는 취득한 자산의 공정가액과 제공한 자산(주식)의 공정가액 중 보다 명확한 것으로 측정된다.

> 현물출자로 제공된 자산이 과대평가 또는 과소평가되는 경우 혼수주식과 비밀적립금이 발생한다.
> ① 혼수주식(Watered stock)이란 현물출자로 제공된 자산이 공정가액 이상으로 과대평가되어 이를 기준으로 주식이 교부된 경우 과대평가된 금액에 해당하는 주식을 의미한다. 자본금은 채권자보호를 위한 최소한의 담보액이어야 하나 혼수주식에 해당하는 자본금은 실질적으로 그에 해당하는 자산을 보유하지 못하는 것을 의미한다.
> ② 비밀적립금(secret reserves)은 현물출자로 제공된 자산이 공정가액 이하로 과소평가되고 이를 기준으로 주식이 교부된 경우 과소평가된 금액에 해당하는 자산을 말한다. 비밀적립금은 일종의 부외자산으로 재무구조를 견실하게 하는 역할을 한다.

제 3 절 주식의 재취득

Ⅰ 주식의 소각

(1) 의의

1) 주식의 소각은 자본금의 감소를 말한다.

2) 주식소각의 경우 자본감소액은 액면가액에 해당하는 자본금의 감소를 의미하는 것이지 최초 발행가액의 감소를 의미하는 것이 아니다.

> **유상감자와 무상감자**
> 회사가 자본금을 감소시키는 이유는 사업규모가 축소되어 상대적으로 과대해진 자본을 주주에게 되돌려 주거나 결손이 누적된 경우 이를 보전하기 위해서이다. 전자는 자본금이 감소됨과 동시에 회사의 자산이 감소되는 유상감자(실질적 감자)에 해당하며, 후자의 경우 회사의 자산이 감소되지 않고 이월결손금이 감소되는 무상감자(형식적 감자)에 해당된다.

(2) 회계처리

1) 회사가 이미 발행한 주식을 유상으로 재취득하여 소각하는 경우에 주식의 취득원가가 액면가액보다 작다면 그 차액을 감자차익으로 하여 자본잉여금로 회계처리한다.

  (차) 자본금　　　　　　×× 　(대) 현금　　　　　××
  　　감자차익　　　　　××

2) 주식의 취득원가가 액면가액보다 크다면 그 차액을 자본잉여금 중 감자차익의 범위 내에서 상계처리하고, 미상계된 잔액이 있는 경우에는 자본조정의 감자차손으로 회계처리한 후 이익잉여금을 처분하여 상각한다.

(차) 자본금 　　　　　×× 　(대) 현금 　　　　　××

　　　감자차익 　　　××

　　　감자차손 　　　××

[예제 8-2]

갑회사의 20×1년초 자본계정과 자본금변동내용은 다음과 같다.

　　　　　보통주자본금(500주) 　　　₩250,000

　　　　　이월결손금 　　　　　　　　(47,000)

　　　　　합　계 　　　　　　　　　₩203,000

(X1. 7.1) 이월결손금 ₩47,000을 보전하기 위해서 보통주 100주를 소각하였다.

(X1.10.1) 보통주 100주를 소각하면서 주당 ₩550을 현금으로 지급하였다.

〈물음〉 각 일자별로 회계처리를 하시오.

〈해설 및 정답〉

(X1. 7.1) (차) 보통주자본금　　 50,000　　　　　(대) 이 월 결 손 금　 47,000

　　　　　　　　　　　　　　　　　　　　　　　감 자 차 익　 3,000

　　　　　감자차익은 자본잉여금에 기재한다.

(X1.10.1) (차) 보통주자본금　　 50,000　　　　　(대) 현　　　　 금　 55,000

　　　　　감 자 차 익　　 3,000

　　　　　감 자 차 손　　 2,000

감자차익과 감자차손은 발생순서에 관계없이 상계되며, 상계한 후 감자차손이 남는 경우 자본조정항목으로 처리하였다가 이익잉여금을 처분하여 상각한다.

Ⅱ 자기주식

(1) 의의

자기주식(treasury stock)이란 소각할 목적이 아니고, 일시적으로 보유하고 있다가 추후에 재발행할 목적으로 취득한 주식을 말한다.

(2) 자기주식의 이론적 접근

자기주식의 본질에 대해서는 자산설과 미발행주식설로 나누어진다.

① 자산설은 자가주식을 제발행하면 현금유입을 가져오므로 자가주식의 자산적 가치를 인정하여 자산으로 기록하여야 한다는 입장이다.

② 미발행주식설은 자기주식에 대해서는 의결권이 없으며, 또한 재발행을 목적으로 취득한 주식이므로 재발행되기 전까지는 수권주식 중 미발행된 주식으로 해석하여 자본에서 차감 표시하여야

한다는 입장이다. 만일 자기주식을 자산으로 기록하게 되면 회사가 자신의 일부를 소유하는 모순이 발생하게 되어, 기업회계기준에서는 자기주식의 본질을 미발행주식으로 해석하고 있다.

(3) 자기주식의 회계처리

1) 자기주식에 대한 회계처리방법에는 원가법과 액면가액법이 있으며, 기업회계기준에서는 원가법만을 인정하고 있다.

　① 원가법은 자기주식의 취득과 재발행을 재고자산의 구입 및 판매와 마찬가지로 하나의 연속된 거래로 인식하는 방법으로 자기주식을 취득원가로 기록한다.

　② 액면가액법은 자기주식의 취득과 재발행을 두 개의 독립된 거래로 인식하여 자기주식의 취득은 주식을 소각한 것과 같이 회계처리하고, 재발행시에는 신주를 발행한 것과 같이 회계처리하는 방법이다. 액면가액법에서 자기주식은 액면가액으로 기록한다.

2) 원가법

　① 원가법하에서 자기주식을 취득하는 경우 취득원가를 자기주식의 과목으로 하여 자본조정으로 회계처리한다.

　② 자기주식을 처분하는 경우 처분가액이 취득원가보다 크다면 그 차액을 자기주식처분이익으로 하여 자본잉여금으로 회계처리한다.

　　　(차) 현　　　　　　금　　　×× 　(대) 자기주식　　　　　　××
　　　　　자기주식처분이익　　　××

　③ 자기주식을 처분하는 경우 처분가액이 취득원가보다 작다면 그 차액을 자본잉여금 중 자기주식처분이익의 범위 내에서 상계처리하고, 미상계된 잔액이 있는 경우에는 자본조정의 자기주식처분손실로 회계처리한 후 이익잉여금을 처분하여 상각한다.

　　　(차) 현　　　　　　금　　　×× 　(대) 자기주식　　　　　　××
　　　　　자기주식처분이익　　　××
　　　　　자기주식처분손실　　　××

[예제 8-3]

갑회사의 20×1년 중 주식의 변동과 관련된 사항은 다음과 같다.

(1. 1.)　액면 ₩500인 보통주 100주를 주당 ₩600에 발행하여 설립하였다.

(2. 5.)　보통주 40주를 주당 ₩650에 재취득하였다.

(4.10.)　자기주식 10주를 주당 ₩700에 재발행하였다.

(6.15.)　자기주식 20주를 주당 ₩620에 재발행하였다.

(8.20.)　자기주식 10주를 소각하였다.

〈물음〉 기업회계기준에 따라 각 일자별로 회계처리를 하시오.

〈해설 및 정답〉

(1.1)	(차) 현　　　금	60,000	(대) 보통주자본금	50,000
			주식발행초과금	10,000
(2.5)	(차) 자 기 주 식	26,000[1]	(대) 현　　　금	26,000
	1) 40주×₩650＝₩26,000			
(4.10)	(차) 현　　　금	7,000	(대) 자 기 주 식	6,500[2]
			자기주식처분이익	500
	2) 10주×₩650＝₩6,500			
(6.15)	(차) 현　　　금	12,400	(대) 자 기 주 식	13,000[3]
	자기주식처분이익	500		
	자기주식처분손실	100		
	3) 20주×₩650＝₩13,000			
(8.20)	(차) 보통주자본금	5,000	(대) 자 기 주 식	6,500
	감 자 차 손	1,500		

제 4 절　자본잉여금과 자본조정 및 이익잉여금

I　자본잉여금

(1) 의의 : 자본잉여금은 증자나 감자 및 주주와의 자본거래에서 발생하여 자본을 증가시키는 잉여금을 말한다.

① **주식발행초과금** : 주식의 발행가액이 액면가액을 초과한 금액으로 주식할인발행차금을 상계한 후의 금액을 말한다.

② **감자차익** : 주식을 소각하는 경우 감소되는 주식의 액면가액이 주식의 취득원가를 초과하는 금액으로 감자차손을 상계한 후의 금액을 말한다.

③ **자기주식처분이익** : 자기주식을 처분하는 경우 처분가액이 자기주식의 취득원가를 초과하는 금액으로 자기주식처분손실을 상계한 후의 금액을 말한다.

④ **전환권대가** : 전환사채의 발행가액에서 일반사채의 가치를 차감한 금액을 말하며, 전환권이 행사되는 경우 주식발행초과금으로 대체된다.

⑤ **신주인수권대가** : 신주인수권부사채의 발행가액에서 일반사채의 가치를 차감한 금액을 말하며, 신주인수권이 행사되는 경우 주식발행초과금으로 대체된다.

II　자본조정

(1) 의의 : 자본조정은 당해 항목의 성격상 자본거래에 해당하나 최종 납입된 자본으로 볼 수 없거나 자본의 차감 성격으로 자본금이나 자본잉여금으로 분류할 수 없는 항목을 의미한다.

PART
09

> **자본잉여금과 자본조정**
>
> 자본잉여금과 자본조정은 모두 주주와의 자본거래에서 발생한 항목이라는 공통점을 지니고 있으나, 자본잉여금은 자본을 증가시키거나 최종 납입된 자본으로 볼 수 있는 항목인데 반해, 자본조정은 자본을 감소시키거나 최종 납입된 자본으로 볼 수 없는 항목으로 구성되어 있다.

① **자기주식** : 재발행을 목적으로 취득한 자기회사의 주식을 말한다.

② **주식할인발행차금** : 주식의 발행가액이 액면가액에 미달하는 금액으로 주식발행초과금을 상계한 후의 금액을 말한다.

③ **감자차손** : 주식을 소각하는 경우 감소되는 주식의 액면가액이 주식의 취득원가에 미달하는 금액으로 감자차익을 상계한 후의 금액을 말한다.

④ **자기주식처분손실** : 자기주식을 처분하는 경우 처분가액이 자기주식의 취득원가에 미달하는 금액으로 자기주식처분이익을 상계한 후의 금액을 말한다.

⑤ **신주청약증거금** : 청약기일이 경과된 신주청약증거금으로서 신주납입액으로 충당될 금액을 말한다.

⑥ **출자전환채무** : 출자전환을 합의하였으나 출자전환이 즉시 이행되지 않는 경우 출자전환채무는 발행될 주식의 채권·채무조정 시점에서의 공정가치를 말한다.

⑦ **주식매수선택권** : 주식교부형의 경우 주식매수선택권을 행사하기 이전에 주식보상비용으로 인식한 금액을 말한다.

⑧ **미교부주식배당금** : 주식배당 결의 시 발행주식의 액면가액에 해당하는 배당액을 말하며, 주식발행시점에 자본금으로 대체된다.

⑨ **배당건설이자** : 개업 전 이익이 없는 상태에서 주주에게 배당한 금액을 말한다.

Ⅲ 이익잉여금

이익잉여금이란 손익거래에서 발생한 이익으로서 배당금 등으로 사외에 유출되지 않고, 사내에 유보된 금액을 말한다.

(1) 이익준비금 : 상법에서는 매결산기 금전에 의한 이익배당액의 1/10 이상의 금액을 자본금의 1/2에 달할 때까지 이익준비금으로 적립하도록 규정하고 있다.

(2) 기타법정적립금 : 재무구조개선적립금

(3) 임의적립금 : 임의적립금은 상법 및 관계법률에 의해 설정되는 것이 아니고, 회사정관 또는 주주총회의 결의에 의해 회사가 임의로 설정한 적립금을 말한다(배당을 제한하기 위한 목적).
　① **소극적 적립금** : 미래 예상치 못한 손실에 대비(재해손실적립금, 배당평균적립금)
　② **적극적 적립금** : 배당을 통한 유출을 적극적으로 제한(사업확장적립금, 감채적립금)
　③ 조세특례제한법상의 준비금 등

(4) 차기이월이익잉여금 : 사용에 아무런 제한이 없고, 배당가능한 이익잉여금을 말한다.

Ⅳ 배당

(1) 현금배당

1) 배당과 관련하여 배당결의일, 배당기준일, 배당지급일이 있으며, 배당유형에 관계없이 배당에 관한 회계처리, 즉 이익잉여금의 감소에 대한 회계처리는 항상 배당결의일에 하며, 배당기준일에는 회계처리가 없다.

2) 배당기준일이 결산일이고 정기주주총회에서 결의한 연차배당의 경우 회계처리는 다음과 같다.
   [배당기준일] 분개 없음
   [배당결의일] (차) 이익잉여금   ×× (대) 미지급배당금   ××
   [배당지급일] (차) 미지급배당금   ×× (대) 현   금   ××

3) 현행 상법에서는 이사회의 결의에 의하여 영업연도중 1회에 한하여 현금배당을 실시할 수 있도록 규정하고 있는데, 이를 중간배당이라고 한다. 주주총회의 결의를 필요로 하지 않고 이사회의 결의로 확정되며, 주식배당에 대해서는 인정되지 아니한다.

> 주식을 소유함으로써 현금배당을 수취한 경우에는 배당금을 받을 권리와 금액이 확정되는 시점, 즉 배당결의일에 인식한다.

(2) 주식배당

1) 주식배당은 형식적으로 주식을 분배함으로써 배당욕구를 충족시키지만 실질적으로는 이익잉여금의 자본전입(계정재분류)에 불과하고, 주주의 입장에서는 소유주식수만 증가할 뿐 상대적인 지분비율은 동일하다.

2) 주주총회에서 결의한 주식배당과 관련하여 각 일자별 회계처리는 다음과 같다.
   [배당기준일]   분개 없음
   [배당결의일] (차) 이익잉여금   ×× (대) 미교부주식배당금   ××
                                              (자본조정)
   [주식발행일] (차) 미교부주식배당금 ×× (대) 자 본 금   ××

> 주식배당에 관한 회계처리에서 배당결의일에 자본금계정을 사용하지 않고, 미교부주식배당금으로 하여 자본조정에 계상하는 이유는 자본금계정은 주권이 발행·교부되어 주식의 효력이 발생하는 경우에만 계상할 수 있기 때문이다.

3) 주식배당에 관한 회계처리방법에는 액면가액법과 공정가액법이 있으나 상법에서는 주식배당을 권면액으로 하도록 규정함으로써 액면가액법에 의한 회계처리방법만이 인정된다.

> 한편 주식배당을 수취한 회사의 입장에서는 주식배당과 관련하여 회계처리를 하지 아니한다.

Chapter **09** **특수회계**

I 리스의 의의

리스(lease)란 리스제공자가 특정 자산의 사용권을 일정 기간 동안 리스이용자에게 이전하고, 리스이용자는 그 대가로 사용료(리스료)를 리스제공자에게 지급하는 계약을 말한다.

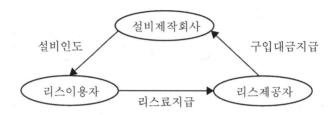

> 리스이용자는 일정 기간 동안 설비를 사용할 수 있는 권리가 있는 것이다. 설비에 대한 법적 소유권은 리스제공자에게 있다.

II 리스회계처리방법

(1) 운용리스

운용리스하에서 리스이용자는 리스료를 비용처리하고, 리스설비에 대해서는 리스제공자가 자산으로 기록하고 감가상각을 한다.

(2) 금융리스

금융리스하에서 리스이용자는 리스설비와 관련하여 자산과 부채를 각각 계상하고, 리스자산에 대해서는 감가상각비를 인식하며, 리스료 지급 시 부채(원금)와 이자비용으로 구분표시하여야 한다.

III 리스와 관련된 용어

(1) 최소리스료

1) 최소리스료는 리스기간동안 리스이용자가 리스제공자에게 지급해야 하는 금액으로 다음의 금액을 포함한다.
  ① 리스계약서상 명시된 리스료
  ② 소유권이전 약정계약이 있는 경우 그 확정금액
  ③ 염가매수선택권의 행사가격

④ 보증잔존가치

2) 염가매수선택권은 리스이용자의 선택에 따라 리스이용자가 당해 자산을 매수선택권 행사가 능일 현재의 공정가치보다 현저하게 낮은 가격으로 매수할 수 있는 권리를 말한다.

(2) 내재이자율

1) 내재이자율이란 리스실행일 현재 리스제공자가 수령하는 최소리스료와 무보증잔존가치의 합계액을 리스자산의 공정가치 및 리스제공자의 리스개설직접원가의 합계액과 일치시키는 할인율을 말한다.

2) 리스개설직접원가는 리스의 협상 및 계약에 직접 관련하여 발생하는 증분원가를 말한다.

Ⅳ 리스분류기준

(1) 다음에 예시한 경우 중 하나 또는 그 이상에 해당하면 일반적으로 금융리스로 분류한다.

① 리스자산의 소유권이 리스이용자에게 이전되는 경우

② 리스이용자가 염가매수선택권을 가지고 있는 경우

③ 리스기간이 리스자산 내용연수의 상당부분(75%)을 차지하는 경우

④ 최소리스료를 내재이자율로 할인한 현재가치가 리스자산 공정가치의 대부분(90%)을 차지하는 경우

⑤ 리스이용자만이 사용할 수 있는 특수한 용도의 리스자산(범용성이 없는 자산)인 경우

(2) 상기 예에 해당되지 않을지라도 다음 경우 중 하나 또는 그 이상에 해당하면 금융리스로 분류될 가능성이 있다.

① 리스이용자가 리스를 해지할 경우 해지로 인한 리스제공자의 손실을 리스이용자가 부담하는 경우

② 리스이용자가 잔존가치의 공정가치 변동에 따른 이익과 손실을 부담하는 경우

③ 리스이용자가 염가갱신선택권을 가지고 있는 경우

PART
09

제 2 절 　 회계변경

Ⅰ 회계변경의 의의

(1) 의의 및 유용성

1) 회계변경은 회계정책의 변경과 회계추정의 변경을 말한다.

2) 매기 동일한 회계정책 또는 회계추정을 사용하면 비교가능성이 증대되어 재무제표의 유용성이 향상된다.

> 재무제표를 작성할 때 일단 채택한 회계정책이나 회계추정은 유사한 종류의 사건이나 거래의 회계처리에 그대로 적용하여야 한다. 다만, 다른 회계정책이나 회계추정의 채택이 더 합리적이라고 기업이 입증할 수 있을 때에 한해서는 회계변경을 정당화할 수 있다.

(2) 주요사항

1) 기업회계기준에서는 정당한 사유가 있는 경우에만 회계변경을 인정하고 있으며, 그 예는 다음과 같다.

  ① 합병, 대규모 투자 등 기업환경의 중대한 변화에 의해 변경하는 경우

  ② 동종산업에 속한 대부분의 기업이 채택한 방법으로 변경하는 경우

  ③ 기업을 최초로 공개하는 경우

  ④ 기업회계기준의 제정 및 개정에 따라 변경하는 경우

> 단순히 세법의 규정을 따르기 위한 회계변경은 정당한 회계변경으로 보지 아니한다.

Ⅱ 회계정책의 변경

(1) 의의

1) 회계정책의 변경은 재무제표의 작성과 보고에 적용하던 회계정책을 다른 회계정책으로 바꾸는 것을 말한다.

2) 회계정책은 기업이 재무보고의 목적으로 선택한 기업회계기준과 그 적용방법을 말한다.
  (**예** 재고자산 원가결정방법의 변경, 유형자산 감가상각 방법의 변경, 유가증권 단가산정방법의 변경 등)

(2) 회계처리

1) 변경된 새로운 회계정책을 소급적용하여 그 누적효과를 전기말이익잉여금에 반영하고, 과거 재무제표를 재작성한다(소급법).

2) 여기서 누적효과란 변경된 회계정책을 처음부터 적용하는 경우 과거 당기순이익에 차익을 가져오는 금액을 말한다.

Ⅲ 회계추정의 변경

(1) 의의

회계추정의 변경은 기업환경의 변화, 새로운 정보의 획득 또는 경험의 축적에 따라 지금까지 사용해 오던 회계적 추정치의 근거와 방법 등을 바꾸는 것을 말한다(**예** 대손율의 변경, 내용연수 또는 잔존가액의 변경 등).

(2) 회계처리

회계추정의 변경은 전진적으로 처리하여 그 효과를 당기와 당기 이후의 기간에 반영하고, 과거 재무제표는 재작성하지 아니한다(전진법).

제 3 절   오류수정

Ⅰ 오류수정의 의의와 유형

(1) 의의

오류수정이란 전기 또는 그 이전의 재무제표에 포함된 회계적 오류를 당기에 발견하여 이를 수정하는 것을 말한다.

(2) 유형

회계 오류에는 자동상쇄오류와 비자동상쇄오류가 있다.

1) 자동상쇄오류

① 자동상쇄오류란 오류가 발생한 연도의 다음 회계연도에 당기순이익에 미치는 영향이 반대 방향으로 작용하여 자동적으로 상쇄되는 오류를 말한다.
② 이러한 자동상쇄오류는 회사가 현금주의에 따라 회계처리하는 경우와 기말재고자산을 과대 또는 과소계상하는 경우에 주로 발생한다.

2) 비자동상쇄오류

비자동상쇄오류란 오류가 발생한 연도의 다음 회계연도에 당기순이익에 미치는 영향이 자동적으로 상쇄되지 않는 오류를 말한다.

Ⅱ 오류수정에 대한 회계처리

(1) 오류수정 시 주의사항

오류수정분개 시 전기오류수정손익이 발생하는데, 전기오류수정손익이란 계정과목명에서 나타난 바와 같이
1) 전기 이전에 발생한 사유로서
2) 오류수정사항에 속하는 손익항목으로
3) 처음부터 기업회계기준에 따라 회계처리한 경우 과거이익에 차이를 가져오는 누적효과를 의미한다.

(2) 회계처리

1) 오류수정에 대한 회계처리는 다음과 같다. 중대한 오류란 재무제표의 신뢰성을 심각하게 손상할 수 있는 매우 중요한 오류를 말한다.

① **중대한 오류의 경우** : 전기오류수정손익을 전기말이익잉여금에 반영하고, 과거 재무제표를 재작성한다.
② **중대한 오류가 아닌 경우** : 전기오류수정손익을 당기 손익계산서의 영업외손익으로 보고한다.

제 4 절   현금흐름표

Ⅰ   현금흐름표의 의의 및 구분

(1) 의의 및 특징

1) **의의** : 현금흐름표는 기업의 현금흐름을 나타내는 표로서 현금의 변동내용을 명확하게 보고하기 위하여 당해 회계기간에 속하는 현금의 유입과 유출내용을 적정하게 표시한 기본재무제표이다.

2) **구분표시** : 현금흐름표는 영업활동으로 인한 현금흐름, 투자활동으로 인한 현금흐름, 재무활동으로 인한 현금흐름으로 구분하여 표시한다.

① **영업활동으로 인한 현금흐름**
ⓐ 현금유입 : 제품 등의 판매에 따른 현금유입(매출채권의 회수 포함), 이자수익과 배당금수익 등
ⓑ 현금유출 : 원재료, 상품 등의 구입에 따른 현금유출(매입채무의 결제 포함), 공급자와 종업원에 대한 현금지출, 미지급법인세의 지급, 이자비용 등

② **투자활동으로 인한 현금흐름**
ⓐ 현금유입 : 대여금의 회수, 단기금융상품·유가증권·투자자산·유형자산·무형자산의 처분 등
ⓑ 현금유출 : 현금의 대여, 단기금융상품·유가증권·투자자산·유형자산·무형자산의 취득 등

③ **재무활동으로 인한 현금흐름**
ⓐ 현금유입 : 단기차입금, 장기차입금의 차입, 어음·사채의 발행, 주식의 발행 등
ⓑ 현금유출 : 배당금의 지급, 유상감자, 자기주식의 취득, 차입금의 상환 등

〈현금흐름표〉

20×1년 1월 1일부터 20×1년 12월 31일까지

영업활동 현금흐름		×××
투자활동 현금흐름		×××
투자활동 현금유입액	×××	
투자활동 현금유출액	(×××)	
재무활동 현금흐름		×××
재무활동 현금유입액	×××	
재무활동 현금유출액	(×××)	
현금의 증가(감소)		×××
기초의 현금		×××
기말의 현금		×××

▌▌ 현금흐름표의 작성방법

현금흐름표를 작성하는 방법에는 간접법과 직접법이 있으며, 이러한 간접법과 직접법은 영업활동으로 인한 현금흐름에서만 차이를 가져온다.

(1) 간접법

간접법에서는 손익계산서의 당기순이익부터 출발하여 다음의 항목들을 가감한다.

① 현금의 유출이 없는 비용 등의 가산

    (예 감가상각비, 퇴직급여, 유형자산처분손실, 사채할인발행차금상각 등)

② 현금의 유입이 없는 수익 등의 차감

    (예 유형자산처분이익, 사채할증발행차금 상각 등)

③ 영업활동으로 인한 자산·부채의 변동

    (예 영업활동과 관련이 있는 자산(매출채권, 재고자산 등)이 증가하는 경우 → 차감

    영업활동과 관련이 있는 부채(매입채무 등)가 증가하는 경우 → 가산)

(2) 직접법

직접법에서는 손익계산서의 주요 항목별로 발생액이 아닌 현금유출입액을 표시하는 방법으로, 현금주의에 의해 손익계산서를 작성하는 것을 의미한다.

PART 09

제 5 절 　 새로운 리스 국제회계기준(IFRS)

I 　 개요

국제회계기준위원회(IASB)는 2016년 1월 새로운 '리스' 기준서 IFRS 16 'Lease'를 공표
① IFRS 16에서 리스이용자와 리스제공자의 리스 인식, 측정, 표시, 공시에 대한 원칙을 규정
② IFRS 16은 2019년부터 시행되나 IFRS 15 '고객과의 계약에서 생기는 수익'을 적용하는 경우에는 조기 적용 가능

II 　 주요 내용

(1) 리스이용자의 회계처리 일원화 : 현행 기준과 달리 리스이용자의 회계처리 시 운용리스와 금융리스를 구분하지 않고, 단일 회계모형을 사용

① **재무상태표** : 모든 리스에 대해 리스자산과 리스부채를 함께 인식(단, 리스기간이 12개월 이하인 경우 및 소액리스는 예외)
② **포괄손익계산서** : 리스자산의 감가상각비는 리스부채의 이자비용과 연계하지 않고 별도로 인식
③ **현금흐름표** : 리스부채 원금상환분은 재무활동, 이자상환분은 영업 또는 재무활동으로 분류

(2) 리스제공자의 회계처리 : 현행 기준과 유사(금융리스와 운용리스를 구분)

III 　 리스 기준서의 영향

(1) 현행 기준에 따르면 재무상태표에 표시되지 않는 운용리스의 경우, 투자자 등이 기업의 리스 관련 자산과 부채의 정확한 양상을 파악하기 어려웠으나,
　① IFRS 16을 적용하면 모두 리스자산과 리스부채를 인식하게 되어 기업의 재무정보를 더 충실하고 투명하게 제공하고,
　② 리스로 자산을 사용하는 기업과 자산을 매입하기 위해 차입하는 기업간 비교가능성이 높아질 것으로 예상

(2) 운용리스도 리스 관련 자산·부채를 인식해야 하므로 운용리스 사용 비중이 높은 항공업과 해운업 등의 경우에 부채비율이 상승하는 등의 영향이 클 것으로 예상

Chapter 10 원가회계

제1절 원가회계의 기초

I 원가의 의의

원가(cost)란 특정 재화나 용역을 얻기 위해서 소비된 경제적 가치를 화폐단위로 표현한 것을 의미한다.

> 여기서 "소비된 경제적 가치"에 대한 측정은 현금의 지출여부와는 관계없이 원가의 발생사실, 즉 생산과정에서 재화나 용역이 소비되었는가의 여부에 달려 있다. 예컨대, 제품생산을 위해 생산라인에 투입된 원재료의 구매대금이나 한 달 동안 근무한 생산근로자의 급여를 지급하지 못한 경우라도 해당 원재료 및 노동력은 이미 제품생산과정에 투입되었기 때문에 소비된 경제적 가치로써 원가계산에 산입된다. "특정 재화나 용역을 얻기 위해서"라 함은 기업에서 소비된 모든 경제적 가치가 원가가 되는 것은 아니라는 것이다. 예를 들어, 화재로 인한 재화의 손실이라든가 기부금과 같은 경제적가치의 소비는 특정 재화나 용역을 얻기 위한 목적이 아니므로 원가라고 할 수 없다.

II 원가의 분류

(1) 제품에의 추적가능성에 따른 분류

1) 직접원가 : 직접원가는 개별 제품과 직접적으로 관련되어 발생하는 원가로서 제품원가를 쉽게 추적할 수 있다.
2) 간접원가 : 간접원가는 여러 제품과 관련이 있는 원가로서 제품원가를 계산하기 위해서는 배분의 절차를 필요로 한다.

(2) 제품원가계산을 위한 분류

1) 직접재료비
2) 직접노무비
3) 제조간접비

　　가공원가 = 직접노무비 + 제조간접비

(3) 원가행태에 따른 분류

1) 고정원가 : 감가상각비, 임차료, 보험료 등과 같이 생산량이 증감하더라도 그 발생액이 변화하지 않는 원가

2) 변동원가 : 직접재료비와 같이 생산량이 증감함에 따라 발생액이 정비례하게 변동하는 원가

생산량	100개	200개	300개	400개
고정원가	₩ 150,000	₩ 150,000	₩ 150,000	₩ 150,000
변동원가	50,000	100,000	150,000	200,000
총원가	₩ 200,000	₩ 250,000	₩ 300,000	₩ 350,000
단위당 고정원가	₩ 1,500	₩ 750	₩ 500	₩ 375
단위당 변동원가	500	500	500	500
단위원가	₩ 2,000	₩ 1,250	₩ 1,000	₩ 875

① 제품단위당 부담액에 있어서는 고정원가의 경우 생산량이 증가되면 단위당 고정원가 부담액은 적어지고, 생산량이 감소되면 반대로 부담액은 많아진다.

② 변동원가의 경우에는 변동원가 발생액 자체가 생산량에 정비례하게 변화하기 때문에 단위당 변동원가 부담액은 생산량수준에 관계없이 일정하다.

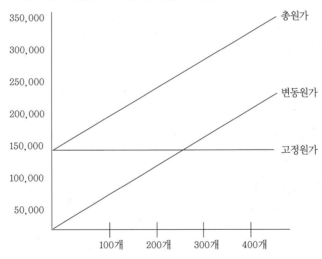

(4) 의사결정과의 관련성에 따른 분류

1) 관련원가 : 의사결정 대안 간에 차이를 가져오는 미래원가

2) 기회원가 : 선택가능한 여러 대안 중 특정안을 선택함으로써 포기하게 되는 차선안의 효익

3) 매몰원가 : 과거에 이미 발생한 원가로서 미래 의사결정과는 무관한 비관련원가

제 2 절 | 원가의 흐름

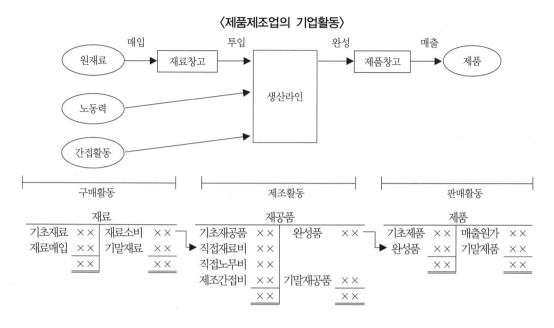

〈제품제조업의 기업활동〉

Ⅰ 원가의 흐름별 주요고려사항

(1) 제조기업의 활동에서 제품생산과정을 장소적 개념을 사용하여 구분하면 재료창고와 생산라인, 그리고 제품창고로 나눌 수 있다.

(2) 기업 외부로부터 재료를 구입하여 재료창고에 입고시킨 후 제품생산을 위하여 재료창고에서 출고되어 생산라인에 투입된다. → 이때 원가계산의 대상이 되는 직접재료비는 생산라인에 투입되는 부분을 의미하며, 재료계정을 사용하여 재료창고의 입출고 및 재고현황을 나타낸다.

(3) 생산라인에 투입되는 원가요소에는 직접재료비 이 외에도 직접노무비와 제조간접비가 있다.

> 원가계산의 대상이 되는 직접노무비와 제조간접비는 직접재료비와 같이 물적·장소적 개념으로 파악되지 않으며, 현금의 지출 여부와는 관계없이 원가요소의 발생사실에 따라 기록된다.

(4) 실제 제품생산이 이루어지고 있는 생산라인에 대한 원가흐름은 재공품계정을 사용하여 표시한다.
  ① 재공품이란 제조과정 중에 있는, 즉 미완성된 제품을 의미한다.
  ② 재공품계정의 차변은 전기말에 미완성인 상태에서 이월된 기초재공품의 원가와 당기에 투입(소비)된 원가요소의 합으로 구성되며, 이러한 차변합계액은 생산라인에서 완성되어 제품창고로 입고된 부분(당기완성품원가)과 기말시점에 생산라인에 미완성 상태로 남아 있는 기말재공품원가로 나누어진다.

PART
09

(5) 제품창고에서의 원가흐름은 제품계정을 사용하여 표시한다.

① 제품계정의 차변에는 기초제품재고액과 기중에 생산라인에서 완성되어 입고된 제품의 원가 (당기제품제조원가)가 표시된다.

② 제품을 판매하여 제품창고에서 출고된 부분은 매출원가계정의 차변에 대체되며, 차액은 기말에 남아 있는 제품재고액을 의미한다.

[예제 10-1]

㈜조이의 5월 한달동안의 제품생산활동과 관련된 원가자료는 다음과 같다. ㈜조이의 원가흐름을 분개하고, 제조원가명세서를 작성하시오.

① 기초재료는 ₩1,000이며, 당기에 ₩5,000의 재료를 현금매입하였다.

② 재료 ₩4,500을 생산라인에 투입하였다.

③ 05월 급여중 ₩3,000을 현금지급하였다.

④ 5월 급여중 ₩500은 5월말 현재 미지급상태이다.

⑤ 따라서 5월 한 달 동안의 급여발생액은 ₩3,500이다.

⑥ 감가상각비는 ₩2,000이고, 임차료와 보험료 ₩1,000과 ₩2,000을 현금지급하였다.

⑦ 현금지급한 보험료 ₩2,000은 5월과 6월, 2개월간의 보험료에 해당된다.

⑧ 따라서 5월 한 달 동안의 제조간접비는 ₩4,000이다.

⑨ 기초재공품원가는 ₩2,000이며, 당기에 완성된 제품의 원가는 ₩11,000이다.

⑩ 기초제품원가는 ₩3,000이며, 당기에 판매된 제품의 원가는 ₩9,000이다.

〈해설 및 정답〉

①	(차) 재 료	5,000	(대) 현 금	5,000	
②	(차) 재 공 품	4,500	(대) 재 료	4,500	
③	(차) 급 여	3,000	(대) 현 금	3,000	
④	(차) 급 여	500	(대) 미지급급여	500	
⑤	(차) 재 공 품	3,500	(대) 급 여	3,500	
⑥	(차) 감가상각비	2,000	(대) 감가상각누계액	2,000	
	임 차 료	1,000	현 금	3,000	
	보 험 료	2,000			
⑦	(차) 선급보험료	1,000	(대) 보 험 료	1,000	
⑧	(차) 재 공 품	4,000	감가상각비	2,000	
			임 차 료	1,000	
			보 험 료	1,000	
⑨	(차) 제 품	11,000	(대) 재 공 품	11,000	
⑩	(차) 매 출 원 가	9,000	(대) 제 품	9,000	

제조원가명세서		
직 접 재 료 비		4,500
기초재료재고액	1,000	
당기재료매입액	5,000	
기말재료재고액	(1,500)	
직 접 노 무 비		3,500
급 여	3,500	
제 조 간 접 비		4,000
감 가 상 각 비	2,000	
임 차 료	1,000	
보 험 료	1,000	
당기총제조비용		12,000
기초재공품원가		2,000
합 계		14,000
기말재공품원가		(3,000)
당기제품제조원가		11,000

Ⅱ 당기총제조비용과 당기제품제조원가

(1) 당기총제조비용은 당기에 생산라인에 투입된 제조원가로서 재료비, 노무비, 경비로 구분표시된다.

(2) 당기총제조비용에 전기로부터 이월된 기초재공품원가를 더한 후 기말재공품원가를 차감하면 당기에 완성되어 생산라인(재공품계정)에서 제품창고(제품계정)로 대체된 원가, 즉 완성품원가가 표시되며, 이를 당기제품제조원가라고 한다.

(3) 제조원가명세서는 재공품계정의 원가흐름을 나타내는 명세서이다.

[예제 10-2]

〈물음〉 [예제 10-1]에서 5월 한 달 동안의 매출액이 ₩12,000이고 판매관리비가 ₩1,000이라고 가정할 경우 손익계산서를 작성하시오.

〈해설 및 정답〉

손익계산서		
매 출 액		12,000
매 출 원 가		(9,000)
기초 제품재고액	3,000	
당기 제품제조원가	11,000	
기말 제품재고액	(5,000)	
매 출 총 이 익		3,000
판 매 관 리 비		(1,000)
당 기 순 이 익		2,000

제 3 절	제품별 원가계산

I 개별원가계산

서로 다른 제품을 소량 주문생산하는 형태의 기업에 적용되는 원가계산방법(제품별 원가집계, 제조간접비의 배부)

II 종합원가계산

동일한 제품을 연속적으로 대량생산하는 형태의 기업에 적용되는 원가계산방법(기간별 원가집계, 기말재공품의 평가)

III 결합원가계산

결합원가란 동일한 공정을 거쳐서 여러 제품을 생산할 때 분리점에 도달할 때까지 발생한 공통원가를 말한다. 이 경우 여러 제품을 연산품이라고 하며, 연산품이 분리되어 개별적으로 식별할 수 있는 시점을 분리점이라 한다(결합원가의 배분방법 : 상대적 판매가치법, 순실현가능가치법, 물량기준법).

〈작업원가표〉

작업번호 <u>#201</u>
품목 A제품 수량 500개
시작 : ×1년 1월 1일 ~ 완성 : ×1년 2월 28일

일자	직접재료비	직접노무비	제조간접비	계
			합계	_____

[예제 10-3]

㈜조이는 단일제품을 대량으로 생산하고 있다. 원재료는 공정초에 전량 투입되고, 가공비는 공정전반에 걸쳐 균등하게 발생한다.

2월의 원가계산에 대한 자료는 다음과 같다.

	수량	완성도
기초재공품	100개	25%
당기착수	400	
당기완성	300	
기말재공품	200	50%

2월의 제조원가에 관한 자료는 다음과 같다.

	재료비	가공비	합계
전기 기말원가 = 기초재공품원가	₩5,000	₩1,000	₩6,000
당기발생원가	16,000	30,000	46,000

〈물음〉 평균법과 선입선출법(FIFO)에 의한 제조원가보고서를 작성하시오.

〈해설 및 정답〉
① 평균법

제조원가보고서(평균법)

	[1단계]	[2단계] 완성품환산량	
	물량의 흐름	재료비	가공비
기초재공품	100(25%)		
당기착수	400		
	500		
당기완성	300	300	300
기말재공품	200(50%)	200	100
합 계	500개	500개	400개

[3단계] 총원가의 요약

기초재공품원가	₩5,000	₩1,000	₩6,000
당기발생원가	16,000	30,000	46,000
합계	₩21,000	₩31,000	₩52,000

[4단계] 환산량 단위당 원가

완성품환산량	÷500개	÷400개
환산량단위당 원가	@42	@77.5

[5단계] 원가의 배분

완성품 원가	300개 × @42+300개 × @77.5=₩35,850
기말재공품 원가	200개 × @42+100개 × @77.5= 16,150
합 계	₩52,000

② FIFO

제조원가보고서(FIFO)

	[1단계]	[2단계] 완성품환산량	
	물량의 흐름	재료비	가공비
기초재공품	100(25%)		
당기착수	400		
	500		
당기완성			
기초재공품	100	0	75*
당기착수	200	200	200
기말재공품	200(50%)	200	100
합 계	500개	400개	375개

PART
09

```
[3단계] 총원가의 요약
기초재공품원가                                                    ₩6,000
당기발생원가              ₩16,000      ₩30,000       46,000
합계                     ₩16,000      ₩30,000      ₩52,000
[4단계] 환산량 단위당 원가
완성품환산량              ÷500개       ÷375개
환산량단위당 원가          @40          @80
[5단계] 원가의 배분
완성품 원가      ₩6,000+200개 × @40+275개 × @80=₩36,000
기말재공품 원가           200개 × @40+100개 × @80=   16,000
합    계                                       ₩52,000
  * 100개 × (1-25%)=75개
```

〈전부원가계산과 변동원가계산의 비교〉

구분	전부원가계산	변동원가계산
주요목적	외부보고 목적	내부관리 목적
제품원가	변동제조원가(직접재료비, 직접노무비, 변동제조간접비)와 고정제조간접비로 구성	변동제조원가로만 구성, 고정제조간접비는 기간비용으로 처리함
손익계산서의 양식	매출액 (매출원가) ─────── 매출총이익 (판매관리비) ─────── 영업이익	매출액 (변동비) ─────── 공헌이익 (고정비) ─────── 영업이익
영업이익의 비교 ① 생산량 > 판매량 ② 생산량=판매량 ③ 생산량 < 판매량	① 전부원가계산이 더 큼 ② 동일 ③ 전부원가계산이 더 작음	①·②·③ 판매량에 따라 이익의 크기가 결정됨
원가, 조업도, 이익의 관계	생산량 및 판매량에 따라 이익의 크기가 결정됨	판매량에 따라 이익의 크기가 결정됨
조업도 차이의 발생여부	고정제조간접비를 제품원가에 배부하기 때문에 발생함	고정제조간접비를 기간비용으로 처리하기 때문에 발생하지 않음

<각 원가계산제도에서의 제품원가>

구분	전부원가계산	변동원가계산
〈실제원가계산〉		
직접재료비	실제원가	실제원가
직접노무비	실제원가	실제원가
변동제조간접비	실제원가	실제원가
고정제조간접비	실제원가	-
〈정상원가계산〉		
직접재료비	실제원가	실제원가
직접노무비	실제원가	실제원가
변동제조간접비	예정배부액	예정배부액
고정제조간접비	예정배부액	-
〈표준원가계산〉		
직접재료비	표준원가	표준원가
직접노무비	표준원가	표준원가
변동제조간접비	표준원가	표준원가
고정제조간접비	표준원가	-

PART
09

| 제 **4** 절 | **원가 · 조업도 · 이익분석** |

Ⅰ 의의

CVP분석이란 판매량이나 생산량의 변화가 기업의 원가나 이익에 미치는 영향을 분석하는 기법을 의미한다.

Ⅱ 주요공식

(1) 손익분기점(BEP) : 매출액과 총비용이 일치하여 이익이 ₩0이 되는 판매량 또는 매출액

매출액 – 총원가 = 이익

매출액 – (변동원가 + 고정원가) = 이익

(2) 공헌이익 = 매출액 – 변동원가

$$공헌이익률 = \frac{공헌이익}{매출액}$$

(3) $BEP(수량) = \dfrac{고정원가}{단위당 \ 공헌이익(= 단위당판매가격 - 단위당변동원가)}$

$BEP(금액) = \dfrac{고정원가}{공헌이익률(= 1 - 변동비율)}$

Ⅲ 손익분기점 분석의 가정

(1) 모든 원가는 변동원가와 고정원가로 분리된다.

(2) 고정원가는 관련범위 내에서 일정하다.

(3) 변동원가는 조업도에 정비례한다.

(4) 제품의 판매가격은 일정하다.

(5) 생산량과 판매량은 동일하다. 즉 재고의 증감은 없다.

[예제 10-4]

단위당 판매가격과 단위당 변동원가가 각각 ₩200과 ₩140이고, 고정원가가 ₩7,200인 경우

1) 손익분기점은 얼마인가?

2) 목표이익 ₩1,500을 달성하기 위한 판매수량은 얼마인가?

〈해설 및 정답〉

1) ₩7,200/(₩200 – ₩140) = 120개

2) (₩7,200 + ₩1,500)/(₩200 – ₩140) = 145개

박문각
공인노무사

정순진
경영학개론

1차 | 기본서

제1판 인쇄 2025. 1. 15. | **제1판 발행** 2025. 1. 20. | **편저자** 정순진

발행인 박 용 | **발행처** (주)박문각출판 | **등록** 2015년 4월 29일 제2019-000137호

주소 06654 서울시 서초구 효령로 283 서경 B/D 4층 | **팩스** (02)584-2927

전화 교재 문의 (02)6466-7202

저자와의
협의하에
인지생략

정가 30,000원
ISBN 979-11-7262-240-4

MEMO